U0114548

中國圖書館學教育之父
——沈祖榮評傳

程煥文／著

臺灣 學 て 書 局 印行

謹 以 此 書

紀念和緬懷

沈 祖 榮 宗 師

暨二十世紀中國圖書館事業的先驅們

沈祖棻全家福照片（1928）

沈祖棻　沈寶環　沈培鳳
　　沈寶媛　沈姚翠卿　沈寶琴

沈祖榮肖像

沈祖榮夫人姚翠卿肖像

沈祖榮夫婦合影 · 武漢

沈祖榮夫婦合影
江西省廬山香路557號沈宅門前

沈祖榮夫婦與親朋合影
1957年·廬山仙人洞

沈祖榮全家福

後排左起：鄒維琳、沈寶琴、鄒開先、陳培鳳、
陳至力、沈寶媛、張維萍

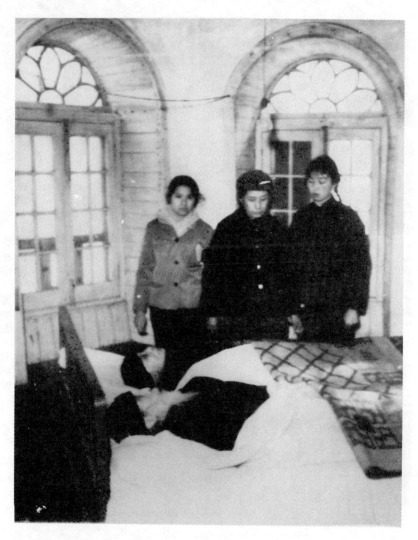

沈祖榮夫婦遺體告別儀式 · 廬山
鄒維琳（左）、沈寶媛（中）、張維萍（右）

沈祖棻先生追悼會·武漢大學

彭斐章（中）致追悼詞

中華教育改進社第一次年會

圖書館教育組合影·山東濟南·1922.7

右起：戴志騫、沈祖榮、杜定友、戴志騫夫人、

洪有豐、朱家治、孫心磐

中華圖書館協會第三次年會文華校友合影
1936.20.‧山東青島大學
前排右四起：沈寶媛、姚翠卿、沈祖榮、沈寶琴、沈寶環
後排左四：沈寶環

文華圖書館學專科學校師生合影·1935年

前排左五：沈祖榮

沈祖榮（左四）與言樣言華（左六）等合影
武昌文華圖書館言學專科學校

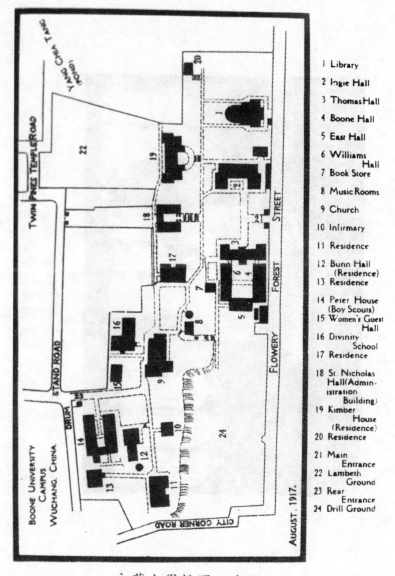

文華大學校園示意圖

文華公書林全景

WARD HALL (Students' dormitory)
BOONE LIBRARY SCHOOL.
本 校 學 生 宿 舍 韋 德 樓

文華圖書館學專科學校宿舍韋德樓

文華圖書館學專科學校簡訊

沈祖榮題

目次

新　一　卷

一九五〇年十二月十五日出版

校友總會　編印

會址：武昌崇福山街二號

沈祖榮題字

文華圖書館學專科學校季刊

沈寶環與作者合影
1995年11月・廣州中山大學

沈　序

　　程著「中國圖書館教育之父——沈祖榮評傳」終於出版了。
這是一部偉大的著作，學生書局告訴我「書稿約二十八萬五仟餘
字，及二十五張圖片，以二十五開版面計約四百五十頁」（1996
年12月9日函）；並且要求我「先看一遍，略作補充，寫作序文」。
這是著者、出版者和我之間原有的諒解，寫作對象又是是我的父
親，無論從天理、國法、人情那個角度來看，我都不便拒絕，也
許我並不勝任（這點我在下文中略加解釋），但我必需擔當下來。

　　著者程煥文教授是中國大陸典型的青年才俊，誠如他指出我
和他有幾次見面暢談的機會；第一次是1990年9月台灣十四位圖
書資訊學教授，訪問大陸圖書館和教學院校，我單身去了廣州，
在中山圖書館黃俊貴館長為我召開的座談中看見程煥文教授為我
留下深刻印象；第二次是1995年11月，我大病之後勉力前往廣州
接受廣東圖書館學會所頒名譽理事聘書，在中山大學作學術演講，名
學者中山圖書情報系主任譚祥金教授是演講會主持人，程煥文教
授則負責介紹演講人，他的介紹詞講了至少二十分鐘以上，沒有
一句廢話，對於我的工作、寫作和思想如數家珍。我對他的認真
態度，大為驚訝。自從那天以後我對這位青年學人另眼相看，多
次接觸之間當然談到他有意寫作這部專書的問題，他的計畫極為
龐大。回到台北，1996年1月我又收到他的來信，說他的寫作可

能稍爲延後，並附寄寫作大綱初稿，徵求我的意見，這份大綱計有計三篇共二十一個章節，加上參考文獻，兩項附錄，年譜和著述目錄，我略一過目，幾乎跳了起來，工程如此浩大，程煥文教授那有這多時間，如何搜集這麼多資料？從他信中口氣看來，他是一個堅持零缺點的人，他力求內容正確資料完整，加之他那時還有幾篇必需準時交卷的文章要寫；我當時想寫作這本專著程煥文教授可能遭遇到困擾，可能擱筆；現在這本著作能夠問世，我有無限的驚喜（ pleasant surprise ），所以在本序首端第一句話用了“終於”兩個字，我說這本著作“偉大”因爲這部書不僅是「我國第一部有關圖書館人物的傳說」（見著者自序）而且是我圖書館事業的近代史。

程煥文教授是有資格寫這本書，他花了近十年的時間，不斷撿索文獻，收集資料，因此被大陸圖書館界稱爲“沈祖榮研究專家”，我有沒有資格寫序卻有疑問，我想略爲說明。

一、我很少機會親近父親

我於二十八歲經過第二屆公費留學考試出國深造，二十九歲開始就和父母不通音訊，而居留國內二十八年之中，除小學六年級前住在家中外，從初中一年級即在文華中學住校，我的二位姐妹也是一樣，她們在聖希理達女中住校，姐姐更在高中時去上海在中西女塾上學，對日抗戰發生後，大姐進武漢大學、小妹進南開高中、燕京大學，我進復旦大學轉華西大學借讀。這些學校都不在重慶，寒暑假也不回家，因爲父親母親都忙，我在小學時常常一人，有時和妹妹用餐，餐桌上難得看到父母倆老。我唸文華中學時每月到文華公書林父親辦公室拿零用錢（每月大洋五角），說來有罪，我從來沒有看過父親寫的文章，家中也沒有族譜，我也沒有機會供養父母一天。

二、父親是怎樣的一個人

我對父親的了解，相當有限，我只知道他不抽煙、不喝酒、不打牌，不會跳舞，喜歡踢足球，有一次受傷頗為嚴重，球鞋也就置之高閣，他比較喜歡聽京戲，但是很少有機會去欣賞，他終年一件布大褂，有慶典時加上馬褂，他就是這樣打扮出國到羅馬出席IFLA的國際會議，有時也穿中山服，但我從來沒有看見他穿西服，只看見他過去穿西服的照片一兩張，他不善言詞，不苟言笑，對子女的訓示也不多。

三、父親年輕時的勞動背景

程煥文教授說父親年輕時家境不佳，曾經做過縴夫和飯館跑堂，這對我而論是件新聞，我從來沒有聽父母講過，也不覺得他有勞工背景，做過勞動者是件好事，我自己在美國唸書時也在餐館做過洗碗工人（ Dish Washer ），也在汽車零件工廠做過吸油器（Oil Eilter），我的兒子也不知道。

四、母親扮演的角色

我們沈家是女性社會，媽媽當家，她說了算數，母親中學畢業（訓女中學），她酷愛社會活動，擔任武漢女青年會會長，教會婦女傳導團團長，文華聖誕堂董事長，這所聖公會

（Episcopal Church）在武漢爲最重要的禮拜堂，教友是文華
校園各學府的中外教職員，華中大學校長韋卓民，文華中學校長
盧春榮，文華童子軍專科學校校長嚴家麟，文華圖專校長我父親
和若干中外長老都是董事，在母親領導之下，母親口才特佳，我
曾看見她在文華公書林禮堂時女青年會會友演講，一個小時沒有
看稿，由於她的能力，父親對她言聽計從，美國學者白齊茹
（Cheryl Beettcher）在「圖書館與文化」（Libraries and
Culture）中所寫「沈祖榮與文華圖書館學專科學校」（Samuel
T.Y.Seng and Boone Library School）一文中，指出父親在
出國留學時曾有一個選擇，學習圖書館學或童子軍學，有點舉棋
不定。母親的主張決定了父親的前途，這篇文章何光國曾經翻譯
在中國圖書館學會會報上發展，程煥文教授說我父母的婚姻是韋
棣華女士（Mary Elizabeth Word）撮合的，我倒是第一次聽見。

五、父親的貢獻

父親一生獻身圖書館事業協助韋棣華女士建立文華圖書館學
專科學校，和文華公書林，他首先提出服務的口號，推出巡迴車，和
實行開架式，編製仿杜威十進分類法和標題總目，在今天看來也
許不覺得有什麼特別，在父親那時候是破天荒的大事。

我認爲父親的偉大是他協助韋棣華女士爭取庚子賠款退退回
我國，部分退款用於建設我國圖書館事業，他的中國圖書館事業
本土化的堅決主張是我深感驕傲的。

程煥文教授在兩代巨擘：二十世紀中國圖書館事業的驕傲提
到我使我愧不敢當，白齊茹（Cheryl Beettcher）博士也提及

我和美國圖書館學會國際關係部主任布朗博士（Charles Brown）
爲我國圖書館教育拓張計畫換立簽定協議的事等，我深感慚愧。

　　這部書還有一個值得表揚之處，就是促進了海峽文化的交流，這
對國家統一當然是有貢獻的。

沈寶環　謹序　1997年1月22日

沈序：永恒的紀念

　　我懷着感謝和激動的心情讀完了程著《中國圖書館學教育之父——沈祖榮評傳》。程煥文教授在從事教學的同時，系統地收集、整理、撰寫先父沈祖榮的生平事迹，總結先父的學術思想，正確評詁了先父對中國現代圖書館事業的創建與發展的貢獻。本書的編著反映了作者對先師的敬愛，對歷史的尊重，對眞理的執着追求。如果沒有這樣的精神，這本書是寫不出來的。爲此，我對程教授表示衷心的謝意。

　　手捧程著，邊看邊憶，思緒起伏，心如潮湧，先父的往事歷歷在目。我有兄弟姐妹四個，我是最小的，所以父親、母親及哥哥、姐姐都昵稱我爲"小妹"。家裡的大小事情一般都是母親說了算，母親對我們管教極嚴，父親比較寬容，是眞正的慈父嚴母。母親的社會活動很多，不僅管好家務和子女的教育，連學校的事情，母親也從旁給父親以幫助，似乎她有意把一切事事務務都擔起來，好讓父親全心全意地辦好他的圖書館事業。

　　我從初中起就住校，只是星期天和寒暑假才和父母一起生活。那時年紀小，程著中所述的許多事情我不清楚，我看到的只是父親在家裡的生活和工作情況。

　　父親總是天不亮就起床，輕輕洗漱完畢就關進房間看書寫作，等我們起床時，他已經做完了他的"功課"，有的時候早餐都給我們做好了，他不抽烟、不喝酒，不愛社交應酬，愛好打球、游泳，還經常帶領圖專師生一起做早操。

父親從不講究吃穿，脾氣很好，平時總是細聲細語，慢條斯理地講話，有時急得臉都紅起來，但仍是小聲批評，絕不怒吼斥責。

我父母與文華圖專師生的關係都很親切，他們對我父母也很尊重。我父親把他們看成自己的親人一樣，我經常看到他們在我家與父母談心。有的教職員家裡出了矛盾，父親還親自上門調解。學生畢業，父親與各大學或有關單位聯繫，爲他們安排工作。離校的師生給他的書信不斷，他總是耐心地一封一封地寫回信。有的親友學生家境貧困，他都給予幫助，有的從中學到大學都是父親資助的。不管住在什麼地方，他和左右鄰居的關係都處得很好。

公書林和圖專的經費出現拮据時，父親就給國外圖書館界友人及美國的基金會寫信，他的書房不時地傳出打字聲。

我的父親是位眞正的愛國者，我聽他感慨地說過："外國人認爲中國是'東亞病夫'、'一盤散沙'，他們才敢欺侮我們、侵略我們，這主要是因爲我們內部不團結，科學又落後，所以一定要興辦教育，圖書館事業正是教育的基楚"。他抱著教育救國的思想，把自己的一生定位於發展中國的圖書館事業。解放前，凡是與圖書館事業有關的事，他都積極參加，但與之無關的黨派活動，他都避而遠之。

朝鮮戰爭時，爲了保家衛國，他把自己在武昌的住房和積蓄都捐獻出來。他還講述過1911年武昌起義時，他給黃興的起義軍抬過傷兵的故事。

　　我的父親是個心胸開闊、處世豁達的人，在一些政治運動中，他受了不少委屈和不公正的待遇，但他從不耿耿於懷，而是以大局為重，他認為只要國家興旺發達，個人委屈算不得什麼。

　　根據教學需要，他以近七十的高齡埋頭苦學俄語，在短期內編譯並講授“俄文編目學”，退休之後，他仍在編寫教材，念念不忘圖書館事業的發展。

　　我遠在廣州，因為不能侍奉年邁的雙親而深感內疚。在60年代生活困難時期，我總設法寄餅干、椰子糖之類的東西給二老，但聽姐姐說，他倆還將它們分送親友、鄰居。

　　1977年2月，我父母同一天仙逝廬山，我携女兒、外甥女等去廬山奔喪，我們把父母的骨灰安葬在土八嶺的山頂上。我想以先父的事業、貢獻、人格在高山之巔安息是當之無愧的。

沈　寶　嫒　1997年5月

自　序

　　歷史猶如奔騰的江河滾滾向前，當我國圖書館事業即將告別20世紀邁入新紀元門檻的時候，驀然回首，在20世紀的中國圖書館事業的歷史波濤中湧現出了無數的風流人物。他們或則隨著滾滾的洪流已在歷史的舞台上匆匆而過，或則正在隨著滾滾的洪流登上歷史的舞台，然而，有的猶如過眼雲煙消失在歷史的波濤之中逐漸被人淡忘了，有的則猶如不朽的豐碑在歷史的波濤的蕩滌中越來越偉岸挺拔、光芒四射。這本書所描寫的正是20世紀中國圖書館歷史上的一座不朽的豐碑——沈祖榮先生的光輝而偉大的一生。

　　我之所以熱衷於研究沈祖榮宗師，並最後完成了這部沈祖榮評傳，絕不是一時心血來潮，而是爲了實現個人多年的夙願並完成許多人想爲而不敢爲不能爲的心願。

　　可以說，我寫作這本書的第一個動因乃是出自對沈祖榮宗師的無限敬仰與欽佩，而這種無限的敬仰與欽佩則源自於由許多個偶然構成的必然。我出生在大別山那個全國有名的貧困縣紅安縣的一個極其坎坷的知識分子家庭，自懂事起，過高的階級成份和父親的莫須有的"歷史問題"已壓得我幾乎要窒息，根本就不敢奢望任何前途。十年浩劫結束後，抱著唯一的一線生機和最後的機會，我參加了全國高考，結果竟在全縣名列前矛。爲了走出那個封閉的山區，到大城市去尋找一片淨土，父親幫我選擇了圖書館學專業，因為只有大城市才有圖書館。於是，我於1979年邁入了中南第一高等學府武漢大學，就讀於自己一無所知的由沈祖榮手創的享譽海內外的圖書館學系。本科四年雖然成績優秀，但對圖書館學既不熱衷也不淡漠，平常而已，倒是在片斷的學習中了解了不少有關沈祖榮和文華圖書館學專科學校的歷史，並由衷產生了幾分敬意。1983年，為了實現父親的心願，我又在倉促之間報考了研究生，為了保險起見選擇了中國圖書館史研究方向這個冷門，儘管考試成績不理想，但終究是在眾人之中脫穎而出，成為大陸第一個中國圖書館史研究方向的碩士研究生，從師於中國圖書館史研究權威謝灼華教授門下。在謝灼華恩師的指導下，我逐漸愛上了圖書館學，而隨著對沈祖榮宗師了解的增多，這種情感亦越發加深了。我的碩士學位論文洋洋灑灑近十萬言，竟選擇了學禁未開的《中華民國圖書館事業的發展與評價》，並由此加深了我對沈祖榮宗師的敬仰，確立了研究沈祖榮宗師的心願。

事實使我不得不相信緣份。1988年底，也就是在我到中山大學圖書館學系（現改名信息管理系）任教的兩年之後，沈祖榮宗師的小女沈寶媛有一天到系裡來拜訪前輩周連寬教授，我們在系辦公室不期邂逅，共同的語言、共同的情感使我們很快成為忘年之交。其後，我曾多次採訪沈寶媛和林念祖，他們夫婦二人早年畢業於燕京大學，在學識和年齡上都是我的長輩，我稱他們為伯父伯母，而他們待我殷情備至，逢年過節，他們總是不辭辛苦來看望我這個知書不達禮的小字輩，令我感激萬分，慚愧萬分！1989年3月，根據個人所掌握的史料和沈寶媛伯母林念祖伯父提供的一手史料，我完成了四萬餘言的《一代宗師　千秋彪炳——論中國圖書館學教育之父沈祖榮先生的生平及其對中國圖書館事業的卓越貢獻》的論文初稿。在這一年的秋天，沈寶媛伯母又及時地給我提供了美國學者Cheryl Boettcher在《Libraries & Culture》雜誌上發表的論文《Samuel T.Y. Seng and the Boone Library School》，使我及時地對論文初稿作了部分史料補充。1990年，正當我的這篇論文開始在《圖書館》雜誌上連載的時候，以王振鵠教授爲首的台灣圖書館同仁在隔絕四十年之後第一次大規模地訪問大陸，尋根會友。9月22日，沈祖榮宗師的公子沈寶環教授在隻身赴廣州與家人團聚期間，特地訪問中山大學。於是，我作爲唯一的小字輩又得緣拜見沈寶環教授。回台北後，沈寶環教授在發表的《本是同根生——我看大陸圖書館事業》一文中還專門提到了我的研究。後來，沈寶環教授被聘爲廣東省圖書館學會名譽理事，在多次的交往中，沈寶環教授亦成爲令我敬仰的良師益友。

1992年10月，我赴美國加州大學洛杉磯分校（UCLA）圖書館學信息學研究生院作一年的訪問學者。完全出乎我意料的是，有一天，我的導師、前美國圖書館協會（ALA）主席、研究生院院長林奇教授（Beverly P. Lynch）特地向我介紹了我一直聯繫未果的美國沈祖榮研究專家Cheryl Boettcher。我原以爲Cheryl是位大教授，沒想到她當時僅是該院的一位博士研究生。她有一個很好的中文名字叫做白齊茹，現在已改名Cheryl Boettcher Tarsala（戴求禮）。儘管她是一個道地的美國人，但中文講得很好，對中國圖書館的歷史，尤其是沈祖榮，了解和研究的程度超過了大陸的許多學人。頻繁的暢談和交往，使我又結識了一個學術知己，在我回國時，齊茹將她所有的沈祖榮研究資料複印，專門送給了我一份，這使我感到了美國學者的無私和真誠，這也不能不說是緣份。在美期間，由於意外得到一筆資助，我又有緣在曼哈頓紐約公共圖書館尋訪了半個世紀以前沈祖榮在美國留下的足迹。

資料的積累越來越多，對沈祖榮宗師的了解越來越深入，於是敬仰與欽佩之情也就越來越濃厚，寫作的決心也就越來越大。

我寫這本書的另一個動因則是出自對大陸圖書館界學人研究的憤懣和個人的歷史責任感。

現在圖書館學界的新生代對歷史毫無興趣，甚至厭惡，因而圖書館史的知識幾乎一貧如洗，成了盲目追逐時髦的一代。而中老年的能夠有所作爲而又著力作爲的鮮見，這不能不說是一種遺憾。

沈祖榮爲中國圖書館事業奮鬥了大半個世紀，至今逝世也已近二十年了，但直到九十年代以前對於沈祖榮的研究幾乎是一片空白。

1980年，武漢大學圖書館學系主任黃武忠在《武漢大學學報》（哲學社會科學版，1980年第6期）上發表了《武漢大學圖書館學系六十年》一文，其後又在《圖書情報知識》（1981年第1期）上發表了《進一步加強中美兩國圖書館學和情報學領域的交流與合作》一文。黃宗忠老師思想很敏銳，更敢於高唱新論，在這兩篇文章中，他完全否定了50年代以後大陸圖書館界對韋棣華的種種極"左"批判，重新高度地評價了韋棣華。1981年6月，東北

師範大學圖書館學系的兩個學生在《吉林省圖書館學會會刊》
（1981年第3期）上發表了《關於中國現代圖書館事業史評價上
的一個重要問題——就韋棣華評價問題同黃宗忠同志商榷》一文，對
黃宗忠的正確而科學的評價給予了回擊，重新以極"左"的觀點
否定了韋棣華，否定了文華圖專，滿紙的極"左"餘毒。事隔四
年，另一個人在《四川圖書館學報》（1985年第5期）上發表
《評韋棣華》一文，與前面的兩個學生一唱一和，對韋棣華、文
華公書林、文華圖專進行了全面的否定，通篇整個就是一篇文化
大革命的批判稿或大字報。倒是兩年後，徐全廉在《四川圖書館
學報》（1987年第1期）上發表的《評＜評韋棣華＞》一文說了
一些公道話，重新肯定了韋棣華、文華公書林、文華圖專的歷史
地位與作用。

　　我要說這些的原因主要有兩個：一是，這些文章雖然是評價
韋棣華和文華公書林與文華圖專的，並沒有直接評價沈祖榮，但
是，全面地否定了韋棣華、文華公書林和文華圖專，不也就是全
面地否定了沈祖榮嗎？二是，文化大革命在1976年就已結束，而
在其後的十年中文化大革命的餘毒竟然還是那麼深，"革命小將
"還是那樣勇往直前以愚昧去與科學鬥爭，可見，思想觀念的轉
變不是一朝一夕的事。

　　對於沈祖榮的研究大致起於80年代初。1981年，文華前輩張
遵儉在《圖書情報知識》（1981年第2期）上發表了《曇華憶舊
錄——記沈祖榮與韋棣華的遇合》一文，1982年張遵儉又在《圖
書館學通訊》（1982年第2期）上發表了《曇華憶舊錄——回憶
沈紹期師》一文。這兩篇短小的回憶錄雖然還不是專門的研究論

文，但總算是開了個好頭，況且當時張遵儉身體健康狀況很不好，年事亦高，的確是難能可貴。1983年文華老前輩嚴文郁在台北《傳記文學》（第42卷第5期）上發表《圖書館教育之父沈祖榮先生——爲其百年冥壽紀念而作》一文，該文雖亦有回憶性質，但頗多公允評價，尤其是"圖書館教育之父"的提出非常令人欽佩，因此，這篇文章可以算作是研究沈祖榮的開始。

1989年，我的師妹胡先媛在《高校圖書情報學刊》（1989年第3期）上發表了《沈祖榮先生傳略》一文，雖然文字不多，但可以算得上是當時唯一全面記述沈祖榮生平的著述。幾乎與此同時，美國學者白齊茹（Cheryl Boettcher）在美國《Libraries and Culture》上發表了長篇弘論《Samuel T.Y. Seng and the Boone Library School》，對沈祖榮進行了全面的研究和評價（後台灣有譯文發表）。她的研究雖不乏可商榷之處，但是，其史料之豐富、論證之充分、觀點之正確，無不令我折服。尤其是，她還是身在局外的美國人，美國人尚能做到如此地步，而我們卻不能，這既令國內圖書館界學人感到羞愧，又令我們愧對先賢和歷史。

自1990年至1991年，我的論文《一代宗師　千秋彪炳——記中國圖書館學教育之父沈祖榮先生》分五期在《圖書館》上連載，這得益於我的摯友，該刊的副主編韓繼章的大力支持。韓繼章負責《圖書館》雜誌的編輯多年，不僅對圖書館學術十分敏感，而且極富開拓精神，他憑藉著一份專業雜誌不斷地誘導圖書館學術研究，而且造就了一批頗有成就的新人，可以算得上是國內頂尖的圖書館學期刊編輯之一。我的這篇文章雖不乏粗糙和幼稚，但是，由於它不僅創下了在圖書館人物研究上迄今爲止無人打破的文字長度記錄，而且連載五期且頗具深情，因而在全國引起了很好的反響，不僅有人發文讚許，而且有人戲稱我爲"沈祖榮研究專家"。

其後，昌少騫發表了《沈祖榮師對我國圖書館事業的貢獻》（《圖書館學通訊》1990年第2期），羅德運發表了《中國圖書館界先驅者的足迹──紀念沈祖榮先生誕辰110周年》（《圖書情報知識》1993年第3期）。這兩位文華前輩雖然已盡心盡力，但並不夠深入透徹。

與此同時，另一位熱心於沈祖榮研究的文華前輩丁道凡自1988年7月起一直在努力搜尋沈祖榮的著述，並於1991年11月編輯出版了《中國圖書館界先驅沈祖榮先生文集（1918～1944年）》（杭州大學出版社，1991年11月），這是目前在沈祖榮研究方面唯一的一本書，因而顯得很有意義，爲此，我在爲此書寫的書評中很充分地肯定了其積極的一面。

如此說來，如果僅僅就是孤立地審視沈祖榮的研究的話，儘管目前的水平都還不高，但畢竟關心的人越來越多了，應該值得高興。可是，我根本就高興不起來，因爲橫向的比較令我憤懣。

於是，不盡的不平和憤懣使我產生了一種歷史的責任感，而這種責任感又驅使我在沈祖榮的研究中選擇了一個新的突破口，即撰寫一部沈祖榮評傳。因爲這本評傳將是我國有關圖書館人物的第一部傳記，因此，不論成功與否，它都將具有非同小可的意義。這是我的自信，或者也可以說是自負。

這部評傳的構思起於1989年我撰寫《一代宗師　千秋彪炳》

之時，至今前前後後已花了八年的時間，但正式的寫作只是近來一年多的事。現在，這部書總算是脫稿了，多少總算了却了一椿多年的心願。

這部評傳分上篇生平事迹，下篇學術思想共兩個部分。上篇依時序按專題分十三章叙述了沈祖榮的主要生平事迹，下篇則完全是依主題分七章總結了沈祖榮的學術思想，第八章歷史評價實際上是對生平事迹和學術思想的最後歸納，因此，可以視爲一個獨立的部分。書後列有《沈祖榮先生著述目錄初編》和《沈祖榮先生年譜初編》兩個附錄，這兩個附錄乃是正文的補充和延續，因此，它們是不可分割的整體。

對於這本書，我個人的基本看法是三七開，也就是七成的滿意，三成的不足。滿意之處在於以下幾個方面：第一、不論如何，這是我國第一部有關圖書館人物的傳記，它是迄今爲止最全面的研究沈祖榮的著作，因此，具有不可忽視的歷史意義和現實意義。第二、這本書在史料收集上比較豐富，因此，基本叙述大抵都言之有據。第三、這本書第一次全面而高度地評價了沈祖榮光輝而偉大的一生，還了歷史的眞面目。不足的是：第一、沒有見到沈祖榮的個人檔案，一些史實還不全，甚至可能不準確，有待進一步收集考證。第二、儘管這部書的寫作費了不少時日，但完全是在忙裡偸閒中完成的，斷斷續續，思路時而清晰，時而模糊，因此，前後可能不夠連貫。這些得失，僅是我信手拈來的幾點，全面的評述就留待他人去完成。

值得說明的是，這是一部評傳，不是一部傳記文學作品。儘管我努力使這部評傳具有可讀性、通俗性和吸引力，但是，它畢竟是一部嚴肅的學術著作，容不得毫無根據的遐想和添油加醋，甚至文學演繹。與此相關聯的是，在寫作中如何處理理智與情感的問題。雖然我一直在試圖保持冷靜的思考，但是，我還是不得不承認，沒有情感，我就不會寫這本書，也寫不出這本書。我只希望我的情感不至於歪曲了沈祖榮的光輝形象。此外，我一向直率，直抒胸意乃是我的特點，如果這篇序言對其他學者和前輩的評論不正確，甚至多有不敬和冒犯，敬請批評指正。

　　我個人很幼稚，學識水平極有限，見聞亦狹隘，書中有許多不足，甚至錯誤，敬請專家學者不吝批評指正，以便我在這本書再版時予以補闕糾謬。

　　最後，我要特別而隆重地向所有幫助和關心過本書的同仁、學者、專家和單位致以最誠摯的感謝！沈寶環教授在百忙之中不辭辛苦欣然為拙著賜序，並在拙著的寫作中給予了不少的鼓勵和幫助；沈寶媛伯母和林念祖伯父對拙著的寫作不僅寄予了厚望，給予了殷切的關懷，而且提供了大量的信函和圖片等珍貴的資料。藉此機會，我特向沈寶環教授、沈寶媛伯母和林念祖伯父致以崇高的敬意和真誠的感謝！美國學者白齊茹博士為拙著提供了大量的英文史料，我表示由衷的感謝！我必須特別強調的是，如果沒有台北學生書局的大力支持和幫助，拙著的出版幾乎是不可能的，藉此機會，我謹向學生書局暨全體同仁致以衷心的敬意和誠摯的感謝！

程　煥　文

一九九六年十月十八日

於廣州中山大學竹帛齋

中國圖書館學教育之父——沈祖榮評傳

目　　錄

上篇　　生平事迹

下篇　　學術思想

附　錄

上　篇　　生平事迹

一、縴夫之子：
漂泊的少年時代

沈祖榮，字紹期，英文名Samuel Tsu-Yung Seng，簡名Samuel T.Y.Seng，1884年（清光緒十年）9月11日誕生於湖北省宜昌市一個平民家中❶。

據說❷，沈祖榮的祖先是浙江紹興人。江浙素爲富庶繁饒、文人淵藪之地，碩學鴻儒代不乏人，加之前輩導綮，流風輝映，後生爭鳴，蔚成大觀。自明清以降，江浙藏書之風氣頗盛，藏書之風氣盛，讀書之風氣亦因之而興，好學敏求之士往往跋踄千里，登門借讀，或則輾轉請託，迻錄副本，甚或節衣縮食，恣意置書，每有室如懸磬而弄書充棟者；亦有畢生以抄誦秘籍爲事，蔚成藏家者；而更多的則是在十年寒窗苦讀之後，一舉成名天下知，入

---

❶　關於沈祖榮先生的誕辰日期與籍貫等諸問題，諸說各異，因尚未發現沈祖榮個人檔案，暫取此說。詳細的考證見本書附錄《沈祖榮先生年譜初編》之"1884年9月11日"條款的案語。

❷　1995年11月15日上午沈寶環教授應邀在廣東省中山圖書館演講。在演講之前，沈寶環教授在中山圖書館貴賓室與廣東圖書館界人士座談時曾言及個人家世。

品晉階，衣錦還鄉，極一時之榮寵。在那個萬般皆下品，唯有讀書高的學而優則仕時代，沈祖榮的祖先在讀書成名的仕宦之路上亦創造了令人傾慕的輝煌——科舉高中。在科舉高中之後，沈祖榮的祖先遂舉家遷徙，做官於四川省忠縣，並在忠縣繁衍生息。

其後，沈祖榮的祖先家道中衰，由書香仕宦門第逐漸嬗變為普通平民之家。在沈氏家族中，沈祖榮的祖父這一支裔生活日趨頓踣，最後不得不靠在長江上為人拉縴以維持生計。沈祖榮的父親自少年時代開始亦加入了拉縴的行列，上重慶，下宜昌，過著漂泊的日子。夏日，他們頭頂烈日，在滾燙的沙礫上艱難地匍匐行進，汗水撒遍了長江兩岸；冬天，他們冒著凜冽的寒風，在刺骨的冰雪上苦苦地掙扎拼搏；辛酸的淚水，悲愴的號子交織著凄厲的猿啼迴盪在三峽兩岸。縴夫，這是世界上不折不扣的最艱苦的出賣勞力的活計。

在清末，政府腐敗無能，賣國求榮，外國列強肆意宰割中國，奴役人民，舉國民不聊生，生靈塗炭，縴夫的日子更是處在水深火熱之中備受煎熬。為了養家糊口，沈祖榮的祖父不得不憑藉著尚有一絲餘力的孱弱身體繼續拉縴，最後因年邁體弱不幸跌入江中患病而逝。

沈祖榮的祖父去世以後，沈祖榮的父親的生活擔子更加沉重，不得已，沈祖榮的父親只好從四川忠縣徙家到湖北宜昌落戶，並與拉縴的夥計們一起在宜昌江邊開設了一間專供過往縴夫和黃包車夫膳食的小飯舖，聊以維持生活。

1844年9月11日，沈祖榮在這個貧苦家庭的誕生給他的父母帶來了無限的歡愉和希冀。沈祖榮的父親給沈祖榮取了一個看似平常卻飽含著更爲深切厚望的名字"祖榮"，祈望沈祖榮將來能象沈氏祖先那樣讀書做官，擺脫貧困，榮宗耀祖；並賜字號"紹期"，祈盼沈祖榮將來能夠繼續完成沈家幾代人未竟的期望。然而，希冀與祈盼畢竟只是願望，它與現實尙有一段遙遠的距離。

孩提時代是人生最美好的時刻，然而，沈祖榮的童年卻充滿了辛酸苦澀。到了啓蒙的年齡，殷實人家的子弟大多入塾唸書，頌經吟詩，沈祖榮羨煞私塾中的讀書子弟，心中充滿了讀書的奢望。然而，現實又是那麼的殘酷無情，沈祖榮家貧如洗，一日三餐都難以糊口，哪裡還有錢去讀書呢？自記事時起，沈祖榮就開始跟隨父母操持家務，爲了生計，沈祖榮從十餘歲起便開始在父親開設的小飯舖中跑堂聽叫，充當堂倌。

當堂倌，這既非沈祖榮的父母的初衷，亦非沈祖榮的心願，實在是生活所迫。即便如此，沈祖榮的父母望子成龍之心一直沒有改變，沈祖榮渴望讀書之心亦始終沒有泯滅。爲了一個共同的夙願，沈祖榮的父母決意忍飢挨餓，從微薄的生計中擠出一點血汗錢，以供沈祖榮讀書。大約15歲的時候，沈祖榮終於步了宜昌的一所私塾。讀書對於沈祖榮來說的確是來得太晚，但是，它畢竟是夢寐以求的美好心願的實現，因此，沈祖榮非常珍惜這一讀書機會，白天上私塾，晚上幫父親操持生意，日夜兼作，雖辛勞備至，但其樂亦融融。可惜的是，沈祖榮的這次讀書時光實在是太短暫了，沈祖榮只讀了半年光景便因無力支付學費而輟學了。

沈祖榮的祖父和父親靠拉縴只能勉強糊口，而開飯舖也只能艱難度日。按常理，開飯舖會有所盈餘，但沈祖榮的父親所開的一間飯舖卻與一般的飯舖大不相同，其規模狹小簡陋，食客亦爲貧苦百姓，粗茶淡飯，小本經營，自然生計慘淡。生計的慘淡迫使沈祖榮的父親不得不另尋它法以維持生活。

　　早在19世紀末，隨著外國列強的不斷入侵，西方教會的勢力由東南沿海逐漸發展到內地，並在入川的重要商埠口岸——宜昌辦起了教堂和醫院等設施。1898年在四川大足人民掀起“除教安民”的反教會侵略鬥爭之後，與四川鄰近的湖北長樂（今五峰土家族自治縣）幾千名群眾舉行起義，起義軍縱橫長陽、巴東等縣，到處攻打教堂逐殺傳教士。其後“扶清滅洋”的義和團運動的興起，更使傳教士感到風聲鶴唳，人人自危。在這種形勢下，教堂招募員工自然十分困難。迫於生計，亦爲了讓沈祖榮免費學習一點基本的文化知識，在沈祖榮輟學之後，沈祖榮的父親將沈祖榮送到了宜昌的教堂做勤雜工。沈祖榮出身於貧寒家庭，自幼便養成了堅韌不拔的性格，既吃苦耐勞，又勤奮好學，入教堂做勤雜工之後，自然頗受教士的垂青。這樣，沈祖榮不僅在教堂可掙得一點收入，而且亦通過耳濡目染和教士的點撥學到了一些基本的英語知識和文化知識。

　　然而，教堂畢竟不是學校，做勤雜工也只不過是迫於生活的權宜之計。苦難的日子何時才能走到盡頭？幾代人祈盼讀書的夙願何時才能實現？不知不覺，沈祖榮已十六、七歲，將近弱冠之年，心中的苦悶、彷徨、痛楚和悲哀亦日益加劇。

二、主賜福祉：
赴武昌曇華林求學

在沈祖榮根本就不敢遐想未來，只是力求生存的時候，中國正在經歷著劇烈的振盪，宜昌之外的世界正在發生著急劇的變化，而這不可逆轉的社會變化卻悄悄地改變了受盡磨難的縴夫之子——沈祖榮的命運。

1900年席卷全國的義和團運動使外國侵略者在中國的教會勢力受到了沉重的打擊，京師一帶的教會幾乎全部鏟平，東北的教會勢力受到程度不等的打擊，除南方各省由於所謂的"東南互保"教會勢力沒有受到打擊以外，全國的基督教勢力約被削弱了三分之一。爲了加緊對中國的控制和掠奪，外國列强決意不僅要恢復，而且要大大加强和擴充教會勢力。在八國聯軍攻陷北京之後不久，美國國內有17個重要的基督教差會負責人於1900年9月21日在紐約召開聯席會議，決定不撤退在華傳教士，而且一旦局勢許可，立即把在華傳教事業迅速恢復，加派傳教士前往中國，大力擴展教會勢力。在義和團運動失敗，清政府被迫簽訂喪權辱國的《辛丑條約》之後，中國已完全陷入了被帝國主義列强所控制的半殖民地地位，因此，教會勢力自1901年到1920年的20年間進入了一個發展最迅猛的時期。在"爲基督征服世界"的口號下，基督教教會的在華勢力發展迅猛：到1904年，僅3年的時間，基督教徒數已從1901年的8萬人增加到13萬人，到1914年已發展到25

萬人；傳教士人數1901年是1500人，到1914年激增至5400人；英美傳教士的比例在1900年之前是3比1，到1914年已是4比5，美國教會勢力已占到很大的優勢❶。

在美國基督教會大肆發展在華勢力，進一步擴張教會學校的時候，美國聖公會差會❷傳教士翟雅各（James Jackson, 1851～1918）博士❸於1901年來到武昌聖公會，竭力拓展美國聖公會在武昌設立的思文學校（Boone School）❹。

思文學校是美國聖公公在華教育機關之一，由韋廉士（Channing Moors Williams, 1839～1910）❺主教提議於1871

---

❶ 顧長聲著.《傳教士與近代中國》.上海：上海人民出版社，1991年12月第2版第250頁。

❷ 美國聖公會差會（American Church Mission，簡稱A.C.M.）成立於1821年，開始專注於國內傳教，同時參加安立甘會的差會工作，從中累積經驗，1834年5月美國聖公會差會正式作出決議以中國為布道區，隔了一年派出路克武（H. Lockwood）和韓森（F.R. Hanson）兩名牧師乘瑪利遜號帆船越洋而來，但未能登陸，只在爪哇一帶居留。兩年後差會又增派文惠廉（W.J. Boone）來加強宣教活動，1884年文惠廉被選為中國布道區主教。其後美國聖公會在華勢力漸由上海發展到全國各地。

❸ 翟雅各（James Jackson 1851～1918），美國傳教士，1877年來華，在廣州為美以美會教士。1889年脫離美以美會，加入聖公會，在蕪湖、九江、武昌等地傳教。1905～1917年任武昌文華大學校長。死於九江。著有關於宗教的中文書籍，如《創世記注釋》，《出埃及記注釋》和《利未記注釋》等。

❹ 《英美委辦會建議教育合辦案匯誌》.見：《文華月刊》第2冊第2、3號，1922年6月，第13～16頁。

❺ 韋廉士（Channing Moors Williams 1839～1910），美國聖公會教士，1858年在常熟布道，1859年到日本長崎傳教，1866年在文惠廉主教去世後當選為聖公會中國——日本教區主教。1868年來華，並選定武昌作為未來的傳教中心，次年即回日本。1870年中日教區一分為二，韋氏任東京教區主教，而中國傳教區主教長期懸缺，直到1877年施約瑟（S.I.J. Schereschewsky 1831～1906）被選立為繼任主教。1908年退休返美。

年10月2日在武昌曇華林設立，英文名Boone School，中文名思文學校，意在紀念美國聖公會中國布道區主教文惠廉（William Jones Boone，1811～1864）❶。初時僅有教員1位，學生5人。1878年，創立神學班，純以華文教授。1887年，武昌聖公會貝會長（Sidney C. Partridge）❷擔任校長，一切仿行西法，特創設英文班。自是厥後，雖漸有發展，但一直只相當中學或中學以下程度，且生源囿於武昌城內。庚子時義和團運動興起，學校曾一度閉校，旋即開學。翟雅各到校後一方面增建校舍，另一方面則將招生擴大到武昌之外❸，竭智盡能，力圖進步。

在翟雅各的推動下，武昌聖公會思文學校於1901年開始到宜

---

❶ 文惠廉（William Jones Boone 1811～1864），美國教士，醫學院博士畢業，是美國聖公會派來中國最早的人之一。1837年由美國抵巴達維亞（雅加達），在該地華僑中傳教。1840年到澳門活動。兩年後持英使璞鼎查名帖至廈門鼓浪嶼，以英國侵略軍為後盾，霸占民房多所，設立傳教站。《南京條約》簽訂後，鼓吹傳教士乘英國割據香港和打開廣州、廈門、福州、寧波、上海五口通商的時機擴大活動。1843年返美，翌年被選為中國教區主教。1845年再度來華，在上海傳教。1848年脅迫上海道吳健彰，將上海蘇州河以北虹口地區闢為美租界。1864年患痢疾病死於上海。

❷ 貝會長（Reverend Sidney C. Partridge），中文名及生卒年月不詳，1885年擔任武昌聖公會會長，並主持思文學校，1899年被選為日本京都教區主教赴日本傳教。其間在武昌聖公會歷時14年，其對於思文學校的拓展主要有以下三個方面，一是將招生人數從30擴大到近100名，二是增加擴充了教學課程，三是新建了幾座樓宇校舍，初步形成了文華書院的四方形建築布局。

❸ 《英美委辦會建議教育合辦案匯誌》。見：《文華月刊》第2冊第2、3號，1922年6月，第13～16頁。
陳淑達譯.《歐美人在中國之教育的設施（節錄）》.見：李桂林主編.《中國現代教育史教學參考資料》.北京：人民教育出版社，1987年1月第373～394頁。
John L. Coe 著.《Huachung University》.New York：United Board for Christian Higher Education in Asia, 1962.

昌招收新生。其時義和運動餘波未盡，民衆對教會或則充滿仇
恨，或則心有餘悸，避之就不及，自然更不願與之有所瓜葛。雖
然思文學校像許多其他的教會學校一樣主要招收失學的貧家子弟，入
學者以12歲以上之未婚者爲合格，在智力上不作任何要求，且條
件優越，除免除全部學費外，尚給每個學生發放少量日常零用錢
物，但願意入學者仍寥若晨星，宜昌教堂自然頗難物色到人選。
在這種情況下，宜昌教堂竭力說服和推薦當時正在教堂做雜役的
沈祖榮到武昌思文學校讀書。其時沈祖榮已年滿17歲，這個年齡
的子弟在今日的大陸大抵相當大學入學或高中畢業了，實在是太
晚，即便是在當時，不說成家立業，至少也應該有所造就。然而，沈
祖榮畢竟只是生活在社會最底層的窮人子弟，一日三餐尚難以糊
口，哪裡還敢有更多的奢求？但是，讀書畢竟是沈氏家族幾代人
夢寐以求的未了夙願，更是沈祖榮多年來在備受生活煎熬中一直
渴求的遐想。從這一點上講，到思文學校讀書，雖然既不及正規
學校，亦遠不如越洋鍍金，但是，它終究是貧苦人家子弟的一線
希望。就沈祖榮的情形而言，它無疑是主賜福祉。

　　這樣，爲了糊口，更是爲了讀書，經宜昌教堂推薦，沈祖榮
告別了宜昌的父老鄉親，隻身來到武昌曇華林，就讀於思文學校
的英文神學班。

　　思文學校既然是教會學校，且只開有神學班，自然灌輸基督
教教義與精神是最爲主要的。但是，教會學校經歷了長期的發
展，已深深地紮入了中國的土壤，像許多其他的教會學校一樣，
思文學校的課程大致可分爲四部分：宗教教育是擺在首要地位的，其
次是中國的儒家典籍，再次是一些科學知識，第四是英語。沈祖

榮勤學好問，長進甚快，正因爲如此，思文學校的教育奠定了沈
祖榮以後人生的基礎。宗教的灌輸使得沈祖榮樹立了對基督的信
仰，而更重要的是使得沈祖榮在自身所具備的中華民族傳統精神
中融入了服務社會的宗教精神；儒家經典的學習使得沈祖榮了解
了中國文化的精髓；科學知識的傳授使得沈祖榮獲得了科學的啓
蒙，了解了中國以外的世界，燃起了富國強民的思想；而英語的
學習使得沈祖榮掌握了與母語難分仲伯的語言工具。

　　在沈祖榮潛心學習的同時，思文學校在翟雅各的苦心經營下
蒸蒸日上，1903年，思文學校改升書院，設立高等科，成爲美國
聖公會在華三年制高等學校之一，思文學校（Boone School）
亦相應更名爲文華書院（Boone College），其中文校名除仍含
有紀念文惠廉主教的意義之外，又滲入了〝义章華國〞的中國意
義，自然在表面上淡化了宗教色彩。至此，文華書院實際上包含
著兩個層次的教育，一部分是原有的教育，即六年制中學科，屬
大學預備科性質，另一部分是新創設的高等教育，設文科和神學
兩科，屬大學正科，規模初具。不過當時入院讀書的學生並不
多，第一屆入院肄業者僅9人而已。

　　1905年清政府廢科舉以廣學校，新教育制度開始漸次確立。
1906年，文華書院開始籌辦大學，1907年正式招收第一屆四年
制本科大學生。　1907年初，沈祖榮在讀完6年的中學之後，以優
等的學業受到文華書院的推薦，繼續免費攻讀高等科——文科。
其時文華書院在教學上已開始發生一些變化，神學科雖設備完
善，但已逐漸開始滑落，文科已成爲主科，這無疑是清末時勢的
需要。

　　1909年，經翟雅各活動，文華書院繼蘇州東吳大學於1902年在美國田納西州註冊和上海聖約翰大學於1906年向美國哥倫比亞特區註冊之後，獲得美國紐約州立大學董事會（the Regents of University of the State of New York）的特許，並在哥倫比亞特區註冊，正式綜合神學、文學、理學各科，組升大學，改名為文華大學（Boone University）。文華大學依然分中學科和大學科兩部分；中學科學制 6年，大學科分文科、理科、神學科3科，文科理科修業年限4年，神學科入學者為大學分科之畢業生，修業年限2年或3年，各科畢業生均授予文學學士（B.A.）學位。由於文華大學已向美國註冊，獲得了美國哥倫比亞特區法律的特許，其畢業生可以不經過考試直接升入美國註冊過的州立大學，並頒發美國認可的學位，這對抬高身價以吸引學生報考是一種手段。但這同時亦表明文華大學像其他教會大學一樣雖然設立在中國的土地上，卻敢於無視中國的主權，享受著治外法權和其他各種特權。

　　1911年1月，沈祖榮以優異的成績完成了文華大學文科四年的學習，學成畢業並獲得文華大學第一屆文學學士學位。這時，沈祖榮已27歲，將近而立之年，終於實現了沈氏幾代人渴望讀書的夢想。

三、天降大任：
立志圖書館事業

　　大學畢業在教育發達的今天已是極為平常的事，可是在20世紀初的中國它卻十分地了不起。嚴格地說，中國的大學只是在20世紀初才開始興起，1905年（清光緒31年）8月清政府正式停科舉以廣學校，新教育制度才開始漸次確立，大學才有所發展。1911年沈祖榮大學畢業之時，中國的教會大學屈指可數，公立大學更是寥若晨星，大學畢業生自然是鳳毛麟角，各處競相聘請，尤奉為至尊。是投身政界求官問職？還是卜海經商發財致富？亦或秉筆執教成名成家？……，站在人生十字路口的沈祖榮正面臨著五彩繽紛的人生與事業的抉擇。一方面是父母的夙願，興家立業，脫貧致富，榮宗耀祖；另一方面是山河破碎，列強橫行，民族危亡，民智未開，振興中華，匹夫有責。是行孝？還是盡忠？自古忠孝兩難全。

　　在這個人生抉擇的關鍵時刻，沈祖榮既沒有選擇執鞭從教，也沒有選擇投筆從戎，更沒有選擇升官發財，而是選擇了頗為時人譏笑的不起眼兒的圖書館事業——就職於文華大學公書林。當時對於沈祖榮的這一抉擇，旁人不可理解，親朋戚友誰都不贊成。當面阿諛，則說：“方今各處需才孔亟，以你大學畢業，何事不可為？乃作此招護書籍的事業，不其長才短馭？”背地議論，不是說：“毫無遠志”，就是說：“學識平庸，不能充當學校的教員，不能做洋行的買辦或寫字，只有涸亦書叢，做書班的事業，這種整理書籍的工作，花費數元，雇一個失業的書賈擔任足矣，何以在大學畢業之後，反去做這種工作，眞是不可解"❶。類似這樣的冷嘲熱諷，在風氣未開的當時雖然使得沈祖榮倍覺不堪，頗難爲情，但是，他只能付之一笑，因爲一般的人根本就無法理解沈祖榮的志氣和理想。

事實上，沈祖榮立志圖書館事業絕非一時的輕率之爲，而是在深思熟慮之後的人生必然歸宿和先知先覺之舉。

沈祖榮出身貧寒，來自社會的最底層，不僅自己受盡磨難，而且更深悉民眾的疾苦，沈家幾代目不識丁，沈祖榮17歲才讀書，自然對勞苦大眾失學的痛楚有著更深刻的體驗。在其後的10年求學生涯中，沈祖榮不僅了解到了中國以外的世界，而且對日趨式微的中國有了從感性到理性的更深刻認識。洋務實業最終敵不過列強的堅船利炮，變法改良也未能拯救中國，中國的出路何在？中國的希望何在？這是千百萬有志之士在那個社會劇烈動盪的時候苦苦探索而又一直未能解決的社會大主題。像當時許多進步的知識分子一樣，沈祖榮深深地感到要拯救危亡，振興中華，啓迪民智喚醒民眾乃是首要。揮鞭執教固然不失爲教育救國的一個途徑，但學校畢竟條件十分有限，無以沾漑勞苦民眾。清朝的腐敗、列強的蹂躪，民眾的苦難，無疑燃起了沈祖榮的富國強民思想，而犧牲自我拯救民眾的傳統精神和基督精神無疑又造就了

---

❶ 沈祖榮.《在文華公書林過去十九年之經驗》.見：《文華圖書科季刊》1卷2期第159～175頁。

沈祖榮先天下之憂而憂，後天下之樂而樂的歷史使命感。圖書館作爲一種民衆教育的機關，自然是啓迪民智，恩澤大衆的無量事業。唯其如是，沈祖榮立志圖書館事業雖面臨冷嘲熱諷但"並不爲大困難" ❶。

當然，沈祖榮之所以立志圖書館事業，除了上述因素以外，還取決於沈祖榮與韋棣華女士的世紀性遇合。這種遇合不僅促成了沈祖榮在人生關鍵時刻的非凡抉擇，而且在某種意義上講亦改變和加速了中國近現代圖書館歷史的發展。

韋棣華（Mary Elizabeth Wood, 1861. 8. 12.～1931. 5. 1.）女士於1861年8月12日誕生於美國紐約巴達維亞（Batavia, New York）。其祖先爲新英格蘭血統，美國獨立戰爭期間（1776～1783）住在麻省康科得（Concord, Massachusetts）附近，其先祖埃福雷恩（ Ephraim Wood）曾任革命戰爭將軍。韋棣華女士的父親愛德華（ Edward F. Wood）於1859年背棄幾代人居住的康科得，定居於紐約州巴達維亞附近的一個農場；並與同爲新英格蘭血統的瑪麗（Mary Jane Humphrey）結婚，其後生育七男一女共八個小孩。韋棣華居長，自幼格守傳統在家幫助母親操持家務，並先後就讀於公私立學校。1889年，韋棣華28歲時被指定爲在巴達維亞新建的公共圖書館——理奇蒙德紀念圖書館（Richmond Memorial Library）的首任館長。擔任圖書館館長是韋棣華所謀求的第一項工作，也許是因爲工作既可免除

---

❶　沈祖榮.《在文華公書林過去十九年之經驗》.見：《文華圖書科季刊》1卷2期第159～175頁。

操持家務的煩擾，又可獲得一份收入，韋棣華十分熱衷於圖書館
工作，並曾制定實施多項圖書館發展計劃，工作頗有成績。

韋棣華在理奇蒙德紀念圖書館工作了10年之後，其人生開始
發生重大的變化。1899年初，韋棣華最憐愛的最小的弟弟韋德生
（Robert Edward Wood, 1872～1952）❶在完成聖公會牧師的
培訓之後，受美國聖公會國內外差會（The Domestic and
Foreign Missionary Society of the Protestant
Epsicopal Church in the United States）的差遣赴中國武
昌聖公會傳教。韋德生赴武昌之後，韋棣華十分牽掛，恰在此
時，義和團運動開始在山東興起，義和團毀教堂、殺教士的活動
雖僅限於東北局部，但經西方媒介和傳聞的渲染，西方人士普遍
感到風聲鶴唳、草木皆兵，到處充滿了血腥的屠殺。出於對幼弟
韋德生的擔憂，韋棣華在韋德生赴武昌之後不久，遂亦於1899年
底隻身來華，於5月16日抵武昌探望其弟韋德生。其時韋棣華已
年屆 38歲，這次偶然的中國之行最後卻使得韋棣華在中國度過
了人生的最後31年，並成爲中國現代圖書館運動之皇后❷。

韋棣華到達武昌以後，看到其弟韋德生安然無恙，頗感慰
藉。然而，義和團運動風起雲湧，聲勢愈來愈大，這又使得韋棣

---

❶ 韋德生（Robert Edward Wood 1872～1952），美國聖公會教士，1899年來
華，在武昌聖公會傳教53年。

❷ 1926年，韋棣華赴天津游說前民國總統黎元洪將軍時，黎元洪稱韋棣華爲＂
中國現代圖書館運動之皇后＂。見：Samuel T.Y. Seng.《Miss Mary
Elezabeth Wood：The Queen of the Modern Library Movement in
China》.見：《文華圖書科季刊》（英文之部）3卷3期1931年9月第8～13頁。

華對其弟韋德生的安全增添了新的憂慮。有鑒於此，韋棣華遂決定暫時居留武昌，以觀時局變化。1900年韋德生取得了美國聖公會武昌聖邁克爾氏教區教堂（St. Michael's Parish Church）的牧師職位，於是，韋棣華便住進了位於文華大院的聖公會差會（the Protestant Episcopal Mission），並應其弟韋德生的要求，在思文學校擔任基礎英語教員，以緩解學校師資的嚴重匱乏。

　　韋棣華在思文學校教授英語既十分投入，又頗注重教學法，效果甚佳，被學生譽爲“我們敬愛的老師”（Our Beloved Teacher）❶。儘管如此，雖然教授英語這固然既可與其弟相依爲命，又可助聖公會一臂之力，但是這終究不是韋棣華個人的興趣和志向之所在，因爲她在美國已有了十年的圖書館工作經驗，並因此而造就了她對圖書館的終生興趣與熱愛。在教學和閒暇時間，韋棣華通過廣泛的接觸與訪問，逐漸了解了中國的文化、具有九省通衢之稱的武漢的重要性、和民衆的疾苦與需要，頗有救助服務之意，於是，韋棣華很快將興趣轉向了圖書館服務。

　　1901年，也就是在韋棣華到達武昌的兩年之後，韋棣華開始了其在中國的圖書館服務活動，她積極地向海外的朋友徵集捐書捐款，並在其後數年中堅持不懈。韋棣華鍥而不捨和竭誠服務民衆的精神感動了許多的美國朋友，一些美國圖書館界的朋友，以及美國婦女援助會（Women's Auxilaries）和聖公會期刊俱樂

---

❶　George W. Huang（黃文宏）.《Miss Mary Elezabeth Wood：Pioneer of The Library Movement in China》.見：《Journal of Library and Information Science》（台灣）1（April 1975）：67～78。

部（Church Periodical Club）等紛紛贈書捐款。其後，韋棣華將徵集到的大約3000餘冊英文書刊陳列在文華校園的八角亭（Octagon）——是爲文華公書林的雛型——以供學生使用。八角亭英文藏書的設立在尚無圖書館的文華書院，乃至中國，自然都是一件十分新鮮的事，充滿好奇心和求知慾的學生（當時許多學生就讀文華並非是爲了攻讀神學，而是爲了學習英語）在課餘和節假日經常光顧八角亭。後來，韋棣華又向美國徵集教科書在八角亭向學生拍賣，並以拍賣所得增廣藏書，於是，八角亭在文華影響日盛❶。

鑒於韋棣華工作卓有成就，美國聖公會於1904年任命韋棣華爲世俗傳教士❷。

1905年，清政府廢科舉以廣學校，全國高等教育開始進入一個新的發展階段。1906年，文華書院開始著手準備組升大學。在這種形勢下，韋棣華感到新的大學必須要有新的與之相適應的圖書館，而且八角亭過於狹隘已無法收藏源源不斷贈送的書刊，因此，韋棣華決心創建一所圖書館，並向學校提出了建議。爲了實現這一願望，韋棣華在闊別美國七年之後於1906年首次返美，開始了長達18個月的準備工作。

返回美國後，韋棣華一方面進入紐約布魯克林的普拉特學院

---

❶　Mary Elizabeth Wood. 《Library Work in A Chinese City》. 見：《ALA Bulletin》1（1907）：84～87.

❷　George W. Huang（黃文宏）.《Miss Mary Elezabeth Wood：Pioneer of The Library Movement in China》.見：《Journal of Library and Information Science》（台灣）（April 1975）：67～78.

圖書館學校（Pratt Institute Library School in Brooklyn, New York）進修，以將自己培養成一名專業圖書館員；另一方面四處遊說，以爲創建圖書館籌措資金和進一步收集書刊。此時，韋棣華的精神境界與以前已大不同，由於她已是世俗傳教士，因此，她把創辦圖書館看作是一件神聖的事業，正如她所說的那樣：“我覺得做這項工作乃是神的感召，它是主的中國計劃之構成部分”❶。

在遊說籌措資金的時候，韋棣華參加了1907年5月23日至29日在美國北卡羅萊納州阿什懷爾（Asheville, North Carolina）舉行的美國圖書館協會（ALA）第29屆年會，並在27日的第3次全體大會上宣讀了論文《在一個中國城市的圖書館工作》（Library Work in a Chinese City）。這篇論文个僅介紹了韋棣華在武昌的圖書館工作，闡述了創設圖書館的必要性和可行性，而且第一次將中國的圖書館運動介紹給了美國圖書館界同仁。

在韋棣華的努力下，一批美國友人紛紛解囊相助。原哥倫比亞大學校長塞思·洛博士（Dr. Seth Low）第一個慨捐1000美金，並對文華新圖書館的籌建給予了高度的評價和寄予了深切的厚望〔後來文華公書林爲此專設了羅公瑟士紀念室（Seth Low Memorial Room）〕。其後，紐約著名的慈善家奧莉維亞·菲爾普斯·斯托克斯女士（Miss Olivia Phelps Stokes）捐贈了圖

<hr>

❶　George W. Huang（黃文宏）.《Miss Mary Elezabeth Wood：Pioneer of The Library Movement in China》.見：《Journal of Library and Information Science》（台灣），（April 1975）：67～78.

書館禮堂的費用，並以此紀念其姐姐〔即後來文華公書林之司徒廳（Stokes Hall）〕；波士頓的勞倫斯（Bishop Lawrence）和他的兩個姐妹坎宁安（Mrs. Frederick Cuningham）與洛林（Mrs. Loring）、華德女士（Miss Marian DeConway Ward）、斯圖基斯女士（Miss Sturgis）；費城的比德爾夫人（Mrs. Charles Biddle）和馬克歐夫人（Mrs. Markoe）；以及韋棣華在巴爾的摩（Baltimore）和理奇蒙德（Richmond）的朋友亦先後捐款。總計共捐美金約10000元。與此同時，韋棣華的美國朋友、婦女援助會和聖公會期刊俱樂部等的贈書亦紛紛不斷地寄往武昌文華書院。韋棣華的赴美籌備活動卓見成效❶。

1908年，韋棣華自美國返回武昌，並隨船將家俱和個人財物悉數運來中國，決心定居中國，終身致力發展中國圖書館事業。

返回文華書院之後，韋棣華在通過協商取得了圖書館建設用地之後，特聘請漢口的著名建築師德希斯先生（Mr. De Hees）根據眾議設計了圖書館建造圖紙；並在收集英文書刊的同時，開始收集中文書刊，使書刊的收集達到了5500餘冊。

1909年6月1日，文華大學舉行了文華公書林（Boone Library）奠基典禮。1910年春文華公書林落成，並舉行隆重的

---

❶ Mary Elizabeth Wood. 《Boon College Library, Wuchang, China》（from the Boone Review, August, 1908）. 見：《The Library Journal》V.34（Feb. 1909）：54～55. 又見：Samuel T. Y. Seng.《Miss Mary Elezabeth Wood：the Queen of the Modern Library Movement in China》. 見：《文華圖書科季刊》（英文之部）3卷3期1931年9月第8～13頁。

開館典禮。這座古希臘式的建築充分地揉合了韋棣華的文化思想，其內部裝修採用中國風格，家俱全爲中國傳統紅木式樣，莊重素雅，予人以如歸的感覺，這頗利於吸引一般民衆；其外觀爲希臘式，但花崗石門框的上端以燙金鐫刻著橫眉"智識諸寶咸蘊基督"，左右鐫刻對聯"仰之彌高鑽之彌堅"，"博我以文約我以禮"，光彩奪目，體現了韋棣華創辦華中基督教圖書館的情結❶。當然文華公書林並非是完全意義的基督教圖書館，儘管其初期的藏書以宗教典籍爲多，因爲韋棣華還有另一種情結——創辦一所公共圖書館。對於這一點，我們今天不難從其館名中首先窺見一二：從其最初的設計圖紙上看，其中文名稱爲"文華書院藏書室"❷，而落成後的中文名爲"文華公書林"；其英文名初爲"Boone College Library"，而落成後爲種由"藏書室"改爲"公書林"的變化體現了公書林的公共性，而"Boone Library"。這"Boone Library"之中去掉了"College"一詞，或者說沒有加上" University"一詞亦正是說明了其公共的意圖——即公書林不完全是文華大學圖書館。唯其如是，文華公書林乃是中國較早創辦的公共圖書館之一。

文華公書林的創辦在文華大學是一件振奮人心的大事，在中國近現代圖書館史上也是不可忽視的事件，其崇樓杰閣頗爲壯觀，且中西書籍規模初具，自然令人羨慕。但是，要一位大學畢業生去其中工作則並非是人人都樂意的事。在文華公書林開館不

---

❶　Mary Elizabeth Wood.《A Christian Library for Central China》，見：《The Spirit of Missions》5（1907）：9～14.

❷　見：《The Library Journal》V.33（January, 1909）.

久，韋棣華亟需助手的時候，沈祖榮毅然決定就職公書林正是取決於這種歷史的遇合。1901年沈祖榮初入思文學校時，韋棣華正在思文學校教授英語，韋棣華的教學與為人對剛剛啓蒙的沈祖榮產生了深刻的影響，沈祖榮曾對此作過十分詳盡的描述：韋棣華女士"初至中國，任文華教授為人勤謹和藹，教學生循循善誘，訓誨不倦。每退講席，必與學生諄諄談論，隨事指點。一字之誤，一音之訛，反復告語，卒得正確而後已。論文書札，或有舛誤，必詳為更正。愛學生若子弟，學生亦視之若慈母。彼此融洽，又如朋友。歲時佳日，或置茶點，招學生至其家，歡呼談噱以為樂。並出各種遊藝，以助其逸興。學生或有年假期間不能歸家者，即特別招至，溫語拊循，……藉以解其寂寞，慰其愁思。……故文華學生于他教授則或忘之，而言女士則未有不傾心悅慕愛戴終身者也" ❶。對於這樣一位值得"傾心悅慕愛戴終身"的師長，沈祖榮自然樂於與其共事。而尤為重要的是，沈祖榮在文華的十年，正好是韋棣華白手起家辛勤創辦文華公書林的十年。在這十年中，沈祖榮除了從利用韋棣華徵集到的藏書中獲得不少收益之外，更重要的是，沈祖榮更深刻地了解了韋棣華，尤其是韋棣華的圖書館服務精神；或者說，韋棣華的圖書館服務精神深深地感動了沈祖榮，使得沈祖榮樹立了致力於圖書館事業的理念。這樣，在文華公書林缺乏館員，而韋棣華又希望沈祖榮就職的時候，沈祖榮雖面對冷嘲熱諷和各種壓力，但對作出就職公書林的決定並不

---

❶ 沈祖榮.《韋棣華女士略傳》.見：《文華圖書科季刊》3卷3期第283～285頁，1931年9月。

感到有大的困難。唯其如是，沈祖榮與韋棣華在其後的數十年中攜手創造了中國近現代圖書館歷史上的一個又一個輝煌。

　　萬事開頭難。沈祖榮就職公書林之初，韋棣華任公書林總理（Librarian），沈祖榮任協理（Associate Librarian）。文華公書林雖有兩人，但因爲韋棣華身兼教職，實際上僅沈祖榮一人掌理。沈祖榮雖爲大學畢業，但並未受過專門的圖書館教育與訓練，所以"一切均很隔膜"。全部工作只是摸索著做，"類分書籍，編製目錄，就是取美國國會圖書館目錄卡，依樣葫蘆。由之知之，誠屬莫名所以"。分類的工具，"除了一本已經夠資格排到古物陳列所去的第六版《杜威十進分類法》外，一毫沒有。而且分類又不完全依據它，……。至若著者名，標題等規則，更未夢及。不知應當用完全格式，也不知同著者的書，號碼還是各有殊別"；圖書的出納只"是用流水記帳式，清查統計既不易，又很費時間"。"總之，一切總不一致的"，沈祖榮"自己也實莫名其妙" ❶。

　　尤爲困難的是，在20世紀初的中國，公共圖書館只是剛剛開始在少數省城設立，民衆對圖書館尚無任何認識，完全沒有利用圖書館的意識，學生也沒有在圖書館精心研求的習慣。公書林初成之後，每天到館閱覽的人寥若辰星，幾乎門可羅雀，但是，沈祖榮並沒有因此而氣餒，而是積極地採取了一些有力的措施來吸引讀者。正如沈祖榮所言："於是引導誘掖的工夫，不得不極力研究。我們就從文華本校入手，引一些學生前來閱覽。口講指

---

❶　沈祖榮.《在文華公書林過去十九年之經驗》.見：《文華圖書科季刊》1卷2期第159～175頁。

畫，如學校內的教師；應接周到，又好像旅社的堂倌，不圖學生們來的，不過翻閱幾份日報，讀幾遍雜誌。茫然而來，轟然而去"。經過數次的失敗，沈祖榮又改變方針，"去運動教員，請他們鼓吹學生到館閱書。並將與各教員所教授有關的書名，揭示出來，以便他們前來參考。又要求教員將所出的論文題，先行告知我們，我們就將關於邪論文的書籍，參考資料，檢出陳置一處，以使學生不費翻尋之勞，而得逢源之樂。像這樣辦理得教員之贊同，頗收效驗，學生很多自動到公書林來查閱圖書的，不似以前雖招之亦不肯來矣"❶！就這樣，公書林在文華大學打開了局面。

　　然而，文華公書林的性質不是專爲文華大學服務，韋棣華的初衷乃是要把文華公書林辦成一所公共圖書館，因此，僅僅吸引文華大學的師生是遠遠不夠的，還必須吸引武漢的民眾。於是，韋棣華和沈祖榮又將在文華大學的經驗推廣開來，去運動武漢各學校的校長和教職員，請他們勸令學生到公書林來閱書。但是，人們雖口頭應承，但實際上並沒有行動。這一則是因爲人們對圖書館不甚明瞭，二則是對文華這所教會學校諱莫如深，敬而遠之。一些人認爲："天地間安有這好的事，他們從美國捐錢來買書，給中國人讀，恐怕當中含有別的臭味，不是招攬學生的方法，就是引人入教的階梯"。自然也就望而卻步，畏縮不前。

　　運動各校校長的辦法失敗之後，韋棣華和沈祖榮又改變方針，舉行大學擴充演講，設法邀請中西名人或路過武漢的專家在

---

❶　沈祖榮．《在文華公書林過去十九年之經驗》．見：《文華圖書科季刊》1卷2期第159～175頁。

公書林定期演講，每次演講之前，先將入座券分別送到各校，請他們的學生都來赴會。像這樣的會，每月總要舉行兩次，每次在演講之先，沈祖榮和韋棣華總要引導一些學生瀏覽各處書籍，解說公書林的性質，號召人們前來利用。這樣既漸漸地消解了藉公書林招攬學生並引人入教的流言，又擴大了公書林的影響。於是，各校到文華公書林閱書的越來越踴躍，公書林的影響亦開始廣播武漢三鎮。

　　各校來公書林閱書的人，雖然漸有增加，但是韋棣華和沈祖榮仍以未能普遍爲恨。於是，文華公書林先後在聖邁克爾氏教堂（St. Michael's Church）和三一教堂（Trinity Church）設立了閱覽室。前者主要供該教區民衆、士兵和學生使用，後者則主要供商人店主使用，頗爲方便人們就近閱覽。

　　1914年，韋棣華和沈祖榮又在此基礎上進一步設立了巡迴文庫（Travelling Libraries），將各種適用書籍，每50冊至100冊，裝箱分別送到各個學校、機關、工廠陳列，以便就近閱覽。起初各處不敢收納，恐怕一有損毀，要負賠償責任，沈祖榮等又再三勸說，若非出於有心，並不負賠償之責，這樣各處才欣然接受。

　　經過這一系列的將文華公書林從文華大學推廣到武漢各學校，再從各學校推廣到武漢三鎮民衆的措舉和活動，文華公書林遂逐漸成爲名噪武漢三鎮的公共圖書館，而韋棣華和沈祖榮的遇合亦由此從知遇邁入了合作的階段。正如白齊茹博士（Dr. Cheryl Boettcher）所言："雖然各種報告都詳言韋棣華提出了這些服務計劃，但是，使其付諸實現的必定是懂得如何才能使這些服務計劃在中國社會予以實施的沈祖榮。沈祖榮已成爲韋棣華不可缺少的助手" ❶ 。

　　事業的開拓使得韋棣華和沈祖榮的合作愈來愈密切，人生的理想亦日趨一致，而這種知音般的遇合無疑又使得韋棣華和沈祖榮的友誼愈來愈深，同志之情已甚於師生之情。而這一切透過韋棣華對沈祖榮婚姻的關心不難窺見一二。1912年，經韋棣華介紹，沈祖榮與姚翠卿結爲伉儷。姚翠卿比沈祖榮年幼5歲，漂亮、聰明、賢慧，是一位充滿了中國傳統美德的典型現代女性。她自幼就具有濃厚的反封建意識，在清末新舊交替的時刻，她在姊妹五人中帶頭反封建，拒不裹足纏腳，主張婦女解放。早年入文華書院繡房當刺繡工，後曾隻身赴金陵女子大學求學，既具有與沈祖榮相稱的文化涵養，又與沈祖榮具有篤信基督的共同信仰。辛亥革命武昌起義時，姚翠卿曾參與救治國民革命軍受傷將士。在文華，姚翠卿則主要是協助教會從事婦女工作，其宣講的口才和婦女解放的主張頗受時人讚賞。沈祖榮與姚翠卿的結合充滿了幸福與美滿，這一點已被姚翠卿在其後與沈祖榮同甘苦共患難半個多世紀所證實。而這段美滿姻緣的撮合則證實了韋棣華對沈祖榮的深刻理解和眞誠的幫助。毫無疑問，如果說韋棣華與沈祖榮的知遇是中國圖書館事業的世紀性遇合的話，那麼，沈祖榮與姚翠卿的聯姻則是可圈可點的世紀性美滿姻緣。

---

❶　Cheryl Boettcher. 《Samuel T.Y. Seng and the Boone Library School》. 見：《Libraries and Culture》Vol.24, No.3（Summer 1989）：269～294.

　　沈祖榮與姚翠卿的美滿姻緣不僅奠定了他個人的幸福，而且亦造就了其圖書館事業的再度輝煌。1914年，沈祖榮的長女沈寶珠（後改名陳培鳳）降世。在其後的半個多世紀中，陳培鳳與父母相依爲命甘苦與共，成爲沈祖榮與姚翠卿的事業助手和生活依托。其後，沈祖榮的長子沈寶環的誕生，更是爲中國現代圖書館事業造就了新一代的巨擘。這是後話，在此不表。

四、遠渡重洋：
留美攻讀圖書館學

　　隨著文華公書林的不斷發展，韋棣華越來越感到"肩任公書林管理者，非受此種專門訓練，事業必難有發展之希望"，於是決定派沈祖榮赴美攻讀圖書館學。起初，對圖書館事業"一切均很隔膜"只是憑著一腔熱血而工作的沈祖榮對此頗有疑竇，沈祖榮曾言："管理圖書館的職務，不就止保藏典籍，司理借還嗎？此行赴美，有何研究？外人如是懷疑，我亦如是懷疑" ❶。後經姚翠卿勸說，沈祖榮才最終決定受命赴美攻讀圖書館學。

　　1914年夏，受韋棣華的資助和派遣，沈祖榮帶著滿腹的疑團，飄洋過海，來到美國紐約公共圖書館學校（The New York Public Library School），成為中國圖書館史上留洋攻讀圖書館學的第一人，也是世界圖書館史上赴美攻讀圖書館學的第一人。美國圖書館學教育雖然自1887年杜威（Melvil Dewey）創辦哥倫比亞大學圖書館學校時便已肇始，但是，至沈祖榮赴美時僅有7所圖書館學校而已，圖書館學教育正處在興起的階段。此時，美國圖書館專業人才的培訓只是剛剛從師徒式培訓過渡到三種培訓形成併存的時期，即圖書館附設培訓班、圖書館附設圖書

㉕　沈祖榮．《在文華公書林過去十九年之經驗》．見《文華圖書科季刊》1卷2期第159～175頁。

館學校、和獨立的圖書館學校。紐約公共圖書館學校即屬於第二種類型的圖書館學教育機構。

　　紐約公共圖書館學校肇於1897年紐約公共圖書館流通部專爲初入館的人員開設的培訓班，而正式設立則主要歸功於安德森（Edwin H. Anderson）的影響。安德森原畢業於杜威在停辦哥倫比亞大學圖書館學校後於1899年在阿爾巴利（Albany）創辦的紐約州立圖書館學校——一所在其後50年培養了14位美國圖書館協會（ALA）主席的著名圖書館學校。安德森畢業後，一直致力於圖書館學教育，他先是在匹茲堡卡內基圖書館（Carnegie Library of Pittsburgh）創辦了圖書館培訓班，並將其發展成爲圖書館學校。1909年，安德森在擔任紐約州立圖書館學校（the New York State Library School）校長三年之後來到紐約市，並向屬於老一輩自學成才的學者型圖書館專家紐約公共圖書館館長比林斯（Billings）提出了將紐約公共圖書館流通部培訓班發展成爲圖書館學校的建議。爲了解決創設該校的經費困難，1911年春，安德森向曾資助建設了一千餘所圖書館的美國巨富卡內基（Andrew Carnegie）提出了資助申請。由於安德森在布拉多克（Braddock）和匹茲堡（Pittsburgh）任職時與卡內基過從甚密，卡內基遂欣然同意連續5年每年提供15,000美金給紐約公共圖書館，作爲其設立圖書館學校的起動資金。

　　於是，紐約公共圖書館學校於1911年10月正式成立〔該校在開辦12年後於1923年8月停辦，轉爲哥倫比亞大學圖書館學校（the School of Library Service at Columbia University）〕。紐約公共圖書館學校開辦後第一屆入學學生37人，其中14人爲大學畢業免試生，其他為入學考試錄取生。學校有教職員5人，其中僅2人為專職，其他師資則由紐約公共圖書館的館員、紐約市的教育家和圖書館長擔任臨時講席補充。學制為兩年，第一年為專業基礎課教學，學成之後頒發畢業證書（Certificate）；第二年為高級課程教學，重點是實習和實踐技能培訓，畢業後頒發哥倫比亞大學的學位證書（Diploma）。校長是該校的創辦人安德森的姨子（sister-in-law）普蘭默女士（Miss Mary Wright Plummer）。普蘭默女士亦是美國著名的圖書館學家和圖書館學教育家，她不僅著述頗豐，撰有在美國廣為流傳的《圖書館經營手冊》（A Manual on Library Economy），而且亦是紐約普拉特學院圖書館學校（the Pratt Institute Library School）的創辦人和校長❶。韋棣華於1906年返美進修圖書館學正是就讀於普蘭默女士擔任校長的普拉特學院圖書館學校，不難想像，韋棣華既十分欽佩普蘭默女士的圖書館學識，又與普蘭默女士有著良好的交往。也正是因為如此，韋棣華才派遣沈祖榮到紐約公共圖書館學校而不是其他學校攻讀圖書館學。唯其如是，韋棣華與沈祖榮又具有了共同的師承關係，而這種共同的師承關係又使得韋棣華和沈祖榮在其後具有更為類似的專業共鳴。

---

❶ Phyllis Dain.《The New York Public Library:A History of its Founding and Early Years》. New York：The New York Public Library, Astor, Lenox and Tilden Foundation, 1972： 331～333.
程煥文.《美國圖書館學教育史》.見《四川圖書館學報》1990年第2期第106～115頁。

　　紐約公共圖書館學校設在紐約公共圖書館內，其校舍設在中心館一樓的中心兒童閱覽室隔壁，而最大的教室則設在中心館二樓館長室的隔壁❶。因此，沈祖榮不僅進入了美國著名的圖書館學校，而且也實實在在地進入了美國最著名的公共圖書館——紐約市立公共圖書館。這一切使得滿腹疑竇初來乍到的沈祖榮疑慮頓失，眼界大開，"始知向日所見，淺陋已極。圖書館的工作有：行政、組織、參考、編目、經營、擴充……；圖書館的種類：又有兒童的、專門的，以及利用圖書館的方法，五花八門，誠非淺易短時研究，可以窮盡之事"❷。這種發自肺腑的感受不僅是沈祖榮圖書館觀念發生重大轉變的個人表白，而且更是激勵沈祖榮發奮學習和研究圖書館學的動因之一。

　　在強烈的求知慾的驅動下，沈祖榮於1915年7月以優秀的成績完成了專業基礎課的學習，獲得了畢業證書；1916年7月又以優異的成績完成了高級課程的學習，獲得了哥倫比亞大學理學學士學位❸，成爲中國歷史上獲得圖書館學學位的第一人。

　　兩年的留學時間在沈祖榮的人生中固然十分短暫，但是，它卻是沈祖榮最終在中國現代圖書館史上寫就光輝篇章的關鍵時

---

❶　Phyllis Dain.《The New York Public Library：A History of its Founding and Early Years》. New York：The New York Public Library, Astor, Lenox and Tilden Foundation, 1972：331～333.

❷　沈祖榮.《在文華公書林過去十九年之經驗》.見：《文華圖書科季刊》，卷2期第159～175頁。

❸　The New York Public Library.《Library School of the New York Public Library：Student Register 1911～1923》. New York：Printed in the Library, 1924.

刻。在留美的兩年中，無論是在校學習，在館實習，還是參觀調
查其他圖書館，甚至參加ALA年會，美國的發達的圖書館，先進
的圖書館學教育，廣博的圖書館學術，以及高素質的圖書館員，
還有那頗具文化涵養的民眾等等，一切都使得沈祖榮感到欽佩，
甚至震撼。但是，沈祖榮並沒有被眼前的"花花世界"所陶醉，
他無時無刻不在眷戀著自己的祖國，眷戀著祖國的圖書館事業。
這種眷戀情結使得沈祖榮在比較和冷靜的思索之中清楚地看到了
中美圖書館事業的差距和文化背景的差異，而在先進與落後的感
受與震撼之中，沈祖榮又在心靈的深處進一步灌注了強烈的歷史
使命感和責任感。

在留美期間，沈祖榮在潛心學習的同時不斷地探索研究，先
後撰著發表了《中國能夠採用美國圖書館制度嗎？》（Can The
American Library System Be Adopted In China）和《中國
圖書館員的困難問題》（Difficult Problems of The
Librarian In China）等兩篇論文，這兩篇論文正是沈祖榮的
祖國情結和留美心迹的真實寫照。

沈祖榮深深地感到："一個國家的文明既不依賴於她在海上
擁有多少一流的戰列航，無畏戰艦和潛艇，也不依賴於她能動員
多少裝備精良的軍團，即使這是獲得尊重和免受侵犯的必需品，
而是有賴於她擁有多少高效的學校、學院、高質的大學、消閒公
園和充足的圖書館"。因為"學校乃是人民受教育的場所；博物
館藝術館是保藏國寶的機構，人民能在其中學習人類的發展歷史
並親身接觸世界的傑作。圖書館，正如卡萊爾（Carlyle）所稱
的'人民的大學'一樣，是民眾日常攝取其知識食糧的機關"。

在經歷了心靈深處的劇烈的進步與落後、富強與貧弱的震撼

之後，沈祖榮曾發自肺腑地表白：“倘若中國擁有富強的博物館、藝術館、圖書館、學校和大學的話，我就不會對中國軍備的軟弱無能感到懊悔，但是，我現在爲一個沒有這樣令舉國感到自豪的教育機構的國家感到羞愧。我將來不會去詳研學校制度，也不會去建造博物館和藝術館，但是，我會爲圖書館事業奮鬥終身”❶！

　　在受到美國先進的圖書館事業的震撼的同時，沈祖榮沒有被眼前的世界所陶醉，而是在冷靜的思索，並率先提出了：“中國能夠採用美國圖書館制度嗎？”這樣一個具有歷史意義的詰問。這個詰問恰恰正是當時中國知識分子面對社會變革所經歷的是“全盤西化”還是“走中國自己的路”這種激烈的社會思潮碰撞的正面反映。顯然，沈祖榮已深深地感到美國的圖書館模式固然先進，但對於中國而言只能依國情而借鑒吸收，不能全盤照搬，不變通美國圖書館模式則無以適用中國情形。對此，沈祖榮曾作過這樣的闡述：“藏書宏富之巨型大理石圖書館建築實爲社區亦或國家之驕傲與榮耀，然此等建築並非中國目前之必需者，蓋因中國經費拮据，而又風氣未開，民衆智識欠缺，堂皇豪華之外觀，反倒令人望而生畏，阻礙圖書館運動之發展。最切要者乃是有得力之館員將此偉大事業推向前進”❷。

---

❶　Tsu-Yung Seng.《Difficult Problems of The Librarian In China》.
　　見：《The Chinese Students' Monthly》Vol.12（January 1917）：19
　　～24, Vol.13 （February 1917）：161～166.
❷　Samuel T.Y. Seng.《Can the American Library System Be Adopted
　　In China》.見：《The Library Journal》Vol.41（June 1916）：387～
　　388.

　　沈祖榮能夠在比較、思考和探索中尋找到發展中國圖書館事業的關鍵——"最切要者乃是有得力之館員將此偉大事業推向前進"，這不僅體現了沈祖榮非凡的洞察力，而且亦表明了沈祖榮做為中國留美攻讀圖書館學第一人的"國家興亡，匹夫有責"的歷史使命感，而這也正是沈祖榮後來成為"中國圖書館學教育之父"的重要邏輯起點。

　　沈祖榮一直在思考作為圖書館運動發展的關鍵的圖書館員，究竟應該是一種什麼樣模式的館員這樣一個問題。沈祖榮認為一個現代的中國圖書館員應該具備靈活應變能力（Adaptation）、組織能力（Orgarizing power）、行政管理才能（Administrative genius）、智力（Intelligence）、財政能力（Financial ability）和犧牲精神（Sacrifice），而"犧牲精神"尤為重要。沈祖榮認為："在創業伊始，做為一名圖書館員，他就務必勞其心智，苦其筋骨，置甚於他人之辛勞與低於他人之微薄薪金於度外，犧牲個人之榮華享樂，將其畢生之時間與精力貢獻於圖書館事業" ❶。毫無疑問，沈祖榮的一生正是這種閃光的思想的真實寫照。

　　兩年的留學固然十分短暫，但它卻十二分的寶貴，因為它不僅使沈祖榮進一步堅定了為中國圖書館事業奮鬥終身的遠大理想，而且最終導致了席捲全國的新圖書館運動的爆發和中國圖書館事業的一個新時代的到來。

---

❶　Tsu-Yung Seng.《Difficult Problems of The Librarian In China》. 見：《The Chinese Studnts' Monthly》Vol. 12（January 1917）：19 ～24, Vol. 13（February 1917）：161～166.

五、指點江山：
倡導新圖書館運動

　　1916年底，沈祖榮帶著先進的美國圖書館學術，肩負著時代的重托，回到了祖國。其時，中國近代圖書館事業的發展正處在黎明的前夜，清朝的衰落導致了中國兩年多來封建藏書的衰落。伴隨著傳統藏書的衰落，在新學與舊學、中學與西學的劇烈社會思潮衝突中，經過清末改良變法和預備立憲的推動，新式的圖書館已開始在全國悄然興起，各地紛紛奏設圖書館，到1916年時全國各類圖書館已達260所❶。然而，由於現代圖書館專門人才的匱乏，辦理圖書館者只有熱忱而無現代圖書館的基本知識，所謂的"現代圖書館"（主要是公共圖書館）貌似神離，只是過去藏書樓名稱的改變，一切仍然因循舊制，辦理圖書館者不知如何運作，而一般民衆又多不知圖書館之需要。中國需要新的圖書館知識和新的圖書館觀念，時代正在召喚指點江山的先驅，而沈祖榮的適時到來正好對這一歷史潮流起到了推波助瀾的作用。1917年春，在韋棣華的支持下，沈祖榮聯合基督教青年會全國協會（The National Committee of The Young Man's Christian Association，簡稱Y.M.C.A），在其總幹事、沈祖榮的文華校友余日章（David Z.T. Yui）的協助下，開始赴全國各地演講

---

❶　《教育部公報》第3年第10期，1916年9月（民國5年9月）。

圖書館事業，從而揭開了中國圖書館史上抨擊傳統藏書樓之陋習，倡導建立新式圖書館的"新圖書館運動"的序幕。

為了生動、有力且富有建設性地鼓吹提倡新式圖書館事業，沈祖榮"製造各種儀器，揭示於人，使人明了今日之圖書館，非如昔日官府之藏書樓；今日圖書館所藏書，是要供公眾閱覽的，而非作書蠹之運動場、大餐館。又用設計法，具體的方法，並攜美國贈送之各種關於圖書館之各種展覽品，至國內各大城市遊行演講圖書館事業之重要組織並經營大概"❶。

有儀器、幻燈、照片、實物和圖表的輔助，沈祖榮的演講自然十分生動、直觀，給人以親臨其景的感受。更重要的是，沈祖榮頗注重演講的技巧與藝術，每場演講總能根據聽眾群的文化層次、職業特點相機應變，或專深、或通俗，深入淺出，使各階層的聽眾都能有所感觸、有所鼓動，效果頗佳。

1917年5月1日，沈祖榮應環球中國學生會暨江蘇省教育會之邀請，在江蘇省教育會會所（南京西門）演講"圖書館之功用及辦法"。面對教育界的聽眾，沈祖榮首論圖書館之功用，"圖書館一事各國無不注重，蓋其效果能促國家之富強，佐工商實業之進步，關於教育功效尤巨"。繼論圖書館與教育等諸社會因素的關係，"圖書館與國家教育工商等種種事業均有密切關係，茲事發達而向學之風自見其廣，蓋陳列各書皆有關係學術以備教育參考之用。又中國工業不振，各地商人尤缺乏商業知識，蓋由工無

---

❶　沈祖榮.《在文華公書林過去十九年之經驗》.見《文華圖書科季刊》1卷2期第159～175頁。

工學商無商學之故，而有志研究者又無書可閱，如地方設有圖書館則工商事業亦必與教育同時發達"❶。然後列示《美、德、英、法、日五國圖書館總數比較表》、《中、日、德、英四國決算比較表》、《英、美、日、中四國紡織廠比較表》、《美、英、德、日、中五國商業比較表》等說明"吾人如不急急研求而漏巵外溢終無已時，故教育不可不求普及，而圖書館尤宜從速組織"❷。最後，沈祖榮再演講圖書館的組織辦法，詳細講解圖書館職員、經濟、建築、參考、出版物選擇等種種具體辦法，並進一步展示《各國圖書館之比較圖表》，爲之詳細解說。這種環環緊扣、步步深入的演講方式自然引人入勝，令"觀者無不稱道"。演講完畢，江蘇省教育會黃任之曾言："圖書館之功用及辦法既如沈君所云實爲吾國今日最要之事，鄙意尙擬於暑假時設一研究所再請沈君詳爲演講"❸。足見其效果之佳。

1917年5月2日晚，沈祖榮在全國基督教青年會演講"圖書館之功用與辦法"。針對來自各大學的職員學生聽衆，沈祖榮在演講的同時，又"備各種影片用影燈逐張映射"，以爲設立圖書館之借鏡❹。

1917年6月，沈祖榮在報界俱樂部演講圖書館事業，針對報界人生，沈祖榮首先演講圖書館與藏書樓的區別，言："圖書館與藏書樓有別，中國向來所有者爲藏書樓，其性質爲保存古籍。

---

❶　《演講圖書館之功用及辦法》. 見：《申報》民國六年五月二日第三張。
❷　《再誌演講圖書館功用辦法》. 見：《申報》民國六年五月四日第三張。
❸　同❶。
❹　同上。

或坐擁自豪，並不公諸同好。常人輕易不得一見，是藏書樓於社
會人民，初無利益。圖書館則不然，英國康奈爾先生有言曰：‘
圖書館者，國民之大學也’，蓋國民不能盡入大學受課，而無不
能入圖書館閱書。故國民知識之進步，與圖書館至有關係”。繼
而展示各種圖表說明圖書館與教育出版等諸關係。最後呼籲“諸
公皆報界健者，深望大力提倡，俾吾國圖書館事業早日發達
也”。並主動承諾：“各處熱心士夫，欲辦圖書館，可與商榷一
切，願竭所知以為助也” ❶。

　　1919年胡慶生（Thomas C.S. Hu）❷自美國攻讀圖書館學
回國後，沈祖榮又和胡慶生一起繼續奔赴全國各地廣為宣傳圖書
館事業。就這樣，沈祖榮自1917年至1919年，在前後約3年的時
間內，攜帶著各種影片、模型、統計圖表等，奔赴全國各地，猛
烈地抨擊藏書樓的陋習，廣泛地宣傳圖書館的功用，講解創辦圖
書館的辦法，倡導辦理具有中國特色的美國式圖書館事業，凡湖
北、湖南、江西、江蘇、浙江、河南、山西、直隸足迹殆遍❸，
在全國掀起了一場前所未有的新圖書館運動。

　　新圖書館運動的興起是各種社會因素發展的必然結果，雖然
沈祖榮在1917年至1919年之間的倡導、宣傳、鼓動只是整個新

---

❶　《沈紹期君在報界俱樂部演說圖書館事業》.見：《東方雜誌》　14卷1、2期
　　合刊，1917年6月。

❷　胡慶生（Thomas C.S. Hu）畢業於文華大學，初為文華中學英語教員，沈祖榮赴
　　美之後，胡慶生始兼職於文華公書林，1917年受韋棣華派遣赴美國紐約公共圖書
　　館學校留學，1919年回國，繼續與韋棣華和沈祖榮共謀圖書館事業之發展，後曾
　　任文華圖書科主任，1928年11月因故辭職，轉任武昌上海銀行行長。

❸　沈祖榮.《韋棣華女士略傳》.見：《文華圖書科季刊》3卷3期第283～285頁，
　　1931年9月。

圖書館運動的一部分，而且沈祖榮在後來亦曾自謙地認爲"不敢說當時舉動，或曾生萬分一之切效"❶，但是，其在介紹歐美圖書館事業、引進先進的圖書館學術和促使人們轉變舊藏書樓意識形成新的圖書館觀念等方面具有難以估量的作用。中華圖書館協會曾對此作過這樣的評論："於是國人始稍知圖書館事業之重要，而思有以振興之"❷。金敏甫稱："民國六七年沈祖榮氏由美國回國赴各省都演講圖書館之重要與方法，是爲提倡圖書館之先聲"❸。嚴文郁亦云："民6以後，沈祖榮由美返國，到各省都會演講圖書館之重要與方法，是爲西洋圖書館學流入中國之先聲"❹。

---

❶　沈祖榮．《在文華公書林過去十九年之經驗》．見：《文華圖書科季刊》1卷2期第159～175頁。

❷　《韋棣華女士來華服務三十周年紀念大會啓》．見：《中華圖書館協會會報》5卷4期第2頁，1930年2月。

❸　金敏甫著．《中國現代圖書館概況》．廣州：廣州圖書館協會，　1929年，第29頁。

❹　嚴文郁著．《中國圖書館發展史》．新竹：楓城出版社，1983年6月，第198頁。

六、篳路藍縷：
創辦文華圖書科

"我們一定要有圖書館員！縱然有人樂於捐資，倘若沒有得力的組織者，仍將一事無成。為此，我們需要樂於為圖書館事業鞠躬盡瘁的人們，向高尚無私的美國榜樣學習，在這些榜樣心中，美國公共圖書館猶如一座矗立的豐碑將永不枯朽且與國同輝"❶。這是沈祖榮留美時最深切的感受和最迫切的願望。沈祖榮正是帶著這個與韋棣華兩年前資助他留美攻讀圖書館學具有同工異曲的願望回國的，而這種同工異曲的願望止是沈祖榮與韋棣華的又一次心靈的共鳴，它必然導致沈祖榮與韋棣華在圖書館事業上的完美唱和。

自1916年底沈祖榮回國後，這種完美的唱和便已經開始奏響了序曲。這首序曲的演奏既具有二重奏的和諧，又具有交響樂的恢宏。

1917年，在韋棣華的支持下，沈祖榮第一次登上了中國現代圖書館事業的歷史舞台，奏起了抨擊舊式藏書樓陋習，宣傳新式圖書館功用和倡導辦理新式圖書館的引子，使得國人經歷了一場歐美圖書館事業聲浪的震撼。然而引子畢竟只是引子，它只是主旋律的鋪墊，因為"僅僅有宣傳，依然不足以發展圖書館之事

---

❶ Tsu-Yung Seng.《Difficult Problems of The Librarian In China》. 見：《The Chinese Students' Monthly》Vol.12（January 1917）：19 ～24, Vol.13（February 1917）：161～166.

業，尤要在有專門人才善辦此種事業"❶。"圖書館之發達，非一蹴所能致，必先培養圖書館辦理人才，研究專門學識，庶能辦理得法，有條不紊"。"雖然，海外留學，所費不貲，遠涉重洋，談何容易？縱令虛往實歸，而桔枳變異，勢所必然，所學之件，在外國雖稱合法，在中國不能完全採用。由是言之，欲推廣圖書館事業，務須在中國組織培養人才之機關，將來學業有成，可以充圖書館之應用"❷。這是沈祖榮在新圖書館運動中與韋棣華所產生的事業共鳴，而這種共鳴所引發的反響則是韋棣華的進一步唱和。

1917年夏，在沈祖榮掀起新圖書館浪潮的時刻，韋棣華又資助文華中學英語教師、文華教堂唱詩班領唱胡慶生赴美國紐約公共圖書館學校攻讀圖書館學。1918年，韋棣華致函美國聖公會伍德主教（Bishop Wood），獲得了大洋彼岸對創辦圖書館學校提議的應允和支持❸。然而，要創辦一所圖書館學校絕非易事，其首要的困難便是如何組織一支掌握新式圖書館理論與實踐的基本專業師資的力量。此時，學兼中西的沈祖榮在圖書館學識上正扶搖直上，且已明顯超然於韋棣華之上，這使得韋棣華感到必須要接受進一步的專業培訓，方才能勝任創辦圖書館學校的需要。於是，韋棣華於1918年第二次返美，赴西蒙斯大學圖書館學校

❶　沈祖榮.《在文華公書林過去十九年之經驗》.見：《文華圖書科季刊》1卷2期第159～175頁。

❷　沈祖榮.《民國十年之圖書館》，見：《新教育》5卷4期第783～797頁，1922年11月。

❸　John H. Winkelman.《Mary Elezabeth Wood（1861～1931）：American Missionary-Librarian To Modern China》.見：《Journal of Library and Information Science》（台灣）8（April 1982）：62～76.

（Simmons College Library School）進行爲期一年的專業進修。1919年，韋棣華和胡慶生相繼學成回國。此時，在沈祖榮的倡導、宣傳和鼓勵下，新圖書館觀念經三年的灌輸已開始深入人心，各地圖書館的設立漸次增多，正處在蓄勢待發的時刻。在這個重要的歷史時刻，中國圖書館事業的發展最缺乏的便是圖書館專門人才，而在中原的武昌文華公書林卻聚集著全國絕無僅有的三位受過先進的美國圖書館學教育的高級專門人才。這是時勢的造就和歷史的希望，同時，它也標誌著沈祖榮和韋棣華的圖書館事業唱和已開始由序曲轉入主旋律的合奏。

　　1919年韋棣華和胡慶生回國以後，鑒於圖書館事業正在全國興起而圖書館人才極爲匱乏，爲了多年的夙願，韋棣華和沈祖榮正式向文華大學提出了創辦圖書館學校的建議。這項建議很快得到了文華大學校長孟良佐牧師（Rev. Alfred Alonzo Gilman）❶和韋卓民（Francis C.M. Wei）❷的支持和熱心幫助。1920年

---

❶　孟良佐（Alfred Alonzo Gilman），美國傳教士，1918年繼翟雅各之後任文華大學校長，1925年擔任華中大學首任校長和漢口教區副主教，1937年接替魯茲主教（Bishop Roots）任漢口教區主教，在中國活動至1948年退休爲止。

❷　韋卓民（Francis C.M. Wei）出身於漢口的一個廣東茶商家庭，1901年與沈祖榮同時入文華中學讀書，1907年升入文華大學，1911年1月與沈祖榮同時畢業，成爲文華大學的第一屆畢業生。起初，其父及家庭常告誡勿受教會的影響，更不能成爲基督教徒，但是，韋卓民在以優異的成績完成學業的同時，不僅兼修了基督教，而且亦成爲一名教徒。畢業後先是在文華大學教授數學和中文，其後於1916年赴美國麻省劍橋城之哈佛大學聖公會神學院（the Episcopal Theological School）留學兩年，1918年獲碩士學位，同年回國在文華大學教授中文、哲學和邏輯學，並在孟良佐之後於1929年擔任華中大學校長。

3月，韋棣華、沈祖榮、胡慶生正式在文華大學創辦了我國第一所圖書館學教育機關——文華圖書科（Boone Library School）。文華圖書科的創辦不僅是韋棣華和沈祖榮在圖書館事業上的完美唱和的結晶，而且更是中國圖書館史上的一項壯舉，它開創了中國圖書館學教育的先河，標誌著中國圖書館學教育的正式興起。

　　沒有韋棣華，就不可能有文華公書林；沒有文華公書林，就不可能有投身於圖書館事業的沈祖榮和胡慶生；而沒有韋棣華、沈祖榮和胡慶生，也就不可能有文華圖書科，這是韋棣華和沈祖榮歷史遇合的必然。毫無疑問，文華公書林和文華圖書科的誕生乃是韋棣華在文華大學和中國圖書館事業歷史上的兩項創舉，其爲功至巨實在是不言而喻，正因爲如此，文華大學在1920年3月的义華圖書科開校典禮上隆重地授予了韋棣華名譽文學碩士學位，以資彰顯❶。

　　然而，創業難，守業更難。就文華公書林和文華圖書科而言，如果說韋棣華之功在於創業的話，那麼，沈祖榮之功則在於守業和光大之上。這又何嘗不是一種歷史的完美唱和？

　　文華圖書科創辦之初，仿紐約公共圖書館學校之制度，招收大學修業兩年以上的學生，期以兩年畢業，課程亦頗與紐約公共圖書館學校類似。但是，由於文華圖書科的教授僅韋棣華、沈祖榮和胡慶生三人而已，且經費來源除一部分由文華大學開支外，其餘多由韋棣華自行籌措，所以，文華圖書科在創辦初期並不像今日的圖書館學校那樣招收專門的學生，而是從文華大學二年級

---

❶　Georgr W. Huang（黃文宏）>《Miss Mary Elezabeth Wood：Pioneer of The Library Movement in China》.見：《Journal of Library and Information Science》（台灣）1（April 1975）：67～78.

（含二年級）以上的學生中招收兼修圖書館學課程的學生（實際學制爲三年）❶，"圖書館學課程皆支配於大學二、三、四年等級學程中，本科畢業生除大學授以文學士學位外另予以圖書館學專科證書"❷，頗類似今日的雙學位制。1920年3月，文華圖書科創辦之初，入學者爲文華大學文科三年級學生陳宗澄（Henry T.T. Chen）、裘開明（Alfred Kaiming Chiu）、黃偉楞（William W.F. Huang）和二年級學生許達聰（Coleman T.T.Hsu）、查修（Lincoln H. Cha）和桂質柏（John C.B. Kwei）共6人。他們同爲一班，且自詡爲"快樂六君子"（The Happy Six），但是，"快樂六君子"實際上是一班兩屆。1922年1月8日，裘開明、陳宗澄和黃偉楞三人畢業並獲文學學士學位和圖書館學專科證書❸。1922年元月，文華大學在舉行完畢業典禮以後調整制度，將春季入學改爲秋季入學（即畢業典禮由冬季改爲夏季），6月24日許達聰、查修和桂質柏因學制度化提前半年畢業，並獲文學學生學位和圖書館學專科證書❹。"快樂六君子"中裘開明、查修、桂質柏後來均成爲享譽海內外的圖書館學大家，影響深遠。

　　文華圖書科創辦之後，作爲韋棣華不可缺少的最得力助手和夥伴，沈祖榮在文華大學肩負著雙重重任，其一是進一步拓展文華公書林，使之成爲更爲完善的公共圖書館和文華圖書科的依托與基地；其二是進一步發展文華圖書科，使之逐漸正規化和制度

❶　文華圖書館學專科學校編．《私立武昌文華圖書館學專科學校一覽（二十六年度）》．該校印行，1937年，共104頁。

❷　文華圖書科編．《武昌華中大學文華圖書科》．該科印行，1926年，共14頁（中英文對照）。

❸　《畢業典禮誌盛》．見：《文華月刊》第2冊第1號第9頁，1922年5月。

❹　《畢業典禮程序》．見：《文華月刊》第2冊第4號第9頁，1922年7月。

化。這對於沈祖榮來說，既十分的沉重，又頗具挑戰性，而沈祖榮對每一項挑戰都作了響亮的回應。

如果說文華公書林的創辦乃是韋棣華一人的傑作的話，那麼，20年代初文華公書林的擴充則是韋棣華、沈祖榮、胡慶生三人合作的成果。　1920年初在創辦文華圖書科的同時，韋棣華、沈祖榮、胡慶生便已開始醞釀和籌備文華公書林的擴充，他們請文華大學的蕭格恥教授設計了擴充改造藍圖，按其圖，樓上大廳較原來可多容400餘人，演戲台後面增建小房二間，並加避火梯二具，直達樓下，後面第一層與第二層之間增建特別小樓一座，以爲靜讀之所，其計劃較大，且顯然是爲了文華大學迅速發展和文華圖書科將來發展的需要❶。

在文華公書林的擴充改造計劃制定之後，韋棣華·沈祖榮和胡慶生三人各司其職，分途籌款，合作默契而富有成效。

韋棣華主要負責海外籌款。1920年底，美國紐約的慈善家斯托克斯女士（Miss Olivia Phelps Stokes）曾寄來捐款1,000美金，1921年正月，又再寄來2,000美金，共3,000美金，專爲擴充文華公書林樓上之建築費，因該樓大廳原爲紀念其姊所建設者（司徒廳），於是文華公書林樓上的改造費用基本有了著落。但是，公書林改造樓下之款項尚需國幣約5,000元，而這些款項則主要由沈祖榮、胡慶生籌得❷。

1921年春，沈祖榮“應北京政治學會編輯書目之聘，便道至

---

❶　《公書林佳音匯誌》.見：《文華月刊》第1冊第2號第5頁，1921年3月。
❷　同上。

天津，晉謁前總統黎宋卿先生，接談之頃，黎總統對於本校事業，極表熱忱，當慨捐洋一千元，以爲擴充公書林之用。返京後，又晉謁前任外交總長陸徵祥先生，當慨允向徐大總統募捐五百元，以上二款，均由沈君親手帶歸"❶。其後陸續捐款的政界要人還有"前任財政總長梁士詒捐洋二百元，前任交通總長葉恭綽捐洋一百元，前任財政總長周自齊捐洋一百元，現任交通總長張志潭捐洋一百元，前任內閣總理錢能訓捐洋五十元，現任外交總長顏惠慶捐洋五十元，前任外交總長陸徵祥捐洋五十元，前任海軍總長劉冠雄捐洋五十元，前任外交總長孫寶琦捐洋五十元"❷。此外，因沈祖榮、胡慶生在美國紐約公共圖書館學校留學時與紐約公共圖書館館長"感情頗稱融洽，課餘談論，藉知本校公書林所辦之事業，頗關重要，故特捐書前來，以表示對於沈胡二君之情感，亦所以輔助本校公書林之進行也"。遂於1921年元旦"寄來書籍一箱共計一百五十冊，皆系歷史科學、社會學、文學、傳記等類佳篇善本"❸。總計，沈祖榮直接籌得捐款2,250元，接近文華公書林樓下改造所需費用的一半。在這其間，既反映了社會政界要人對於文華公書林擴充的熱忱，又顯示了沈祖榮斡旋於政界要人之間，充分調動一切支持圖書館事業發展的力量的能力與才幹。因爲，文華公書林在全國而言在當時畢竟還算不上一所大圖書

❶ 《兩大總統之捐款熱》.見：《文華月刊》第1冊第3、4號第7頁，1921年4、5月。

❷ 《補誌政界要人對於公書林擴充之熱忱》.見：《文華月刊》第1冊第5、6號第10頁，1921年12月。

❸ 《公書林佳音匯誌》.見：《文華月刊》第1冊第2號第5頁，1921年3月。

館，對於這樣一所非政府的圖書館，能夠獲得如此多的政界要人的關注和支持，頗爲難得，這其中自然飽含著韋棣華和沈祖榮的擴廣、鼓吹、遊說之功。

在積極向海外友人和國內政界要人籌款的同時，韋棣華、沈祖榮和胡慶生又分別組織文華大學畢業的校友在各商埠都會募款集資，許多大城市都組織了"特別委辦"擔任募捐事宜。"上海委辦由中國青年會全國協會總幹事余君日章，與上海商業銀行協理朱君成章擔任。該委辦所募捐項，以上海商會會長聶君云台所捐二千元爲最多。胡君慶生前至上海時，向本校舊生述及公書林擴充計劃，亦得多數舊生之熱心贊助，如許君壽康、毛君大衛皆擔任巨款，其餘舊生踴躍輸將，及擔任募集者頗不乏人。北京委辦由陳宗賢醫生、解君光前、余君日宣、盧君春芳數人擔任。至北大肆業之本校舊生余上沅等亦皆奮勇爭先，多方勸募。南京委辦由陳君宗良、羅君光瀛、孫君洪芬、江君之泳擔任。南京東南大學之本校舊生一人已擔任公書林擴充捐項；復有一人願每年捐助款項，以爲購備經濟、政治、社會諸門書籍之用，其書目由捐款人逐年酌定。漢口委辦五人，黃君厚卿、桑君祖望、李君貽棟、崔君思恭、閔君紹騫。長沙委辦爲高君恩仰、張君海松、龍君永鑑。九江委辦爲鄧君煜棠、陸君德。南昌委辦爲劉君立齊。蕪湖委辦爲饒君緒先、陳君宗恕、李君肇文。沙市委辦爲張君壽、楊君器之、李君鏡仙。其餘多處，委辦雖尚未成立，然熱心母校之舊生殊不乏人。其表表者爲大冶之蔡君鳳書、王君觀英；老河口之鄔君君植；天津之文君金鏞、孫君啓濂、袁君隸；四川之胡君成豪、楊君開甲；濟南之江君運福、劉君宗義；爪哇之胡君昶；

斐律濱群島之夏君松年等；皆對於公書林之擴充極力贊助"❶。

此外，在韋棣華、沈祖榮和胡慶生的感召和影響下，鑒於"公書林擴充房屋之計劃"，"美國紐約樂捐，指定爲擴充公書林樓上思施堂（注：即司徒廳）之用"，"然此舉能否成爲事實全賴樓下一層能否募集款項，於是本校學生當仁不讓，見義勇爲，即印刷捐啓，於上學期放寒假時（注：1921年1月）散給各生帶歸，分向各親友募集。結果，除已認未曾繳到者外，現收到者有八百五十餘元"❷。

在韋棣華、沈祖榮和胡慶生各盡所能竭力勸募和社會各界的熱忱支持下，僅一年多的時間，文華公書林已籌措到了改造擴充所需的全部費用。1921年春，文華公書林舉行擴充改造奠基，經近一年的建築擴充，"樓上大廳座位已增加至五百餘，演戲台亦加大一倍；並在第一層與第二層之間另闢一層，以爲好學之士潛修之用"。"樓下一層之特色爲光線之充足，藏書室之廣大，講堂之增加，辦公處之改良。至於裝飾之華麗，猶其餘事。另設羅氏紀念閣，其中所藏書籍皆與遠東有密切之關係焉"❸。1922年1月18日，文華公書林擴充改造工程竣工，乃於文華大學舉行畢業典禮時正式啓用❹。改造擴充之後的文華公書林比原來擴大了

---

❶ 《本校舊生對於公書林擴充之努力》.見：《文華月刊》第1冊第5、6 號第9～10頁，1921年12月。

❷ 《公書林可喜之前途》.見：《文華月刊》第1冊第3、4號第6～7頁，1921年4、5月。

❸ 《公書林擴充建築之進步》.見：《文華月刊》第1冊第5、6號第10頁，1921年12月。

❹ 《公書林近事匯誌》.見：《文華月刊》第2冊第2、3號第6頁，1922年6月。

三分之一，其內部布置有編目室、參考室、閱覽室、報紙雜誌室、書庫、孫公紀念室（專藏商學書籍）、羅瑟紀念室（專藏關於中國情事之西文書籍）、司徒氏紀念廳、及各辦公室。文華圖書科亦設在其中，包括課堂、實習室、圖書館學研究室和辦公室等❶。至此，文華公書林的建設便已告結束，其後轉入業務的拓展推廣時期。作爲韋棣華和沈祖榮苦心經營和社會各界熱忱支持扶助的結晶，文華公書林除了兼有文華大學圖書館和公共圖書館雙重性質之外，從此以後又多了幾重功用：其一乃是文華圖書科的依托和基地；其二則是文華大學的最主要公共活動場所，各種報告會、演講會、研討會、校內大型學生活動，乃至遊藝娛樂活動多在公書林內進行，其作用愈來愈大，其影響愈來愈深，並由此而成爲中國圖書館歷史上獨樹一幟且迥異其趣的圖書館。

　　在積極改造擴充文華公書林的同時，韋棣華和沈祖榮又覃思竭智地發展幼小的文華圖書科。有趣的是，文華圖書科從創辦伊始便已顯露出韋棣華和沈祖榮在內心深處祈望將文華圖書科辦成類似美國情形的獨立圖書館學校的意向，雖然文華大學當初並沒有意識到這一點。與文華大學其他各科不同的是，文華圖書科從一開始就具有獨立的意識，其他各科均叫文華大學某科，而文華圖書科則叫做文華大學文華圖書科，較之其他各科在中文科名之前多加了“文華”二字，這顯然是別有情趣。而文華圖書科的英文名稱與文華公書林的英文名稱一脈相承，殊路同歸，彼此呼應。文華公書林的英文名稱全稱爲Boone Library, Boone University，而不是 Boone University Library；而文華圖

---

❶　文華圖書館學專科學校編，《私立武昌文華圖書館學專科學校一覽(二十六年度)》．該校印行。1937年，第10頁。

書科的英名稱全稱爲 Boone Library School, Boone University，而不是 Library School, Boone University。這其中頗有令人回味之處，文華圖書科後來發展成爲獨立的圖書館學校，其中文名稱雖由文華大學文華圖書科改爲私立武昌文華圖書館學專科學校，但英文名稱仍爲 Boone Library School，這便是韋棣華和沈祖榮在創辦文華圖書科之時暗示獨立心儀的必然發展結果，而這種結果乃是當時韋棣華和沈祖榮極爲複雜的心態的充分體現。

文華大學作爲一所教會學校，至20年代初時已有50年之發展歷史。在美國聖公會的在華教育機構中，文華大學與上海的聖約翰大學（St. John's University）可謂是"雙雄鼎立"，它們不僅具有中國其他高等學校（不論是公立的、私立的，還是教會的）無可比擬的悠久歷史，而且在海內外享有極高的聲譽，在中國高等教育的發展歷史上，此二校在諸多方面均有開風氣之先的作用。雖然隨著中國社會的發展變化和外國勢力與教會勢力在中國的消長，文華大學和聖約翰大學在不斷變革之中已愈來愈能滲透到中國文化之中，並被人們所認同和接受，但是，教會學校始終是教會學校，只要其性質不改變，不論它作多少改革，如何去適應中國社會的變化和需求，在中國它始終是不可能完全與社會融爲一體的。爲了明確文華大學的性質，並探究韋棣華和沈祖榮當時的心態，這裡不妨引錄一段1921年文華大學公布的《本校設立之旨趣》❶的內容以資佐證。

---

❶　《本校設立之旨趣》.見：《文華月刊》第1冊第5、6號第1～4頁，1921年12月。

本校設立之旨趣

一、目　的

溯本校開創之始，即抱定培植教會子弟、傳播基督福音、服務國家社會爲目的。三者之中，尤以培植教會子弟爲根基，無論如何，永無變易者也。

二、方　法

欲達目的，端資方法。本校之方法有三要素焉：㈠以英語教授各學科；㈡培植傳道之華人；㈢灌輸基督教之眞諦。

教授各種學科，何以必用英語也？誠以今日生活程度之高，學者當以謀生爲急務。其在本校卒業者，出而應世，生活程度自無問題之可言。即屬半途輟學，於社會上亦可謀相當之位置，決不致感受生活之困難。且就吾人方面觀之，中國學子果能通達英文，無論研究何種學問，進步較速。此本校之所以毅然決然採用英語教授各學科之一種方法也。

擔任傳道事業，何以必須陶鑄華人也？誠以西國人在中國內宣傳主道，縱極熱忱，而習慣人情終有隔膜之虞。何若將中國好學之士授以最高之教育，俾能了解基督之原理，出而擔任基督教之職務。庶幾以中國人之心理，發揮基督教之精神，事半功倍，結果必良。此本校所以培植中國傳道人才爲惟一善法也。

何謂灌輸基督教之眞諦也？即正當之服從，盡心之工作是。誠以吾人所作之工，在同一社會內，應彼此守本分，循秩序。庶個人之自由能充量發展，並將蕩檢踰閑、放縱自恣之陋習一掃而空。更須明吾人所作之事工非直爲身家計，乃應上帝之選召，盃宜黽勉從事，勞瘁弗辭。對主對人抱一種犧牲之精神，是皆基督之眞諦。本校極力灌輸學子之腦海中，俾耳濡目染，習與成性，異日國家教育無論如何改良發達，本校學生有此種之精神終能占優勝之位置，決無傾跌之虞。此本校之所以重視此種方法也。

　　顯而易見，"以培植教會子弟爲根基，無論如何，永無變易"的文華大學是一所典型的教會大學，雖然它"以英語教授各學科"的方法頗合時宜，且大多數學生亦奔此而來，因而文華大學不斷壯大，但是，"培植教會子弟"的宗旨始終是無法被中國社會和文化完全接納的。正因爲如此，自義和團運動以後，中國的反對帝國主義奴化教育活動一直不斷，而反奴化教育的活動在文華大學亦時有發生。1922年1月在文華大學正在籌備五十周年校慶慶典❶的時候，因1月3日文華童子軍第一團第五隊學生在舉行遊戲運動中受到校醫侮辱（校方稱該醫生不明中國習慣），文華大學暴發了一場學潮，其結果是童子軍300人中有80餘人於1月7號憤然離校，其中21人後來被校方開除❷。

　　文華大學暴發的這次學潮表面看來似乎是一個偶然事件，但實質上它是社會對基督教教育強烈不滿的一次反映，而這種反映

❶　文華大學50周年校慶紀念日應爲1921年10月2日（創辦於1871年10月2日），但因當時武昌兵變、鄂湘戰爭之故不得不延期一年，至1922年10月2日舉行50周年紀念會。

❷　《學潮紀實》.見：《文華月刊》第2冊第1號第4～6頁，1922年5月。

乃是透過童子軍（中學生）表現出來的，可見其影響之深。從更廣泛的範圍來看，它又是自1922年起在全國掀起的非基督教運動和反對教會學校奴化教育的鬥爭在文華的一個投影。1922年3月，中國社會主義青年團在上海發起組織"非基督教學生同盟"，並通電全國。同月9日，北京各校愛國學生也組織"非基督教學生同盟"，20日，北京各界又成立"非宗教大同盟"，參加的有蔡元培、陳獨秀、吳虞等人，至此，"非基督教運動"便成爲廣泛的全國運動。爲抗議"世界基督教學生同盟"在北京召開第十一次大會，4月9日，北京非宗教大同盟舉行大會，蔡元培發表演說，提出："(1)大學中不必設神學科；(2)各學校中不得有宣傳教義的課程，不得舉行祈禱儀式；(3)以傳教爲業的人，不必參與教育事業" ❶。從此，非宗教運動發展到全國，有三十多個地區成立了類似非宗教大同盟的組織，影響頗爲廣泛。

　　作爲世俗傳教士的韋棣華和作爲基督教徒的沈祖榮，他們因爲個人的信仰和生活的關聯與教會存在著種種難以割捨的關係，尤其是，文華公書林和文華圖書科作爲韋棣華和沈祖榮的理想和事業的重要部分，在當時的情形下不得不依賴教會的支持才能得以創辦和發展，這使得他們一直存在著一種宗教情結。但是，另一方面，他們又頗能了解國民對宗教的感受和認識，以及中國的反洋教運動，這使得他們在爲了實現個人的理想，獻身圖書館事業的時候，又不得不考慮如何將宗教的色彩降低到最小限度，甚

---

❶　《中國教育史簡編》編寫組．《中國教育史簡編》．江蘇教育出版社，1986年5月第395～396頁。

至盡可能地排除宗教色彩，以便民眾能夠普遍接受。這或許正是
當時韋棣華和沈祖榮對基督教教會既依賴又想擺脫的兩難複雜心
境。正是因為有這樣一種心境，文華公書林（ Boone Library）
和文華圖書科（Boone Library School）才在名稱上有了既具
有延續文華大學名稱紀念主教文惠廉的意義又具有試圖獨立於文
華大學之外的含意。當中國的國情發展呈現出越來越不利於教會
發展的時候，這種若即若離的心境自然會迅速地發生轉變，獨立
於教會之外和文華大學之外亦成為勢所必然。

　　在文華圖書科創辦後的頭兩年，文華大學的一些人對韋棣華
和沈祖榮的不滿已開始演化為在聖公會內的爭訟，其焦點就是韋
棣華在從事專業活動中的獨立行為。作為武昌聖公會的一員，韋
棣華經常獨立於聖公會之外採取行動。在文華公書林的改造擴充
中，韋棣華和沈祖榮沒有尋求聖公會的任何物質幫助，而是單獨
地向海內外徵書募款。不僅如此，韋棣華和沈祖榮個人的志向是
推動中國公共圖書館運動的發展，這自然是一個非常有價值的個
人目標，但是它與聖公會的目的並非完全一致。聖公會的最首要
的目的是促進基督信仰，對於聖公會而言，聖公會所從事的一切
社會活動都是以傳播基督信仰為終結的；而對於韋棣華和沈祖榮
而言，他們所竭力從事的文華公書林和文華圖書科的活動則是以
啓迪民智或振興中華為終結的。雖然韋棣華是聖公會的一名虔誠
的基督教徒和極有才能的管理者，她的信仰是毋庸置疑的，但是，
面對著日益激化的中國非宗教運動和反對教會奴化教育的鬥爭，
韋棣華不得不作出更為明智的抉擇。1921年2月16日，韋棣華在
給美國聖公會伍德主教（Bishop Wood）的信中曾坦誠相告：她

擔心中國政府會努力使一切教會機構的管理人員本土化，整個公共圖書館運動將會發展成這一趨勢，因而完全剝奪基督教的影響❶。顯然，韋棣華在內心深處是希望自己的一切活動能夠具有宗教色彩的，但是審時度勢，客觀的現實又使得她感到如果果眞如此，個人的事業必將前途暗淡，所以，她盡可能獨立於教會之外開展活動。正因爲如此，韋棣華雄心勃勃地促進全國公共圖書館運動發展的一系列活動均在聖公會和文華大學內引起了許多的爭訟和批評。這其中的細節今天已找不到詳細的記載，但僅從沈祖榮的一段不經意的表述中便可窺見其大體："書架公開否？這在各圖書館辦法上是不一致的。這件事在本公書林也成爲一個大問題；因這問題，也發生了不少的爭執：公開嘛，難免書籍有遺失的事情；不公開嘛，又背近代圖書館原旨。韋女士是主張應採公開制的，可是有許多人──即如當時翟校長，他們都很反對。韋女士覺得行公開制雖不免有書籍損失的事，可是對於閱者利益更大，終毅然決然的行了公開制。這麼一來，翟校長死時，遂遺命將他的遺書送贈上海聖約翰大學圖書館，文華公書林犧牲了不」少。"❷

事實證明，韋棣華和沈祖榮從文華公書林和文華圖書科創辦伊始便試圖使其獨立於教會和文華大學之外不僅是正確的，而且

---

❶　John H. Winkelman.《Mary Elezabeth Wood（1861－1931）: American Missionary-Librarian To Modern China》.見：《Journal of Library and Information Science》（台灣）8（April 1982）：62～76.

❷　沈祖榮.《在文華公書林過去十九年之經驗》.見《文華圖書科季刊》1卷2期第159～175頁。

也是具有非凡的遠見卓識的。

　　1924年2月，根據英美教育委辦會的建議，經兩年多的籌備，武昌文華大學與武昌博文書院❶和漢口博學書院❷的大學部合併，組成華中大學，孟良佐爲校長，初設文、理、商和圖書館學四科。文華圖書科因亦改稱華中大學文華圖書科。

　　1926年2月，鑒於韋棣華積極遊說美國國會議員以通過退還庚款用於中國文化教育事業的法案，爲功至巨，且根據韋棣華的請求，中華教育文化基金會董事會遂議決自1926年8月起至1929年6月每年補助文華圖書科1萬元，其中5,000元爲教席金，另外5,000元爲助學金，計劃每年設立圖書館學助學金名額25名，每名200元。這對於文華圖書科來說，自然是一件至關重要的大事。因爲合組之後的華中大學已與沈祖榮當初讀書時的文華大學大不相同，當時的教會大學是勸人入學，學生自然是全部免費，即便如此，入學者也寥寥無幾。而此時社會風氣大開，祈望讀書者頗衆，入華中大學不僅要收費而且還需經過考試方才錄取。要維持和發展文華圖書科，並擴大其生源，那麼經費自然是至關重要的。而中華教育文化基金會的補助對於無法從華中大學得到充足

---

❶　武昌博文書院乃英國循道會之教育機關，創辦於1885年，初設於武昌城內的長街，1908年移至武昌城外約一英里處。書院分大學和中學兩部，大學課程分文科、理科和機器科三科，但學生只有20名左右。該院附設的中學頗形發達，預備學生考入香港大學，頗具吸引力。

❷　漢口博學書院乃倫敦會之教會機關，於1899年在漢口創辦，7年後遷至漢口三英里處。該院初不大著名，雖設備頗多，學生終不過40名左右。自遷移之後因遠離政治上之滋擾，日見起色。書院設大學和中學兩部。中學部課程相當於香港大學之預備班，歷年香港大學招生亦多在該校舉行，頗有影響。

經費的文華圖書科和試圖使文華圖書科獨立於華中大學之外的韋棣華和沈祖榮來說，又具有十分特別的意義，因爲經濟的獨立意味著管理體制獨立的可能性。

爲了實現文華公書林和文華圖書科的獨立，自1926年起，韋棣華開始將文華公書林和文華圖書科的發展重任交付給她的兩名得力助手沈祖榮和胡慶生，由沈祖榮擔任文華公書林總理，胡慶生擔任文華圖書科主任。這種管理職位的"禪讓"和交接既充分地體現了韋棣華對沈祖榮和胡慶生的信任，同時又表現了韋棣華的遠見卓識，當然這也是時勢的要求和必然。至此，韋棣華與沈祖榮和胡慶生的唱和發展到了一個新的階段。

1927年5月，因武漢政變，華中大學教職員大半離校引避，華中大學停辦。這對於韋棣華、沈祖榮和胡慶生來說都是一個嚴峻的考驗和挑戰。在是關門停辦還是共赴危難努力維持的選擇中，與華中大學相反的是，韋棣華和沈祖榮毅然選擇了後者，這既體現了他們的非凡膽識，同時也體現了他們的強烈自立意識。

在這個非常的時刻，並非所有的人都能像韋棣華和沈祖榮那樣特別能經受時代的嚴峻考驗，即使是韋棣華和沈祖榮的最密切的合作夥伴亦未必能具有這種意志。其中，胡慶生便是一個典型的例證。由於事業的艱辛和時局的動盪，胡慶生逐漸開始喪失信心。1928年11月3日，胡慶生在不堪重負的情況下辭去了文華圖書科主任之職，另謀經濟豐裕的武昌上海銀行之職（1930年正式脫離文華圖書科，並任該銀行行長）。這對文華圖書科來說是一個損失，對韋棣華和沈祖榮來說又是進一步的考驗。

胡慶生辭職之後，韋棣華暫行代理主任❶。1929年2月新學

---

❶ 《本科消息》. 見：《武昌文華圖書科季刊》第1卷第1期第113頁，1929年1月。

期開學時，沈祖榮又接替韋棣華擔任文華圖書科代理主任。自此
時起，沈祖榮已身兼文華公書林總理和文華圖書科主任雙重重
任，正式以主人翁的姿態開始獨立地發展韋棣華開創的一切事業。

　　沈祖榮臨難受任，不僅能夠不辱使命，而且能充分地展示其
創造力，把文華圖書科的發展推向了一個新的更高的發展階段。
在胡慶生正式辭職之前，沈祖榮便實際上已肩負起了文華圖書科
發展的全部重任，自1928年9月起，沈祖榮即積極謀求獨立進行
的文華圖書科的立案工作，並在其後數月內辦理完畢立案手續，
等待湖北省教育廳調查後報大學院批准。1929年5月，教育部批
准文華圖書科立案，俟復察後即正式立案為專門學校。1929年8
月，經教育部批准立案，文華圖書科更名為私立武昌文華圖書館
學專科學校，成為中國第一所獨立的圖書館學專科學校。文華圖
書館學專科學校的正式成立標誌著我國圖書館學教育進入了一個
新的階段，也是韋棣華和沈祖榮自立意識的結晶。從此，文華圖
書館學專科學校在沈祖榮的艱苦卓絕的領導下不斷地走向輝煌。

　　1929年9月，華中大學在停辦兩年之後恢復，韋卓民出任校
長，頗希望文華圖書館學專科學校重新回歸華中大學，但是，早
已立志自創一番事業的沈祖榮謝絕了韋卓民的要求。然而獨立地
發展和經營文華圖書館學專科學校並非是一件簡單的事，一切都
必須由沈祖榮親自規劃並實施，其艱難的程度可想而知，好在已
有兩年的自立經驗，沈祖榮已完全能夠駕馭一切。

　　獨立之文華圖書館學專科學校必須要有獨立的固定經費來
源，這是學校發展的保證。為此，沈祖榮自1929年起籌劃成立
了私立武昌文華圖書館學專科學校董事會，董事會成員包括

❶吳德施（中華聖公會鄂湘轄境主教）、孟良佐（前私立武昌文
華大學校長、華中大學代理校長，此時任聖公會鄂湘轄境副主教）、
周詒春（前國立清華大學校長、中孚銀行行長，此時任實業部常
務次長）、陳時（私立武昌中華大學校長）、吳國楨（湖北省政
府委員兼漢口市市長）、袁同禮（國立北平圖書館副館長）、孫
洪芬（中華教育文化基金董事會執行秘書）、戴志騫（前國立清
華大學圖書館館長、國立中央大學副校長、此時任上海中國銀行
秘書長）、陳宗良（前私立武昌文華中學校長）、周蒼柏（上海
商業儲蓄銀行漢口分行行長）、盧春榮（私立武昌文華中學校長），
以及韋棣華和沈祖榮。並在美國亦成立了相應的董事會，其英文
名為韋棣華女士基金會（Mary Elizabeth Wood Foundation
in America），董事包括羅素塞基金會主任格蘭（Mr. J.M.
Glenn, Director of Russell Sage Foundation, New York
City）、蒙特拿州聖路易公共圖書館館長鮑士偉（Dr. Arthur
E. Bostwick, Librarian of St. Louis Public Library,
St. Louis, Mo.）、哈佛大學比較動物學博物院主任顧理治（
Mr. Harold J. Coolidge, Jr., Curator of Museum of
Comparative Zoology, Harvard University, Cambridge,
Mass.）和麻省婦女傳道會幹事華德（Miss Marian De C.Ward）。
今天看來，文華圖書館學專科學校董事會的設立非常的成功，它
為文華圖書館學專科學校的發展提供了十分可靠的保證。據不完

---

❶　文華圖書館學專科學校董事會董事名單自成立之後曾有個別調整，此處以
　　1937年的名單為準，其中不包括初期的武漢的陳叔澄和杭州的馮漢驥等人。

全統計❶，董事會成立初期共募得基金五項：

　　1.基金23,000元。

　　2.息金每年1,380元。

　　3.美國聖公會補助費每年8,000元。

　　4.美國婦女問題研究會補助費每年2,000元。

　　5.美國庚款補助費每年13,500元。

　　上述資金，第一項基金由韋棣華和沈祖榮自各處募捐而得，平日不能擅自動用；第二項息金撥作學校經常費之用；第三項補助費專爲學校聘請教授之資，不得撥作它用。第四項亦爲經常費；第五項爲中華教育文化基金會於1930年6月繼第一次補助文華圖書科之後又一次議決繼續補助三年之款項。在此之後，中華教育文化基金會一直未曾中斷對文華圖書館學生專科學校的補助，總計包括：1933年7月14日議決補助維持費及增加研究設備15,000元；1934年6月29日議決補助學校 15,000元，1936年4月18日議決補助學校15,000元。此外，1939年中華教育文化基金會補助15,000元，教育部繼續補助7,000元，另外補教席一名（袁志剛），管理中英庚款董事會補助臨時建築費5,500元；1941年行政院撥救濟費70,000元，賑濟委員會撥10,000元，中華教育文化基金會撥緊急補助費25,000元❷。

　　文華圖書館學專科學校董事會的成立和各項基金的募集對於

---

❶　李繼先.《韋棣華女士與我國圖書館事業》.見：《華北日報圖書館學周刊》第8期第3～4頁，1931年5月28日。

❷　宋建成著.《中華圖書館協會》.台灣育英社文化事業有限公司，1980年6月，第143～146頁。

文華圖書館學專科學校來說無疑是十分重要的維持和發展的首要保障，而對於韋棣華和沈祖榮來說則是他們在事業上精誠合作的絕唱。因爲，從此時開始儘管年近古稀的韋棣華仍堅持在文華圖書館學專科學校執鞭任教，但是，由於身體和精力的原因，客觀上使得韋棣華已難以像過去那樣四處奔波、叱咤風雲了，歷史的重任必須由正當中年的沈祖榮來完成。韋棣華與沈祖榮的這最後一次合作實際上意味著韋棣華已將自己數十年歷盡艱辛創辦的事業完整地交付給了自己最信賴的助手、夥伴和朋友，這是歷史的重托！從此，沈祖榮便完全走上了充分展示自己才能的獨立發展之路。

在韋棣華完成了其歷史使命的交接之後，作爲韋棣華所創事業的最可靠的接班人，沈祖榮心中最迫切的願望乃是如何將此事業發揚光大。爲了實現這個心願，沈祖榮首先發起了全國性的表彰韋棣華的活動。鑒於1930年5月16日爲韋棣華來華30周年紀念和文華公書林20周年紀念、文華圖書科10周年紀念，沈祖榮特於1929年秋以文華公書林和文華圖書科的名義發起於1930年5月16日在文華公書林舉行大規模紀念大會，並函請中華圖書館協會協助進行。沈祖榮計劃通過此次紀念大會募捐6萬元建築韋棣華博物館，募捐5萬元作爲韋棣華手創的文華圖書館學專科學校講學基金，既可爲韋棣華之永久紀念，又藉此能促進中國圖書館事業之發展。其後不久，沈祖榮與全國各界名流132人共同啓事，在全國發起"韋棣華女士來華服務三十周年紀念大會"，並成立了以外交部王正廷爲主席、漢口上海銀行周蒼柏爲司庫、漢口聖保羅教堂座堂黃馥亭爲書記、沈祖榮和孔祥熙等43人爲委員的"韋棣華女士來華服務三十周年紀念募款委員會" ❶ 。

1930年,正當一切籌備就緒,會期將至的時候,因爲時局等諸方面的原因,開會頗爲不便,不得已遂將"韋棣華女士來華服務三十周年紀念大會"延期至1931年舉行。

然而,也許是命途多舛,韋棣華最終還是無緣領受國人對她的隆重紀念。❶1931年5月1日,此時離"韋棣華女士來華服務三十周年紀念大會"只差五天,一切籌備活動已進入倒計時的時刻,午飯後,沈祖榮校長帶領全體學生在公書林司徒廳練習校歌。12點55分,韋棣華女士病逝於武昌私邸,享年70。消息傳來,歌聲立刻停止,一種緊張沉寂的空氣充滿了司徒廳,窒息的情緒緊緊壓在衆人的心頭。沈祖榮校長首先打破這異常的沉寂說:"我們的韋棣華女士,畢竟是死了!她!以全部生命犧牲在發展中國文化事業上,今後的責任,未死的我們應當如何地去擔負啊!希望你們要……繼續地去努力你們的事功……開墾你們的新園地……也就是說——要秉著韋女士的遺志,發展中國文化教育,努力圖書館事業……" ❷ 。

韋棣華的逝世,對於沈祖榮來說是一次人生的重大打擊和更爲嚴峻的考驗,因爲沈祖榮從此失去了自己最崇拜的導師、最親密的戰友和最信賴的知音。這不僅是沈祖榮個人的重大損失,而且也是中國圖書館事業的重大損失,從此,中國失去了一代現代圖書館運動的皇后,美國失去了一座中美圖書館事業的橋樑。這

---

❶ 《韋棣華女士來華服務三十周年紀念大會啓》、《韋棣華女士來華服務三十周年紀念募款委員表》.見:《中華圖書館協會會報》5卷4期第2～4頁。

❷ 鄧衍林.《火葬》.見:《文華圖書科季刊》第3卷第3期第345～355頁。

不能不引起海內外同仁的震驚和悲痛！

　　中國現代圖書館運動的皇后——韋棣華畢竟殞落了，雖然她走得過於匆忙，但是，她沒絲毫遺憾，因爲她以自己畢生的精力服務於中國的文化教育事業，既無愧於中國，也無愧於她的祖國。雖然她走得過於匆忙，但是，她沒有絲毫牽掛，因爲不僅她手創的事業有她最信賴的接班人沈祖榮繼承和發揚，而且她的精神也有了更多同仁的繼承和發揚。

　　的確，韋棣華無愧於歷史的使命，同樣，沈祖榮更無愧於時代的重托。自1929年文華圖書館學專科學校成立以後，沈祖榮不斷開拓、創新，在短短的幾年之內把文華圖書館學專科學校發展到了顛峰。

　　在學制上，文華圖書館學專科學校重新規範了新的制度，專收大學二年級肄業的學生，入學後再受兩年專門圖書館學訓練，改變了文華圖書科時代兼修圖書館學的制度，這使得圖書館學教育更爲專門化和專深化。自1930年起，爲了適應我國圖書館界的要求，文華圖書館學專科學校又專門附設了圖書館學講習班一班，修業期限定爲一年，嗣後視需要而定，隨時與專科同時招收。這種在圖書館學本科專業教育的同時輔以短期培訓的形式，無疑既增加了文華圖書館學專科學校的辦學層次和活力，而且也適應了我國圖書館界的急切人才需要。

　　在課程設置上，沈祖榮不斷總結經驗，借鑒歐美圖書館學教育的模式，結合中國圖書館的具體情況，在調整和充實原有專業課程的同時，對整個課程體系進行了邏輯化和系統化，使得兩年的圖書館學專業課程在教學上能夠做到由淺入深、由中到外、循序漸進。同時，沈祖榮秉承文華大學的傳統，特別地強調外國語言能力的培訓，除英語作為學生必備的語言能力之外，又特別增加了第二外國語德語、法語和日語三門課程，以供學生自由選修。在此基礎上，沈祖榮制定了一套我國最完善的圖書館學課程體系，這套體系的大致情況如下❶：

第一學年第一學期

圖書館經營法A（書籍之購求保管與應用）	2學時
圖書分類法A（分類法通論）	2學時
圖書編目法A（西文編目法）	2學時
圖書館史A（西洋圖書館史）	2學時
目錄學C（中國目錄學）	2學時
參考書A（西文參考書）	2學時
打字與習字	2學時
索引與檢字AB（索引法、檢字法）	2學時
博物館學B（古器物學）	2學時
簿記與會計	1學時
外國語	3學時
軍事訓練	2學時
國術	1學時
實習	4學時

---

❶ 文華圖書館學專科學校編．《私立武昌文華圖書館學專科學校一覽（二十六年度）》．該校印行，1937年，共104頁。

第一學年第二學期

圖書館經營法B（圖書館組織行政與建築）	2學時
圖書分類法B（分類法專論甲西方分類法）	2學時
圖書編目法A（西文編目法）	2學時
圖書館史B（中國圖書館史）	1學時
目錄學C（中國目錄學）	2學時
參考書A（西文參考書）	2學時
書籍選擇A（書選通論）	1學時
索引與檢字C（序列法）	2學時
博物館學B（古器物學）	2學時
簿記與會計	1學時
外國語	3學時
軍事訓練	2學時
國術	1學時
實習	4學時

第二學年第一學期

圖書館經營法C（圖書館宣傳及推廣事業）	2學時
圖書分類法B（分類法專論甲西方分類法）	2學時
圖書編目法A（西書編目法）	2學時
兒童圖書館學	2學時
目錄學A（西洋目錄學）	2學時
參考書B（中文參考書）	2學時
書籍選擇B（西洋各科名著選要）	2學時

檔案管理法	2學時
外國語	3學時
國術	1學時
實習	4學時

第二學年第二學期

圖書館經營法D（特種圖書館研究）	2學時
圖書分類法C（分類法專論乙中國分類法）	2學時
圖書編目法B（中文編目法）	2學時
畢業論文	1學時
目錄學B（西洋書籍史）	2學時
博物館學A（博物館學通論）	2學時
書籍選擇C（中國各部名著選要）	2學時
檔案管理法	2學時
外國語	3學時
國術	1學時
實習	4學時

以上課程中目錄學C（中國目錄學）包括目錄學D（版本學），外國語分3種：法語、德語、日語，其中法語和德語分別用兩年授完，日語則僅一年授完，學生可任選一門。

在教學設施與設備的建設上，沈祖榮在不斷發展公書林的同時，努力建設圖書館學專藏，使得文華公書林成爲與文華圖書館學專科學校不可分割的整體。據統計❶：到1937年時，文華公書林總計有：中文普通各科書籍15,348冊，專門圖書館學及目錄學書籍1,215冊；英文普通各科書籍27,478冊，專門圖書館學書籍1,811冊；普通中英文雜誌395種，共有3,672訂冊，專門圖書館學中英文雜誌63種，共有646訂冊。此外，更備置有圖書館學工具書、參考書籍和各項應用卡片、表格、器具多種。另有圖書館展覽表證、適用之圖表、模型、幻燈、及電影機設備。而文華公書林舊有博物古物陳列室一間，內藏有古物礦物人文標本約1,100餘件，對於圖書館學修習亦有資參考。1934年夏，沈祖榮又將毗鄰文華公書林的文華圖書館學專科學校宿舍改建爲西式三層樓房一座，命名爲華德樓，藉以紀念文華圖書館學專科學校校董華德女士（Miss Marian De C. Ward）。其最卜層爲客廳，男女宿舍則分別在二樓三樓。

在師資隊伍的建設上，沈祖榮廣延四方賢俊，使得文華圖書館學專科學校的師資隊伍不斷壯大。1926年時，文華圖書科專職教員僅韋棣華、沈祖榮、胡慶生、周楚蘅（清貢生、日本明治大學法政科畢業）和李登伯夫人（曾任職美國依阿華州立大學圖書館和州立兒童圖書館多年）5人。10年後，到1937年時，文華圖書館學專科學校的教職員已發展到18人❷，其中包括：教授4人，即沈祖榮校長、汪長炳教務主任（文華圖書科畢業、美國哥倫比亞大學圖書館學碩士、曾任國立北平圖書館參考部主任、美國國

❶ 文華圖書館學專科學校編．《私立武昌文華圖書館學專科學校一覽（二十六年度）》．該校印行，1937年，共104頁。
❷ 同上。

· 65 ·

會圖書館中文部編目主任等職）、周愛德（美國籍、華盛頓大學
圖書館學士、曾任華盛頓大學圖書館參考部主任）、毛坤（國立
北京大學文學士、文華圖書科畢業，兼任文華公書林中文編目主
任）；講師6人，即格拉賽（德國籍、德國哈勒大學畢業、歷任
德國林斯德羅克實驗語言學校、武昌方言學堂、高等師範商科大
學、中山大學、武漢大學教授）、易忠籙（日本早稻田大學畢
業、曾任湖北省立圖書館館長）、徐家麟（文華圖書科畢業、曾
任中華教育改進社圖書館主任、清華大學和燕京大學圖書館中文
編目主任）、張春蕙（法國黎爾大學碩士、曾任武昌光華報主編）、
葉承澍（武昌中華大學商學士、任武漢執行會計師職務）、熊壽
農（武昌中華大學文學士、日本東北帝國大學研究所進修）；其
他教職員8人，即軍事教官謝復華、國術教員趙子虬、女生看護
教員蔣美德（美國籍、美國紐布雷埠護士專科學校畢業）、事務
主任兼舍監范禮煌（兼公書林西文編目主任）、註冊主任兼教員
汪應文、秘書張樹滋、事務員駱繼駒和崔思孝。

　　在學校的管理上，沈祖榮親自制定和組織制定了一系列的規
章制度，使得文華圖書館學專科學校在管理上制度化、規範化。
這些規章制度包括：《本校組織大綱》、《校董會章程》、《本
校學則》、《校務會議章程》、《本校各處辦公總則》、《教務
會議規程》、《出版委員會章程》、《本校叢書出版規程》、
《本校季刊社章程》、《刊物交換簡章》、《刊物代售簡章》、《圖
書館借閱書籍規則》、《宿舍規則》、《考查操行規程》、《考
查操行細則》、《學生實習規則》、《畢業論文規則》、《本校
群育討論會章程》、《中華教育文化基金董事會圖書館學免費學

額簡章》、《袁母韓太夫人圖書館學獎學金簡章》、《武昌文華
圖書館學專科學校北平同學會紀念韋棣華女士獎學金暫行簡
章》、《招生簡章》、《本校附設圖書館學講習班章程》、《講
習班課程大綱》等共24項，巨細無遺，使得學校一切事務的進行
均有章可行，有案可索。在行政管理上，沈祖榮親自制定了一整
套的管理機構，各部門既有分工又有合作，職責和權利明確，一
切有條不紊，詳見下列文華圖書館學專科學校組織系統圖❶：

　　上述學制、課程設置、教學設施與設備建設、師資隊伍建設
和行政管理制度與系統的確立，爲文華圖書館學專科學校的發展
奠定了堅實的基礎，是文華圖書館學專科學校繼往開來的基石，
也是沈祖榮總結歷史經驗的結晶。然而，沈祖榮並不滿足於此，
他認爲圖書館學人才的培養不僅在課堂專業知識的傳授，而且，
更重要的是，在於事業精神的培養，在於實踐技能的培養，在於
研究能力的培養，在於知識面的拓廣。只有這樣才能培養出眞正
適合中國圖書館事業建設之需要的圖書館學全才和通才。而這一
切在很大程度上有賴於課餘豐富多彩的生活。爲此，沈祖榮不斷
求實創新，手創了一套中國圖書館學教育史上絕無僅有的圖書館
學課外學習法、實踐法和研究法。

　　沈祖榮認爲："圖書館雖漸次設立多了，然管理若不得人，
設施不以其道，則仍與無圖書館等。所謂得人者，不僅指館員須
曾受圖書館學專門教育與訓練也，尤須有極熱烈之感情，偉大的
服務社會之精神……。執事所須之熱烈情感、服務精神兩要素，

---

❶　文華圖書館學專科學校編．《私立武昌文華圖書館學專科學校一覽（二十六年
　　度）》．該校印行，1937年，共104頁。

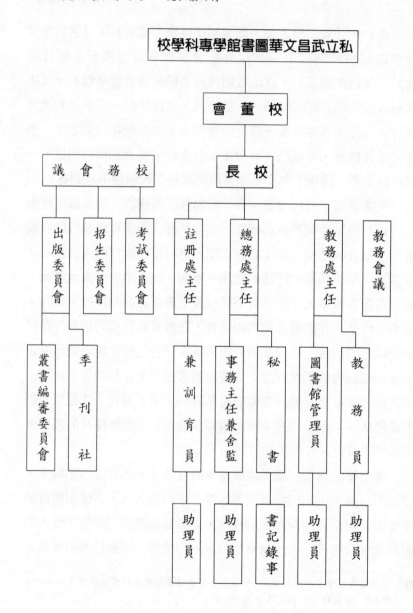

不可不於今日養成之"❶。爲此，沈祖榮於1930年秋親自制定了
文華圖書館學專科學校校訓——智慧與服務（Wisdom and
Service）和以此爲主題的校歌，藉此表達全校師生的共同理想，
以求喚起愛校觀念及求學精神，使知有所趨向。毫無疑問，"智
慧與服務"這一校訓乃是沈祖榮參透美國圖書館事業發達的內在
原因，洞悉韋棣華人生的動力，反思中國圖書館事業發展的經
驗，經過千錘百煉而抽象出的事業精神和理想結晶。正是這一校
訓的精神力量使得文華圖書館學專科學校的師生在以後數十年中
歷盡千辛萬苦仍然能百折不撓，在平凡的圖書館事業上譜寫了一
曲又一曲可歌可泣的頌歌。

　　爲了培養學生的研究能力，沈祖榮於1929年1月親手創辦了
《文華圖書科季刊》（後改名爲《文華圖書館學專科學校季刊》），
爲文華圖專學子提供了一塊研究圖書館學的園地。沈祖榮鼓勵學
生注重實事研究，不避瑣細題目，審合社會情形，整理叢書，介
紹新知識，大力開展圖書館學研究，並確立了以發表與介紹中外
圖書館界對於圖書館學術之研究及心得，以資促進我國圖書館事
業的辦刊宗旨。尤爲可貴的是，爲了充分地施展學生的才能，沈
祖榮確定了《文華圖書科季刊》以學生爲主體，以教師爲輔導的
辦刊方式。這種方式是一個創舉，一個古今中外圖書館界迄今絕
無僅有的創舉！事實證明：沈祖榮的這項創舉取得了十分輝煌的
成果。儘管《文華圖書館學專科學校季刊》因"七·七事變"不
得已於1937年停刊，只存在了八年之久的時間，但是，《文華

---

❶　沈祖榮．《我對於文華圖書科季刊的幾種希望》．見：《文華圖書科季刊》1卷
　　1期，1929年1月。

圖書館學專科學校季刊》獨樹一幟，以嶄新的姿態從一開始便擠身於中國近代圖書館學刊物的前列，並成爲繼《中華圖書館協會會報》和《圖書館學季刊》之後的三大圖書館學刊物之一。正如《浙江省立圖書館館刊》所言："現今國內關於圖書館學術的刊物，除國內各大圖書館館刊外，其純粹研究圖書館學，而內容比較充實的，要算中華圖書館協會出版的《圖書館學季刊》和《武昌文華圖書館學專科學校季刊》了"❶。不僅如此，通過《文華圖書館學專科學校季刊》，還造就了諸如李鐘履、呂紹虞、張葆箴、于鏡字、戴鎦齡、藍乾章、張正鵠、徐家壁、李繼先、周連寬、耿靖民、錢存訓、鄧衍林、毛坤、于震寰、汪應文等等一大批的圖書館學研究新人和未來的著名圖書館學家。

尤爲令人驚嘆和佩服的是，爲了充分地培養和提高文華圖書館學專科學校師生的科研水平和能力，在文華圖書館學專科學校獨立之後的短短八年內（1929～1937），沈祖榮親自規劃，指導出版了文華圖書館學專科學校叢書共計19種，這些叢書包括：

1. （美）駱約翰著.章新民譯.《民衆圖書館行政》.1934年出版，136頁。

2. （美）衛遲著.戴鎦齡譯.《圖書館的財政問題》.1934年出版，136頁。

3. 李鐘履著.《鄉村圖書館經營法之研究》.1931年出版，52頁。

---

❶ 《國內圖書館刊物提要介紹·文華圖書館學專科學校季刊》.見：《浙江省立圖書館館刊》2卷3期第16～17頁，1933年6月30日。

4.趙福來著.《圖書館建築與設備》.1935年出版，178頁。

5.（英）薩費基著.毛坤譯.《西洋圖書館史略》.1934年出版，108頁。

6.（美）鮑士偉著.徐家麟等譯.《世界民眾圖書館概況》.1934年出版，230頁。

7.皮高品著.《中國十進分類法》.1934年出版。

8.沈祖榮編譯.《標題總錄》.1937年出版。

9.劉子欽著.《分類之理論與實際》.1934年出版，66頁。

10.（美）愛克斯著.沈祖榮譯.《簡明編目法》.1929年出版，128頁。

11.黃星輝著.《普通圖書館編目法》.1933年出版，196頁。

12.（日）加籐宗厚著.李尙友譯.《標題目錄要論》.1934年出版，140頁。

13.錢亞新著.《拚音著者號表》.1937年重印本，20頁。

14.（英）福開森著.耿靖民譯.《目錄學概論》.1934年出版，23頁。

15.（美）哈勒斯著.喻友信譯.《圖書館使用法的指導》.1934年出版。

16.吳鴻志著.《圖書之體系》.1935年出版，54頁。

17.戴鎦齡著.《字典簡論》.1935年出版，100頁。

18.（美）美利爾著.張鴻書譯.《圖書分類指南》.1935年出版，128頁。

19.（德）Konrad Glatzer（格拉賽）編.《Library Terms in German With English Equivalents》.1936年出版。

在上述19種著作中，竟有13種出自文華圖書館學專科學校在校學生的手筆！這是一個奇蹟，一個我們今天都難以企及的奇蹟！這是沈祖榮誘導、學子們積極參與的結晶，更是文華圖書館學專科學校人才輩出的原因之一。

爲了培養學生的實踐技能，自1929年秋起，沈祖榮"以學貴切用，乃提議組織一編目股，將公書林舊有中國書籍四十餘箱分類整理，股中一切計劃、預算、採辦材料用具，分配工作事宜均由學生自動辦理，……每星期工作四小時，每人輪流當股長一次"❶。以此增加學生的實踐機會，培養其管理與組織才能。

不僅如此，爲了進一步培養學生的實踐技能和事業精神，自1932年春起，沈祖榮又開始組織"私立武昌文華圖書館學專科學校學生服務團"，發動學生利用課餘時間在武漢三鎮宣傳和擴廣圖書館事業，辦理巡迴文庫，實施民眾教育。同樣，學生服務團的一切均由學生自己辦理。爲了不致使此活動夭折，在學生募捐時，沈祖榮總是捐款最多最及時。在沈祖榮的親自扶持下，學生服務團一直堅持活動了十幾年，直到抗戰西遷重慶，學生服務團仍在堅持利用巡迴文庫爲受傷將士服務。這無疑是圖書館事業的推廣，是圖書館服務精神的推廣，是文華圖書館學專科學校校風的推廣。

爲了擴大學生的知識面，增廣學生的見聞，活躍學生的研究興趣，沈祖榮繼續發揚光大文華公書林聘請專家演講的作風，於1929年專門成立了"私立武昌文華圖書館學專科學校群育討論

---

❶　《本科消息》．見：《文華圖書科季刊》1卷4期第473～474頁。

會"。群育討論會以"利用課外修閒時間研討圖書館學以外，或
與圖書館學相關之其他學科問題，藉以聯絡校內師生間、與同學
彼此間、以及校外人士之感情"爲宗旨，每兩個星期舉行一次演
講和討論，講員聘請：(a)專科以上學校之教授講師；(b)中外之著
名學者及專家；(c)在文化教育機關團體中任重要職務者；(d)新近
由外洋留學歸來者。具體組織管理工作完全由學生負責，沈祖榮
只在聘請專家演講方面予以協助。據不完全統計，曾應邀前來演
講的有：周鯁生（武漢大學教授）：國際聯盟及研究書目，時召
瀛（武漢大學教授）：中國外交關係書目，燕樹棠（武漢大學教
授）：法學及法學之分類，陳西瀅（武漢大學教授）：近代文學
之趨勢，聞一多（武漢大學文學院院長）：唐代的文學，曾定夫（醫
師）：公共衛生及書目，陳祖源（武漢大學教授）：中國史籍節
略，黃秋圃（華中大學院長）：教育意義，蔡尙思（華中大學教
授）：中國哲學之直接研究及客觀批評，查修博士：國際航空公
法之趨勢，查嘯仙（武漢大學理學院長）：我國科學之過去與未
來，陳淑元（華中大學教授）：如何研究中國文化，桂質庭（華
中大學理學院長）：近代物理學研究的什麼，韓德霖（文華圖專
法文教授）：聖誕節的意義，嚴文郁（校友）：德國圖書館事業
之現勢，湖北省政府張主席：中國爲什麼要有國難及其解決的途
徑，嚴士佳（華中大學教務長）：中國職業問題，吳其昌（武漢
大學教授）：殷墟契文發現之歷史與對於中國文化上之影響，郭
斌佳（武漢大學教授）：歷史爲科學嗎，韋德生教父：聖公會之
歷史，吳子彬（中華大學教授）：九一八事件之回顧，徐行可
（藏書家）：四庫提要類目，張鏡澄（武漢大學教授）：細菌與

人生，黃秋圃（華中大學代理校長）：中國現代教育應注意的幾點，包鷺賓（華中大學教授）：文心討源，胡稼胎（武漢大學教授）：從哲學觀點來探討青年精神上的出路，談錫恩（湖北省圖書館館長）：宇宙間人生之意義與價值，陳淑元（華中大學教授）：目前中國文化運動問題之檢討，吳其昌（武漢大學教授）：十世紀來中國私家藏書之沿革及其所培造的學風，王育之（湖北省立民眾教育館館長）：廣西省民團及鄉教情形考察記，陳序庠（華中大學化學系主任）：工業化學及與國防之關係，胡毅（華中大學教授）：從心理學的立場上來討論圖書館閱覽辦法，桂質庭：最近遊美的感想，游國恩（華中大學教授）：宋王荊公新法的檢討，劉迺誠（武漢大學教授）：科學管理與圖書館管理，吳施德主教：交友之道。群育討論會一直持續到抗戰西遷重慶之時，極大地開拓了學生的視野，豐富了學生的知識。

沈祖榮還十分注重學生語言能力的培養，先後從美國、德國、瑞典等國聘請了斐錫恩女士、華瑪麗女士、盈格蘭女士、克若維女士、韓德霖先生、畢愛蓮女士、郝露斯女士、格拉賽先生等多名外籍教員和留學歸國教員到文華圖書館學專科學校來講授英語、法語、德語、日語等多種外國語。由於沈祖榮自文華圖書科創辦起就十分注重學生外語能力的培養，重視外語能力已成為文華圖書館學專科學校的傳統。正因為如此，文華圖書館學專科學校的學生均具有較高水平的外語能力，畢業後留洋攻讀圖書館學，或就職於外國圖書館者頗不乏人，如徐家麟、王文山、桂質柏、裘開明、嚴文郁、查修、劉延藩、汪長炳、陸秀、曹柏年、房兆穎、黃星輝、岳良木、李芳馥、曾憲三、戴鎦齡、葛受元、田洪都等等都曾先後留洋，其中不乏後來成爲海內外著名專家學者之人，其影響頗爲廣泛深遠。

爲了豐富學生的課餘生活，沈祖榮經常率領全校師生或赴漢口大波樓、省立圖書館、英文楚報館、漢陽兵工廠、私人藏書樓等處參觀遊覽，或赴中山公園、東湖等處踏青郊遊，或在校園內植樹、遊藝，在談笑、遊藝和娛樂之中活躍了師生的業餘生活，陶冶了學生的性情。

作爲校長，沈祖榮充分地展示了他的卓越才能，可以毫不誇張的說，迄今爲止，在中國圖書館學教育界無人可以與沈祖榮相提並論。作爲一名教授，沈祖榮兢兢業業，循循善誘，誨人不倦，倦，一人講授《西文編目法》、《圖書館行政學》等多門課程，他無愧於教師這個崇高的職業。在課餘，沈祖榮經常率領學生打籃球、排球、游泳、做體操，儼如學生的朋友；學生經濟有困難，沈祖榮常常解囊相助，令許多學生終生難忘，夜間沈祖榮常到學生宿舍巡房，噓寒問暖，又儼如慈父。這些細微之處不正是體現了沈祖榮的偉大嗎?!

文華圖書館學專科學校之所以能夠在30年代走向輝煌，除了社會的其他因素以外，它取決於沈祖榮非凡的領導能力和組織才幹，尤其是文華圖書館學專科學校的精神。對此，毛坤在1930年曾作過這樣十分精闢的闡述❶：

"一、創辦人之精神。創辦圖書科者，美國韋棣華女士也。

---

❶　毛坤.《華中大學文華圖書科十周年紀念》.見：《文華圖書科季刊》2卷2期第137~139頁，1930年6月。

……女士一生志願，在輔助中國，發揚文化。其首先著力點，爲圖書館事業。欲發展圖書館事業，首在人才之養成；故創辦圖書科以爲根基。……對於經費則中外奔走，勸募維持；辛苦倍嘗，十年一日。其堅忍卓絕，遠思長慮之精神，不可及也。

　　二、維持人之精神。語云創業固難，守成亦不易，誠哉言矣。圖書科自創辦而後，使無沈祖榮、胡慶生兩先生辛苦維持，圖書科恐早已煙消雲散矣。二先生……學識優良，經驗豐富，全校事物教務皆親任之。口無餘暇，手不停批；面命耳提，循循善誘。十五年武昌圍城，十六年時局混亂；其他學校皆已停辦，獨圖書科賴二人之力仍得維持。歲寒然後知松柏之後凋，其謂是乎？

三、學生之精神。我國學子，往往心神不定，見異思遷。學工程而入教育，學教育而入政治，比比皆然，習非成是。其紊亂系統，減低效能，莫此爲甚。惟文華圖書科之畢業學生，對於此點，至足稱道。……全數皆在圖書館服務。而圖書館事務至爲繁苦，自朝至暮，飲食而外，無休息之時。且在今日圖書館員者，地位低微，報酬亦嗇。見異思遷之士，鮮有能忍受之者，而文華圖書科諸同學，安之若泰，且益奮發，其忠於所學，爲何如哉？

以上三端，皆文華圖書科賴以巍然存於國中之理由，國家亦以受其福利者"。

七、急流勇進：
在中華圖書館協會中

　　經過1917年至1919年沈祖榮的倡導，新圖書館運動開始在全國蓬勃興起。隨著西方圖書館學術的不斷流入和國民圖書館意識的不斷加強，20年代以後，各地開始普遍地設立公共圖書館、通俗圖書館和學校圖書館，中國的圖書館事業開始進入了一個新的發展時代。然而，由於各地圖書館的設立乃是有識之士的自發行爲，圖書館均各行其事，彼此之間缺乏交流與聯繫，更談不上統一的圖書館組織。這種局面顯然不符合現代圖書館發展的需要，建立全國性的圖書館組織以加強圖書館彼此之間的協作協調已勢在必行。面對著這樣的形勢，沈祖榮繼在全國倡導新圖書館運動之後，在創辦文華圖書科的同時，又不失時機地急流勇進，迅速地投入到了創建全國性圖書館組織的活動之中。

　　在沈祖榮倡導新圖書館運動的同時，中國的平民教育運動亦正在全國蓬勃興起。自1919年"五四運動"以後，平民教育運動中的右翼開始把平民教育變成爲杜威式的"平民主義教育"，並進而將其演化爲"公民教育"。爲了宣傳杜威式的"平民主義教育"，中國教育界人士於1921年12月在北京將實際教育調查社、新教育共進社和新教育編輯社三個團體合組成了旨在"調查教育實況，研究教育學術，力謀教育進行"的全國最大的教育學術團體——中華教育改進社（其後有一百多個機關參入）。爲分工研究起見，改進社下設若干個專業組，鑒於圖書館乃是重要的教育機關，特設圖書館教育組。在全國尚無統一的圖書館組織的時候，中華教育改進社圖書館教育組的設立無疑爲全國性圖書館組織的創立提供了一個良好的契機，而正是沈祖榮等充分地利用了這個契機，最終才使得全國性圖書館組織的創立成爲可能。

　　1922年7月3日至8日，中華教育改進社在山東濟南召開第一次年會，戴超（志騫）、沈祖榮、洪有豐、杜定友、戴超夫人、朱家治、孫心磐共7人出席圖書館教育組會議。這是中國現代圖書館四大名流沈祖榮、戴志騫、洪有豐和杜定友的第一次正式集會，具有不可忽視的意義。

　　這個不可忽視的意義就在於四大圖書館界名流思想的撞擊迸發出了醞釀全國圖書館組織的火花。在赴會之初，四大名流不過是帶著“促人深省，使知圖書館與教育本不可離”❶的心態相聚於濟南的。正因爲如此，圖書館教育組在會前收到的總共13件議案（其中沈祖榮提交議案7項、洪有豐2項、杜定友2項、戴志騫1項、楊成章1項）幾乎全部都是有關設立圖書館的議案。例如，沈祖榮所提7項議案最後經過討論成爲決議案的3項分別爲：一、擬呈請教育部通咨各省省長轉飭各教育廳長除省會內必須建設省立圖書館外凡所屬之重要商埠（如上海漢口等）亦必有圖書館之建設案；二、擬呈請教育部會同財政部籌撥相當款項重建京師國立圖書館案；三、凡著作家出版之書籍欲鞏固版權須經部審查備

---

❶　沈祖榮．《提倡改良中國圖書館之管見》．見：《新教育》6卷4期第551～555頁，1923年4月。

案註冊者應將其出版之書籍盡兩部義務一存教育部備案一存國立圖書館以供衆覽案❶。當然，這些決議案對於推動我國圖書館事業的發展都具有積極地建設性的意義。

　　7月7日上午，當圖書館教育組舉行最後一次會議時，隨著議案討論的深入，代表們的初衷亦開始昇華。杜定友因事返粵，委託孫心磐代表提出"請教育部添設圖書館教育司案"，代表們討論此案咸以現在尚非其時，故亦主張暫為擱置，決議將此案暫為擱置。在會議行將結束的時候，戴超在於7月5日會議上提出的組織圖書館管理學會案因無附議，暫不討論的情況下即席提議中華教育改進社組織圖書館教育研究委員會案。這個臨時動議即刻得到了沈祖榮、洪有豐的贊同和附議，並成為圖書館教育組所通過的8項決議的最後一項決議。毫無疑問，戴志騫的這個動議道出了沈祖榮和洪有豐的心聲，因而特別能引起共鳴。經過戴志騫、沈祖榮、洪有豐等代表的討論，最後擬定了如下理由及組織大綱❷：

請中華教育改進社組織圖書館教育研究委員會案

理　由：

一、圖書館教育與改進問題，本有密切之關係。例如美國圖書館協會與教育會互相獨立原非妥當辦法，以致常生隔

---

❶　《分組會議記錄·圖書館教育組議決通過案》.見：《新教育》5卷3期第611～612頁，1922年。

❷　《分組會議記錄·第十八圖書館教育組》.見《新教育》5卷3期第555～561頁，1922年。

閣。

二、中華教育改進社已設立各處辦事機關，並以圖書館教育
為新教育問題之一，設立圖書館教育研究委員會於中華
教育改進社內，對於經濟上即屬節儉，而與教育事業上
亦大有裨益。

組　織：

一、定名：中華教育改進社圖書館教育研究委員會。

二、宗旨：本會以研究圖書館教育問題為宗旨。

三、委員：委員名額暫定十五人，由改進社函請國內研究圖
書館教育及熱心研究教育者充之。

四、職員：本委員會設幹事一人、副幹事一人、書記一人，
由本委員會互選之；並由中華教育改進社聘任之。

五、研究計劃：本會研究計劃分二種：

甲、共同研究　以分組研究之結果，應由全體委員討論
決定之。

乙、分組研究　暫分四組，遇必要時增減之：

(1)圖書館行政與管理。

(2)徵集中國圖書。

(3)分類編目研究。

(4)圖書審查。

六、出版：研究結果暫由《新教育》發表。

上述組織大綱雖為臨時之作且十分粗糙，但其中顯然已蘊含

著創建全國圖書館組織的端倪，而這個端倪經沈祖榮在會後的闡
述便已昭然若揭。

　　在中國教育改進社第一次年會之後，應中華教育改進社主任
幹事陶知行的邀請，沈祖榮於1922年11月在《新教育》雜誌5卷
4期上發表了《民國十年之圖書館》一文。在這篇論文的最後，
沈祖榮特別提出提倡圖書館應當注意的5個方法，其中第5個方法
即是"全國圖書館研究會"。沈祖榮認爲："中國圖書館，其所
以不能發達者，又在該館各自爲法，孤立無助；推原其故，由未
聯絡研究機關，以謀協助也。誠能組織全國圖書館研究會，以館
中館長館員主任爲基礎，再徵求全國同志，及熱心贊成家，加入
此會，則會員愈多，見聞愈廣，集思廣益，知識交換，合群策群
力，以改良其辦法，則此種事業，定有進步。不然，一盤散沙，
毫無系統，同爲此種事業，而意見紛歧，各處異制，即有良法，
無人學步，縱多流弊，不知剗除，長此以往，欲謀發展，未之有
也"❶。顯然，沈祖榮關於"組織全國圖書館研究會"的思想比
圖書館教育組的"組織中華教育改進社圖書館教育研究委員會"
要深刻得多。在立足點上，"全國圖書館研究會"注重於全國的
圖書館事業，而"圖書館教育研究會"則編於圖書館教育方面；
在辦理方式上，前者強調徵求全國同志，會員多多益善，而後者
只限於15名委員且寄於改進社之籬下；在目的上，前者著重於改
良圖書館事業，而後者則僅以研究爲目的。

---

❶　沈祖榮.《民國十年之圖書館》.見：《新教育》5卷4期第783～797頁，1922
　　年11月。

　　值得注意的是，雖然沈祖榮的這篇論文發表於改進社年會召開的4個月之後，但是，迄今爲止，我們尚無法判斷這篇論文究竟是作於年會之前還是之後。從文章的題目《民國十年之圖書館》和文內"中華教育改進社主任幹事陶先生，致書祖榮，命將關於全國圖書館之事實，略爲陳述，綴爲短篇，登諸《新教育》雜誌，俾衆周知"，以及文中內容與第一次年會毫無牽涉來看，似應作於第一次年會之前。而發表時因《新教育》5卷3期悉數刊登第一次年會內容，只得移至5卷4期發表。倘若如此的話，那麼，沈祖榮提出的"組織全國圖書館研究會"的建議，要比戴志騫提出的"組織中華教育改進社圖書館教育研究會"的建議更早。即便是沈祖榮的這篇論文作於改進社年會之後，從目前的史料來看，沈祖榮仍然是公開倡導全國性圖書館組織的第一人，因爲改進社的圖書館教育研究會僅僅只是一個代表性非常有限的改進社下設機構。

　　值得肯定的是，中華教育改進社第一次年會對沈祖榮具有相當的激發作用，這個作用突出地體現在會後沈祖榮所發表的另一篇論文之中。1923年3月，沈祖榮在《新教育》6卷4期上發表了《提倡改良中國圖書館之管見》一文。此時，沈祖榮乃是以中華教育改進社圖書館教育委員會委員的身份呼籲中華教育改進社組織"圖書館責任委員會"（即美國的Library Commission）以推進圖書館事業的改良。

　　沈祖榮認爲："圖書館責任委員會，爲一種重要的機關，爲能扶助擴充此種事業之強有力機關"。其任務包括：

(1)劃分全國為數區，以便分任調查，或通函，或親到，臨時斟酌之。

(2)調查已經設立之圖書館的成績，以及管理方法之有無缺點。

(3)介紹一切最新之管理法，須與各館之管理員，互相磋商，助其改良。

(4)對於未經設立圖書館之地，須負提倡講演，及著述之義務。

(5)將所調查之結果，匯成報告書，分寄各處圖書館，俾該館之管理員，知其優劣之所在，因之可以聯絡聲氣，群策進行。

(6)須於每月對於圖書館應辦及改良事宜，或自身，或請人，出著作一篇，登載《新教育》雜誌以資鼓吹。

沈祖榮呼籲："此時不謀改良則已，如欲改良，非個人之力所能勝任，鄙見以為非有責任委員會，為有統系的研究，不能掃除積弊，收美滿之結果，此設立責任委員會所以刻不容緩之組織" ❶。

顯然，沈祖榮呼籲組織的"圖書館責任委員會"與改進社的"圖書館教育委員會"是完全不同的。在不到半年的時間內，沈祖榮連續發表兩篇論文分別提倡和呼籲組織"全國圖書館研究會"和"圖書館責任委員會"，前後呼應，在全國宣傳了組織全國圖書館機構的意義及辦法，為全國圖書館組織的創立作了與論上

---

❶　沈祖榮．《提倡改良中國圖書館之管見》．見：《新教育》6卷4期第551～555頁，1923年4月。

的準備。

1923年8月20日至24日，中華教育改進社第二次年會在北平清華學校舉行，文華圖書科因已有韋棣華、胡慶生參加，沈祖榮沒有與會。這次年會圖書館教育組共通過決議案五項，其中兩項對於全國性圖書館組織的創辦具有重要的意義。

其一是戴志騫提出的"組織各地方圖書館協會案"。該決議案提出"由中華教育改進社將地方圖書館協會組織之緊要，通告各地方圖書館"。其後，中華教育改進社首先敦請戴志騫發起北平圖書館協會。 1924年3月，戴志騫、馮陳祖怡、查修等發起成立我國第一個地方圖書館協會——北平圖書館協會。其後，各地圖書館協會紛紛成立。同年4月，章仲銘、陳益謙、高克潛發起浙江省會圖書館協會。5月，何日章、李燕亭等發起開封圖書館協會；楊廷憲等發起南陽圖書館協會。6月，王文山等發起天津圖書館協會；杜定友、孫心磐、黃警頑等發起上海圖書館協會；洪有豐等發起南京圖書館協會。再後，各地圖書館協會的成立已蔚然成風。地方圖書館協會的紛紛設立，既爲全國圖書館協會的成立奠定了不可缺少的基礎，也使得全國圖書館協會的成立成爲可能。

其二是韋棣華代表文華大學圖書科全體提出的"呈請中華教育改進社轉請政府及美國政府以美國將要退還之庚子賠款三分之一作爲擴充中國圖書館案"。該議案提出在今後20年內，就尙未退還之庚子賠款下，每年提出20萬美金用於發展圖書館事業。在"希望我國政府推廣圖書館事業，現已如泡影，絕無成爲事實之可能。故吾人如欲發展中國圖書館事業，舍仰給於'美國退還賠款’外，並無第二捷徑”❶的情況下，如此決議案能實現，將具有重大的意義。值得注意的是，人們常常忽視了該決議案中關於全國圖書館協會組織的內容。該議案在實施辦法中提出管理美國退還賠款的組織架構爲：由美國駐京公使、中國外交部、教育部、及全國高等教育聯合機關、總商會等組織“選舉部”→由“選舉部”推選“董事部”→由“董事部”派選“圖書館委員會”→“圖書館委員會”得扶助“中國圖書館協會”組織及其發展。這其中不能忽視的是該議案第一次提出了“中國圖書館協會”這個名稱，而且由“以美國將要退還之庚子賠款三分之一作爲擴充中國圖書館事”到“扶助‘中國圖書館協會’組織及其發展”這一“邏輯讖語”果眞在日後得到了應驗。可以說，這一議案的產生乃是韋棣華、沈祖榮、胡慶生三人唱和的又一典型例證，因爲在此之前，“沈祖榮、胡慶生、洪有豐與戴志騫四人曾爲此事致函美國圖書館協會年會，請其在美國方面給以相當之贊助，覆函亦已收到”❷，而且該議案的起草顯然是由沈祖榮和胡慶生完成的。

1924年7月，中華教育改進社在南京東南大學召開了第三次年會，沈祖榮未能與會，王文山代表沈祖榮和胡慶生在圖書館教育組第四次會議上宣讀了論文《中學圖書館幾個問題》。會上曾通過裘開明提議的“刊行圖書館學季報案”，並舉定沈祖榮爲編輯部主任，戴志騫爲副主任，洪有豐爲經理部主任，朱家治爲副

---

❶　《圖書館教育組·議決案匯錄》.見：《新教育》7卷2、3期合刊第304～307頁，1923年10月。

❷　同上。

主任❶。其後，由於諸多原因的影響，中華教育改進社的年會逐漸失去對圖書館事業發展的意義，圖書館教育委員會在1925年完成歷史使命之後亦迅速地退出了歷史的舞台。儘管如此，我們必須充分肯定的是，中華教育改進社圖書館教育組是我國圖書館界領袖最早聚集的組織，它對全國圖書館協會的產生起到了重要的宣傳、倡導和奠基的作用，而沈祖榮、戴志騫、洪有豐、杜定友等則不言而喻地成爲中華圖書館協會的早期重要倡導者。正如金敏甫所言："教育團體所附設之圖書館會議，以教育改進社之圖書館教育組爲最有精神"❷。中華圖書館協會亦稱："我國圖書館協會之組織，首推北京圖書館協會，……。至於全國之總會，則發靭於民國十一年成立之中華教育改進社圖書館教育委員會"❸。

　　如果說中華教育改進社圖書館教育組（委員會）和各地方圖書館協會設立，與沈祖榮和戴志騫等人的極力倡導奠定了中華圖書館協會產生的基礎的話，那麼，韋棣華致力於將美國退還庚款用於中國圖書館事業則是中華圖書館協會產生的催化劑。

　　所謂"庚子賠款"乃是自鴉片戰爭以後帝國主義對中國空前大規模的敲榨勒索。俄、英、美、日、德、法、意、奧、西、比、荷共十一個帝國主義列強在1900年鎮壓了義和團運動之後於1901年9月7日脅迫清朝政府簽訂了喪權辱國的《辛丑條約》。

---

❶　《圖書館教育組》.見:《新教育》9卷3期第649～669頁，1924年。

❷　金敏甫著.《中國現代圖書館概況》.廣州:廣州圖書館協會，　1929年，第15頁。

❸　中華圖書館協會編.《中華圖書館協會概況》.北京:中華圖書館協會，1933年8月25日，第1頁。

《辛丑條約》的一項重要內容是：清政府向各國賠款白銀四億五千萬兩，以關餘、鹽餘和常關三項稅收作爲擔保，分三十九年還清，本利共九億八千多萬兩，外加各省地方賠款二千多萬兩。這就是所謂的庚子賠款。而所謂的“退還庚款”，並非是實際意義上的“退還”，實際上只是帝國主義列強不再勒索或放棄勒索中國按年度尚未付清的賠款餘額。從這一點上來講，帝國主義列強在“退還庚款”後限定“庚款”的用途乃是對中國的繼續干涉和侵略，實際情況亦是如此。

最先退還庚款的是美國，1909年（清光緒三十四年），美國退還一部分庚款，創辦清華學校暨派遣留美學生。1917年第一次世界大戰爆發，因中國對德奧宣戰，德奧兩國庚款自動取消，中國亦要求美國取消賠款。其後歷年中國政府均與美國政府交涉要求取消庚子賠款剩餘部分，惜因多種原因，美國國會一直沒有通過。

也許是歷史的巧合，或者韋棣華也確實起到過某種程度的催化作用，美國最後通過了退還庚款的議案。儘管我國圖書館界迄今爲止一致認爲美國退還庚款是韋棣華努力的結果，但是，從美國國會討論的原始記錄中根本就找不到韋棣華所起作用的任何痕迹❶。

---

❶　參見：(1)U.S. Statutes at Large, V.43, pt. 1, P.135, ch.24（Pub. Res. No.21）；(2)U.S. Serial Set No. 6228, 68th Cong., 1st Session, House Rept. No.601；(3)U.S. Serial Set No. 8221, 68th Cong., 1st Session, Sen. Rept. No.519.
此外，美國學者白齊茹博士（Dr. Cheryl Boettcher）一直對韋棣華在美國退還庚款中的實際作用表示懷疑，惜其手稿《Mary Elizabeth Wood and the Boxer Indemnity Bill》一直未見發表。

　　1923年，美國國會曾開會討論退還庚款的議案，但未獲通過。不知此次重提議案是否與前述1923年沈祖榮、胡慶生、洪有豐、戴志騫四人致函美國圖書館協會請予贊助，和文華圖書科的要求美國退還庚款之三分之一用於圖書館事業的議案有關聯。

　　據韋棣華個人的叙述❶：根據基督教青年會全國委員會總幹事余日章博士（Dr. David Z.Y. Yui）的建議，韋棣華於1923年冬赴北京拜見美國公使舒爾曼博士（Dr. Schurman）和在京中美要人，商討如果美國退還庚款是否具有依照美國的意圖管理庚款並將庚款部分餘額用於發展中國現代公共圖書館的可能性。爲了促成此事，中國人起草了一份請求書，並獲得了中國各界名流150人的簽字，以支持這一計劃。這份請求書寄給了美國總統柯立芝（President Calvin Coolidge）。此外，65位在華美國教育者、傳教士和商人亦向美國總統呈寄了第二份建議將部分庚款用於圖書館的請求書❷。由四百多位中國教育界名流組成的中華教育改進社一致投票贊成此項計劃。一些中國政界要人，

---

❶　Mary Elizabeth Wood.《Recent Library Development In China》.見：
　　《ALA Bulletin》，18（1924）：178～182.

❷　宋建成在其所著《中華圖書館協會》（台灣育英社文化事業有限公司出版，
　　1980年6月，第18頁）中説："韋棣華女士……擬定一篇請求書攜赴當時在
　　北京美國駐華大使叔爾曼博士（Dr. Schurman）洽談，……。此舉獲致熱烈
　　支持，獲有150位中國朝野人士簽字。韋女士將之連同65位旅華美僑所簽具的
　　請求書，於9月呈送美國總統及國會"云云。宋先生所言與韋棣華的自述有很
　　大出入：其一，兩份請求書均非韋棣華擬定；其二，兩份請求書均非經韋棣
　　華呈送；其三，寄送的時間不可能是9月，因爲韋棣華自言是冬季赴北平。由
　　此可見，宋先生所言有違史實，於情於理亦不符，實乃過於美化和誇張韋棣
　　華的作用。

包括前總統黎元洪、外交部長顧維鈞博士、湖北和山西的省長、馮玉祥將軍，因其政府職位不便簽署請求書，均各自寫信支持使用部分庚款。這一切表明：中國要人和在華美國代表都一致希望看到模範圖書館的開始。

　　有人向韋棣華建議：如果要將部分庚款指定用於公共圖書的話，那麼有必要親自回國以促該議案通過。於是韋棣華再次回到了美國（具體時間不詳，大約在1923年底或1924年初）。韋棣華在首都華盛頓停留了六個月，其間拜謁了對中國庚款案有興趣的82位參議員和420位眾議員❶。1924年5月21日美國參眾兩院通過議案並獲總統批准同意將總數為6,137,552.90美元的庚款餘額退還中國，以進一步發展中國的教育和其它文化事業❷。

　　鑒於美國退還庚款並未詳列具體的用途，且中國外交部已決定成立中華教育文化基金董事會（同年9月成立，由中美共15人組成）以管理和制定庚款使用方案❸，韋棣華試圖借助美國圖書館協會的支持，以促成庚款用於圖書館事業。1924年7月1日韋棣華在美國圖書館協會第 46屆年會（6月30日至7月5日在Saratoga Springs舉行）第二次全體會議上藉宣讀論文《近來中國圖書館之發展》（Recent Library Development in

---

❶　Mary Elizabeth Wood.《Recent Library Development In China》.見：《ALA Bulletin》，18（1924）：178～182.

❷　參見：⑴.U.S. Statutes at Large, V.43, pt. 1, p.135, ch.24（Pub. Res. No.21 ）；⑵.U.S. Serial Set No.6228, 68th Cong., 1st Session, House Rept. No.601；⑶.U.S. Serial Set No.8221, 68th Cong., 1st Session, Sen. Rept. No.519.

❸　《各國庚款餘額退還情形》.見：教育部編．《第一次中國教育年鑒》（戊編《教育雜錄·庚款與教育文化》）.上海：開民書店，1934年，第86～114頁。

China）之機，竭力呼籲："我們必須派遣一位美國圖書館專家去調查中國圖書館事業！他必須是出自美國的圖書館代表；他應被視爲是美國圖書館界的權威；其言辭應有極大的份量；他應建議我們成立一個令中國外交部感到榮耀且獲美國政府認可的組織；他應將一些中國最著名的教育家吸納到該組織之中"。"這位代表應努力掀起一場眞正的圖書館運動。應要求他組建中華圖書館協會（the Chinese Library Association），並將其與美國圖書館協會聯繫在一起。這將是將中美這兩個偉大的國家聯繫在一起的一條新的紐帶。美國圖書館協會正處在50周年紀念的前夕，而中華圖書館協會則正處在誕生的前夜" ❶。由於韋棣華的竭力呼籲和斡旋，美國圖書館協會決定派遣聖路易斯公共圖書館（St. Louis Public Library）館長、前美國圖書館協會主席鮑士偉博士（Dr. Arthur E. Bostwick），作爲美國圖書館協會的代表於1925年4月26日至6月16日來華考察圖書館事業。

在經過數年的新圖書館運動，美國圖書館學術已深入人們心中且倍受尊崇的時候；在經過數年的輿論和組織上的準備，全國圖書館協會已呈現出呼之即出的態勢的時候，鮑士偉來華的消息猶如一石擊起千層浪，催促了中華圖書館協會的產生。

1925年3月，北京圖書館協會"以美國圖書館協會派遣代表來華，欲於中國圖書館事業有所贊助，認爲有提前組織之必要，特組委員會籌備一切" ❷，率先開始籌備全國圖書館協會。並隨

---

❶ Mary Elizabeth Wood.《Recent Library Development In China》.見：《ALA Bulletin》，18（1924）：178～182.

❷ 中華圖書館協會編.《中華圖書館協會概況》.北京：中華圖書館協會.1933年8月25日，第1頁。

即邀請各地方圖書館協會和海內教育文化界名流蔡元培、梁啓超、黃炎培、張伯苓、沈祖榮、韋棣華等56人首揭緣起，"請集全國圖書館及斯學專家爲中華圖書館協會"❶。

4月12日，中華圖書館協會發起人大會在北平中央公園來今雨軒召開。會議推鄧萃英爲臨時主席；議決組織籌備會，推定沈祖榮等15人爲籌備委員，並推北京圖書館協會會長袁同禮爲臨時幹事，洪有豐、查良釗爲書記。4月19日又在北京師範大學樂育堂召開第一次籌備會會議，正式推熊希齡爲籌備會主席，幹事書記仍舊，同時推舉候選董事，並訂下次籌備會在上海舉行。

與此同時，4月份，上海圖書館協會"因迭接安徽、山西、浙江、河南、江西等處圖書館之函請，皆以全國圖書館協會之組織，刻不容緩，而爲便利起見，地點以在上海爲宜；故托該會籌備，該會因即集會討論，僉謂義不容辭，遂乃從事籌備，並定四月二十二至二十五日爲全國圖書館代表集會之期，會場借南洋大學，各地圖書館遂先後遣代表到滬"❷。

由於信息阻塞，會期將至，上海方面始悉北京方面已有中華圖書館協會之籌備。爲避免中華圖書館協會出現"南北朝"局面，經杜定友緊急電信斡旋，北京方面鑒於各省圖書館代表應召蒞滬者已有十四省，爰議決合組中華圖書館協會。

4月22日，沈祖榮等各地代表60餘人在上海徐家匯南洋大學

---

❶　中華圖書館協會編．《中華圖書館協會概況》．北京：中華圖書館協會．1933年8月25日，第1頁。

❷　金敏甫著．《中國現代圖書館概況》．廣州：廣州圖書館協會．1929年，第18～19頁。

舉行談話會，推定杜定友爲主席。23日，沈祖榮等全國代表參加全國圖書館協會第一次籌備討論會，討論有關組織辦法等事項，並組織審查會。因各地代表主張太多，意見頗不一致，會議終日，仍無結果。24日繼續開會，通過了組織辦法，並將全國圖書館協會定名爲中華圖書館協會，章程則另組起草委員五人擬定之。25日，上午10時，沈祖榮等各省代表在北四川路橫濱橋廣肇公學三校開討論會，討論、修正和通過了會章草案，討論畢遂由主席杜定友宣告中華圖書館協會正式成立。下午2時改開成立大會，會議推選蔡元培、梁啓超、胡適、丁文江、沈祖榮、鍾叔進、戴志騫、熊希齡、袁希濤、顏惠慶、余日章、洪有豐、王正廷、陶知行、袁同禮等15人爲董事部職員；推選戴志騫爲執行部部長，在戴志騫回國之前，由袁同禮暫行代理部長職務，杜定友、何日章爲執行部副部長；並聘定執行部幹事33人。會議最後議定6月2日在北京舉行中華圖書館協會成立儀式。

中華圖書館協會的成立是中國圖書館界同仁和美國友人共同努力的結果，是中國現代圖書館事業發展的必然結果。中華圖書館協會以“研究圖書館學術，發展圖書館事業，並謀圖書館之協助”爲宗旨，表明中國圖書館事業開始由自爲發展階段進入到自覺發展階段，標誌著新圖書館運動發展的頂峰。從此，中國圖書館運動開始由學習、借鑒和模仿西方圖書館的觀念、學術和模式進入到一個洋爲中用、古爲今用的中國化圖書館發展的新時代。

1925年4月26日下午3時，美國圖書館協會代表鮑士偉抵滬。作爲以外國圖書館學專家和代表的身份來華的第一人，鮑士偉的到來受到了在中國圖書館史上絕無僅有的隆重歡迎。參加中華圖書館協會成立大會的全體代表爲鮑士偉召開了隆重的歡迎會，熊希齡、陶知行、洪有豐、杜定友等相繼發表了最誠懇、熱烈和極爲贊譽與希冀的歡迎辭。其後，鮑士偉開始了由中國"超一流"的圖書館專家杜定友、洪有豐、沈祖榮、胡慶生、袁同禮分別擔任翻譯的長達七周的考察。5月11日鮑士偉自南京乘船抵漢口，沈祖榮等到漢口碼頭迎接，下午陪同鮑士偉赴長沙，14日再返回武昌，17日晚11時最後送鮑士偉乘火車北上河南。鮑士偉每至一地所受到的禮遇自然可想而知。

　　6月2日下午3時，中華圖書館協會假北京歐美同學會禮堂舉行成立儀式，各省圖書館代表共有王永禮、李小綠、何憲琦、彭清鵬、孫子遠、沈祖榮、胡慶生、嚴獻章、何日章、李燕亭、王文山、臧家祐、徐續生、許毅、侯與炳、鄭道儒、袁同禮、吳風清、鄒笑靈等17人參加。顏惠慶主席致開幕辭後，教育次長呂健秋、鮑士偉先後演說。奏國樂後，繼由中華圖書館協會董事部部長梁啓超和韋棣華先後演說，最後合影留念，儀式方告結束❶。中華圖書館協會遂徹底地成立了。

　　值得贅述的是，在中華圖書館協會成立儀式上，中華圖書館協會特贈給鮑士偉"牛車一具，用作紀念。該車瓦質，長營造一尺六寸，爲明器之屬。出洛陽邙山象庄。製作古樸。審爲元魏時物"。"並贈鮑士偉搨本多種。藉謝其來華盛意"❷。其後，鮑士偉於6月3日向中華教育文化基金董事會提交了《致中華圖書館

---

❶　《會務紀要》，見：《中華圖書館協會會報》1卷1期第6頁。
❷　同上。

協會和中華教育改進社報告》的初稿，7月7日，鮑士偉在美國西
雅圖完成並正式分別提交了《致美國圖書館協會執行委員會報告》
和《致中華教育改進社和中華圖書館協會報告》，其使命便告結
束。有趣的是，鮑士偉在《致美國圖書館協會執行委員會報告》
中言：中華教育文化基金董事會於6月5日在天津舉行第一次會議，董
事會在此之前已收到中華教育改進社正式提交的請求將部分基金
用於圖書館事業的報告❶。事實上，中華教育文化基金董事會在
6月的第一次年會上已決議："美國所退還之賠款，委託於中華
教育文化基金董事會管理者，應用以……㈡促進有永久性質文化
事業，如圖書館之類"❷。而在該董事會的10名中方董事中（美
方5人，共15人）中竟有7人參與了中華圖書館協會的發起❸。韋
棣華促使美國圖書館協會派鮑士偉來華的目的之一是促使以美國
退還賠款的一部分用於中國圖書館事業，之二是建議中國成立全
國圖書館協會，究竟是中國人自己達到了這兩個目的，還是鮑士
偉實現了韋棣華的意願呢？這其中頗值得回味！

　　中華圖書館協會成立以後，沈祖榮一直擔任著重要的組織領
導工作，先後被公推爲董事（1925年5月～1929年1月），執行

---

❶　Arthur E. Bostwick. 《Reports of Arthur E. Bostwick's Mission
To China As A.L.A. Delegate》.見：《A.L.A. Bulletin》20（1926）：35
～47.

❷　《各國庚款餘額退還情形》.見：教育部編.《第一次中國教育年鑒》（戊編《
教育雜錄·庚款與教育文化》）.上海：開民書店，1934年，第86～114頁。

❸　參見❷第88頁之《中華教育文化基金董事史系表》第1檔和中華圖書館協會編.《中
華圖書館協會概況》.北京：中華圖書館協會.1933年8月25日，第2頁中華圖
書館協會發起人名單。

委員（1929年2月～1937年1月）、理事（1937年2月～1949）；
並先後擔任圖書館教育委員會主席、委員，編目委員會副主任、
委員，檢字委員會主席，編纂委員會委員等多項職務，成為中華
圖書館協會中最活躍、最有影響力的少數幾個關鍵領導人物之
一。

　　為了將社會各界的圖書館力量都組織起來，共同推動中國圖
書館事業的發展，沈祖榮又積極促成了中華基督教教育聯合會圖
書館組的設立。1926年2月中旬，中華基督教教育聯合會在上海
舉行年會。沈祖榮擔任圖書館組主席，書記湯美森女士，參加的
其它會員12人（其中華人5人，西人7人），共代表九個機關。在
年會期間，圖書館組共舉行會議五次，與國文組合議一次，先後
討論了⑴協同編制索引，⑵各圖書館互借辦法，⑶編制與交換各
種書目，⑷各圖書館之預算標準，⑸養成辦理合購圖書館用品之
商店，⑹培養圖書館流通部人員，⑺教員與圖書館之聯絡，⑻圖
書館中之中文部，⑼組織委員會等。尤為值得一提的是，在圖書
館組的會議中一共宣讀了11篇論文，這11篇論文全部是沈祖榮主
席在會前預先擬定題目，請各代表撰寫的。在最後一次會議時，
沈祖榮主席曾代表中華圖書館協會，稱述基督教學校圖書館之合
作，並呼籲國內圖書館界應切實贊助中華圖書館協會❶。

　　中華圖書館協會成立之後，因受時局影響，年會遲遲未能按
計劃舉行。1928年，協會決定於1929年1月在南京召開第一次年

---

❶　沈祖榮.《中華基督教教育聯合會圖書館組開會記》.見：《圖書館學季刊》1
　　卷2期第362～363頁，1926年6月。

會，聘定李小緣、楊杏佛、錢端升、陳劍儵、柳翼謀、崔萍村、王雲五、何日章、沈祖榮、胡慶生、杜定友、徐鴻寶、洪有豐、萬國鼎、章桐、陶知行、鍾福慶、俞慶堂、劉季洪、戴志騫、劉國鈞爲年會籌備委員，袁同禮爲當然委員。籌備會常務委員會曾舉行籌備會議三次，議決了年會的各種事項。其中，在年會之事務組織中，由戴志騫、沈祖榮、楊立誠、王雲五、袁同禮、何日章組成論文組，負責管理徵求論文及講演等；在分組討論會中，擬請沈祖榮、王雲五、陳立夫、萬國鼎、陳文、張鳳參加組織❶。

　　1929年1月28日至2月1日，中華圖書館協會第一次年會在南京金陵大學召開。1月29日上午索引檢字組舉行分組會議，沈祖榮主席、萬國鼎書記，討論完善檢字法之標準。下午在科學館舉行中華圖書館協會第一次會務會議，杜定友主席，首由董事沈祖榮報告董事部年來之經過及中華圖書館協會以後之希望。繼由執行部長袁同禮報告會務之進行與現狀。晚7時舉行公開講演，戴志騫主席，繼萊斯米和胡慶生之後，沈祖榮講演"文華圖書科概況"，並代表韋棣華女士向大會表示祝賀。1月30日，索引檢字組在沈祖榮主席的主持下繼續首次會議討論完善檢字法之標準，確定了三項標準：(1)簡易：簡單、自然、普及；(2)準確：一貫、有定序、無例外；(3)便捷：便當、直接、迅速。並通過若干議案與動議。1月31日上午分類編目組開會，繼劉國鈞之後，沈祖榮宣讀論文《中文編目中一個重要問題》。2月1日上午會務會議舉行職員選舉，戴志騫、袁同禮、李小緣、劉國鈞、杜定友、沈祖

---

❶　《本會年會籌備之進行》.見：《中華圖書館協會會報》4卷3期第22～23頁。

榮等15人當選爲中華圖書館協會執行委員。下午赴國民黨中央執行委員會之歡迎會。晚中華圖書館協會第一次年會在教育部舉行的宴會中落幕❶。

　　繼組織和參加中華圖書館協會第一次年會之後，沈祖榮在1929年一年之內完成了在中國圖書館史上具有里程碑意義的兩大壯舉：其一是正式創辦獨立的私立武昌文華圖書館學專科學校（見前述），其二是作爲中國的唯一代表參加第一次國際圖書館和目錄學大會。這些標誌著沈祖榮的人生與事業在1929年發展到了一個新的高峰。

　　第一次國際圖書館與目錄學大會的召開和國際圖書館協會聯合會（International Federation of Library Associa-tions, IFLA）的成立乃是世界圖書館事業由分散邁向“大同”的標誌和世界各國圖書館界同仁共同努力的結果。經過數十年的醞釀，在1927年9月英國圖書館協會在愛丁堡舉行英國圖書館協會50周年大會時，應各國的要求，大會在開會的首日組織了一個委員會專門討論發起成立國際圖書館協會聯合會的有關事宜，共有來自奧、比、加、捷、丹、英、法、德、荷、意、挪、瑞典、瑞士、美國和中國等15國的圖書館協會代表21人與會。中華圖書館協會以韋棣華爲代表出席了此會。與會代表聯合倡議並簽署了正式成立國際圖書館和書目委員會（International Library and Bibliographical Committee, ILBC，此爲IFLA 的原名）

---

❶　《中華圖書館協會第一次年會紀事》.見：《中華圖書館協會會報》4卷4期第5～14頁。

的協議。9月30日會議閉幕式上又最後通過了由上述15國代表聯合簽署的一項決議案，即人們所說的IFLA成立"宣言"，IFLA遂告成立。會後，人們將愛丁堡決議作爲進一步協商的基礎，呼籲各國圖書館協會加入。該決議文本後經各國圖書館協會批准生效，最終成爲IFLA的正式章程。愛丁堡會議之後，中華圖書館協會董事部以此事關係國際圖書館之聯絡甚巨，遂於1927年決定正式加入IFLA，並推定戴志騫、袁同禮、沈祖榮三人爲中華圖書館協會代表❶。1928年IFLA在羅馬宣告正式成立。

　　1929年3月8日，中華圖書館協會因迭接IFLA關於召開第一次國際圖書館和目錄學大會的來函三件，遂於本日組織參加國際圖書館會議委員會，敦聘楊銓、戴超、劉國鈞、柳詒徵、傅增湘、徐鴻寶、洪有豐、袁同禮、趙萬里、張元濟、王雲五、楊立誠、劉承幹、沈祖榮、杜定友、金梁爲委員。其後，中華圖書館協會執行部公推沈祖榮爲中華圖書館協會正式代表前往羅馬參加第一次國際圖書館與目錄學會議，並復呈請教育部，即委沈祖榮兼辦部派代表事務，並請提出行政會議，由政府撥助旅費。同時，中華圖書館協會一方面特約國內圖書館專家爲國際圖書館大會撰寫論文，後收到戴志騫撰《中國現代圖書館之發展》、沈祖榮撰《中國文字索引法》、胡慶生撰《中國之圖書館員教育》和顧子剛撰《中國圖書制度之變遷》等四篇，並在北平將此四篇論文合印爲《Libraries in China》論文集，以便攜往大會。另一方面又在國內徵集圖書準備參加大會期間的國際圖書館展覽❷。

❶　《國際圖書館界之聯絡》.見：《中華圖書館協會會報》3卷4期第17頁。

❷　《中華圖書館協會籌備參加國際圖書館會議報告》.見：《中華圖書館協會會報》4卷5期第4～25頁。

　　1929年5月13日，沈祖榮自武昌起程由海道至北平。5月23日，沈祖榮奉教育部委任令及津貼旅費300元，攜帶中國展品兩巨箱自北平啓程，經西北利亞赴意大利羅馬參加國際圖書館第一次大會。6月10日，沈祖榮安抵羅馬。6月15日，第一次國際圖書館與目錄學會議在意大利議院內開幕，赴會代表計32國，正式代表150人，非正式代表約900人。大會期間，沈祖榮除參加各種會議，參觀羅馬、拿波利（Napoli）、西西里、佛羅倫斯（Florence）、波羅那（Bologna）、馬典拿（Modena）、威尼斯（Venice）等處圖書館與文化名勝之外，於6月19日的圖書館事業總計組分組會議上宣讀了中華圖書館協會所選論文5篇，即上述《Libraries in China》中的4篇外加《中國圖書館今昔觀》1篇；於6月20日在羅馬近代美術院第一層樓上與英、法、德、美、丹、荷、芬蘭、挪威、捷、加等國一起舉行圖書館展覽會。作爲東方唯一的參展國家，中國的展品數量不多，但內容豐富，計有圖書館統計圖表、圖書館學著作、美術影印片、古籍善本等項，各國代表觀後皆讚許中國文化之悠久進步。此外，還在宴會時演講兩次，各國代表對於我國派遣代表與會深致謝意。6月30日大會閉幕，沈祖榮亦出色地完成了與會的使命❶。對於沈祖榮此次與會，嚴文郁先生曾做過這樣的評論："我國代表除正式參與各種盛會，宣讀論文，竭力宣揚文化外，並與各國代表溝通，表示願意東西雙方交換有經驗之圖書館學者，互相協助圖書整理工作。當時

---

❶　沈祖榮.《參加國際圖書館第一次大會及歐洲圖書館概況調查報告》.見：《中華圖書館協會會報》5卷3期第3~29頁。

有數國代表甚表贊同。德國萊不錫德國書庫（Deutsche Bucherei）館長鄔南德，普魯士邦立圖書館館長顧柔司（Hugo A. Kruss）表示我國若有此種人才，欲赴德國研究其管理方法，則德國同仁必推誠接納。此一諾言，數年後一一實現。由此可知我國此次參加國際會議，極有成果"❶。事實上，沈祖榮此次與會尚有更深刻的意義，正如筆者多年以前所言："如果說1927年在英國愛丁堡召開'英國圖書館協會50周年大會'發起成立'國際圖書館協會聯合會'時，中華圖書館協會作爲發起者之一，只是請外人韋棣華女士代表中國簽字，雖然確立了中華圖書館協會在國際圖書館協會聯合會之地位，但似有辱國之嫌的話，那麼，沈先生作爲堂堂正正的中國代表出席'國際圖聯'的第一次大會，則不僅鞏固了中華圖書館協會作爲國際圖書館協會聯合會發起人的地位，而且亦大長了中國圖書館界在國際上之志氣，其功績是永垂青史的"❷。

6月30日國際圖書館大會結束之後，受中華圖書館協會的委託，沈祖榮開始在歐洲進行長達兩個月的圖書館事業考察❸。

在德國，沈祖榮參觀考察了萊比錫的德國圖書館（Deutsche Bucherei），並會晤其館長鄔蘭德（Uhlendahl），

---

❶ 嚴文郁著.《中國圖書館發展史》.新竹：楓城出版社，1983年6月，第241頁。

❷ 程煥文.《一代宗師　千秋彪炳——記中國圖書館學教育之父沈祖榮先生》.見：《圖書館》1990年第4期第54～58頁；第6期第64～67頁；1991年第1期第71～76頁；第3期第60～64，73頁；第5期第69～73頁。

❸ 沈祖榮.《參加國際圖書館第一次大會及歐洲圖書館概況調查報告》.見《中華圖書館協會會報》5卷3期，第3～29頁。

受到熱情接待。沈祖榮談及中國將來派人來歐洲研究圖書館之事，請其協助。鄒博士竭誠接受，並謂凡由華赴該館研究之人，在服務時，非特照拂其依食住，尤願酌給津貼與憑證。還分別參觀考察了普魯士省立圖書館（館長克柔司）、柏林大學圖書館、通俗圖書館（館長柔敦伯）、科學改進社圖書館（館長亞耿司）、柏林市立圖書館（館長弗銳思）、孟力克工業高等學校圖書館（館長銳丁邢），並分別與各館館長進行了會晤。鑒於我國圖書館界與英美出版界時相來往，互有聯絡，而於歐洲各國及其售書事業亦應明瞭，受袁同禮之托，沈祖榮還分別參觀考察了最有影響的海惹斯所非司、海也司滿、格司他夫法格書店和德國出版界協會。

在意大利，沈祖榮參觀考察了羅馬教皇圖書館、費爾特以滿魯圖書館、馬提迦西諾圖書館、銳迦丁女圖書館、中央圖書館、科學哲學圖書館、威尼斯馬可圖書館等。

在荷蘭，沈祖榮參觀考察了京城愛母特米司坦圖書館、海牙圖書館、若特丹圖書館。

在英國，沈祖榮參觀考察了大英博物院圖書館、米氏圖書館、中央大學圖書館、倫敦大學圖書館學校。

在法國，沈祖榮參觀考察了巴黎國立圖書館、巴黎美國圖書館、美國巴黎圖書館學校。

在瑞士，沈祖榮參觀考察了國際聯盟圖書館、國際勞工局圖書館。

在俄國，沈祖榮參觀考察了列寧圖書館、莫斯科圖書館學校。

在奧地利，沈祖榮參觀考察了維也納圖書館等。

9月1日，沈祖榮自歐洲回國抵武昌，完成了前後三個月的歐洲之行。在這三個多月中，沈祖榮艱難跋涉數萬里，足迹遍及俄國、意大利、德國、法國、英國、荷蘭、瑞士、奧地利八個國家，既參加了第一次國際圖書館與目錄學大會，又先後參觀考察了數十所歐洲的著名圖書館，三所圖書館學校，以及書店等相關事業，這在中國圖書館事業發展史上可謂是開天闢地第一回。像沈祖榮這樣在3個月間孤身一人獨闖歐洲八國，行程數萬里考察圖書館事業在我國不僅是前無古人，可能也是後無來者。這既需要氣魄和膽量，更需要毅力和智慧，甚至吃苦和耐勞，而這一切正是沈祖榮所具備的，因而沈祖榮也就能擔此重任。

12年前沈祖榮留美歸國時，中國圖書館事業正處在現代化的前夜。沈祖榮不僅爲中國圖書館界同仁帶來了美國圖書館事業的新氣象，而且及時地發動了一場倡導新圖書館、抨擊藏書樓的新圖書館運動。12年過去了，美國圖書館事業雖然魅力猶存但已失去了往日的神秘，中國的圖書館事業正在迅速地現代化和中國化，但是，西歐的圖書館事業究竟如何，對中國圖書館界來說，雖知其一二，但仍然沒有揭開其神秘的面紗。12年後沈祖榮自歐洲考察圖書館事業回國，這塊神秘的面紗便開始蕩然無存了。

總觀歐洲圖書館事業，沈祖榮認爲其有六大特點：(1)國家必人民之贊助也，(2)努力於文化之建設與保存也，(3)注意不同也，(4)重視東方文化也，(5)人才之培植也，(6)圖籍之收藏也。那麼我國圖書館今後應採取什麼方針呢？沈祖榮精闢地總結說："查歐美兩洲之圖書館，其注重有不同者。歐洲之各大圖書館，大抵於圖書多重在保存，於應用多顧及專門之學者。美國圖書館，大抵於圖書多重在普及，於應用則多顧及於公民。蓋歐洲有較長之歷

史與文獻，美洲開國不遠，因之所從之道以異。我國圖書館今後
究當以何爲歸耶？榮以爲我國文獻悠長，同時民智未開，於國立
圖書館當以歐洲爲法，重專門與保存，於公共圖書館當以美國爲
法，注應用與普及。如斯則文獻可以不墜，民智可以增進
矣" ❶。

　　自從歐洲調查圖書館事業回國之後，沈祖榮又受命在國內作
了兩次重要的圖書館事業調查。

　　因南昌江西省立圖書館在百花洲建築新館請求中華教育文化
基金董事會補助，基金會以此項調查非專家不可，乃特請沈祖榮
去南昌調查一切，沈祖榮逐於1930年5月18日至23日對江西省圖
書館進行了調查，其後亦向基金會呈送調查報告一份❷。

　　爲改進圖書館教育方針，並促進圖書館事業發展起見，中華
圖書館協會於1932年特委託沈祖榮到華北各省及長江一帶調查圖
書館教育和圖書館一般情況。1933年4月6日至5月6日，沈祖榮
遵中華圖書館協會之託赴各處調查圖書館教育和圖書館現狀，先
後奔赴開封、定縣、北平、天津、濟南、青島、上海、杭州、南
京等十餘城市，調查圖書館30所，曾在三處對圖書館界同志公開
講演，並會晤中外諸教育名流，如胡適博士、燕京大學代理校長
高厚德博士、北京協和醫學院顧臨先生、齊魯大學代理校長戴維
士博士、聖約翰大學校長卜舫濟、以及蔡元培先生、葉恭綽先

---

❶　沈祖榮. 《參加國際圖書館第一次大會及歐洲圖書館概況調查報告》. 見：
　　《中華圖書館協會會報》5卷3期，第3～29頁。
❷　沈祖榮. 《調查江西省立圖書館報告書》. 見：《文華圖書科季刊》2卷3、4期
　　合刊第465～467頁，1930年12月。

生、黃炎培先生等，與他們一一商討如何改進圖書館事業和圖書館人才的訓練方法等問題，而更多的是與各地圖書館專家討論圖書館新興的各種問題，以及訓練人才時應如何使其適應需要。嗣後，沈祖榮曾提交調查報告兩份，頗多合理化建議，效果頗佳❶。

　　1933年8月4日，中華圖書館協會第二次年會第一次籌委會議在國立北平圖書館召開，會議推定由王文山、沈祖榮、袁同禮組成年會主席團，並聘定沈祖榮爲圖書館教育組分組討論會主席❷。8月28日至31日，中華圖書館協會第二次年會在北平清華大學舉行。沈祖榮向大會提交了《中華圖書館協會第二次年會圖書館教育組報告暨意見書》❸。

　　1936年6月15日，中華圖書館協會執行委員會在國立北平圖書館召開第三次年會籌備會議，會議議決先設總委員會、論文委員會和招待委員會等三個委員會，並公推青島市長沈鴻烈爲年會名譽主席、山東省教育廳長何思源、青島市教育局長雷法章爲名譽副主席，沈祖榮被推爲年會總委員會委員、圖書館教育組主任。籌備會議還議決在年會閉幕後設一民衆圖書館講習會，授課三星期，並請沈祖榮、劉國鈞、嚴文郁、吳光清、莫余敏卿五人組織一委員會，擬具具體計劃❹。

　　1936年7月中旬，沈祖榮攜夫人姚翠卿女士及男女公子沈寶

❶　沈祖榮．《中國圖書館及圖書館教育調查報告》．見：《中華圖書館協會會報》9
　　卷2期第1～8頁。
❷　《第二次年會之籌備》．見：《中華圖書館協會會報》9卷1期第 12～15頁。
❸　沈祖榮是否參加了中華圖書館協會第二次年會，因筆者尚未找到明確史料，
　　不敢妄論，留作待考。
❹　《第三次年會之籌備》．見：《中華圖書館協會會報》11卷6期第25～26頁。

環、沈培鳳、沈寶琴自武漢起程赴山東青島參加中華圖書館協會第三次年會。 7月19日，中華圖書館協會執監委員會在青島山東大學舉行臨時聯席會議，大會主席團推定葉恭綽、袁同禮、馬衡、沈兼士、沈祖榮、柳詒徵六人組成。會議還推定了各提案審查委員會委員，沈祖榮、毛坤、李文裿被推爲民衆教育組提案審查委員會委員❶。

7月20日，中華圖書館協會第三次年會暨中國博物館協會年會聯合會於上午9時在山東大學禮堂舉行開幕典禮，到會會員及來賓150餘人，其中正式代表131人，文華圖書館學專科學校師生和校友代表除沈祖榮一家五人以外尚有26人出席，占代表總數的五分之一。

7月21日上午，中華圖書館協會第三次年會在山東大學科學館大講堂召開演講會，主席嚴文郁，首由沈祖榮演講《公共圖書館在行政及事業上應有之聯絡》，繼由陳訓慈、侯鴻鑑、皮高品先後演講。下午召開討論會，主席沈祖榮，共議決議案40項。

7月22日在科學館大講堂召開討論會，主席沈祖榮，討論教育部交議之8項議案。下午4時舉行閉幕式，繼葉恭綽主席致閉幕詞之後，嚴文郁報告中華圖書館協會分組討論會經過，馬衡報告博物館協會討論會經過，袁同禮、馬衡再分別報告兩會會務情形，沈祖榮報告教育部提交議案討論之經過，其後聯合年會遂告圓滿閉幕❷。

---

❶ 李文裿．《寫在第三屆年會之後》．見：《中華圖書館協會會報》12卷1期第1～5頁。

❷ 李文裿．《寫在第三屆年會之後》．見：《中華圖書館協會會報》12卷1期，第1～5頁。

　　中華圖書館協會第三次年會如同前兩次年會一樣無疑是一次十分成功的年會，沈祖榮作爲這次年會的少數幾個主要組織者發揮了十分積極的主導作用。尤爲值得記述的是，這次年會具有幾重十分特別的意義。

　　首先，沈祖榮率一家五口參加中華圖書館協會第三次年會這本身就是一件特別有意義的事情。沈祖榮率全家赴會並非是出於旅遊之目的，而是爲了讓全家去感受和分享中國圖書館事業的盛況，去培養和陶冶後代的圖書館理想。也正是因爲如此，沈祖榮的男女公子沈寶環和沈培鳳在這次年會時同時加入了中華圖書館協會❶，從此，在中國20世紀的圖書館史上開始出現了一個絕無僅有的圖書館世家。

　　其次，在某種意義上說，這次年會是文華圖書館學專科學校的一次盛會。文華圖書館學專科學校自1920年創辦至此雖只有僅僅16年的時間，但已是成就彪然，桃李滿天下。在與會的150位代表與來賓中，文華師生校友竟有31人之多，占去總數的五分之一。不僅如此，文華的校友還在年會中起到了十分重要的組織作用，如擔任年會總委員會委員的有王文山、田洪都、皮高品、沈縉紳、吳光清、查修、桂質柏、嚴文郁等8人；還有論文委員會委員嚴文郁、毛坤；圖書館行政組書記田洪都；圖書館教育組書記毛坤；分類編目組副主任吳光清、委員皮高品；索引檢字組書記錢亞新、委員查修；民衆教育組主任王文山等。這表明文華圖書館學專科學校的畢業生已迅速成爲中國圖書館事業的中堅力

---

❶　《會員簡訊》.見：《中華圖書館協會會報》12卷1期第19頁。

量。

　　最後，這次年會是文華圖書館學專科學校凝聚力、團結精神和濃厚師生情誼的一次巡禮。第三次年會閉幕後，7月24日，文華圖書館學專科學校校友近30人於中午在山東大學食堂會餐，一面爲聚談，一面爲歡請沈校長沈師母及其男女公子。餐前攝影，餐後舉行談話會，異常快樂美滿。晚上，服務於青島之校友陳頌又在青島咖啡店招待全體師長校友。沈祖榮一行自青島到天津後，天津校友聞訊，立即全體出動，引領沈校長沈師母等各處遊玩。離津抵北平時，北平校友事先早已準備，除諸校友公請公宴外，更每日陪伴沈校長沈師母，甚爲熱誠殷切❶。從這些不經意的歷史記載中，我們不僅能夠窺見到德高望重的沈祖榮在校友和學生心目中的地位和感染力，而且更可窺見到文華校友的那股團結精神、向心力和凝聚力。

---

❶　《同門消息》．見：《文華圖書館學專科學校季刊》8卷3期第 432～433頁。

八、生死與共：
西遷重慶的危難歲月

　　1937年7月7日，日本侵略軍發動盧溝橋事變；8月13日，日本侵略軍大舉進攻上海。中國軍隊奮起抵抗，抗日戰爭全面爆發。

　　日寇發動全面侵華戰爭後，妄圖在三個月內滅亡中國。面對著日寇的瘋狂侵略，中華民族掀起了全民族的抗戰高潮，中國軍隊在正面戰場上浴血奮戰，粉碎了日寇三個月內滅亡中國的計劃。然而，由於客觀上的敵強我弱，以及主觀上和軍事上的原因，日寇在一年多的時間內攻陷了我國的半壁河山。在華北，自1937年8月至1938年初，在全面戰爭開始半年內，日寇相繼侵占了河北、山西、察哈爾、綏遠、山東各省和河南的一部分。在華中，由於中國軍隊的頑強抵抗，日寇於1938年11月才侵占上海。12月13日南京失陷後，楊州、蕪湖、蘇州相繼淪陷。1938年5月在台兒庄會戰之後徐州失守。日寇侵占徐州後沿隴海路西進，6月初攻占開封，準備奪取鄭州，圍攻武漢。蔣介石為阻止日寇攻勢，下令炸開鄭州以北花園口的黃河大堤，但仍未能阻擋日寇的進攻。武漢保衛戰自1938年6月開始，日寇出動12個師團35萬兵力進攻武漢；中國動用軍隊上百萬，在大別山區、長江兩岸數千里戰線上層層設防。結果仍未能頂住日寇的進攻。10月25日，武漢陷落。從七七事變到武漢失守的一年零三個月內，日寇侵占了北平、天津、上海、南京、廣州、武漢等幾十座城市，掠去華北、華中、華南十幾個省區的大片國土，祖國的半壁河山陷入敵手。日寇鐵蹄所至，無不燒殺掠搶，進行了諸如南京大屠殺之類的形形色色的慘絕人寰的大屠殺，中華民族遭到了空前的劫難❶。

　　1938年6月在武漢保衛戰剛剛開始時，文華圖書館學專科學校奉令由武昌遷往重慶，自本月底起，即準備一切，開始西遷。6月底，文華圖書館學專科學校沈祖榮校長、汪長炳教務長和毛坤教授三人，先到重慶籌劃臨時辦公地點，其時陪都重慶由於華北華東諸多重要機關的紛紛西遷已是擁擠不堪，尋覓辦公地點十分困難。經多日努力，在國立中央圖書館籌備處主任蔣復璁的幫助下，始在石馬崗川東師範大禮堂內辦公的國立中央圖書館籌備處借得房屋一間，設立辦事處，積極籌備開學及招考新生事宜。

　　沈祖榮等在設立了辦事處之後開始四處尋覓校址，其時在渝服務的文華圖書館學專科學校畢業生獲悉母校準備遷渝紛紛獻計獻策，但因為校址的尋覓比辦事處更為艱難，進行十分不易。後經沈祖榮與各方接洽，始獲得求精中學當局之同意，借得一部分房屋。求精中學校址在重慶曾家岩，地位寬敞，風景清幽，環境甚為適宜，但因其他學校，如南京金陵大學、滙文女中、教育部電化人員訓練班等校，均假求精中學上課，房屋頗不敷用。因此，沈祖榮又多方設法，在求精中學院內空地，自建西式單層新屋一座，作為教室、辦公室、及圖書閱覽室之用。而學生之宿舍、餐堂、盥洗室、操場等則借用求精中學的場所。於是，經過兩個月

❶　梁山主編.《中國革命史》.中山大學出版社，1988年3月，第 361～368頁。

的緊張而艱難的籌備，文華圖書館學專科學校的西遷預備工作已基本就緒。8月至9月，文華圖書館學專科學校陸續將重要文卷、圖書、機件、用品等西遷至重慶；全體教職員除少數兼任教員未予續聘，以及職員中決定一人留守外，其餘均在此兩月間亦陸續抵渝，學校的各項工作至此乃逐漸恢復❶。

10月25日，武漢失守，日寇侵占武漢，文華圖書館學專科學校校舍亦遭日寇破壞和侵占。此時距文華圖書館學專科學校撤離西遷僅一月之遙，倘若文華圖書館學專科學校沒有及時撤離，其後果將不堪設想；倘若沒有沈祖榮與文華圖書館學專科學校共存亡的精神，文華圖書館學專科學校也就不可能比較完整地撤出。這一切發生得既十分突然，又十分自然，它是文華精神的再一次集中體現。

在國難當頭、山河破碎、民族危亡的時刻，沈祖榮充分地展現了千百萬優秀中華兒女的那種熾烈的愛國主義精神。作爲文人學者，沈祖榮雖沒有浴血疆場，但卻肩負起了與戰死沙場同等重要的抗日救亡責任。沈祖榮說：“敵人強奪我土地，吸盡我資財，殘殺我人民，猶不足以塡其欲壑，而必將我們的國性鏟除殆盡而後快。我們雖然不能執干戈以衛社稷，但是我們要負責保存文化的這種責任。……這不僅可以恢復我們的國性，且可以使敵人看見吾民族非涼血動物”❷。正是因有沈祖榮具有這種國家興

---

❶ 《文華圖書館學專科學校由鄂遷渝後工作概況》.見：《中華圖書館協會會報》13卷5期第22～23頁。

❷ 沈祖榮.《國難與圖書館》.見：《文華圖書館學專科學校季刊》4卷3～4期合刊第223～234頁，1932年12月。

亡，匹夫有責的愛國主義精神，在抗戰爆發以後，沈祖榮一直與文華圖書館學專科學校和中國的圖書館事業同生死共存亡，譜寫了一曲又一曲可歌可泣的歷史篇章。

如果說西遷重慶的文華圖書館學專科學校是抗戰時我國碩果僅存的圖書館學教育之"火種"的話，那麼，沈祖榮不僅是這火種的播種人，而且更是讓這星星之火燎燃的人。在國破人亡，戰火紛飛的時代，對於一項事業而言，以維持圖生存已是相當不易，而以發展圖生存更是難上加難，而沈祖榮率領全體同仁不畏艱辛跨過的正是這條"難於上青天"的"蜀道"。

沈祖榮認為："抗戰最緊張的時候，就是圖書館教育工作最應緊張進行的時候。現在打仗不專是靠武力的；沒有錢我們不能打仗，沒有糧食我們不能打仗，沒有教育文化的培養我們更不能打仗。沒有錢，我們可以向別國借貸；沒有糧食，我們也可設法購運；可是教育力量不夠；文化水準太低，致使國民沒有國家民族的觀念，沒有現代知識，沒有生產能力，即使有較好的國際友人，也將愛莫能助。……，一個國家整個國力的養成，完全靠著教育。我們現在能向日寇面對面拼一氣的，就是靠了過去和現在不斷增強的教育力量。我們的武器不及敵人，我們的戰士卻有以血肉作長城的精神，這種精神就是由教育而產生的"❶。因而，沈祖榮大聲疾呼圖書館應擔負起"前方將士精神食糧的供給"、"受傷將士休閒教育的顧及"、"難民的教育"和"一般民眾的

---

❶　沈祖榮.《圖書館教育的戰時需要與實際》.見：《中華圖書館協會會報》13卷4期第4～6頁，1939年1月。

教育"的職責。爲此,自八一三全面抗戰開始,在沈祖榮的號召下,文華圖書館學專科學校的學生便已開始在武漢組織巡迴文庫,按照規定的期間到附近各傷兵醫院去服務,供給受傷將士們合宜的圖書雜誌。西遷重慶以後,爲了使難童能受到教育,自1938年10月起,沈祖榮便在重慶郊外歌樂山第一兒童保育院內,先設閱覽室一所,專供該處數百難童閱覽之用,文華圖書館學專科學校出資購書,並雇員常住院內工作。爲了"使民衆眞正認識到個人與國家之關係,認識到亡國奴何以不可爲,怎樣才不致亡國","以達到使他們'進而入伍出征殺敵,退而努力生產工作'的目的"❶,自1938年10月起,文華圖書館學專科學校又在重慶市內繼續辦理巡迴文庫和服務傷兵等工作,以裨益抗戰,嘉惠市民。

在大力開展圖書館教育以爲抗戰服務的同時,沈祖榮積極籌備開學及招考新生事宜,1938年10月,文華圖書館學專科學校就已基本上恢復了教學工作。在努力維持文華圖書館學專科學校的同時,沈祖榮又因時制宜,不斷開拓,使得文華圖書館學專科學校在槍淋彈雨中再次創造出一段輝煌。

這段彪炳歷史的輝煌首先便體現在沈祖榮繼開創了我國圖書館學正規教育的先河之後,又開創了我國檔案學正規教育的先河。

早在1934年秋,當全國"文書檔案改革運動"初興時,文華

---

❶ 沈祖榮.《圖書館教育的戰時需要與實際》.見:《中華圖書館協會會報》13卷4期第4～6頁,1939年1月。

圖書館學專科學校就已由教育部補助經費設立了檔案管理特種教席，並在圖書館學課程中增設了《中文檔案管理》和《西文檔案管理》兩門課程，且積極開展檔案學研究。與此同時，文華圖書館學專科學校的畢業生亦積極開展檔案學研究，1930年本科畢業的周連寬於1935年撰寫出版了“我國檔案學歷史上具有劃時代意義的兩部著作：《縣政府檔案處理法》和《縣政府文書處理法》（國民黨軍事委員會武昌行營第五處印行，1935年）”；1934年講習班畢業的程長源亦於1936年撰寫出版了《縣政府檔案管理法》。這些著作的誕生標誌著中國近代檔案學的正式產生❶。

1936年2月，沈祖榮又聘程長源擔任文華圖書館學專科學校檔案管理員，將學校所有檔案施以科學管理，藉作教學上之試驗，檔案學課程的開設亦逐步開始完善。從1937年印行的《私立武昌文華圖書館學專科學校一覽》來看，《檔案管理法》課程乃是第二學年的課程，分中英文兩方面，每周各授課一小時，二學期授畢，共4學分。這種將中文檔案管理法和英文檔案管理法兩門課程在名稱上統一爲“檔案管理法”，而在講授中又同時平行展開的方式確實十分的特別。其內容包括：1.通論：檔案意義、性質、功用、中外檔案概況等；2.公文：(1)製作：上行、平行、下行、新式公文各項規則，(2)處理：收文、登記、擬稿、具簽、繕寫、校對、用印、封發等；3.現檔：收發、分類、編目、儲藏、出納、銷毀等；4.舊檔：接收、保管、清查、排比、修補、印刷、展覽等；5.官書：官書之獲得、分類、編目、收運等；6.館務：檔案室或

---

❶　程煥文．《周連寬先生生平及其學術貢獻簡述》．見：《高校文獻信息學刊》1994年第1期第34～40頁。

館之建築、設備、用覽、組織、人員等。該課程除由教授編寫有講義外，另列有6部英文參考書，從參考書的出版年代均在1922年以前來看，顯然沈祖榮早已開始注意到檔案學這一倘未在中國誕生的學科。這門課程的特色在於"理論與實習兼顧，尤注意此項新興科目材料之搜求與研究興趣之提高"❶。由此可見，該課程已相當成熟，而在中國檔案學教育史上，文華圖書館學專科學校於1934年設立檔案管理特種教席和課程無疑標誌著我國檔案學教育的開始。

西遷重慶以後，鑒於各級機關迫切需要檔案管理專門人才，爲擴大造就並期速成起見，沈祖榮於1939年9月將第五屆圖書館學講習班改爲"檔案講習班"，招收高中畢業生和同等修業生11人，施以管理檔案之專門訓練，修業期限一年，並聘定剛從美國留學研究圖書館學和檔案管理回國的前教務主任徐家麟，以及毛坤等教授擔任主講❷。於是，文華圖書館學專科學校由在圖書館學課程中附設檔案管理課程發展到了檔案管理人才的專門培訓，這無疑又是我國檔案學教育發展的一個標誌。

1940年3月和9月，文華圖書館學專科學校正式以"檔案管理訓練班"的名稱分別招考了第二屆和第三屆檔案管理訓練班。經過多年的檔案管理法教學、研究、試驗和一年多的檔案訓練班的實踐，沈祖榮認爲："檔案管理之內容並不簡單，而許多有關科

---

❶ 文華圖書館學專科學校編．《私立武昌文華圖書館學專科學校一覽（二十六年度）》．該校印行，1937年，第37～38頁。

❷ 《私立武昌文華圖書館學專科學校開設檔案管理講習班》．見：《中華圖書館協會會報》14卷2、3期合刊第17頁。

目，如行政組織、公務管理以及文書之製作與處理等，必須循序研究，始能組成一完備知識。故檔案管理再不能以圖書館學之附庸視之，而實有獨立成科之必要"。辦理短期訓練班，課程繁多，多，時間不敷分配"。爲求不斷供應此項技術人才，絕非短期開班或附帶於其他學科中研究所能爲功，必須設科專門訓練以宏造就"。而設立專科"不僅在吸引人力致力於此種新興學科，而最大目的尤在使改革檔案管理之理想容易見諸實行" **❶**。有鑒於此，文華圖書館學專科學校於1940年9月26日向教育部呈文"擬請於本年度（廿九年度）起於圖書館科外，添設檔案管理科"，並擬將已有的1940年春季招收的訓練班舊生改該專科一年級下學期繼續修業，1940年秋季招收的訓練班新生改入該專科一年級上學期修業。　1940年10月17日，教育部長陳立夫正式簽發批准文華圖書館學專科學校設立檔案管理科。遵照部令，文華圖書館學專科學校正式將1940年春季和秋季所招檔案管理訓練班分別改爲檔一級和檔二級，檔案管理科正式成立 **❷**。

　　檔案管理科學制兩年，學生入學資格仍定爲高中畢業或大學肄業，實行學分制，必修課22門，選修課8門，以修滿72學分爲合格，所設課程有：中國檔案論、檔案行政學、西洋檔案學、檔案經營法、檔案編目法、檔案分類法、檔案管理、索引法、檢字法、立排序列法、史料整理法、公文研究、公務管理、公文管理、研究方法、簿記與會計、打字與習字、政府組織概要、行政

❶　錢德芳　程曉端.《文華圖書館學專科學校開辦檔案教育始末》.見:《圖書情報知識》1984年第2期第36～41頁。
❷　同上。

管理學、分類原理、編目原理、圖書館學概論、中國目錄學、圖書分類、圖書館行政、社會科學概論、史地概論、博物館學、國文、英文、日文等，課程體系十分完備。

文華圖書館學專科學校檔案管理科的設立是我國檔案事業史上的一件大事，它不僅開創了我國正規檔案學專門教育的先河，而且爲我國檔案事業的發展作出了重大的貢獻。檔案管理科自1940年創辦到1949年7月停辦，共招收6屆共83名學生，畢業53人。1942年春，教育部又指令文華圖書館學專科學校辦理檔案管理短期職業訓練班，旨在"養成管理檔案之中級技術人才以適應各機關增進行政效率之需要"。該訓練班以初中以上畢業生和機關保送的現職檔案工作者爲招生對象，經費由教育部撥給，學制爲一個學期（約4個月）。訓練班自1942年3月開班到1945年7月停辦，共辦過7期，畢業學生200餘人，其影響甚爲廣泛深遠。

沈祖榮在辦理圖書館學教育的同時又增廣其事辦理檔案學教育，這本身就十分困難，而當時正處在戰火紛飛的時刻，這就更是難上加難。這不僅需要氣魄、膽識和才幹，而且更需要信心和毅力。

1941年5月9日，日寇飛機轟炸，在曾家岩求精中學院內之文華圖書館學專科學校辦公處後側附近落彈多枚，房屋全被震壞，後經鳩工修葺，勉可住居。7月7日，在日寇飛機的轟炸中，文華圖書館學專科學校在求精中學內的康寧樓宿舍，直中兩彈，全部傾毀，片瓦無存，損失之重，不堪言狀。該宿舍爲兩層樓房，樓上住教員家眷，樓下有大禮堂、女生寢室、客堂及員生餐堂、廚房等，共20間，總計建築費在6萬元以上，教員及學生衣物之損失，至少1萬元。幸重要圖書與實習用具大部分早經疏散，未行全罹浩劫。

文華圖書館學專科學校校舍的全部被毀對於日寇在中國犯下的滔天罪行來說的確是微不足道，但是，對於文華圖書館學專科學校來說，這無疑是一場滅頂之災，這意味著文華圖書館學專科學校的全體師生將流離失所，學校可能因此而停頓關閉。但是，以沈祖榮爲首的全體師生並沒有因此而氣餒、屈服，而是愈加頑強、堅毅。正如7月9日中華圖書館協會致函文華圖書館專科學校慰問時所說的那樣："閱報獲悉貴校於抗建紀念之夕，慘遭敵機炸毀，獸敵暴戾，曷勝慟憤？比年以來，貴校所受之重重損失，應不只爲貴校師生之一部分物質而已，實亦影響我國圖書館界人才作育及前途發展者甚爲深大；所幸，貴校全體師生一本百折不撓之精神，艱苦奮鬥，能始終維持校務於不墜，殊令會中同人同深興奮，無紉欽佩" ❶。

在文華圖書館學專科學校處在最危難的時刻，沈祖榮以大無畏的精神，立刻投身於重建校園，救亡圖存之中，以不屈不撓的精神回應了日寇毀我事業的暴行。自1941年7月7日以後，沈祖榮多方募集款項，先後獲得行政院撥救濟費7萬元，賑濟委員會撥救濟費1萬元，中華教育文華基金董事會給緊急補助費2.5萬元。於是，沈祖榮經多方接洽購置江北相國寺廖家花園爲校址，開始自建校舍。廖家花園舊有平房一棟，只可供辦公廳、禮堂及一部

---

❶ 《本會慰問文華圖書館學專科學校及西南聯大圖書館》.見：《中華圖書館協會會報》16卷1、2期合刊第12～13頁。

分教室之用，沈祖榮遂又包工建造男女宿舍各一棟、校長住宅一棟、廚房廁所各若干間、教職員宿舍一棟，總計造價達10萬元以上。爲了使教學不致中斷，10月下旬，文華圖書館學專科學校全校師生搬遷過江，賡續行課。其時因房屋一時未及竣工，嘗進餐於露天之下，講授於臥房之間，但全體師生，對此不僅毫不氣餒，反而精神振奮有加，萬分令人欽佩！

遷入廖家花園之後，爲了充實課程與推動工作，沈祖榮在續聘毛坤長教務、汪應文主訓導、徐家麟分擔圖書檔案課程、汪長炳兼任教授、姜文錦任軍事教官、夏之秋爲音樂講師、駱繼駒負責中西文打字的基礎上，又新聘國文教授許學源、日文講師林榮光、圖書館學教授皮高品。由於這些教員多能與沈祖榮同舟共濟，力謀圖書館事業之發展，故各事皆履險如夷。在課餘之時，全體師生員工或則一齊出動，荷鋤負筐，佈置庭園，修治道路；或則辦理巡迴文庫與平民夜校，充滿了生氣。爲了使得圖書檔案免受空襲破壞，文華圖書館學專科學校又特作手提書箱書袋兩種。平時列成書架，便於取閱；一遇空襲警報，則男生提箱，女生揹袋，轉運至防空洞內❶。

1943年春，文華圖書館學專科學校發起募捐修建禮堂，承社會人士熱心贊助，共捐得捐款國幣近20萬元。是年暑假內，文華圖書館學專科學校禮堂開始動工，計建築可容200餘人禮堂一座，並附建可容30～40人圖書室一座和可容20人教室一座，共費國幣

---

❶　沈祖榮.《私立武昌文華圖書館學專科學校近況》.見：《中華圖書館協會會報》16卷3、4期合刊第7～8頁。

23萬元。12月25日，新建築全部落成。❶

　　在西遷重慶的短短幾年內，在戰火紛飛的年代，在經歷了一次又一次重大打擊和挫折之後，文華圖書館學專科學校能夠在危難之中求得生存，在生存之中求得發展，這不僅是沈祖榮圖書館精神的體現，而且也是文華全體同仁精神的體現。正如沈祖榮當時所言："本校自二十七年奉令西遷重慶以來，由於全體教職員之持續努力與政府當局及有關機關之多方協助，不獨武昌時代之舊緒仍保持於不墜，而種種新的成就亦逐年加多。其犖犖大者，如以前只秋季招生，常年開辦兩班，現在春秋二季招生，常年開設五六班之多；以前只設圖書館學一科，自二十九年秋季起，增設檔案管理一科，為國內研究以科學方法管理檔案之唯一教學場所。再如以前圖書館學科新生入學資格，規定至少須在立案大學肄業滿二年以上者，三十年春起，始與檔案管理科一律招收立案高中或同等學校之畢業學生，以宏造就。又如以前公費之給予並無嚴格標準，而名額亦不多，現在公費分甲乙丙丁四種等第（甲種年給四百元，乙種三百元，丙種二百元，丁種一百元），新生依錄取成績，舊生依學行成績而給予之，含有獎學意味，而名額亦較前增加數倍。其餘如課目之加多（新增者有社會科學概論、史地概論、史料整理法、博物館學通論等），訓導工作之推進（如導師制度、小組討論、勞動服務、社教工作等，均為以前在武昌時所無者），以及每年畢業學生之供不應求（如二十七年

---

❶　《文華圖書館學專科學校近訊》.見：《中華圖書館協會會報》　18卷2期第15頁。

夏，本校畢業生只有十人，而各圖書館來校聘請者有廿餘處，廿八年度畢業六人，各方函校聘請者有十七處，廿九夏畢業七人，來校聘請者又廿餘處），均爲本校同仁所辛苦經營之結果，皆堪引以自慰者" ❶。

在西遷的危難歲月，沈祖榮一方面以百折不撓的精神維持、發展和光大文華圖書館學專科學校，另一方面又以高度的責任感毅然承擔了維繫和發展中華圖書館協會的重任。

1938年9月，爲便於聯絡，中華圖書館協會加入了隨國民黨政府自南京西遷來渝的中國教育學術團體聯合辦事處。其後因接該處擬於雙十節在重慶舉行中國教育學術團體聯合年會（後因籌備不及而改期），並函請派負責代表出席聯合年會籌備委員會的通知，鑒於中華圖書館協會會員遷散，交通不便，難於召集年會，爲辦事便利與集中意見起見，中華圖書館協會遂決定與各教育學術團體舉行聯合年會，並於10月間推請沈祖榮、蔣復璁、洪有豐三理事爲代表出席參加籌備。

爲籌備與各教育學術團體聯合年會合辦的中華圖書館協會第四次年會，蔣復璁、沈祖榮和洪有豐曾先後召集座談會三次。11月10日，沈祖榮於上午10時召集在渝中華圖書館協會會員金家鳳、金敏甫、汪長炳、汪應文、鍾發駿、毛坤、孫心磐、張吉輝、岳良木、于震寰等在文華圖書館學專科學校沈祖榮公館中舉行座談會，討論有關籌備事宜。11月26日，中華圖書館協會

---

❶ 沈祖榮．《私立武昌文華圖書館學專科學校近況》．見：《中華圖書館協會會報》16卷3、4期合刊第7～8頁。

理事監事聯席會議於下午6時在重慶都城飯店舉行，會議討論通過有關舉行中華圖書館協會第四次年會的各有關事項共15條。其中包括推定沈祖榮一人代表中華圖書館協會參加聯合年會主席團；推定沈祖榮、洪有豐、彭用儀、汪應文、于震寰五人組成事務組，負責辦理文書會計等事宜；報上年會專刊應用論文，請金敏甫、沈祖榮、毛坤各撰一篇，分別題爲《抗戰建國期間的政府機關圖書館》、《圖書館教育的戰時需要與實際》和《建國教育中之圖書館事業》❶。

　　1938年11月27日至30日，以"抗戰建國中之各種教育實施問題"爲中心議題的中國教育學術團體聯合年會暨中華圖書館協會第四次年會在重慶新市區川東聯立師範學校舉行。27日聯合年會舉行開幕式和會務報告。28日舉行宣讀論文和分組審查議案，沈祖榮等中華圖書館協會會員參加第三組——社會教育、圖書館及電影組審查議案。29日大會討論議案，共通過有關圖書館事業議決案7項。30日上午8時至10時半在川東師範大禮堂舉行中華圖書館協會議案及圖書館技術討論會，沈祖榮等48人出席，10時半聯合年會舉行閉幕式；下午1時至2時，中華圖書館協會在重慶都城飯店舉行會務會議，主席王文山，出席代表46人，首由年會籌備委員沈祖榮報告，繼討論通過10項議案，其中包括推定洪有豐、蔣復璁、沈祖榮爲中華圖書館協會加入中國教育學術團體聯合辦事處代表，互推一人爲值年代表案。下午2時至5時召開座談

---

❶　《本會第四次年會籌備及經過報告》，見：《中華圖書館協會會報》13卷4期第13～15頁。

會。晚7時，中華圖書館協會第四次年會在重慶青年會西餐堂舉行聯誼會，一以聯絡會員間之情誼，一以聆聞來賓中對於圖書館事業之意見。首先由沈祖榮介紹南開校長張伯苓先生等，其後應沈祖榮主席之請，蔣復璁講述中華圖書館協會成立前後之故實，沈祖榮亦詳細說明文華圖書館學專科學校之沿革與現狀，其後多位來賓與會員亦相繼發言，9時散會，第四次年會遂告結束❶。

第四次年會結束以後，沈祖榮又迅速地投入到了發起戰時徵集圖書的活動之中。1938年12月6日，戰時徵集圖書委員會發起人會議在重慶川東師範教員休息室召開，主席張伯苓，沈祖榮等23人出席，會議通過了戰時徵集圖書委員會組織章程，英文名稱，並推定中宣部、教育部、外交部、中英庚款董事會、國際出版品交換處、中華圖書館協會各派一人及學術團體代表張伯苓擔任執行委員❷。其後，中華圖書館協會推定袁同禮和蔣復璁爲執行委員，沈祖榮雖未被推爲執行委員，但因袁同禮常不在渝，諸多活動均請沈祖榮代表，故沈祖榮在執行委員會中亦有相當作爲。1939年1月14日，戰時徵集圖書委員會在重慶舉行執行委員會第二次會議時，沈祖榮曾代表袁同禮報告中華圖書館協會向美國圖書館協會徵集圖書情形；會議鑒於英國H. N. Spalding先生來函表示願意捐贈圖書儀器，擬分昆明、重慶、成都、南鄭四個區域，各就其最需要之圖書開列名單寄英，而重慶區域則請蔣復

---

❶ 《本會第四次年會會務記錄》. 見：《中華圖書館協會會報》 13卷4期第10～13頁。

❷ 《全國學術機關團體組織戰時徵集圖書委員會》. 見：《中華圖書館協會會報》 13卷5期第18～19頁。

璁、沈祖榮兩人擬定名單❶。其後，沈祖榮先後多次參加執行委員會會議，爲戰時徵集圖書委員會擬定，審查選書範圍、選書書目等做了大量的工作。

　　1942年2月8日至9日，中國教育學術團體第二屆聯合年會暨中華圖書館協會第五次年會在重慶國立中央圖書館舉行。2月8日上午舉行開幕式，到會各團體會員共200餘人，代表13個團體，其中中華圖書館協會到會機關會員6單位，個人會員34人，沈祖榮代表文華圖書館學專科學校和個人出席開幕式。下午舉行中華圖書館協會會員座談會，主席沈祖榮首先報告年會準備情形，繼由蔣復璁、陳訓慈、何國貴依次報告。最後，主席沈祖榮臨時動議，在座會員酌捐款洋補助協會經費每人至少五元，全體通過。9日上午聯合年會宣讀論文，下午討論提案，並開閉幕式。晚6時，中華圖書館協會在國立中央圖書館舉行會員聯誼會，首由蔣慰堂演講，繼由沈祖榮演說。在抗戰的艱難歲月，沈祖榮時刻不忘鼓舞士氣，沈祖榮在演講中說：“本人對於圖書館運動，素具信心，認此爲最崇高而有益人群之事業，我國新圖書館事業發展三四十年，降及今日，雖云非常時期而政府獎勵倡導有加無已，深願我圖書館界同志，振奮精神，各守崗位，努力職守”❷。最後姜文錦臨時動議組織陪都區圖書館員聯誼會，決議通過，並推沈祖榮、陳訓慈、蔣復璁等備，由沈祖榮負責召集。

　　這次年會雖然因爲中華圖書館協會接到全國教育學術團體聯

---

❶　《全國學術機關團體組織戰時徵集圖書委員會》.見：《中華圖書館協會會報》13卷5期第18～19頁。

❷　《年會報告》.見：《中華圖書館協會會報》16卷5、6期合刊第 14～19頁。

合辦事處的通知過于突然，倉促之間無法認眞籌備，但是，在當時的情況下，沈祖榮能藉此機會鼓舞同仁志氣，聯絡同仁之情誼，亦頗不乏積極的作用和意義。

1943年12月8日，在日寇行將失敗，抗戰節節勝利的時刻，中華圖書館協會在渝舉行理事會，會議議決5項，其中第1項爲：中華圖書館協會除參加1944年2月在渝舉行之全國教育學術團體第三屆聯合年會外，同時舉行中華圖書館協會第六次年會。第3項爲：年會討論中心問題爲：一、戰後圖書館復員計劃，二、戰後圖書館所需人才培養計劃，視出席人數之多寡分組討論，第一組由袁同禮、陳訓慈召集，第二組由沈祖榮、汪長炳召集❶。

1944年5月5日至6日，全國教育學術團體第三次聯合年會暨中華圖書館協會第六次年會在重慶國立中央圖書館舉行。在聯合年會期間，中華圖書館協會共舉行會議兩次。第一次會議於5月5日下午在國立中央圖書館雜誌閱覽室舉行，主席袁同禮，沈祖榮及其公子沈寶環等65人出席，同時沈祖榮之女公子沈寶琴等23位文華圖書館學專科學校學生列席。在會上，沈祖榮提出培養戰後圖書館需用人才案，主張吸取大量人才、利用專門人才、訓練現職人才、造就領導人才、保持已有人才等五種有效之方法，獲得會議通過❷。5月6日上午，中華圖書館協會在國立中央圖書館三樓舉行第二次會議。繼討論修改中華圖書館協會組織大綱案之

---

❶ 《中華圖書館協會三十二年度工作報告》．見：《中華圖書館協會會報》18卷2期第18～21頁。

❷ 《中華圖書館協會第六次年會第一次會議記錄》．見：《中華圖書館協會會報》18卷4期第6～9頁。

後，會議舉行理事、監事候選人選舉，結果沈祖榮以最高票數當選為理事候選人❶。在其後於11月29日在重慶中美文化協會召開的中華圖書館協會理監事聯席會議上，經開箱檢點全國通訊選舉票數，沈祖榮繼續以最高票數與蔣復璁、劉國鈞、袁同禮、毛坤、杜定友、洪有豐等15人一起當選為下屆理事。這既表明沈祖榮在同仁心目中享有極高的聲望，同時更是對抗戰期間沈祖榮致力於中華圖書館協會的活動、貢獻殊深的一種充分肯定。

在沈祖榮為中國圖書館事業忘我奮鬥的時刻，不知不覺沈祖榮已開始步入花甲之年。鑒於沈祖榮校長為倡導我國圖書館事業之先進，作育人才，貢獻殊深，文華圖書館學專科學校校友特發起於1944年9月11日舉行沈祖榮六旬壽辰暨從事圖書館事業卅周年紀念雙重慶典，以申敬意並彰勛績，除分函徵集當代名人題詞以資紀念外，並分別呈獻尊師禮金❷。這次極為熱烈的雙重慶典活動既是對沈祖榮的歷史功績的一次迄今為止絕無僅有的充分而又高度的肯定，同時也是沈祖榮畢生所從事的圖書館活動發展到高峰的一個標誌。從此，由於客觀的原因，沈祖榮的人生開始步入一個更為坎坷的年代，沈祖榮的圖書館事業生涯亦開始轉入一個壯志難酬的時代。

---

❶　《中華圖書館協會第六次年會第二次會議記錄》．見：《中華圖書館協會會報》18卷4期第9～11頁。

❷　《會員消息》．見：《中華圖書館協會會報》18卷5、6期合刊第15頁。

九、壯志未酬：
一項五十餘年來鮮為人知的龐大復興計劃

抗戰爆發以後，日寇的瘋狂劫掠和破壞致使中國的文化事業遭受了空前的浩劫。面對著日寇的慘絕人寰的屠殺和侵略，億萬中華優秀兒女前赴後繼奮勇抗敵，以血肉築起新的長城，誓死捍衛我們的祖國。作為中華民族的優秀兒女，沈祖榮在槍林彈雨之中與祖國的圖書館事業同生死共存亡，在危難之中不僅能夠維持文華圖書館學專科學校，而且還使之與戰前有了更大的發展。這既是對日寇獸行的一記響亮回應，亦是抗戰救國的一項壯舉。在流離顛沛歷盡千辛萬苦之中，文華圖書館學專科學校的發展進步使得國人看到了圖書館事業的希望，使得沈祖榮更加堅定了戰後振興圖書館事業的信心。隨著抗戰的節節勝利和和平曙光的到來，沈祖榮開始策劃並制定了一套雄心勃勃的戰後圖書館事業復興計劃。

為什麼沈祖榮在抗戰勝利後便立刻推出了一套雄心勃勃的復興計劃呢？這一方面是基於戰時文華圖書館學專科學校的發展和戰後復興圖書館事業的迫切需要，另一方面則是基於初見端倪的戰後中美圖書館界的交流合作計劃。

戰前，由於新圖書館運動的開展，美國圖書館事業毫無疑問已成為中國圖書館事業發展的楷模，而中美圖書館界的密切交流與合作加速了中國圖書館事業的現代化進程，促進了中國圖書館事業的繁榮。抗戰爆發以後，由於戰爭的原因，中美圖書館界的交流和合作受到了極大的阻礙，中國圖書館事業的發展實際上一直處於獨立而缺乏國際支持與交流的境地。然而，即使是如此，中國圖書館界仍然通過十分有限且並不暢通的管道努力保持與美國圖書館界的聯繫。而正是通過這斷斷續續的中美圖書館聯繫管道，中國圖書館界感受到了世界反法西斯的共同力量，感受到了中美圖書館界進一步交流合作在戰後振興我國圖書館事業的希望。

"七七事變"後，日寇的大舉軍事侵略和瘋狂文化破壞致使我國華北和東南沿海的圖書館和藏書遭受了史無前例的劫難。在文化教育機構紛紛內遷西移的過程中，中華圖書館協會亦從北平撤到了長沙。協會理事長、國立北平圖書館館長袁同禮於1939年11月19日分別致函美國圖書館協會主席克雷沃（Harrison Warwick Craver）和常務秘書長米蘭（Carl Milam），陳述中國25所大學圖書館遭日寇毀滅或受嚴重劫損，以及大多數內遷文化教育機構沒有隨遷圖書館之慘狀，並建議美國圖書館協會組織一特別委員會在美國各圖書館和私人之中募集捐書以不斷支持中國的圖書館重建藏書，同時，還說明中國教育部業已組織了一個專門負責接受和分發捐書的委員會❶。其後，袁同禮的信函被轉交ALA國際關係委員會討論。雖然ALA國際關係委員會在1937年12月29日的備忘錄中提出應立即籌劃有關救濟事宜，對中國的

---

❶ 袁同禮致Carl Milam和Harrison Warwick Craver函（1933年11月19日）.
　見：美國伊利諾斯大學厄爾巴那分校藏美國圖書館協會檔案，7/1/6, Box 3.

情形給予了同情，但是，由於LAL國際關係委員會主席杰諾爾德
（James Thayer Gerould）和副主席薩沃德（Ruth Savord）
因身體健康原因不得不相繼退出該委員會，因此，這項建議被擱
置起來了。此外，由於12月29日的備忘錄中規定不公開袁同禮的
請求和該委員會的審議，袁同禮的請求書亦因此一直不被該委員
會以外的ALA成員所知曉。

　　長沙淪陷後，袁同禮隨中華圖書館協會撤至香港馮平山圖書
館。1938年5月27日，袁同禮致函米蘭請求ALA給予緊急援助，
並請求在將於6月在堪薩斯市（Kansas City）舉行的ALA第60屆
年會上宣讀他的請求書。其後，在6月的ALA年會第3次全體大會
上，聖路易斯公共圖書館（the Saint Louis Public Library）
副館長、中華圖書館協會名譽理事長鮑士偉博士（Dr. Arthur
Bostwick）宣讀了袁同禮的請求書，並獲得了與會者的支持。
作為回應，ALA當選主席弗格森（President-Elect Milton J.
Ferguson）宣布將向全美國圖書館館長散發中國的捐書請求書❶。

　　1938年7月15日，米蘭向ALA國際關係委員會簽發了一份包
括為中國圖書館募書的預備聲明在內的備忘錄❷。大約在此時，
米蘭的辦公室還與史密蘇林協會（the Smithsonian
Institution）達成了一項協議，根據該協議，史密蘇林協會的
國際交流服務部（International Exchange Service）同意

---

❶　《Kansas City Conference》.見：《Bulletin of the American
　　Libary Association 32》（October 15, 1938）：766.
❷　Milam致the Committee on International Relations函（Jnly 15,
　　1938）.ALA Archives, University of Illinois, Urbana, 7/1/6, Box
　　11.

作爲接收美國各地向中國捐書的一個中心，並在接收捐書後將捐
書寄往香港。8月，丹頓（J. Periam Danton）被指定爲ALA國
際關係委員會主席，8月11日，丹頓在給該委員會委員的備忘錄
中宣布他計劃在美國幾家最有影響的期刊和報紙，以及各圖書館
期刊上發表袁同禮的請求書。9月，國際關係委員會向全美128個
大學圖書館、98個公共圖書館，81個學會社團、36個出版商和5
個大學出版社分發信函，宣布自1938年10月1日至1939年1月1日
開展 “贈書助中國”（Books for China）運動❶。其後各大報
刊亦相繼刊發了這一消息。在各界的踴躍捐贈下，經多方努力，
曾有36箱捐書於1939年5月船運至香港。

　　與此同時，西遷重慶的沈祖榮與南下香港的袁同禮遙相呼
應，沈祖榮於1938年12月6日與張伯苓等23人在重慶發起成立了
戰時徵集圖書委員會，並積極開展各項活動（見前述第八部分）。

　　然而，由於當時美國公衆對 “贈書助中國” 運動的興趣有限，
且美國當時尚未參戰因而缺乏政府的支持，中美圖書館界之間的
這項活動困難重重。1941年12月7日，日本偷襲珍珠港後，英美
對日、德意對美正式宣戰，太平洋戰爭爆發。12月25日，日本占
領英屬殖民地香港。1942年4月29日，日寇攻陷緬甸，由中國於
1937年至1938年修築的貫通中國昆明和緬甸臘戌（Lashio）的
中國陸上給養線中緬公路被切斷。於是，重慶與外界的給養通

---

❶　Danton致the Committee on International Relations函（October 10,
　　1938）. ALA Archives, University of Illinois, Urbana, 7/1/51,
　　Box 2.

道僅剩下自印度飛越喜馬拉雅山的美國空中航線。中美國圖書館界之間的交流開始進入最困難的時刻。

　　即使是在如此困難的時期，中美圖書館界之間的交流與合作仍未完全中斷。1942年初，鑒於美國洛克菲勒基金會（the Rockefeller Foundation）先後於1941年6月和12月向ALA提供了50,000美金和 60,000美金的資助，以用於為歐洲和太平洋地區被占領國家（包括中國）購置期刊，ALA將原國際關係委員會改組成立了"贈書援助戰區被毀圖書館國際關係董事會"（Books for Devastated Libraries in War Areas Committee of the International Relations Board），以選購美國的重要學術和科學期刊，並存於美國各圖書館，以備戰後海運至各國❶。

　　1942年夏，該董事會易名為"援助戰區圖書館委員會"（the Committe on Aid to Libraries in War Areas），並在該委員會之下又成立了"東方和南太平洋委員會"（the Committee on the Orient and South Pacific），前ALA主席（1941～1942）、衣阿華州立學院圖書館館長布朗（Charles Harvey Brown, Librarian of Iowa State College）擔任東方和南太平洋委員會主席。

---

❶　《Report to the Rockefeller Foundation on the Periodicals Project of the American Library Association's Committee on Aid to Libraries in War Areas, Covering the Period June 20, 1941- December 31, 1942》. ALA Archives, University of Illinois, Urbana, 7/1/6, Box 2.

　　與此同時，在中美圖書館關係史上還出現了兩個重要人物，即費爾班克（John K. Fairbank）和他的妻子威爾瑪。費爾班克原爲哈佛大學中國史教授，美國向日本宣戰後，費爾班克被指派到美國國務院工作，其妻亦同時被指派到國務院工作。威爾瑪（Wilma Fairbank）在美國國務院新成立的位於華盛頓的文化關係處（the Division of Cultural Relations）工作，而費爾班克則被指派爲重慶美國大使館大使特別助理，並同時擔任美國政府外國出版物收集部際委員會中國主任（China Director for the United States Government Interdepartmental Committee for the Acquisiton of Foreign Publications）和美國國會圖書館遠東代表（Far Eastern Representative of the Library of Congress）❶。由於費爾班克的主要工作是收集中日出版物並海運至美國，因而費爾班克夫婦與ALA的米蘭（Milam）和布朗（Brown）有著十分廣泛的聯繫。

　　1943年初，費爾班克和袁同禮向國際關係董事會及其東方和南太平洋委員會提交了一份聯合備忘錄。在這份備忘錄中，他們提出了進一步發展中美文化關係的建議，包括由ALA爲更多的中國圖書館購置資料，通過美國國會圖書館爲美國圖書館購置中文出版物，和兩國之間圖書館學學生與教師的交換❷。由於該建議包括有利於美國的因素，在布朗的進一步推動下，1943年6月18

---

❶　John K. Fairbank and Tung-li Yuan.《Sino-American Intellectual Relations》（December 31, 1942）：6.見：ALA Archives, University of Illinois, Urbana. 7/1/51, Box 1.

❷　同上。

日，美國國務院召集國務院文化關係處的威爾瑪（Wilma Fairbank）和佩克（Willys R. Peck）、國會圖書館的漢默爾（Arthur W. Hummell）和米爾茲維斯基（Marion A. Milczewski）、美國學術協會理事會（American Council of Learned Societies）的格雷夫斯（Mortimer Graves）、國務院戰爭情報處（Office of War Information）的泰勒（George Taylor）、華人圖書館館長肖才如（音譯？Dr. Tsai-yu Hsiao）、ALA國際關係協會室主任萊登堡（Harry M. Lydenberg）、以及米蘭（Milam）和布朗（Brown）等在國務院專門討論了費爾班克和袁同禮的備忘錄，以及國立北平圖書館的購書計劃。由於美國政府的支持，在布朗、米蘭和費爾班克等人的積極活動下，在洛克菲勒基金會和各圖書館的支持下，費爾班克和袁同禮的建議經多方周折之後終於成爲美國的一項計劃，並自1944年起開始正式實施。

1944年5月20日，美國副總統華萊士（Vice-President Henry Wallace）訪問重慶，隨飛機運來美國國務院文化關係處的600磅贈品，其中包括圖書、地圖、電影片、藝術複制品、實驗室設備等，首次直接向中國運來了贈書。作爲回報，華萊士返美時亦隨飛機帶走了由袁同禮購置的100磅中文出版物❶。

華萊士副總統的來訪對重慶方面是一個極大的鼓舞，對中國圖書館界亦是一個極大的鼓舞，對沈祖榮則尤其是一個極大的鼓

---

❶ 袁同禮致Brown函（June 14, 1944），Brown致Wilma函（June 3, 1944），和Brown致袁同禮函（July 29, 1944）.見：ALA Archives, University of Illinois, Urbana, 7/1/51, Box 1.

舞，因爲在華萊士副總統隨機帶來的有限幾包圖書中，竟有一包由ALA贈送給文華圖書館學專科學校的圖書。雖然這包贈書僅只有四種圖書而已❶，這在今天簡直微不足道，但是，在當時這比千里送鵝毛更令人歡心鼓舞，因爲它不僅使得多年來沈祖榮向美國發去的無數封如石沉大海的請求贈書函終於有了回應，而且更使沈祖榮在危難之中看到了新的希望。從沈祖榮後來給ALA常務秘書長米蘭的致謝信中，我們大抵可以領略到沈祖榮當時的無比振奮心情。沈祖榮寫道：＂我們不僅要感謝你們的贈書，而且還要感謝你們隨書而帶來的一片深情。當我們開包拿出贈書時簡直高興極了，你要是能在重慶親自目睹此境那該多好啊！這批書雖然數量很少，但均爲精選之作，且將對師生大有裨益。我可以肯定地告訴你：當他們實際使用這些書時，他們的心情將比我所能表達的要更爲快樂！＂❷

　　自美國副總統華萊士訪華以後，隨著世界及法西斯戰爭的節節勝利，中美圖書館界之間中斷了數年的交流與合作逐漸開始恢

---

❶　ALA贈送給文華圖書館學專科學校的四種圖書分別爲：1.Jennie M. Flexner. Making Books Work：A Guide to the Use of Libraries. New York, Simon and Schuster, 1943.271p. 2. Wilhelm Munthe. American Librarianship from A European Angle: An Attempt at An Evaluation of Policies and Activities. Chicago, ALA, 1939. 191p. 3. Effie L. Power. Work With Children in Public Libraries. Chicago, ALA, 1943. 195p. 4. Elizabeth H. Thompson. A.L.A. Glossary of Library Terms With A Selection of Terms in Related Fields. Chicago, ALA, 1943. 159p.

❷　沈祖榮致Milam函（July 16, 1944）. ALA Archives, University of Illinois, Urbana. 7/1/51, Box 1.

復和活躍起來。繼費爾班克－袁同禮的備忘錄之後，布朗又提出了建立中美文獻關係的建議，在此基礎上，布朗和米蘭又進一步提出了一項派遣美國圖書館專家來華協助恢復和進一步發展圖書館事業的新計劃。中美圖書館界交流合作的逐漸恢復、加深，尤其是抗日戰爭的節節勝利，使得沈祖榮已深深地感到了戰後振興圖書館事業的希望之光，而正是這希望之光燃起了沈祖榮準備在戰後大展鴻圖的雄心壯志。

　　大約在1944年初夏之際，袁同禮向沈祖榮轉交了一封美國圖書館協會東方和南太洋委員會主席布朗（Charles H. Brown）給中華圖書館協會的信。在這封信中，布朗提出了一系列加強國際圖書館合作和推進中國圖書館事業發展的建議，因其中特別提到與文華圖書館學專科學校有關的問題，袁同禮請沈祖榮代做答復。因事關重大，沈祖榮一直延至1944年7月18日才正式給布朗復函。在這封長達五頁的復函中，沈祖榮已初步產生了進一步光大文華圖書館學專科學校的意向❶。

　　沈祖榮在稱讚布朗提出的發展中國圖書館事業的建議和詳細陳述文華圖書館學專科學校的發展與作用的基礎上，著重回答了布朗提出的三個問題：

　　關於文華圖書館學專科學校能否滿足中國圖書館培訓需要的問題，沈祖榮認為：只要有足夠的支持，文華圖書館學專科學校就能夠且應該能滿足中國圖書館培訓的需要，因為文華圖書館學

---

❶　沈祖榮致Charles H. Brown函（July 18,1944）. ALA Archives, University of Illinois, Urbana. 7/1/51, Box1.

專科學校一直是中國歷史最長、規模最大、師資力量最強、學生質量最高的圖書館學教育機構。由於抗戰期間中國圖書館損失慘重，因而戰後必然面臨著大量的圖書館復員、組織和發展工作，而在這一切中文華圖書館學專科學校應該能發揮重要的作用。對於美國方面提出的在中國不同區域建立五所圖書館學校的建議。沈祖榮答復道：原則上，我們不反對多設立幾所圖書館學教育機構，因爲在圖書館領域設立新的學校可以帶來新鮮的血液，且任何一門學科都能從各學校的相互競爭中獲益。然而，當中國尚處在名符其實的圖書館在數量上非常有限、圖書館極少開放且缺乏吸引力、圖書館學校的師資十分匱乏、且圖書館學校的學生在數量和質量上都不高的時候，我們認爲在此時增加圖書館學校的數量不啻是自取滅亡。因此，沈祖榮極力主張應全力發展文華圖書館學專科學校。

關於文華圖書館學專科學校是否需要美國圖書館學教員來校執教的問題。沈祖榮回答道：我們當然需要，而且迫切需要具有專家水平的美國教員。

關於布朗準備爲文華圖書館學專科學校提供獎學金的問題。沈祖榮表示：此舉將受到極大的歡迎，並希望此舉應持之以恆，而不是一兩次而已。

最後，沈祖榮還十分懇切地希望布朗能夠幫助文華圖書館學專科學校在美國徵集一些贈書，以彌補由於戰爭給文華圖書館學專科學校圖書館帶來的嚴重藏書損失。

可以肯定地說，沈祖榮經過長時間的考慮之後才於7月18日完成的這封長達五頁的信既是對布朗來函的一次十分認眞細致的答復，同時也是在與美國圖書館界的聯繫中斷了數年之後，沈祖榮就文華圖書館學專科學校的發展向美國投去的一顆問路石。而正是這顆問路石在後來激起了沈祖榮心中的波瀾。

　　布朗在收到沈祖榮的這封長達五頁的信函後於1944年9月21日給沈祖榮寄來了復函。這封復函雖然在郵路上走了差不多兩個月才寄達沈祖榮手中，但是，它卻比前一次由袁同禮轉交沈祖榮的布朗來函更加令沈祖榮激動和興奮，因爲這封信給沈祖榮帶來了兩條振奮人心的消息：一是布朗表示他將和ALA國際關係辦公室主任萊登堡（Harry M. Lydenberg）博士一起盡全力支持文華圖書館學專科學校；二是美國圖書館協會爲協助中國圖書館事業之復興，並增進中美圖書館界之聯繫起見，建議美國國務院派哥倫比亞大學圖書館學院院長兼大學圖書館館長懷特博士（Carl White）於1944年12月來華考察，翌年暑期返美，希望懷特以實際考察中國圖書館事業的結果，作爲將來美國協助中國戰後圖書館復興的推動（此消息中華圖書館協會在此以前已獲悉）。顯然，布朗的這封來信乃是沈祖榮後來提出的雄心勃勃的計劃的一個催化劑。對於這一點，我們不難從沈祖榮在接到布朗的來函後立刻以十分激動地心情於1944年11月20日給布朗寄去的復函中窺見一二❶。

　　在沈祖榮給布朗的11月20日復函的附言中，沈祖榮又再次提出請求布朗幫助催問文華圖書館學專科學校在1940年之前向美國

---

❶　沈祖榮致Brown函（November 20, 1944）. ALA Archives, University of Illinois, Urbana. 7/1/51, Box1.

訂購但一直未見音信的出版物的下落。雖然沈祖榮的這一請求最終仍是沒有下落，但是，1945年7月由美國大使館（重慶）二等秘書帕克斯頓（J. Hall Paxton）先生轉交給文華圖書館學專科學校的ALA贈送的八本小冊子則著實又令沈祖榮興奮不已。

值得一提的是，對於懷特博士準備來華考察圖書館事業並將為美國在戰後協助中國復興圖書館事業作準備這一計劃，中華圖書館協會給予了可與20年前歡迎鮑士偉博士相提並論的重視，因為二者頗具異曲同工的意義。為此，中華圖書館協會在1944年10月專門成立了招待懷特博士委員會和募捐委員會，並在其後募得招待費35萬元。可惜，正值各方積極進行之際，不料美國軍事當局，以時局緊張，對於與軍事無關之訪問拒絕發給登陸護照，因而，懷特不得不取消原定計劃，這使得中國各方均感到失望。這也是戰後中美圖書館界的交流與合作注定不可能恢復到戰前狀態的一個先兆。

然而，在失望之餘，種種可能的迹象，又使得沈祖榮堅定了在戰後大展鴻圖的信心。

1945年春，沈祖榮榮幸地參加了由國民黨政府教育部指定成立的一個由12人組成的專門委員會。該委員會專門負責討論和決定如何使用由戰時物資董事會（the War Production Board）撥給的20,000英磅和430,000美金購買科學儀器和圖書的有關事宜。這無疑抵消了沈祖榮對懷特取消來華計劃的部分失望。其後，布朗又先後給沈祖榮寄來了兩封熱情洋溢的來信。這兩封信不僅進一步抵消了沈祖榮對懷特取消來華計劃的失望，而且進一步促成了沈祖榮最終提出其雄心勃勃的計劃❶。

　　沈祖榮收到布朗的這兩封來信後由於健康的原因一直遲遲沒有回覆。1945年6月，沈祖榮患了嚴重的類傷寒病，兩周後又轉化爲嚴重的心臟病，爲此，沈祖榮在病榻上足足躺了兩個月尙未完全康復。即使是如此，沈祖榮時刻都沒有放鬆對戰後復興圖書館事業的籌劃。1945年8月9日，沈祖榮在患病兩個月後拖著虛弱的身軀第一次出門便是前往位於重慶一山丘上的美國大使館拜會費爾班克的夫人威爾瑪（Wilma Fairbank），以商談有關發展文華圖書館學專科學校的事宜。這次會見雖因威爾瑪公務繁忙比預約的時間要短，但卻給了沈祖榮極大的鼓舞。8月10日，沈祖榮以無比激動地心情給布朗寫了一封復函。在這封復函中沈祖榮寫道：因爲全球戰爭很快就要結束，我們將再次迎接發展圖書館學教育的和平時代，我已經分別致函給美國各圖書館學校，請他們向我們提供一切他們能夠提供的最新圖書館學教育資料，請你惠予協助❷。由此可見，沈祖榮對文華圖書館學專科學校的戰後發展醞釀已久。有趣的是，歷史往往有許多驚人的巧合，8月9日沈祖榮拜會威爾瑪的當天美國在日本長崎投下了加速日本軍國主義統治集團投降的第二顆原子彈，8月10日沈祖榮致函布朗的當天日本政府發出了乞降照會。也正是在8月10日致布朗的復函中，沈祖榮以附錄的形式首先向布朗提出了一份長達三頁的文華圖書館學專科學校計劃草案，以徵求布朗的意見，並請求予以支持。爲了詳細地展示沈祖榮對於戰後發展文華圖書館學專科學校

---

❶　沈祖榮致Brown函（August 10, 1945）. ALA Archives, University of Illinois, Urbana. 7/1/51, Box 2.

❷　同上。

的雄心勃勃的構想，現節譯該計劃如下❶：

文華圖書館學專科學校戰後工作計劃

致文華圖書館學專科學校的全體支持者和朋友：

　　爲了中國戰後教育和文化的發展，我們全體簽名者謹代表文華圖書館學專科學校，高興地向你提交這份呼籲書。我們希望你對文華圖書館學專科學校的興趣和對文華圖書館學專科學校之壯志的共鳴將使你對下述計劃給予你巨大的支持，以便能迅速而全面地實現這一計劃。

1. 建立韋棣華紀念圖書館

　　美國聖公會傳教士韋棣華女士在華服務的三十年中建立了文華公書林，並以各種方式展現了現代圖書館的實務。

　　爲了滿足中國圖書館的人才需求，她創辦了文華圖書科。爲促使美國政府將庚款餘額退還中國，她不辭勞苦，四處奔波，最後確保了將庚款的大部分餘額用於中國圖書館事業。她對邀請鮑士偉博士來華指導圖書館事業和組織中華圖書館協會頗有幫助。在其最後一次返美期間，她力促廢除與中國簽訂的和有關的一切不平等條約。自韋棣華女士於1931年逝世以來，文華的全體同仁一直不負韋棣華女士的重托努力經營文華圖書館學專科學校。最爲遺憾的是，武昌文華公書林在日寇的蹂躪下已淪爲犧牲品。爲

---

❶　沈祖榮致Brown函（August 10, 1945）. ALA Archives, University of
Illinois, Urbana. 7/1/51, Box2.

了永久地紀念韋棣華的功績，我們相信：一切像韋棣華一
樣在心中對中國的福利眞正關心的人們一定會攜手共建一
所更好的圖書館以彌補這一損失。

韋棣華紀念圖書館應體現如下特點，即：將實現韋棣
華女士的多項遺願，與文華圖書館學專科學校的工作協調
一致，並與中國圖書館的發展融爲一體。這裡僅提一下這
些基本特點就夠了。韋棣華女士是一位名符其實的注重公
共服務的美式圖書館倡導者，是一位主張一切形式的知識
資源都應同時供學生使用的多才多藝的人。在文華公書
林，不僅有韋女士收集的圖書，而且還有影片、幻燈片、
錄音帶和古器物。因此，韋棣華紀念圖書館最好應是一所
包羅各種博物的免費流通圖書館。爲了給文華圖書館學專
科學校的學生提供學習和研究的一個充足設施和一個良好
的實習實驗室，韋棣華紀念圖書館應該擁有較好的圖書館
學、檔案學和博物館學圖書、期刊和工具的館藏，且其基
本館藏還必須突出各主要研究領域的參考書和基本著作。

毫無疑問，隨著和平的到來，文華圖書館學專科學校
即將遷返的武漢三鎭將會成爲一個非常重要的商業、工業
和通訊中心。顯然，韋棣華紀念圖書館將還會注重商業和
技術，以服務於該社區。總之，鑒於內在和外在的各種原
因，應該建立韋棣華紀念圖書館，這將成爲中美圖書館界
之間的一條永久的紐帶。回想文華公書林成爲中國圖書館
運動中心的過去歲月，我們感到由衷的滿意。是否可能在
漢口或武昌建立一所有點類似匹茲堡的紐瓦克公共圖書館

（Newark Public Library）或卡内基理工學院圖書館
（Carnegie Institute of Technology Library）模式
的圖書館以使韋棣華女士爲中國首創的服務事業永垂不朽
呢？

2.實施本計劃的建議方案

我們完全明白：在實施上述計劃中，所需費用將是一
個很大的數目。當然，文華圖書館學專科學校沒有財力啓
動該計劃，更不用說將其進行到底了。無疑，中國的現狀
是希望有人或有幾個財團承擔其全部費用。因此，我們不
得不對美國給予文華以實際幫助寄予巨大的希望。第一次
世界大戰以後，通過卡内基的捐款，曾重建了盧溫大學圖
書館（the University of Louvain Library）。東京
帝國大學（Tokyo Imperial University）圖書館在
1923年的大地震之後通過洛克菲勒基金會的資助而完全復
原。美國圖書館協會在巴黎已經建立了所謂的美國圖書館
學校（American Library School）。最近由美國國務院
或在美國國務院的贊助下在拉丁美洲建立的圖書館組織已
發揮了多種效益。誠然，就美國而言，如果這三方或任何
一方能夠把文華的這個請求看作是眞正有價值的，並進而
給予大力的支持的話，那麼，這將是一個高尚的行爲。

我們不敢說因爲文華圖書館學專校能夠得到其美國的
支持者和朋友的關照，她就是一所特別重要的學校。但
是，我們仍然相信文華圖書館學專科學校必將會得到美國、美
國圖書館界和韋女士家鄉的這樣或那樣的幫助。這種來自

國外的幫助將比其捐款更有意義，因為它將使得文華圖書館學專科學校更易獲得國內民眾的貢獻和捐贈。同時向中國的一些有興趣的各方提出建議亦是我們計劃的一部分。

3. 把文華圖書館學專科學校發展成為一所授予學位的圖書館學、檔案學和博物館學學院

自1920年繼文華公書林之後創辦文華圖書館學專科學校以來，在其25年的發展歷史中，文華圖書館學專科學校已經形成了始終不渝地堅持服務之理想、倡導學術研究、竭力滿足中國圖書館之需求、忠誠圖書館教育事業的特點。戰後必須從兩個方面加強文華圖書館學專科學校的建設，即繼續發揚其優良傳統和保證其進一步的發展。我們認為：在戰後文華圖書館學專科學校的規劃中，我們應採取立即的步驟將其發展成為一所名實相濟的授學位的學院，而不是作為韋棣華紀念圖書館的組成部分。

這個發展計劃是一項可行的計劃，而且我們有理由規劃文華圖書館學專科學校的近期發展，這些已為我們提供了基礎。文華圖書館學專科學校對中國圖書館事業的貢獻是一個世人皆曉且無需數說的事實。早在1936年，文華圖書館學專科學校因預見到政府檔案管理人才的巨大需求而率先開始開設了檔案培訓課程以提前滿足檔案管理人才的需要。這個新的專業教育領域的創設已完全證明是正確的。1940年教育部在我校原有的圖書館科的基礎上又批准設立了檔案管理科。教育部還進一步連續四年撥款在文華圖書館學專科學校開辦了為期四個月的檔案管理短期培訓

班。

　　遵照中國政府的有關條例，建立授予學位的學院必須要有三個科系。文華圖書館學專科學校已經在組建第三個科，即博物館學科。在文華圖書館學專科學校開辦博物館學教育曾是文華圖書館學專科學校創辦人韋女士的遠大抱負。因爲去年文華圖書館學專科學校已經開設了兩門博物館學課程，並且目前正在建設一個小規模的博物標本研究專藏，因此，文華圖書館學專科學校多年自身努力的眞正結果就在於在事實上承認文華圖書館學專科學校是一所高等學校。這種變化將吸引很多的有志青年選擇圖書館、檔案館和博物館事業作爲終身職業。

　　我們還渴望將來邀請美國和英國的檔案學、博物館學和圖書館學專家在培訓中國學生和管理韋棣華紀念圖書館的各部門方面與我們合作。這份計劃和韋棣華紀念圖書館以及文華圖書館學專科學校將因此而成爲中國的一所眞正的國際文化學院。如果能夠榮幸地獲得資助建立一所與韋棣華的榮譽相稱的良好圖書館的話，那麼，文華圖書館學專科學校就會享有其他學校所不具備的優勢。擁有整整25年圖書館學教育經驗的文華圖書館學專科學校將能勝任這項工作。25名以上的文華圖書館學專科學校畢業生已在美國接受了進一步的專業培訓，其中五位現在仍在美國從事圖書館實際工作，如果將他們召回，那麼，他們將會傾全力於未來的韋棣華紀念圖書館和文華圖書館學專科學校。所以，在戰爭勝利後建設一個新中國的過程中，文華圖書

館學專科學校將會在這一特定事業中發揮領導的作用。中
國將會像其在中世紀以前一樣在未來爲世界作出巨大的貢
獻。

1945年8月15日，也就是在沈祖榮將上述計劃草案寄給布朗
的五日之後，日本天皇裕仁廣播《停戰詔書》，宣布接受波茨坦
公告，向盟國無條件投降。這是一個多麼激動人心的喜訊！世界
在歡呼，中國在沸騰，遭受了八年戰亂的沈祖榮再也無法按捺心
中盼望已久的喜悅，再也無法像戰時那樣耐心地等待大洋彼岸布
朗的回音。在短短的數日內，沈祖榮便迅速地修改、補充和完成
了《文華圖書館學專科學校戰後工作計劃》定稿，並以驚人的毅
力在一個月左右的時間內用手動打字機打印了數十份共達數百頁
的該項計劃，不斷地發往國內外各地，以爭取各界的支持❶。

1945年8月22日，沈祖榮首先向可能是他認爲最有希望資助
其計劃的美國洛克菲勒基金會遠東區域主任巴爾弗博士（Dr. M.
C. Balfour）寄去了《文華圖書館學專科學校戰後工作計劃》
定本。全文共八頁，其中正文四頁，附錄四頁。正文內容與草案
大同小異，附錄包括六個部分，即：(1)韋棣華紀念圖書館初始費
用；(2)三年詳細維持預算；(3)組織；(4)文華圖書館學專科學校董
事會董事名單；(5)國內外250名擁有圖書館職位的文華圖書館學
專科學校畢業生統計表；(6)過去三年文華圖書館學專科學校所

---

❶　從ALA所存的沈祖榮的有關檔案來看，沈祖榮寄給各處的該項計劃全文共有八
　　頁（16開紙），所有計劃與信函均在格式、行文和打印字面上完全一致，由
　　此可以肯定的判斷：全部文字均由沈祖榮親自打印。

得收入表。從這份附錄中，可以更進一步地了解沈祖榮的廣大計劃。

　　規劃中的韋棣華紀念圖書館乃是一座三層的現代建築，底層為文華圖書館學專科學校。整幢樓房配備暖氣系統和現代設施，以及諸如書架、閱覽桌椅、辦公桌椅、目錄櫃格、立式文件櫃、打字機、玻璃窗門展覽架等之類的鋼筋柵柱、家俱和設備。預計共需200,000美元。計劃購買約100,000冊英文書刊（另外100,000冊中文書刊由中國方面解決），依每冊約需2美元計，共需約200,000美元。計劃在市區購置旺地1.5英畝，空地留作以後藏書增多時再建群房，共需約80,000美元。全部初始費用預算共需480,000美元。前三年每年維持費需49,100美元，其中薪金35,000美元、年購英文書刊3,500冊7,700美元、大樓維持費2,000美元、日常行政開支1,900美元、郵費400美元、應急費用2,100美元，共計三年所需維持費預算為147,300美元。也就是說，沈祖榮的一攬子計劃共需627,000美元，這在當時確實是一個十分龐大的計劃預算。文華圖書館學專科學校在1943年至1945年這三年中總共獲得的收入共折合13,250美元，另100英磅。在這樣的條件下，文華圖書館學專科學校尚能取得令人稱道的業績，可以推想，如果沈祖榮的計劃能夠實現的話，文華圖書館學專科學校將會發生翻天覆地的變化❶。

　　1945年9月28日，沈祖榮致函美國圖書館協會常務秘書長米蘭（Carl H. Milam）博士進一步闡述《文華圖書館學專科學

---

❶　沈祖榮致M.C. Bolfour函（August 22, 1945）. ALA Archives, University of Illinois, Urbana. 7/1/51, Box2.

校戰後工作計劃》的必要性和重要性，並邀請米蘭博士作爲該計劃的發起人之一❶。大約至此，沈祖榮已將其計劃全部寄給了有關各方。

從後來的情況來看，各方面均在道義上對沈祖榮的計劃給予了積極的反應。英國議會議員（Representative of the British Council）羅克斯拜（Percy M. Roxby）在接到沈祖榮的計劃後曾囑托其辦公室將沈祖榮的計劃通過英國議會（the British Council）和設在印度加爾各答（Calcutta）的中國關係處轉交英國大使館（重慶），並特地附了一封推薦信。這封推薦信寫道："我曾有機會親自察看過在非常困難的條件下文華圖書館學專科學校一直在從事的傑出工作，並熱忱地推薦該項章棣華紀念圖書館計劃。我確信：在中國最需要高效的圖書館服務的時候，這項計畫會給處在重建的重要時期的中國提供極大的服務"❷。1945年9月26日，重慶英國大使館文化關係處主任布洛菲爾德（John Blofeld）亦曾寫過一封很好的推薦信："我已經閱讀了文華圖書館學專科學校關於建立新圖書館和在武昌擴展其圖書館學校的計劃。鑒於該校在過去曾取得優異的成績和中國亟需圖書館與受過良好教育的館員，我極力推薦盡一切可能給予他們積極的支持"❸。

---

❶　沈祖榮致Carl H. Milam函（September 28,1945）. ALA Archives, University of Illinois, Urbana. 7/1/51, Box2.

❷　Percy M. Roxby致重慶英國大使館函 .ALA Archives, University of Illinois, Urbana. 7/1/51, Box2.

❸　John Blofeld的推薦信 .ALA Archives, University of Illinois, Urbana. 7/1/51, Box2.

　　1945年11月20日，美國圖書館協會常務秘書長米蘭在給沈祖榮的復信中亦表示了美國方面對沈祖榮計劃的關注。米蘭寫道：道："雖然你可能會收到我們的國際關係辦公室或東方委員會主席布朗的復信，但是，我還是想個人對你的9月28日來函作一答復。你的來信喚起了我們對我們的中國朋友對圖書館服務和圖書館教育的熱忱的美好回憶，並且我們都把這一切歸功於韋棣華女士。在最近召開的一次國際關係董事會會議上，不僅討論了你的建議，而且還討論了其他幾項計劃。自然，現在還不可能找到這些非常艱難的問題的現成答案。會議決定到12月舉行另一次會議時再作進一步的討論。現在仍需等待那時能否作出令人滿意的建議。不管怎麼說，我肯定你明白：我們對你的建議有興趣且會認真地考慮"❶。

　　然而，道義上的支持畢竟只是道義上的支持，雖然它能給人以進一步的希望，且意味著一個良好的開端，但是，它始終與實際行動上的支持尚有一段距離，而對於沈祖榮的龐大計劃來說，這段距離則尤為遙遠。

　　顯然，雖然沈祖榮的計劃在理論上頗具必要性，且富有挑戰性，但在實踐上卻並不具備完全的可行性，因為時代與歷史條件的制約已注定沈祖榮的計劃在實施上將困難重重。從沈祖榮的計劃本身來看，僅三年的時間就需要資金共627,300美元，這個數字確實過於龐大，它已遠遠超出了中國當時的歷史條件。戰後的中國正處在百廢待興的時刻，經濟的凋敝使得政府根本就不可能

---

❶　Carl H. Milam致沈祖榮函（November 20,1945）.ALA Archives, University of Illinois, Urbana. 7/1/51, Box2.

給予文化教育事業以充足的撥款，加上國民黨政府的戰後重心亦不在文化教育事業之上，因此，文化教育事業的發展也就難上加難。顯然，沈祖榮對這一時勢具有十分清醒的認識，也正是因爲如此，沈祖榮才把希望寄托在美國方面的支持上。然而，即使是美國，其戰後與戰前的形勢亦已發生了重大的變化，在中美圖書館界關係上亦是如此。就文華圖書館學專科學校而言，戰前其創辦與發展除沈祖榮等人的作用以外在很大程度上乃是美國影響的結果，戰時其發展則基本上是獨立進行的。到了戰後，因爲缺乏像韋棣華那樣能夠眞心實意和全心全意地致力於中國圖書館事業，且能利用個人的影響將美國民間的支持力量匯集到文華公書林和文華圖書館學專科學校之上的美國友人，文華圖書館學專科學校與大洋彼岸的美國圖書館界的關係和距離也就顯得更爲遙遠，更爲鞭長莫及。也正是因爲如此，在尚存一線希望的時候，沈祖榮必須充分地利用韋棣華的聲望去影響諸如米蘭、布朗之類的美國圖書館界的關鍵人物，而要做到這一點，則需要做更多的工作，需要更爲持久的耐力和耐心，而沈祖榮恰恰正具有這種毅力和耐心。

在積極地遊說美國圖書館界要人的同時，沈祖榮又全力投入到了文華圖書館專科學校的戰後復員工作之中。1945年12月，沈祖榮曾由渝飛滬，並到京漢一帶視察，以爲復員作準備。

1946年4月3日，沈祖榮在與布朗的信中曾專門附寄了一份文華圖書館學專科學校缺書目錄，請布朗幫助補充戰時闕如之藏書。5月10日，布朗在給沈祖榮的復函中答復說：“我已經將你寄來的目錄復制並送給了美國圖書中心和華盛頓ALA辦公室。但是，我們要向你提出如下問題：文華圖書館學專科學校的未來如何？它是否會與中國的某個正規大學聯合？如果是，那是什麼大學？文華圖書館學專科學校將設在何處？它獲得永久財政資助的可能性有哪些？能夠從中國政府得到哪些幫助？在這些問題沒有答案之前，別指望我們寄給你們任何圖書。如果文華圖書館學專科學校與某個私立大學聯合的話，那麼就有可能得到資助的基金，因爲中國的私立大學正在制定財政爭取計劃，這將使私立大學的各系得到充足的經費支持。我認爲：在中國爲任何一個完全獨立於大學之外的學校籌措基金都將是非常不可能的。實際上，我所交談過的所有人都同意這一點。就我所知，現在有好幾所大學想辦圖書館學校，而你正處在爲文華圖書館學專科學校的未來作出最有希望的安排的值得羨慕的位子上。你曉得中國圖書館學校的歷史，知道所有這些圖書館學校一直是怎樣與大學聯合在一起的。我們希望在中國的各種協商都能按照最有希望的目標進行。中國非常感謝你所做的一切，但是，從你的開明看法來看，你會輕易地明白：新的形勢需要一個與20年前的情形不同類型的圖書館學校" ❶。

　　顯然，布朗的復信對沈祖榮的計劃既缺乏熱情，又沒有幫助的誠意。姑且不說沈祖榮的計劃，就是贈書一事，布朗亦提出了一系列的先決條件。毫無疑問，作爲沈祖榮認爲最可靠且寄予深切厚望的人，布朗的這種態度和"設關卡"、"踢皮球"的作法的確令沈祖榮失望不已。尤其令沈祖榮難以接受的是，布朗的先

---

❶　Charles H. Brown 致沈祖榮函（May 10, 1946）.ALA Archives, University of Illinois, Urbana. 7/1/51, Box2.

決條件是要文華圖書館學專科學校併入一所合適的大學，這正好
與韋棣華和沈祖榮多年的努力與心願背道而馳。

　　與此同時，經過整整一年的準備，待川江航運已暢通無阻
時，文華圖書館學專科學校遂於1946年1月自重慶遷回了武昌。
此時，離異了八年之久的文華圖書館學專科學校曇華林原址已日
換星移，今非昔比了。公書林已被先期遷返的華中大學全部占用，文
華圖書館學專科學校的校舍僅剩華德樓一幢。在這種甚至不如文
華圖書館學專科學校在重慶的條件的情況下，沈祖榮絲毫也沒有
氣餒，他一方面將華德樓全部改作宿舍用，並從武昌聖公會處借
得武昌高家巷文華中學兩間房屋作爲教室，另一方面又即刻聘請
了桂質柏博士、汪緝熙、汪應文、湯成武諸校友，以及魯潤玖、
任松如、胡伊默諸教授來校執教，並積極向美方洽聘外籍教授來
校任教。經過兩個月的準備，文華圖書館學專科學校在1947年3
月初正式開學❶。

　　文華圖書館學專科學校復校以後，沈祖榮一面忙於校務，一
面仍在執著地遊說美國圖書館界要人。沈祖榮在給ALA國際關係
辦公室主任萊登堡（H. M. Lydenberg）的信中再一次十分眞切
地表露了自己的心情：“自文華圖書館學專科學校創辦人韋女士
辭世以來，文華圖書館學專科學校的重擔就一直完全落在我一個
人身上！韋女士逝世於1931年。對於我來說，使文華圖書館學專
科學校渡過八年戰爭困難時期，這是一項多麼艱巨的任務！我說

---

❶　《文華圖專新況》.見：《中華圖書館協會會報》21卷1、2期合刊第17～18
　　頁。

這些可能也是枉然的。抗戰勝利後，這份擔子一直沒有減輕！很多時候，我覺得我不能勝任這項工作，但是，沒有經過一番艱苦的奮鬥，我絕不會放棄！我覺得：如果我沒有奮鬥到最後一刻就撒手不幹，那麼我將無顏以見九泉之下的韋女士！我知道如果你了解我已經為文華圖書館學專科學校的利益竭盡了全力的話，那麼，你的好朋友韋女士的在天之靈會助我一臂之力。當然，在我校遷渝以後，我已使全國知道了我的決心"❶。沈祖榮的這封信既是發自肺腑的真情流露，也是對或許還存在著一線希望的萊登堡的再一次呼籲。或許，沈祖榮對萊登堡並非有十足的信心，所以，在這封信中，沈祖榮更多的是請求萊登堡在贈書方面多予支持。

　　後來，萊登堡將沈祖榮的信轉給了國際關係董事會的基普夫人（Mrs. Rae Cecilia Kipp），基普夫人又再將沈祖榮的信轉交給了布朗。 1947年7月31日，布朗在給基普夫人的復函中說："沈先生拒絕將其學校併入大學，熱衷於保持其獨立學校的地位。他不接受聯合董事會、他的校友們、或一個小基金會的董事們關於將其學校併入某所大學的忠告。他已要我幫忙從洛克菲勒基金會爭取一小筆撥款。如果我樂意去做的話，我也不會爭取到一筆撥款，況且如果他不將其學校與某大學合併的話，要爭取到對其學校的財政幫助簡直難於上青天。……中國國內的通訊現在幾乎是不可能的。共產主義者已將中國一分為二。……，現在還

---

❶　沈祖榮致 H.M. Lydenberg 函（July 12, 1947）.ALA Archives, University of Illinois, Urbana. 7/1/51, Box2.

不是董事會討論沈祖榮所提出的所有問題的時候"❶。從布朗的這封信來看，布朗不僅自己固執己見，不肯幫助文華圖書館學專科學校，而且還在試圖阻止他人幫助文華圖書館學專科學校。這實際上是美國的價值觀的一種體現，也是西諺"沒有免費的午餐"的一個應證。美國的幫助往往是以本國亦能從中得到利益爲前提的，當他們無法從資助文華圖書館學專科學校中看到利益的時候自然不會對此有多大興趣，尤其是當他們看到他們所敵視的共產黨興起的時候也就更不可能對未來可能屬於紅色中國的圖書館事業予以幫助了，也就是說，國家利益始終是超然於其他一切利益的。

1948年初，沈祖榮的公子沈寶環（Harris Bso-Hwen Seng）赴美國丹佛大學圖書館學院留學。爲了文華圖書館學專科學校的發展，沈祖榮不得不作出一定程度的讓步，他特地委託沈寶環作爲其代表，專門與布朗商談文華圖書館學專科學校併入大學的有關事宜。沈寶環不負重托，赴美之後很快與布朗等人建立了良好的關係，並積極組織文華圖書館學專科學校的在美校友與有關人士商討文華圖書館學專科學校的發展規劃。1948年8月20日和9月5日，沈寶環曾先後組織了兩次專門討論會，討論文華圖書館學專科學校的發展計劃。這兩次會議形成了一項成果，即會議備忘錄──《關於文華圖書館學專科學校與一大學合併計劃的建議》。這份長達四頁的建議從目的、合併後的名稱、財政、學

---

❶　Charles H. Brown 致 Rae Cecilia Kipp 函（July 13,1947）.ALA Archives, University of Illinois, Urbana. 7/1/51, Box2.

生、職員、時間、學院、步驟等多個方面闡述了合併的各有關問題。爲了使這份備忘錄發揮其作用，沈寶環於9月8日特地將這份備忘錄寄給了布朗，一是請他審閱這份備忘錄，二是請他與沈寶環作爲雙方的代表共同簽署這份備忘錄❶。其後，布朗倒是簽署了這份備忘錄，然而，合併之議不過是布朗不願給予實際幫助的一個借口，這個借口使沈祖榮的計劃整整耗費了三年多的時間仍然毫無進展。當沈祖榮等歷盡艱難最後作出退讓，排除了因這個借口而帶來的障礙的時候，沈祖榮所得到的不過是又一個新的借口而已。　9月20日，布朗在給沈寶環的回信中說：“我自1942年開始擔任ALA東方和西南太平洋委員會主席，我的任期將到1949年9月時屆滿。……，我眞不希望我給你們的是這樣的印象：我在口頭上給文圖書館學專科學校的幫助遠遠多於我實際上能給予的幫助”❷。事實確實如此！不僅如此，布朗的這封簡短的信還實際上宣布了一個“最後通牒”，即，隨著布朗任期的屆滿，這種口頭上的支持亦將隨之而去。這實際上已表明沈祖榮對於美國圖書館界的深切厚望已成爲泡影，三年多的努力除了讓人們知道了沈祖榮的心迹以外一切均是枉然，這不能不說是沈祖榮人生的一大遺憾。

　　至此，沈祖榮的龐大復興計劃在經過近四年的努力仍然沒有取得美國方面的任何支持的情況下已經被窒息在搖籃之中了。

---

❶　沈寶環致Brown函（September 8, 1948）.ALA Archives, University of
　　Illinois, Urbana. 7/1/51, Box2.
❷　Brown致沈寶環函（September 20, 1948）.ALA Archives, University
　　of Illinois, Urbana. 7/1/51, Box2.

所幸的是，大約40年之後，武漢大學於1984年成立了圖書情報學院，這使得沈祖榮的鮮爲人知的龐大復興計劃得以復活，這也是沈祖榮的繼承者們對沈祖榮在天之靈的莫大告慰，儘管他們並不知道沈祖榮宗師早已有此藍圖。

　　1948年底，隨著國內戰爭的展開，國民黨政府在全國的統治逐漸開始衰退，在國民黨政府機關和要人紛紛南下的時候，基督教會曾在湖南長沙召集兩湖的教會學校去開"應變會"，其時，華中大學、文華中學、博文中學等武漢教會學校均派遣了代表前去參加會議，唯沈祖榮不僅自己沒有去，而且也沒有派任何代表前往。這倒不是沈祖榮對共產黨充滿了熱愛和期待，因爲沈祖榮在1949年以前幾乎就與共產黨沒有什麼瓜葛；不是沈祖榮對國民黨充滿了仇恨和失望，因爲沈祖榮在1949年以前一直就生活在國統區，其所有的事業亦正是在國統區發展起來的；完全是因爲沈祖榮對其事業崛起的故土——武昌曇華林充滿了無限的眷戀，他不忍心讓韋棣華和他手創的文華圖書館學專科學校再像抗戰時期那樣流離顛沛，而且復員不久的文華圖書館學專科學校也經不起連續不斷的折騰。沈祖榮要與自己認定的崇高事業同在。或許經過幾十年的磨煉，沈祖榮已深刻地認識到了這樣一個道理，那就是，只要中國不再受帝國主義列強的蹂躪，祖國的建設和興盛總會需要圖書館事業，圖書館學教育始終具有美好的前景。

　　不管怎麼說，沈祖榮很坦然地留下來了，具有近30年歷史的享譽海內外的文華圖書館學專科學校亦完整地留下來了。而這一切爲今日中國圖書館學教育事業的繁榮奠定了不可缺少的基礎，使得文華圖書館學專科學校最終獲得了新生和興旺。

十、老驥伏櫪：
無法了卻的教壇情結

　　1949年5月14日，第四野戰軍在武漢以東的團風至武穴一百餘公里戰線上強渡長江，16、17日解放華中重鎮漢口、漢陽和武昌，武漢開始進入一個新時代，文華圖書館學專科學校開始進入一個新時代。

　　解放軍的到來對於沈祖榮來說無疑產生了一次強烈的震撼，那種由於誤導而產生的或然的疑慮和不安經過親身的經歷已經煙消雲散，隨之而來的是一種由衷的喜悅和慰藉。後來，沈祖榮在給友人的信中曾作過這樣的表露：有生以來，我第一次看到如此紀律嚴明、深受民眾愛戴的軍隊，中國大有希望。

　　1949年10月1日，中華人民共和國宣告成立，中國的歷史正式進入一個新的紀元。

　　1950年元月1日，文華圖書館學專科學校全體師生“以無比的熱情迎接新中國誕生後的第一個元旦”，爲了“感念人民解放軍的豐功偉業”，文華圖書館學專科學校特地“約請駐在附近的湖北軍區參謀訓練隊的學員，來校聯歡，舉行元旦勞軍大會，即席分贈戰士們許多毛巾肥皂等日用品。此外教職員和同學又捐出價值二百斤食米的人民幣，訂製印有紀念字樣的毛巾、肥皂與慰勞袋等匯送市慰勞會，贈給海南作戰的軍隊” ❶。

---

❶　文華圖書館學專科學校校友總會編印，《文華圖書館學專科學校簡訊》新1卷，1950年12月15日出版。

　　與此同時，爲了適應新的形勢，在沈祖榮校長的領導下，文華圖書館學專科學校開始進行了一系列的改革。

　　爲了健全行政領導，改革校務，文華圖書館學專科學校首先改組了董事會。1950年初，文華圖書館學專科學校敦聘查謙、朱裕璧、陳經畲、陳時、張海松、厲無咎、曹美成、崔思恭、李輝祖、駱偉芳、桂質柏等十一位熱心圖書館教育人士爲董事，會同當然校董沈祖榮校長組成董事會。經選舉，張海松主教爲董事會主席、桂質柏爲書記，曹美成、駱偉芳和沈祖榮三人爲常務委員，合組常委會主持校政。2月，文華圖書館學專科學校全體教職員參加武漢市高教聯寒假講習會。經過短短的兩個星期的學習，全校教職員一致認爲新民主主義教育行政的基本精神是民主集中制。於是，自學習返校後，文華圖書館學專科學校又改組了校務會，下設各會處，分層負責，搞好行政工作。暑假期間，又奉到教育部頒布的《專科學校暫行規程》，遂於11月20日根據該規程第十九條所規定之組織形式，重新組織了由校長、教務主任、總務主任、圖書館主任、各科主任、工會代表四人及學生代表二人組成，由校長爲當然主席的校務會，以襄助校長處理校務❶。

　　經過沈祖榮的努力，文華圖書館學專科學校的教職員隊伍在1950年時已發展到20人，其中包括：校長沈祖榮、講師兼教務主任李廉、教授兼圖書館科主任田洪都、講師兼檔案管理科主任湯成武、教授兼圖書館主任呂紹虞、教授張文煥、趙子和、講師吳鴻志、陳培鳳、陳慶中、張遵儉（兼秘書）、孫德安（兼圖書館

---

❶　文華圖書館學專科學校校友總會編印.《文華圖書館學專科學校簡訊》新1卷，1950年12月15日出版。

主任、在假）、教員張承禎、昌少騫、助教汪柏年、張毓邺、代
理總務主任汪覺民、書記尤明軒、孫銘新、教務員陳曉葵。

在學校行政改革的同時，自1950年2月起，文華圖書館學專
科學校又進行了課程改革。這次課程改革的初步目標是理論結合
實踐，其具體措施有二：一是精簡課程，歸併了一些重復課程，
暫時停開了一些理論空泛且脫離實際的課程。精簡的結果是課程
的內容更充實，提高了質量，減少了數量。節省出來的時間分配
給政治課，一年級每星期一與武昌各大專學校合班上課，學習社
會發展史，二年級每星期三去華中大學聽大政治課報告。二是加
強實習，特別注重圖書館事務的實習，每個學生每周起碼有兩次
實習的機會，而教員們的精力則大部分也都花費在實習指導與編
寫講義之上。

為了適應中南軍政委員會所轄各機關的急迫而廣泛的需要，
在中南軍政委員會人事局和中南教育部的協助下，文華圖書館學
專科學校自1950年10月1日起開辦了為期四個月的檔案資料管理
訓練班。第一期學員45人，除由中南人事局調派奚自省、馬天麟
二人領導政治學習外，全體學員每日上午聽講並討論，下午實習。課
程僅設檔案經營、檔案分類、資料經營、索引檢字、圖書
管理等五門，目的是通過短期的重點學習，以掌握方法搞好業務。

為了推廣圖書館事業，自1950年起，文華圖書館學專科學校
圖書館開始對外開放，館務由各班學生負責，教師從旁輔導，目
的在於訓練學生的圖書館業務工作能力，因而稱之為實驗圖書
館。為了建設好實驗圖書館，沈祖榮盡能力所及，為實驗圖書館
添購了新知識書籍近三千種。所惜交通不便，一般市民較少到館

閱覽，僅因附近爲校區的原因，兒童讀書非常踴躍。有鑒於此，張海松主教慨捐美金三百元，專供充實兒童圖書與實驗圖書館設備之用。爲了彌補實驗圖書館地點偏僻的不足，沈祖榮又特地與解放路三一堂約定，在三一小學內專門闢室一間，於1950年11月間開設了校外兒童閱覽室。爲了照顧路遠的讀者，實驗圖書館特舉辦了巡迴書車，每星期六下午巡行武昌各街道，向市民們服務。此外，還在第一紗廠、武昌郵局、青年會、青年服務處等處專門設立了書報供應站。各站由實驗圖書館寄存書箱一只、箱內置書三四十冊，兩周更換一次。沈祖榮還約集武漢市各機關、學校，及省市立圖書館資料室的負責人先後來校參加過兩次座談會，以交流經驗、交換圖書館學新知識，並研究各館室在工作上所發生的具體問題，共同商討解決的途徑。

鑒於淪陷期間，文華圖書館學專科學校校址遭日寇侵占破壞，房屋失修已久，1950年暑假期間，經在上學期餘存經費下，撥款修茸，沈祖榮又商得聖公會主教董事會主席張海松同意，由教會方面撥給美金100元，補助不足部分。因學生人數增加，原有禮堂不敷應用，遂將文華圖書館學專科學校的食堂改建爲大禮堂。改建後的大禮堂，其舞台部分，面積寬廣，堅固美觀；台下空間可容觀眾200人，所有地坪、天花板、門窗等均經油漆粉飾一新，燈光配備，尤具匠心，美輪美奐，儼然一小型劇場。此外，校內其他房舍如圖書館等處，多經粉刷油漆修建，宿舍課堂窗戶，亦均添配玻璃。所有大小工程，在精打細算下，共耗費700餘萬元。

在此期間，文華圖書館學專科學校還相繼完成了一系列社團組織的建設。在建國以前，文華圖書館學專科學校的學生就已有部分人參加了共產主義青年團，當時，他們用一個文藝團體"春潮社"的名義作掩護進行革命工作。建國以後，學生中要求入團的越來越多，先後有10餘人被批准入團。根據同學們的要求，文華圖書館學專科學校遂於1950年6月15日正式成立了團支部。1950年初，文華圖書館學專科學校員工在中國教育工會武漢市委員會的指導下與華中大學共同成立了"華大圖專工會分會"。11月，又自行組織基層小組，直接與市委員會聯系。1950年5月16日，文華圖書館學專科學校在校友大會上成立了校友總會，通過了校友總會章程，並選出了執行委員七人，田洪都任主席，張毓邨任組織，李廉、張遵儉任秘書，徐家麟、湯成武任學術，昌少騫任會計。其後，校友總會於1950年12月編印了《文華圖書館學專科學校簡訊》新1卷。

也正是在1950年，文華圖書館學專科學校迎來了三十周年校慶。文華圖書館學專科學校的校慶紀念日本來是每年的五月一日，建國後因與國際勞動節日期衝突，遂於1950年起改為5月16日。是日，武漢的校友攜帶各種珍貴的禮物，如掛鐘、湘綉等來校，並捐獻給實驗圖書館書籍共數百冊。下午舉行了隆重的慶祝會，晚上又舉行了節目豐富的晚會，甚為熱烈。

三十年在歷史的長河之中不過是一瞬，但是對於"而立之年"的文華圖書館學專科學校來說，它卻具有十分特別的意義。在這三十年中文華圖書館學專科學校在沈祖榮的領導下走過了一條由創辦、獨立、發展到西遷、復員、復興的曲折而坎坷的發展道路，歷盡了艱難、困苦和挫折，創造了一個又一個的成就與輝煌。作爲中國圖書館學教育的脊樑，文華圖書館學專科學校從一開始便一直就在中國圖書館學教育中發揮著中流砥柱的作用，並因此而享譽海內外，垂名青史。也許是歷史的巧合，在新中國成立後的第一年，文華圖書館學專科學校正好經歷了整整三十年；而也正是這而立之年最終成了文華圖書館學專科學校告別過去，走向未來的轉折和標誌。

顯然，在大約一年的時間內，沈祖榮在恢復文華圖書館學專科學校的歷史傳統的同時所作的一系列改革，既已開始重現了文華圖書館學專科學校的昔日風采，亦已爲文華圖書館學專科學校的平穩過渡創造了良好的條件。

1951年8月16日，中央文化部接辦私立武昌文華圖書館學專科學校，並暫時委託中南軍政委員會教育部領導。中南軍政委員會教育部遂於本日召集文華圖書館學專科學校行政負責人、校董會、教工會、學生會等代表宣布有關接管事宜❶：接管後的“私立武昌文華圖書館學專科學校”改名爲“公立武昌文華圖書館學專科學校”，王自申任校長，甘蓮笙、沈祖榮任副校長。從此，沈祖榮親手創辦並嘔心瀝血經營了三十年的文華圖書館學專科學校開始由一所私立學校正式轉變爲共和國的一所公立學校，沈祖榮再也不必爲籌措學校的經費而四處奔波。同時文華圖書館學專科學校在管理上開始由沈祖榮的個人領導正式轉變爲集體領導；而沈祖榮個人則從事必躬親的校長職位上正式退居專管教學業務

---

❶ 《當代中國的圖書館事業》編輯部編.《中國圖書館事業紀事（1949～1986）》.書目文獻出版社，1988年1月第18頁。

的副校長職位，並進而完全不再擔任任何管理職位，專任教授之職。這些轉變無疑是時勢的必然，但是，對於沈祖榮來說，這些轉變多少亦使沈祖榮感到有些惆悵。

與此同時，應朝鮮民主主義共和國政府的要求，中國政府於1950年10月決定派遣中國人民志願軍赴朝鮮援助朝鮮人民抗擊美國侵略，並自1951年起在國內掀起“抗美援朝，保家衛國”的運動。在人民紛紛推行愛國公約，捐款購買武器，慰問志願軍和志願軍家屬，開展增產節約運動，支援前線戰鬥的運動中，為了保家衛國，沈祖榮和夫人姚翠卿不惜將自己節衣縮食積攢下來的金銀細軟和在武昌的私人住宅全部捐獻給了國家，以表達自己的崇高愛國主義精神。

在文華圖書館學專科學校發生迅速變化的同時，沈祖榮的思想亦開始發生了急劇的變化。

這種變化肇始於政府接管文華圖書館學專科學校。這所學校乃是韋棣華和沈祖榮手創的私立學校，在其三十年的發展中，沈祖榮傾注了自己的全部心血和精力，歷盡了無數的艱難困苦。可以毫不誇張地說，文華圖書館學專科學校在某種意義上乃是沈祖榮的事業和生命的寄託。也正是因為如此，在政府準備接管文華圖書館學專科學校之初，沈祖榮的思想包袱比較重，所以在爭取人民政府接管時態度並不積極，這是順理成章且可以理解的。但是，經過學習，沈祖榮最後改變了自己的看法，對政府的接管給予了積極的配合，順應了時代的要求。

其後，在抗美援朝期間的“反親美、反崇美、反恐美”的“三反”活動中，沈祖榮的思想受到了又一次強烈的震撼與衝擊。

沈祖榮的一生一直與美國有著密不可分的親密關係，因爲美國聖
公會的關係，沈祖榮才有機會就讀於美國聖公會所辦的文華書院
和文華大學；因爲美國友人韋棣華女士的關係，沈祖榮才在大學
畢業後就職於美國人韋棣華創辦的公書林，立志於圖書館事業，
並受美國人韋棣華的資助第一個赴美國紐約公共圖書館學校攻讀
美式圖書館學；因爲接受了美國圖書館觀念且崇拜美國圖書館事
業，沈祖榮倡導了宣傳歐美圖書館事業，抨擊舊式藏書樓陋習的
新圖書館運動，併與美國人韋棣華一起仿照美國的制度創辦了文
華圖書館學專科學校；因爲上述關係，沈祖榮一直講授《西文編
目課程》，且其英語水平在某種意義上甚至高於其漢語水平；…
…。總之，儘管沈祖榮是一個地地道道的不折不扣的愛國主義者，
者，但是，沈祖榮一直存在著較強的〝親美〞、〝崇美〞（絕沒
有〝恐美〞）的情結。儘管沈祖榮在〝親美〞、〝崇美〞上絲毫
也沒有半點民族虛無主義的成份，而且〝親美〞、〝崇美〞也並
非與愛國主義相矛盾，但是，在當時的情景下，時勢要求人們割
裂這種情結。這對於沈祖榮來說無疑是一次強烈的思想震憾和情
感衝擊。今天，我們已無法去想像和體會沈祖榮當時的激烈思想
鬥爭和心靈感受，但是，我們尚可從個別事實中窺見沈祖榮思想
的變化。在建國初的頭兩年中，即1949年和1950年，經沈祖榮
接洽，文華圖書館學專科學校曾連續兩年分別得到美國韋棣華女
士基金會自基金利息項下撥到的2000元美金作爲維持費用❶，而

---

❶　文華圖書館學專科學校校友總會編印. 《文華圖書館學專科學校簡訊》新1卷，
　　1950年12月15日出版。

在抗美援朝中沈祖榮卻又向國家捐獻了個人的大量財產。這種反
差和轉變說明了這樣一個事實，那就是，在國家利益和個人情感
的衝突中，沈祖榮把國家利益放在了首位，因而，也就能夠用理
智去戰勝情感。

　　再後便是1952年前後國內開展的大規模的知識分子思想改造
活動。如果說"接管"與"三反"是對沈祖榮情感的兩次衝擊的
話，那麼這次"思想改造"則是對沈祖榮靈魂的一次衝擊。通過
學習馬列著作和毛澤東著作，沈祖榮對社會主義有了基本明確的
了解和認識。雖然，並沒有迹象表明沈祖榮在思想改造之後樹立
了共產主義信仰，但是，可以肯定的是，在思想改造之後，沈祖
榮至少是在行動上已經放棄了個人的宗教信仰。這種抉擇雖然是
明智的和勢所必然的，但是，它同時也是複雜的和个得已的。

　　1953年8月，全國高等學校院系調整，教育部將武昌文華圖
書館學專科學校併入華中第一高等學府武漢大學，改名爲武漢大
學圖書館學專修科，學制由原來的兩年改爲三年，甘蓮笙擔任專
修科主任，沈祖榮僅擔任教授職位。院系調整無疑爲文華圖書館
學專科學校的未來發展提供了良好的歷史契機。由於文華圖書館
學專科學校沒有併入與其有著歷史淵源和複雜關係的主要由華中
大學組成的華中師範大學，而是併入了華中第一高等學府武漢大
學，這使得文華圖書館學專科學校獲得了華中最好的教育環境。
也正是因爲如此，圖書館學專修科在其後的發展中雖然亦經歷了
由於歷史造成的艱難曲折，但是，它不僅沒有中途夭折，而且最
終發展成了世界上規模最大的圖書情報學院❶。

　　院系調整以後，文華圖書館學專科學校的師生與設備等亦隨

之遷到了武昌珞珈山之武漢大學校園。從此時開始，沈祖榮繼思
想開始發生急劇變化之後在教學與研究的方向上又經歷了一場急
劇的變化。

　　由於時勢的原因，傳統的美式圖書館學教學內容受到了尖銳
的批判，沈祖榮一直講授了30餘年的以美國圖書館編目技術為中
心的"西文編目"課程停開了。這對於沈祖榮來說無疑是一個沉
重的打擊，對於專業教育和學生來說無疑亦是一個不小的損失，
儘管當時因為時勢的原因大多數盲從的人並不對此懷有缺憾。

　　然而，沈祖榮並沒有因此打擊而氣餒。為了彌補這一缺憾，
在全國"一邊倒"學習"蘇聯老大哥"的風潮中，沈祖榮以古稀
之年開始從頭學習俄文，全力準備開設"俄文圖書編目"課程，
並且在年餘的時間內達到了良好的俄文閱讀和翻譯水平，以及較
好的俄語口語水平，其毅力與精神至今仍令許多人讚嘆不已！

　　而尤為令人讚嘆的是沈祖榮始終不渝的教壇情結。在經歷了
種種衝擊和變化之後，沈祖榮不僅沒有放棄執教工作，而且還對

---

❶　武漢大學圖書情報學院設有圖書館學系、情報科學系、出版發行學系、圖書
　　館學情報學研究所和科技信息培訓中心，下設圖書館學、情報學、檔案學、
　　出版發行管理學四個專業，分設有圖書館學基礎、文獻管理、目錄學、檔案
　　學、圖書發行學、情報理論、情報技術、圖書情報現代技術等八個教研室，
　　形成了擁有專科函授生、本科生、碩士研究生、博士生等多層次多類型的專
　　業教育體系。學院擁有一棟5000平方米的七層教學大樓，內設有專業藏書在
　　全國最雄厚的圖書資料室、計算機實驗室、縮微實驗室、聲像實驗室、復印
　　與維修實驗室、文獻保護實驗室、打字室，並配備了專供學生實習用的文獻
　　分編實習室、中外文工具書實習室、目錄學和古籍整理實習室、科技文獻檢
　　索實習室、科技文獻管理實習室。現有在編教職工約150人，在校學生500餘
　　人，函授生1000餘人。在規模上令世界各國的同類院系難以望其項背。

執教產生了更加濃厚的依戀。其時，年逾古稀的沈祖榮身體狀況已遠遠不如從前，生活上行動上均不方便，需要有人幫助。所幸的是，沈祖榮的大女兒陳培鳳和女婿陳昌恕亦均住在武漢大學（陳培鳳其時在武漢大學擔任英語教師），成了沈祖榮和姚翠卿在生活上的最得力幫手。而在教學上，專修科特地安排了文華圖書館學專科學校專科第十三屆（1950年8月至1953年2月）畢業留校的付椿徽擔任沈祖榮的助教。付椿徽雖然在沈祖榮所教的學生中算不上最優秀的弟子，但在文華的女性畢業生中卻是數得著的佼佼者。她爲人恭謙、厚道，且十分地樸實、熱忱，尤其是對於自己的老師沈祖榮教授敬佩有加。在擔任沈祖榮的助教期間，付椿徽一直十分克勤克力忠於職守，在課餘，付椿徽或親自到圖書館幫助沈祖榮搜集教學資料，或陪伴沈祖榮到圖書館查找資料；在上下課時，付椿徽又親力親爲地來往攜帶沈祖榮所指定的教學示例書刊。也正是因爲如此，付椿徽從中學到了不少的未然知識和技能，並由此而在武漢大學兢兢業業地教授了30餘年的編目課程，成爲著名的中文編目專家之一。

　　1954年6月，沈祖榮根據個人的見解編撰完成了《俄文圖書編目法》（初稿）。經過一個學期的講授和試用之後，沈祖榮根據新見到的克連諾夫的《圖書館技術》中譯本和《小型圖書館目錄及出版物的著錄統一條例》俄文原本，參考《圖書館員》中的有關編目資料，聽取專修科1954級同學和各圖書館俄文編目工作人員的一些意見，並結合我國圖書館的具體情況，對“初稿”作了適當的修改和補充，並於1955年5月完成了再版《俄文圖書編目法講義》。再版的“講義”中增添了馬克思列寧主義著作和多卷書的著錄，擴大和修改了政府機關、黨團以及工會出版物和定期刊物的著錄法，並改寫了標題目錄編制和書評著錄法，以及如何採用印制目錄卡的方法，示例方面也比較初稿增加了一倍有餘。1957年，"反右"運動開始以後，在反右教學兩不誤的原則下，沈祖榮又對再版講義進行了大量的修改和補充，除根據當時需要省略或精簡了主題目錄，期刊和連續刊物的著錄法，以及印刷一式卡片和其使用法以外，重點是加強了講義的通俗性、方便性和簡明性。對此，沈祖榮曾作過這樣的說明："根據過去教學經驗，部分學生俄語知識基礎較差，學習此課程查生字所費時間過多，故將所舉例句，一律用中文譯出，以精簡同學的時間。其次又考慮到學生只知著錄俄文圖書而不知怎樣組織目錄。尤其是蘇聯字順目錄的組織有許多特殊的規則，以及排架目錄的編製等問題，將在講義中擬定有關的規則，著重講授，共舉出三百餘種實際例子，組成字順目錄的形式，使同學認識包括二十餘種卡片的蘇聯字順目錄的複雜性和優越性。並糾正他們對蘇聯字順目錄的看法，以為蘇聯字順目錄只包括著者卡片或書名卡片，或著者與書名卡片的錯誤概念。為了幫助同學將來在實際工作中，便於使用起見，將人名變格，大寫和移行等規則，以及著錄上常用詞的縮寫，和出版機關的簡稱，叢書一覽表和題下事項中常用的詞句，附以中文解釋，集以附錄中" ❶。1958年2月，沈祖榮在此基礎上編撰出版了《俄文圖書編目法》（第三版）。

---

❶ 沈祖榮編．《俄文圖書編目法》（第三版）．武漢大學出版， 1958年第1頁 "第三版簡略說明"。

　　從1953年沈祖榮開始編寫《俄文圖書館編目法》（初稿）開始，到1958年《俄文圖書編目法》（第三版）出版爲止，在大約五年左右的時間內，沈祖榮三撰《俄文圖書編目法》講義，而且每次均有大量的修改和補充，僅此一點便足以顯示年逾古稀的沈祖榮對圖書館學教育事業的執著和熱戀。也正是因爲如此，沈祖榮兢兢業業爲教學服務，爲教學獻身的精神不僅得到了武漢大學領導的一致肯定，而且亦成爲老師和學生們的楷模。

　　在沈祖榮專注於教學的同時，武漢大學圖書館學專修科亦先後發生了幾次變化。1955年7月，徐家麟教授接替甘蓮笙擔任圖書館學專修科主任。徐家麟乃是沈祖榮的得意門生和文華圖書館學專科學校的一流優秀畢業生，他於1924年9月至1926年6月就讀於文華圖書科沈祖榮門下，爲文華圖書館第五屆畢業生。1929年秋，沈祖榮聘徐家麟爲文華圖書館學專科學校圖書館學及圖書分類法助教，1930年加聘爲文華公書林參考部主任，1932年3月再聘爲文華圖書館學專科學校研究部主任和教務主任。其間，徐家麟在編撰文華圖書館學專科學校叢書和完善專業教學諸方面成績斐然，成爲沈祖榮的最得力助手之一。1935年8月27日赴美國哈佛大學深造，1936年畢業後曾任哈佛大學燕京圖書館參考部主任，其後曾在美國深造和工作多年，在海內外均有相當名望。徐家麟出任圖書館學專修科主任對於沈祖榮由文華圖書館學專科學校從私立轉爲公立，從專家治校轉爲外行治校所產生的失落感是一種心靈與情感的撫慰；對於圖書館學專修科來說，這無疑亦是一次良好的命運抉擇。徐家麟擔任專修科主任以後勵精圖治，積極推進專修科的發展，1956年，經教育部批准，武漢大學圖書館學專修科改升爲圖書館學系，由三年制專科升爲四年制本科，事業向前大大地邁進了一步。1958年，沈祖榮的另一名學生、文華圖書館學專科學校第十三屆畢業生（1958.8～1953.2）孫冰炎出任圖書館學系副主任。從此時開始，徐家麟和孫冰炎二人密切合作，在他們於1966年同時卸任之前，保持了圖書館學系的穩步發展。

在社會主義改造和社會主義建設事業的迅速發展的基礎上，1956年中共中央提出了"向科學進軍"的號召和繁榮社會主義科學、文化、藝術的"百花齊放，百家爭鳴"政策。在這種新形勢的要求下，中共中央又制訂了"積極發展、提高質量、全面規劃、加強領導"的文化事業方針。文化部於1956年7月召開了全國圖書館工作會議。會議根據全國文教總方針確定了"積極發展、提高質量、全面規劃、加強領導，又多、又快、又好、又省積極穩定地發展圖書館事業"的方針，並且明確地規定了圖書館事業應當積極地爲社會主義建設、爲人民大衆、爲科學研究服務。在這個方針任務的指導下，全國的圖書館事業開始出現了一個良好的發展態勢。1956年12月11日，中國圖書館學會籌備委員會在北京成立，並於本日在北京舉行了籌備委員會第一次會議，主席左恭。會議推選文化部副部長兼北京圖書館館長丁西林爲籌備委員會主任委員，洪範五、李小緣、向達、左恭、徐家麟、劉國鈞、賀昌群、杜定友、張照、王重民等爲常務委員，左恭兼任秘書長。其後，在京籌備委員會委員又先後召開了兩次籌備會議，並在第三次籌備會議上通過了《中國圖書館學會章程（草案）》和《中國圖書館學會籌備委員會暫行辦法（草案）》。1957年2月15日，

籌備委員會正式向沈祖榮等各籌備委員函發聘任通知，並征求全
體委員對上述兩個"草案"的意見❶。經過建國後約七年的圖書
館事業恢復、建設和發展，中國圖書館學會已呼之欲出。然而，
在籌備委員會正式向各籌備委員函發通知積極籌備中國圖書館學
會的同時，1957年2月，毛澤東在最高國務會議上作了《關於正
確處理人民內部矛盾》的報告，其後在全國範圍內掀起了一場整
風運動和反右鬥爭。隨著思想戰線上和政治戰線上反右鬥爭的不
斷擴大化，大批的"資產階級右派分子"受到批判，處於萌芽狀
態的中國圖書館學會亦隨之被窒息，直到1979才在共和國成立30
年之際正式成立。

　　1957年反右鬥爭開始以後，知識分子最集中的高等院校首先
受到衝擊，一些激進的青年學生紛紛開始"鳴放"，提出各種違
反教育規律的竟見。在武漢大學圖書館學系，學生們在鳴放中提
出俄文圖書編目課程應提前開課，不得已，沈祖榮只能將俄文圖
書編目課程"特予提前"，並對只使用了兩年的《俄文圖書編
目》（第二版）講義作再一次的大修改。對此，沈祖榮曾作過這
樣的說明："為了結合目前情況和實際教學需要本擬將本講義大
事修改和補充，但是修改時間非常有限，同時在反右教學兩不誤
的原則下，教學時數減少，教材內容不得不予精簡"❷。從沈祖
榮所言"修改時間非常有限"和"教材內容不得不予精簡"來看，沈
祖榮已深深地感到了反右鬥爭的壓力。好在當時運動的發展僅僅

---

❶　中國圖書館學會籌備委員會發文(57)籌秘字第1號，1957年2月15日，中山圖書
　　館圖書館學資料室藏。
❷　沈祖榮編.《俄文圖書編目法》(第三版).武漢大學出版，1958年第1頁。

只是剛剛開始，尚未達到殘酷無情的階段，加之沈祖榮又德高望重，沈祖榮並沒有成爲運動的主要對象。當然這也得益於沈祖榮當時既沒有擔任任何行政職務，也不參加政治學習，不過問政治問題，除上課以外多在家從事研究和休息。

　　然而，一些"當權"的"資產階級右派分子"則沒有沈祖榮那麼幸運，他們紛紛成爲運動的衆矢之的。在武漢大學圖書館學系，一場轟轟烈烈的"撥白旗，插紅旗"的鬥爭直接指向了皮高品教授和徐家麟教授。1958年8月26日至9月3日，武漢大學圖書館學系進行了一次空前的群衆性的課程大檢查。當時的"武漢大學圖書館學系通訊組"曾做過這樣的總結報導："'雙反'運動開始後，全系師生進行了一次空前的教學大檢查。數以千計的大字報、豐富多彩的教學展覽會把我系長期存在著的問題和矛盾揭開了。我系的主要問題是資產階級的教學思想和教學路線根深蒂固，社會主義的教學思想和教學路線極爲薄弱，或者說還沒有眞正的樹立起來。舊教學體系的特點，在於教學脫離實際，即脫離當前的形勢、脫離圖書館工作的實際和脫離同學的實際。這種脫離實際的傾向在教學中的表現就是厚古薄今、重外輕中、盲目崇拜資本主義國家的圖書館事業和圖書館學，輕視社會主義國家的圖書館事業和圖書館學。……事實表明，過去武大圖書館學系教學上掛的旗子是徹頭徹尾的資產階級白旗"。爲了"堅決拔掉白旗"、"全系師生在黨的領導下，開始向資產階級教學路線的白旗圍攻，比較集中地批判了圖書館學教研組主任皮高品先生和系主任徐家麟先生的資產階級思想，取得了很大的勝利"。作爲一面"白旗"，皮高品所講授的兩門課程——"中國圖書史"和

"圖書分類法"，尤其是其《中國圖書史》講義和《中國圖書十進分類法》（"皮氏法"）受到了徹底的揭發和批判。作爲另一面"白旗"，"在教學上更是堅持資産階級路線"，且"一貫地崇拜歐美，頌古非今，生搬硬套，食而不化"的徐家麟亦被批得體無完膚。爲了插上紅旗，武漢大學圖書館學系在"大破了舊的資本主義教學體系"的同時還"大立新的社會主義教學體系"。"全體師生邊學邊做，苦幹巧幹，終於在短短一個月之內，順利地完成了編制新型圖書分類法（即《紅旗圖書分類法》，後改名爲《武漢大學圖書館分類法》）的任務"。"爲適應技術革命與文化革命的需要，根據多快好省的精神，學制由原來的四年制改成三年制"。並在此基礎上開始"著手準備編寫新的教學大綱和教材" ❶。雖然在這場所謂的"兩條教學路線的鬥爭"中，武漢大學圖書館學系拔掉了系裡的白旗，插上了紅旗，取得了"翻天覆地的變化"和鬥爭的勝利。但是，這場運動卻在歷史上留下了永遠無法抹去的笑柄和痛楚：1958年9月8日至15日，武漢大學圖書館學系150位青年師生，"以沖天的幹勁苦戰了八晝夜，終於編成了紅色的分類法"，創造了一項歷史上罕見的"紀錄"。

---

❶ 武漢大學圖書館學系通訊小組.《批判皮高品先生和徐家麟先生的資産階級教學思想——記武漢大學圖書館學系教學中的拔白旗、插紅旗鬥爭》.見：《圖書館學通訊》1958年第5期第11～13頁.

武漢大學圖書館學系通訊組.《武漢大學圖書館學系課程大檢查總結（摘要）》.見：《圖書館學通訊》1958年第6期第22～23、54頁。

何定華.《"武漢大學圖書分類法"序言》.見《武漢大學人文科學學報》（圖書館學專號）1959年第3期第36～38頁.

圖書館學系三年級學術思想批判小組.《皮高品"中國十進分類法"的商榷》.見：《武漢大學人文科學學報》（圖書館學專號）1959年第3期第48～55頁。

而爲了多快好省，將學制由原來的四年制改成三年制，更是對客觀規律的嘲弄。

"在比較徹底地清算了系裡舊的、資產階級教學路線的基礎上"，在1958年全國"大躍進"形勢的鼓舞下，爲了貫徹"教育爲無產階級政治服務，教育與生產勞動結合"的教育方針，武漢大學圖書館學系"二、三年級同學及部分教師共98人於1958年11月17日至1959年2月3日下放到湖北省浠水縣的十月人民公社、洗馬人民公社和蘭溪人民公社。在下放期間，一邊勞動、一邊上課、一邊通過建立和開展人民圖書館的實際工作，進行科學研究，把教學、科學研究同生產勞動緊緊地結合起來"。於是，武漢大學圖書館學系又再一次地上演了一場"破除迷信，解放思想"，"把課堂搬到農村，拜勞動人民爲師"的歷史活劇❶。

隨著"運動"的不斷深入，武漢大學圖書館學系的正常教學受到衝擊和破壞，政治運動取代了專業教育，著名的圖書館學專家教授亦逐漸失去用武之地。在這種形勢下，鑒於沈祖榮年壽已高且身體狀態每況愈下，或許亦是出於徐家麟等文華門徒對沈祖榮的愛護，1959年武漢大學正式通知沈祖榮退休。75歲的沈祖榮獲悉這一通知以後，心中久久不能平靜，他不願走下自己奮鬥了一輩子的講台，他要繼續發揮其餘熱。爲此，沈祖榮先後會晤了

---

❶ 中共武大圖書館學系總支委員會．《黨的教育方針的勝利——下放浠水總結報告》．見：《武漢大學人文科學學報》（圖書館學專號）1959年第3期第28～33頁。

徐家麟．《從人民公社圖書館工作中學習》．見：《武漢大學人文科學學報》（圖書館學專號）1959年第3期第34～35頁。

多位武漢大學校領導，請求允許繼續執鞭任教。在領導和同事的再三勸說下，沈祖榮最後不得不接受了這一既成事實的通知，留下了一段無法了卻的教壇情結。

十一、通告一號：
文化大革命中的坎坷歲月

　　退休以後，本來就從不過問政治現在又脫離了政治喧囂的沈祖榮曾經享受了一段短暫的安怡的晚年生活。

　　1960年以後，中國的政治氣氛出現了一段短暫的寬鬆，經濟形勢亦逐漸開始好轉，而知識分子在經歷了“反右”鬥爭之後開始變得沉寂而老實，過著“夾著尾巴做人”的生活。這種形勢使得沈祖榮著實逍遙了幾年。

　　座落在武昌珞珈山的武漢大學依山傍水，風景秀麗，在全國高校中首屈一指，十分適合消閒養老。在這種環境中，沈祖榮按照自己恪守了幾十年的生活習慣，每日清晨起床以慢步鍛煉身體，早膳以後，便俯案鑽研，終日手不釋卷，筆不停耕，潛心整理自己數十年來的研究成果，其樂也融融。在其後的數年中，沈祖榮曾撰寫了數十萬言的著述，惜當時學術研究受到無形的壓力，人們懼怕“走白專道路”，沈祖榮亦心有餘悸，只能將其著述束之高閣，不敢供諸同好。而這些著述在“文革”以後最後亦散佚殆盡。

　　就這樣，沈祖榮在平靜的生活中由古稀步入了耄耋。然而，歷史往往總是那麼無情，隨著1966年5月“無產階級文化大革命”的開始，十年浩劫毫不留情地將已隱退多年的沈祖榮捲進了一場殘酷的革命運動之中。歷史注定沈祖榮逃得過初一，逃不過十五。命運再一次開始嘲弄這位曾經叱咤風雲而已差不多消聲匿跡的年過八旬的老人。

1967年，"文化大革命"開始在全國轟轟烈烈地展開。此時，沈祖榮的身體狀況由於年壽已高開始逐漸衰退，常常不得不住院治療。1967年4月至6月，沈祖榮因病在武漢大學校醫院住院達兩個多月。6月上旬，病情略有好轉並出現平穩，沈祖榮鑒於自己屬老年慢性病，一時難以治癒，而校醫院床位又緊張，便主動讓出床位給急症重號病人，自己出院自行調養。其時，具有火爐之稱的武漢正值天氣炎熱之際，爲避酷暑，沈祖榮和夫人姚翠卿遂自武漢赴江西廬山寓所靜心休養。沈祖榮一向不問政事，儘管"文化大革命"正處在如火如荼的熱潮之中，沈祖榮並沒有意識到這場運動的嚴重性，更沒有料到"革命"就要降臨到自己頭上。

6月底，在沈祖榮依照退休後的習慣遠離喧囂的武漢市赴廬山寓所避暑休養後，紅衛兵開始到沈祖榮在武漢大學的住宅中"鳴放"，因沈祖榮夫婦已去廬山，"鳴放"遂不了了之。
7月6日午夜，武漢大學紅衛兵造反派"農派"（又稱"龍派"）通過有線廣播在武漢大學發出了氣勢洶洶且令人顫慄的"清理階級隊伍"的第一號通告，宣告了必須清理出階級隊伍的34位老教授的名單與"罪行"，並勒令第二天上午到"農派"司令部報到，聽候處置。早已隱息數年的沈祖榮因犯有大量的莫須有的"反動罪行"首當其衝地被列入了黑名單。"通告第一號"宣稱：

"親美洋奴、美蔣文化大特務沈祖榮：

圖書館學教授，C.C.分子，自幼受帝國主義分子豢養，是個典型的親美洋奴。美帝國主義分子直接地把他送到美國留學。回國後一直任美帝國主義分子開辦的‘文華圖專’校長，充當美帝國主義分子侵華的馬前卒，專為帝國主義間諜分子翻譯拍攝我國情報的照片和資料，幹盡了出賣國家和民族利益的罪惡勾當，他還是蔣介石、孫科等匪首的座上客，蔣介石親自接見過他，孫科為他祝過壽。這樣一個反動透頂的傢伙，被我校王、劉、庄、蔣反黨集團搜羅來校，長期包庇屢次政治運動都未受到處理。……" ❶云云。

午夜的高音喇叭猶如遊盪在武漢大學夜空上的幽靈，令人在酷暑之中不寒而慄，毛骨悚然。所幸的是，沈祖榮當時身在廬山並沒有像其他在校的老教授那樣經受這從天而降的恐怖之夜。然而，這絲毫也沒有影響"革命小將"的"革命鬥志"。

第二天，"龍派"和"虎派"的大字報鋪天蓋地，開始大肆地批判沈祖榮等老教授的"反動罪行"。"美蔣文化大特務"沈祖榮被正式"確認"為犯有"四大罪狀"："為帝國主義分子搜集科技情報"；"秘密與帝國主義分子溝通"；"國民黨特務"；"搜羅包庇美蔣特務"。沈祖榮儼然已成為一名十惡不赦的"罪人"。

---

❶ 陳培鳳致沈寶媛家書內附摘抄件（1967年7月）。本著在引用中未完全徵得沈寶媛及家人的同意，文責完全由筆者自負，以下引用家書的情形亦與此相同。

　　"無產階級文化大革命"的確是來得十分地迅猛，僅一兩日時間，武漢大學便風雲驟變，形勢如決堤的洪水急轉直下，肆意泛濫。具有諷刺意味的是，武漢大學這邊"批沈"的浪潮一浪高過一浪，正熱火朝天；而廬山那邊，沈祖榮幽居寓所，正在安謐地休養，全然不知武漢大學所發生的驟變，更不知道災禍和劫亂已經降臨。

　　時間一天天地過去，紅衛兵小將們不斷地到沈祖榮家裡抄家，四處搜羅沈祖榮的"黑材料"，進而威逼沈祖榮的長女陳培鳳與沈祖榮劃清階級界線，大義滅親，主動檢舉，以求立功贖罪。情況一天天惡化，陳培鳳在百般無奈之下向家住廣州的小妹沈寶媛寄去了文革開始後有關父親問題的第一封家書❶：

　　　"小妹：

　　　　……，勒令快過了兩周，本人（筆者注：指沈祖榮）不在家，當然不能去。……，我的意見是相信群眾，相信黨，可惜我對政策理解不深，也不知道怎樣劃分界線。但無論如何，你應當站穩立場，不能再提1952年思想改造的事，否則，別人要說您想翻案。千萬不可隨便，因爲您遠在廣東，境況了解不夠，而且作爲一個黨員，地位不同，立場不同。作爲一個階級來說，我們資產階級是應被打倒的，自己應當對自己有正確的估計。不過，我雖然出身舊社會，舊的思想、習慣多，但是我沒有參加任何反動黨團，

❶　陳培鳳致沈寶媛家書（1967年7月）。

我沒有做壞事，我經得起審查。當然爸爸的問題，由於他不在，又年老，可能搞不清，或者會牽涉到我，但我不怕。最後終會搞清楚的，爸爸的問題，我相信最終還是會搞清楚的，但是目前群眾受蒙蔽，特別是小將們不了解過去的情況，有時會有‘武鬥’，就是‘打人’現象也是有的。

……。

姐姐字"

轉眼勒令已過了一個多月，儘管紅衛兵小將在緊鑼密鼓的"大鳴、大放、大字報"中不斷地取得了"批沈"的一個又一個"輝煌戰果"，但是，造反派們對於沈祖榮的"缺席審判"終竟是隔靴搔癢，難洩心中之恨。於是，"農派"決定從盧山將年邁體病的沈祖榮押回武漢大學進行現場批鬥。8月初，"農派"派遣兩名幹將親自上盧山去完成這一"偉大使命"。事後，陳培鳳在給小妹沈寶媛的接連兩封家書中曾這樣地記載了造反派幹將的慘無人道的卑劣行徑❶：

"小妹：

好久未給您寫回信了，近來很忙，心情也不好。上前天（16日）下午，爸爸和媽媽突然由盧山回來了，是圖系的學生弄回來的。爸爸身體極衰弱，上船下船都是人背。回來的當天，就昏厥了一次，在九江路上也昏過去一次，

---

❶ 陳培鳳致沈寶媛家書（1967年8月）。

昨天中午又休克一次，經醫生急救，現已略好一些，但完全不能吃東西，一吃就吐，每天只喝牛奶少許。我發現他神經不太正常，也許是打擊太大，他常喃喃自語：一生未作對不起人的事。由於他退休近十年，一向少與外界接觸，對於此次文化大革命的偉大意義，還了解不夠，年紀又大。雖然我們一再聲明事情會搞清楚的，應當相信黨，相信群眾，但他總是害怕說不清楚，他說眞是受了別人的栽誣。同學們又說他的問題比章卓民還大，更使他害怕，他說他和章是兩個不同的人。解放後，他自己深深感到人民政府對他和章是有區別的，怎能說他的問題比章還大呢？他自己都難以相信，他自己都難以相信！他說他們問的多少事都是他不知道的，而且幾十年了，他又記不得，他怕說不清，他知道自己不是C.C.分子，他也曾向圖系學生談過，他不是C.C分子。現在他們又提出說在重慶時，他是圖專三青團的輔導之類的人，據他們說相當於輔導員之類的名義，爸爸說他不是，因爲他不是國民黨員。我不知道這些話從何而來，我也難以說明。……。

　　爸爸的問題，究竟怎麼辦？假使就這樣死去，更是含冤不白了，可是活著，他又未必能搞清楚。他太不會說話，也分析不到，又不了解政策，年紀又大，事情又記不清，他現在神智也不太清楚。我每天上午學習一個半小時，又工作（編英語詞條）一個半小時，家中又未請人，回家又得弄飯，還要照料病人，母親年紀大，又不會幫忙，我怎麼辦？

姐姐字"

"小妹：

爸爸和媽媽是本月16日由盧山和圖系學生一起回漢的，圖系革命委員會的兩個成員（一個老師一個學生）曾到盧山去了解情況，在上面住了兩周。他們認爲爸爸必須回漢，以便繼續要他寫材料，他們說他的問題比韋卓民還大，因此他很緊張。我不了解在山上的情況，我感到他受到了很大的刺激，神經不太正常，常常喃喃自語。他說一生未做虧心事，更沒有做對不起國家和人民的事，他死也不甘心。他說他不是C.C.分子，更不是特務。我向圖系同學反應過他不是C.C.分子，我也提出抛出來的材料不符合事實，但他們似乎定有框框，非如此不可，而且把上次大字報的材料進一步印出來了，一次沒有照片，另一次有了照片。……。

爸爸在盧山時就不能行動，上車下車都是人揹，在上船下船都是圖系那個老師揹，據母親說在九江昏死過一次。回家後休克過兩次，經醫生打針搶救，現在已有好轉。本來完全不能吃東西，吃什麼吐什麼，現在能吃一點牛奶。醫生說他需要注射葡萄糖針藥，但武漢缺貨，家裡有的已打完了（很少），外面買不著。學校是不會給他們認爲有問題的人打葡萄糖的，特別是上了第一號通告的人。現在看來（根據政策），他完全不屬於清理對象，但是他年紀大，自己說不清楚，我們又無法替他說清楚，兩派又來聯合，更是難上加難。……。

姐姐字"

　　紅衛兵在振耳發聵的“抽他的筋，剝他的皮”，“批倒、批臭”，“再踏上一隻腳叫他永世不得翻身”的“革命口號”聲中，以“掛牌示眾”、“戴高帽子遊行”、“架飛機批鬥”等無所不用其極的殘酷手段對“反動的教授們”進行著慘無人道的精神蹂躪和身體折磨。然而，奄奄一息的沈祖榮根本不需要經歷這些“革命鬥爭”就已經不批自倒了。巨大的精神打擊和折磨使得83歲高齡的沈祖榮一再地休克，自然，沈祖榮也就無法再去親臨現場經受“無產階級文化大革命的戰鬥洗禮”。然而，具有旺盛“革命鬥志”的造反派並沒因此而善罷甘休，他們在“宜將神勇追窮寇，不可沽名學霸王”號召下迅速將鬥爭的矛頭指向了沈祖榮的長女陳培鳳，勒令陳培鳳徹底地交代“特務老子”的“反革命罪行”，堅決與“反動父親”劃清階級界線。面對著造反派的“逼供刑訊”，陳培鳳一直不屈不曉，她在一份“對我父親的看法”的“交代材料”中客觀而實事求是地寫道❶：

　　　　“我父親從青年時代一直到1959年退休時止，他從未離開過圖書館學的教育崗位，幾十年來，他都在從事圖書館學的教學和研究工作。他的社會關係雖然複雜，也有一些是反動的，但他從未參加國民黨、三青團及其他反動組織，和從事反動政治活動。在舊社會，他不問政治埋頭學習，以‘清高自居’，專心致志於教授圖書編目學。解放後，他響應黨的號召，與教會斷絕了關係，逐步放棄了

❶　陳培鳳致沈寶媛家書（1967年9月）內附材料。

宗教信仰。他主動停止教授歐美圖書編目學，苦修俄語，終於在極短的時間內改授蘇聯圖書編目學。在土改、鎮反、思想改造等各項政治活動中，他是擁護黨的。1928年（？），華中大學美國教授薛士和（原名Taylor）要無理開除圖書館學系二女生，我父親堅決不答應，雙方爭執起來，華中大學校長韋卓民、美國聖公會孟良佐站在薛士和一邊，向我父親施加壓力。由於我父親和他們之間一向存在矛盾，他們就藉此機會強迫圖書館學系離開華中，拒絕給予經費。我父親負氣之下，就把它遷往曇華林，租借民房，繼續辦下去。臨走前，我父親向美國主教孟良佐表示：'無論如何，我一定要堅持把圖專辦下去' ！

……。"

陳培鳳在寫給沈寶媛的另一封信中亦就紅衛兵所列舉的沈祖榮的幾大罪狀一一作了詳盡的說明。在這封長達七頁的家書中，陳培鳳訴說道❶：

"小妹：

收到來信，看到你提及的關於父親的幾個問題，使我感到很吃驚。沒有想到在我們這兒沒有聽說過的某些材料，居然會出現在你的檔案中，我很奇怪為什麼我們這裡尚未給父親作結論，你們那裡倒根據他們以前調查的材料

---

❶ 陳培鳳致沈寶媛家書（1967年9月29日）。

就把它寫上去了。我們這裡正在落實政策，很認眞地對每人作出結論，所以有很多人尚未看到自己的結論，這不等於說某人就有很大的問題。我們這裡有很多人的材料是工宣隊進校前派性很嚴重的時候所調查的，現在正逐步落實。最先拋出的父親的第一批材料，就是‘農派’首先搶時間拋出來的。

關於你提出的問題，經過問了父親本人，以及我所了解的一些材料，一一給你答復。

1. **關於解放後**（筆者注：著重號爲原文所有，以下情況雷同），**他散播大批反革命言論以及向國外美帝分子輸送政治、經濟、……情報問題**（我很奇怪，不知是什麼內容，對誰講的？）。

關於這一點，我認爲很奇怪，原因如下：(1)本校革命群眾的大字報從未提過。(2)圖書館學系管他專案的負責同志也從來沒有要他交代過這一點。(3)解放後，他從來沒有與國外帝國主義分子通過信，只是解放之初，學校沒有經費，曾由學校校董董事長（張海松）的名義（是校董會大家決定的）寫了一封信給在美國波斯頓城的韋氏基金董事會（韋棣華基金董事會，該基金……。）要求將該基金利息2000美元付給學校作爲學校經費，……。以後1950年周總理作了報告，與外國割斷關係，不要外國人的書，教會學校收歸國有，父親就一直沒有與他們（帝國主義分子）任何人通信，談不上散佈反動言論，也更談不上輸送政治、經濟情報了。(4)反右時，張副校長請幾個年老教師去鳴放（每次請幾個人去），有的人就講了一些反黨的話，他卻完全沒有（有案可

查）。甚至於當時圖書館學系的學生（後來成了右派的），來
訪問他，說他工資太低（四級）（筆者注：當時教授工資共分四級，
四級為最低），因劉國鈞是二級，想挑起他對黨不滿，他當
時回答說，我四級已夠了，我有病，也不能擔任很多工作。他
當時是帶病堅持上課。同時學生又問他，你的助教付椿徽
（付是父親培養的青年教師，系裡指定的），是不是想奪你的權，
想代你的課？他們想藉此攻擊學校，父親說‘沒有’，是
我叫她單獨上課，我培養她正是為了她可以上台講課。(5)
解放後，他努力學習俄語，改教俄文編目，同時也批判英
美編目法（當然做的很不夠），但從這裡也可以看出，他沒有
對黨感到絲毫不滿意，他怎麼能有大批反革命言論呢？(6)
帝國主義分子解放後回國時，韋卓民以及其他很多人都去
送了行，他卻一次都沒有去。(7)解放前夕（1948年）各個教
會在湖南召集武漢的教會學校去開‘應變會’，去的有華
中大學、文華中學、羅以中學、博文中學、希中……等，
可是文華圖專沒有去，也沒有派任何代表去，父親平時很
少與人來往，連左鄰右舍他都不認識，從那裡去散播反革
命言論？當然像×××、×××、×××（早已清洗出去）、
×××（已清除）（筆者注：為慎重起見，現略去這些人名）之流是
會亂揭一通的（他們自己都有各種各樣的問題）。但我想總會落
實的吧？徐家麟是文化大革命中清出來的不戴帽的右派分
子，是從寬的樣板，他自己承認了反黨言論288條，難道
他的問題會攪到父親的頭上，因為他們說父親是圖書館界
的祖師爺，徐又是他的學生，我想各人的問題，各人負責，總

不能張冠李戴吧？

2. C.C.外圍組織問題：……

革命群眾的大字報，曾說到他是C.C.分子，後來圖系學生跑到我家裡來了解他的情況，說他參加過C.C.外圍組織，我當時就回答他們說，他不是國民黨，也不是三青團，更不是C.C.分子，請你們再調查。管他專案的同志也曾問過父親說：'你是C.C.分子'，父親說：'我沒有參加過國民黨，更不是C.C.分子'。後來其人又說：'你不是C.C.分子，但1932年你參加過C.C.外圍組織中國新文化建設協會湖北省分會，你還是委員'！父親說：'我沒有參加，我只參加過一個鄉村建設委員會，是作為圖書館專家被請去了，只參觀過鄉村一次，吃過一次飯，以後沒有開過會，也沒有其他活動，以後就沒有參加過'。其人又說：'新文化建設協會還有你的名字'，於是他把那份材料掩蓋住，只將下面的三個名字給父親看，……。

3. 193×年給美帝分子任翻譯，還帶儀器模型……

(1)1916年父親學完圖書館學歸國，……。(2)1925年鮑士偉來華，在上海演講時，是杜定友翻譯，在南京時是劉國鈞翻譯，在武漢是沈祖榮翻譯，在北京是袁同禮翻譯。在武漢講的內容是圖書館的重要性。鮑去長沙雅禮大學，父親和他一起去的，但未翻譯，鮑未帶模型。……。

……。

我有時很後悔，為什麼父親要讀書，要是和他的父親與祖父一樣，一直是文盲，又是木船上拉縴的工人該多好，那我們就都不是資產階級知識分子，也不會發生這些問題了，階級出身好該有多好，當然也重在表現。想不到父親17歲才識字，讀了一點苦書，倒取得今日的結果（我這話是受劉修的毒吧！）（筆者注：劉修指劉少奇修正主義），話又說回來，我想問題會搞清楚的，只是需要時間。

馬上就是國慶了，大家都很忙，一片歡騰迎接偉大的節日，我只能在家裡呆著，聽說外面很好看！

姐　9月29日"

83歲的沈祖榮不明不白地受到冤屈和迫害，處在身邊的女兒陳培鳳受到威脅和恐嚇，就是遠在千里之外廣州的女兒沈寶媛也受到牽連，簡直就是不折不扣的禍及九族。身體屏弱的沈祖榮不斷經受著審訊所帶來的精神折磨；挺身而出奮力力爭的陳培鳳"只能在家裡呆著"，連一片歡騰的國慶節都不敢去慶祝，因為她是"特務"的女兒；革命了幾十年的沈寶媛也在蒙受不白之冤，因為她有個"問題嚴重"的父親，這其中的冤屈、痛楚、悲哀、折磨、迷惘、……，非親身經歷根本就無法用文字形容。

隨著"文化大革命"的逐漸升級，紅衛兵造反派逐漸開始失去對像沈祖榮這樣的無足輕重的老人的興趣，他們還有更重要的"革命工作"亟待他們去做。文化大革命的暴風驟雨很快將戰鬥在第一線的造反派捲入了"文攻武衛"的派系"武鬥"和"搶班奪權"的動亂之中。在這場劫亂之中，儘管蒙受不白之冤的沈祖榮及其家人一直祈望搞清楚自己的問題，但是"運動"就得向前運動，根本就不可能停下來為沈祖榮這樣的令他們搞不清楚問題

的人作個什麼結論，更不用說昭雪了。當然，如果眞是有個什麼
結論，那麼，結論沒有事便罷，要是有事的話，沈祖榮的晚年會
更慘。

　　沈祖榮的問題始終沒有搞清楚，儘管蒙受不白之冤的沈祖榮
和陳培鳳一直希望"討個說法"，但是，無知的造反派除了無限
地"上網上線"和"揮扛子"、"打棒子"之外根本就毫無人性
和人道。沈祖榮的問題始終不可能搞清楚，因爲沈祖榮不僅不是
"當權的走資派"，而且歲月和疾病已使沈祖榮的生命日薄西山，
這對勇往直前的造反派來說自然毫無利用價值，他們不會再去關
注這樣一位老人。也正是因爲如此，沈祖榮開始在激烈的階級鬥
爭夾縫中獲得了一絲喘息。

　　然而，不甘屈辱的沈祖榮不願就這樣不明不白地離去，他要
堅強地活下去，一直等到搞清楚問題的那一天。正是因爲具有這
種堅強的意志，沈祖榮一直沒有在暴風驟雨中倒下，沒有像許許
多多不堪負重和侮辱的知識分子那樣"畏罪"而去。

　　信念和意志支撐著沈祖榮，支撐著沈祖榮的整個家庭，一股
共渡危難的力量使他們更爲堅強。在大女兒陳培鳳和二女兒沈寶
琴及女婿們的細心照料，沈祖榮和姚翠鄉又在武漢渡過了艱難的
六年。

十二、重見天日：
在晨曦中悄然離去

　　時間在日復一日地流去，"運動"在浪復一浪地前進，而"階級鬥爭要年年講，月月講，日日講"的浩劫一直難以看到盡頭。1974年初，沈祖榮的一位廬山的鄰居給沈祖榮寄來了一封最終改變了沈祖榮最後歲月的信。在這封信中，沈祖榮的工人朋友不僅告訴了沈祖榮，其多年閑置的廬山寓所已被人占用，而且還向沈祖榮訴說了沈祖榮在廬山的左鄰右舍和工人、農民朋友的生活變故。這封出自工人朋友的信雖然極為普通而平淡，但是，它卻勾起了沈祖榮對廬山的眷戀，勾起了沈祖榮對廬山那裡的勞動民眾的眷戀，勾起了沈祖榮對田園生活的嚮往。為了等到搞清楚問題的那一天，沈祖榮必須離遠紅塵，去尋找一方淨土。而五十年前，沈祖榮在廬山購置的那棟寓所恰好為此提供了一個絕好的契機。這或許是命運之神的安排，因為五十年前沈祖榮根本就沒有料到這棟普通的寓所會給其晚年生活帶來喧囂中的寂靜。

　　為了遠離那不忍卒睹的運動，年愈九旬的沈祖榮決定與夫人姚翠卿上廬山去安享晚年，這個想法很快得到了孝順的女兒們——陳培鳳和沈寶琴的支持，因為只有她們才最了解這兩位老人的心思。沈祖榮後來在給小女兒沈寶媛和女婿林念祖的信中曾說："這完全是我的主張，姐姐（注指陳培鳳）和寶琴同意我這樣做，你們住遠了不便商量，時間不容許了，就這樣做了，沒有機會等你們"！僅此一句話，就足以顯示沈祖榮與家人之間的濃厚親情，更足以顯示沈祖榮對遠離紅塵的迫切嚮往。

　　1974年春節過後，沈祖榮和姚翠卿急切地來到了闊別六年之久的廬山香山路557號寓所，開始享受沒有城市的喧囂、沒有運動的硝煙、沒有人性的險惡的世外桃園生活。

　　上山以後，沈祖榮給遠在廣州的女婿和女兒寫了一封充分表達其心情的家書❶：

　　"念祖

　　寶媛：

　　　　……。

　　　　我也趁此機會告訴你們這房子的事和我是怎樣喜愛它的。這棟房和地皮是漢口一位居士王森甫的，我只花了八百元。人人都說很便宜，修建工資也不止這麼多，因爲這所房屋出售很久，無人願買，窮人嫌貴不愛；有錢人看它只有一層而不是高屋大廈，不願買；其他人又怕屋裡有鬼，因爲這屋未曾住過人家，而只有和尚和居士們日夜打坐念經像廟宇一樣用的，故不敢買。而我的看法不同，就因爲這棟房屋矮小不張風、地勢又平坦，故絕無倒塌的危險；最方便的就是過路那邊有泉可飲，有井水可用，就像在我院子內的東西一樣方便。另有一件我最喜愛的就是我五十年前親自栽的柏樹苗，現已長得又高又苗，高到三丈

---

❶　沈祖榮致林念祖沈寶媛家書（1974年6月10日）。

餘尺，茁得一個成人的雙臂還抱不住它的樹身！又直又茂盛，三棵一樣高，排列成行在我後門口，如同三個警衛保（筆者注：因此信寫作多日，此處應缺"衛著這棟房子"之類文字）這三棵樹若砍伐下來，作爲全家做桌椅、衣櫃、板凳、床鋪等家俱的材料還用不完呢！使人羨慕的不僅是山上景致優美，空氣新鮮，氣候適宜，或房屋小巧玲瓏，屋的四面八方都有日光射進，並不強烈，光線充足，雖關閉幾年打開門時不覺霉味；而且上山的人們，特別是勞動人民對我二老，不論認識的不認識的都很熱情對我二老問長問短，與武漢城市人民有天壤之別，實在令人留念！因此種種原因或因素，我二老能住山上與世相離眞是莫大幸福，也是因爲這些，我情願冒者種種危險，生命危險上山走一趟（注：著重號爲筆者所加）。……我深覺慚愧，但是我不灰心，有你們和你們的朋友、戰友相助，和黨的關懷，我更相信黨定能很好解決我的困難。你們不批評，我自己也要批評我囉嗦，我完全無法，只想把事情説明，我就心滿意足了！希望你們身體健壯和工作愉快。

父字　1974.4.10.寫

6月10日寫完"

其後不久，沈祖榮又緊接著給女婿林念祖寫了第二封信❶：

---

❶　沈祖榮致林念祖家書（1974年8月（？））。

"念祖：

在我上次給你們的那封信中，我卻忘記告訴你們關於一件對我來說是有趣味的事！我在五十年前（四十歲時）我常生病，害的是赤痢，慢性痢疾，每年暑天是要常發一次，一次比一次厲害。經醫生診治，一再勸告，若要避免復發，非上廬山不可，因爲廬山對此種病是很有效，山上清潔衛生，水又乾淨，溫度適合，空氣又好，小孩少生瘰癧，痢症差不多絕迹，況且山上生活不比山下貴，有時還便宜，雞蛋一元一百零幾個！這樣就被他說動了，果然上山一半時就風涼了，在山上飯又吃得，覺又睡得，眞是仙地！首先租借房屋，既貴又不方便，出路不好，常常缺水，且在租界，帝國主義分子又狠又厲害，不讓中國人在租界購買地皮或修建房屋，連租買現成房屋也不許可，這是多麼欺侮中國人，是何等可恨可惡！……"。

從現存的沈祖榮寫的這兩封殘信中，我們不難窺見到沈祖榮當時的心境。第一封信共有11頁，現僅存最後兩頁，從信中所言"因此種種原因或因素，我二老能住山上與世相離眞是莫大幸福，也是因爲這些，我情願冒著種種危險，生命危險上山走一趟。"以及"這完全是我的主張，姐姐和寶琴同意我這樣做，你們住遠了，不便商量，時間不容許了，就這樣做了，沒有機會等你們！"等言語來看，前面遺失的內容無疑是在訴說自己自文革以來所遭受的種種迫害和危難。也正是因爲如此，爲了奔赴"與武漢城市人民有天壤之別"且"與世相離"的廬山，兩位九旬老人才毫不猶豫，毅然決然地"冒著種種危險，生命危險上山走一趟"，以追求"莫大幸福"。這怎能不令人歎為觀止！

　　看得出：沈祖榮遠離塵俗安居淨土之後心情異常地興奮。為了傾訴衷腸和讓親人分享這份難得的快樂，沈祖榮不惜花費整整兩個月的時間（4月10至6月10）去全力地完成這封長達11頁的家書，那顫抖的筆跡和字裡行間的修正補充，亦正是年邁體衰的沈祖榮的堅強毅力和意志的寫照。

　　那種對往事的娓娓傾訴正是年逾九旬的沈祖榮踏入恬淡、靜謐、充滿人間溫情的世外桃園生活之後開始淡泊達觀、超凡脫俗的真實寫照。

　　自此以後，盧山秀麗的風景、宜人的氣候、溫馨的人情、樸素的生活使得沈祖榮和姚翠卿又渡過了幾年安逸恬適的光陰。

　　轉眼歷史進入了1976年，9月9日毛澤東逝世，這一噩耗迅速傳遍神州大地，舉國悲慟，年屆九十三歲的沈祖榮驚悉這一消息以後，悲痛不已，感慨萬千。由於無法按捺心中澎湃的思緒，沈祖榮向遠方的親人又再一次地傾訴了自己的衷腸❶：

　　"念祖
　　寶媛：
　　　　有一青年人來我家（九日下午）告訴我們說毛主席逝世了，我們聽了半信半疑，以為他聽錯了瞎說的。誰知我把收音機打開一聽，果然逝世了，如像平地一聲雷，從夢

---

❶　沈祖榮致林念祖沈寶媛家書（1976年9月13日）。

中把我驚醒了一樣，人像痴了，心裡極其悲痛，不知不覺地眼淚汪汪就自然流出來了！晚飯也不想吃了，眞是有精無神。這種損失太重太難以估計。

　　在我們老一輩人中，回憶我們的前半世，那時中國的情形：我們在國外是不受人敬重的，三等國家還不如。人民如一盤散沙，別的不提，只說在一八四〇年鴉片之戰，我國英雄林則徐孤軍作戰，而其他省份不派一兵一卒參戰，一人與一國作戰怎能不敗？在1894中日之戰，敗於小小的日本，庚子年敗於八國聯軍，清廷放棄北京而逃西安，日本軍國主義入侵占領東北，……幸有毛主席舉起抗日紅旗，號召人民起來抗日寇，毛主席苦戰八年終於使日帝國主義投降。……。

　　在毛主席英明領導之下，把一個破難不堪的亂攤子以短短二十餘年建成一個新的威望空前的而國際地位提高、受世界各國尊敬的社會主義的國家，中華人民共和國一躍而成爲世界五大強國之一。他老人的逝世怎能不使我們曾受過帝國主義的恥辱的老人不敬愛他老人家而又悲痛他的逝世呢！我想你們‘中年’的幹部受了多年的培養和教誨，更爲沈痛異常，但應響應黨中央的號召，化悲痛爲力量，抓革命，促生產，一定要積極推進毛主席爲世界被壓迫的民族和國際解放事業未竣的偉大事業，加倍努力，早日實現。我老了，掉隊多年，無法爲力，有雄心而無壯志，就要你們替年老多病而又受黨政府各樣照顧的我去報答他們的關懷。我也認爲你們在這種宏偉的事業中貢獻你們的微

薄的力量是我家的光榮，引爲自豪。遵照毛主席的遺囑和
黨中央的指示而工作，既負責又積極，就能使毛主席安息
吧！

　　你們寄來的紅泉茶葉和水果糖都是我們喜愛的，電池
也是很需要的，茶葉以後莫寄因爲廬山可以買得著，至於
其他吃的東西不要專爲我倆老，你們也要吃點，克苦自己
會把身體搞壞了，怎能搞好工作呢？

父 字 76.9.13."

　　顯然，出於強烈的愛國主義情懷，沈祖榮對親手發動"無產
階級文化大革命"的毛澤東充滿了敬愛，對這樣一位20世紀的巨
人的逝世充滿了悲痛，這正是數千年來中國知識分子重義輕利、
先國後家、先天之憂而憂、後天下之樂而樂、忍辱負重等傳統精
神的再現。

　　同樣，沈祖榮對晚輩的關懷、鼓勵、憐愛和林念祖、沈寶媛
對慈父的敬重、孝順，這種傳統的美德和人間眞情亦躍然紙上。

　　1976年10月，以華國鋒爲首的黨中央一舉粉碎"四人幫"，
歷時十年的"無產階級文化大革命"遂告終束。歷盡十年浩劫的
人民終於盼到了黎明，開始重見天日。山河在歌唱、舉國在歡
騰、沈祖榮更是無比興奮。爲了表達自己的喜悅心情，沈祖榮向
女兒和女婿寫了最後一封家書❶：

---

❶　沈祖榮致林念祖沈寶媛家書（1976年11月4日）。

"念祖

寶媛：

　　我們從報紙上和收音機聽到深深知道華國鋒主席是毛主席親自選定的接班人，這也是合乎全國人民的心願，受到人民真心愛戴的。不料江、王、張、姚'四條瘋狗'、'害人蟲'陰謀詭計跳出來搞鬼，幸而華主席英明果斷一躍而粉碎這個'反動集團'，挽救了國家，人民未受損害，大快人心。我們九十餘歲的老人就心安體樂了！全國歡騰，我們更加愉快！

……。

父　字　1976.11.4."

　　禍國殃民的"四人幫"被粉碎了，中國開始初現撥亂反正、正本清源的曙光。只有歷盡了恐怖的黑夜的人，才知道陽光的可愛；只有歷盡了漫長的嚴冬的人，才知道春天的可貴。歷盡磨難的沈祖榮終於盼到了希望的曙光。

　　然而，歷史總是那樣殘酷無情，沈祖榮盼了整整十年，終於還是沒有看到祖國萬象更新的時刻。1977年2月1日清晨，93歲高壽的沈祖榮再也沒有從睡夢中醒來。一代偉人、一代宗師、中國圖書館學教育之父沈祖榮就這樣帶著靜謐的微笑，含著不白的冤屈，在晨曦中悄然地離去了。沈祖榮的悄然離去猶如一場天崩地裂強烈地震撼著姚翠卿。年近九旬的姚翠卿與沈祖榮風雨同舟、甘苦與共、相依為命半個多世紀，再大的困難、再大的屈辱、再大的打擊，她都堅強地挺過來了，唯有這一沉重打擊她再也無法承受了。當發現沈祖榮已先她而去時，一陣昏蹶，姚翠卿再也沒有醒過來。六個小時後，姚翠卿亦悄然地隨著沈祖榮離開了人世。

兩位世紀老人就這樣靜悄悄地走了，他們走得是那樣的安祥、那樣的平凡，又是那樣的福氣，廬山的人都說：沈家二老有福氣，他們沒有同日來，卻攜手同日去。沈祖榮和姚翠卿的確是有福氣，善良的左鄰右舍和廬山居民驚悉這一噩耗後悲痛萬分，紛紛前來弔唁，自發地裝殮兩位令他們敬愛和愛戴的老人，並立刻分別向沈祖榮在各地的親友發去了特急唁電。2月4日，沈祖榮的小女兒沈寶媛帶著兩個外甥女日夜兼程趕到了廬山。當日，在向遺體告別後，沈寶媛、張維萍（沈寶媛之女）、鄒維琳（沈寶琴之女），還有數十名自發而來的廬山鄉親，遵照沈祖榮和姚翠卿生前的願望，挽著沈祖榮和姚翠卿的靈柩，緩緩地向廬山群眾公墓移去，將二老安葬在安樂園之中。這一切是那樣的簡樸，既沒有奢華的殯殮，也沒有宏大的墓冢，更沒有神父的禱告；又是那樣的悲壯，悲切的慟號交織著凄愴的嗩吶在廬山的山谷久久迴盪，久久迴盪，……。

3月8日，沈寶媛等自廬山來到武漢後，在極"左"思潮尚未清算，"文革"尚未徹底否定的時刻，武漢大學為沈祖榮舉行了隆重的追悼會。文華圖書館學專科學校的最後一屆畢業生（1951.8～1953.8），武漢大學圖書館學系彭斐章副系主任毅然地在追悼詞中肯定了沈祖榮光輝的一生。遵照沈祖榮生前的願望，陳培鳳、沈寶琴和沈寶媛三姐妹將父親在廬山的故居和全部家什捐獻給武漢大學，作為退休老教授到廬山療養的住所，完成了沈祖榮的最後一個心願。

歷史還是那麼的殘酷無情，一直盼望"搞清楚"父親的問題的陳培鳳和沈寶琴，等了十年，終於還是沒有等到這一天。1977年5月，沈寶琴因患胃癌醫治無效緊隨父母而去，10月，陳培鳳亦因心肌梗塞溘然而逝。歷史再一次留下了永久的悲哀。

十三、兩代巨擘：
二十世紀中國圖書館事業的驕傲

一代宗師沈祖榮雖然靜悄悄地去了，但是，他所倡導的圖書館事業和圖書館學術並沒有停止。他親自播下的圖書館事業"火種"猶如熊熊烈火燃遍了神州大地，他親手培養的一代又一代弟子猶如頑強的種子在海內外不斷生根、開花、結果。這是九泉之下的沈祖榮的莫大快慰，這是二十世紀中國圖書館事業的驕傲。不僅如此，沈祖榮還親手營造了二十世紀中國圖書館史上絕無僅有的"圖書館學世家"。沈祖榮一家六口，除最小的女兒沈寶媛以外，師母姚翠卿雖未專門任職於圖書館，卻輔佐沈祖榮半個多世紀，算得上是地地道道的"圖書館人"，長女陳培鳳自抗戰時起便緊隨沈祖榮身邊，曾在文華圖書館學專科學校執教十餘年；二女沈寶琴早年亦畢業於文華圖書館學專科學校，還是中華圖書館協會的會員；尤其是長子沈寶環後來竟成為台灣"圖書館界的巨擘" ❶。這不僅是九泉之下的沈祖榮的最大快慰，而且更是二十世紀中國圖書館事業的驕傲，甚至是二十世紀世界圖書館事業的榮耀！

1948年初，27歲的沈寶環帶著父親沈祖榮的熱切希望，肩負

---

❶ 沈寶環著．《圖書館學與圖書館事業》．台北：台灣學生書局， 1988年11月，第287頁。

著發展文華圖書館學專科學校的使命，重走沈祖榮三十餘年前走過的路，赴美國丹佛大學圖書館學院攻讀圖書館學。萬萬沒有想到的是，沈寶環這一去竟是與父母的訣別。自此以後，沈寶環再也沒有見到父親沈祖榮，母親姚翠卿，以及姐姐陳培鳳和沈寶琴。然而，早已在預料之中的是，從此以後，沈寶環沿著父親沈祖榮的足迹不斷地攀登，最後在海峽的對岸台灣開創了中國圖書館事業的另一番新天地，並成爲繼沈祖榮之後中國圖書館事業的新一代巨擘！

沈寶環獲得美國丹佛大學圖書館學碩士學位以後，一邊在丹佛大學教育研究生院繼續攻讀教育學博士學位；一邊在丹佛市公共圖書館兼任圖書館工作，並從一般從業職位逐步升到了一級館員讀者顧問，成爲一名學識豐富，業務技能過硬的專業館員。

1955年沈寶環獲得教育學博士學位以後，急切地希望回到祖國，服務於祖國的圖書館事業，然而，當時大陸的政治形勢頗不利於海外赤子的回歸，其時正值島內號召留學生回國服務，於是，沈寶環毅然地率先回到了沒有一個親人的台灣，開始在祖國的另一片圖書館事業的處女地拓荒、耕耘和收穫。

與親人隔絕無疑是痛苦的，但是，有圖書界前輩的提攜、有眾多昔日校友和同仁的襄助，尤其是有亟待開墾的圖書館事業，這對於沈寶環來說無疑又是痛苦中的慰藉。

沈寶環到台灣以後，當時雖然島內不乏由大陸遷來的圖書館界名流，但是，擁有圖書館學碩士學位者，除蔣復璁以外，僅沈寶環一人而已，作爲圖書館界的新秀，沈寶環到台灣以後在事業上日新月異，突飛猛進。先是沈祖榮的故交蔣復璁館長聘請沈寶環擔任省立台北圖書館（現台灣分館的前身）研究員。其後，沈寶環又相繼先後轉任科學資料中心總幹事、台灣省立台北圖書館研究員、台灣大學、輔仁大學、淡江大學兼任教授、東海大學圖書館館長、教授、美國文化研究所研究員、圖書館顧問、世界新聞傳播學院教授等多項圖書館館員職位、研究員職位和圖書館學教授職位，在台灣島內開闢了一片圖書館事業的新天地。

　　在近四十年的圖書館事業、圖書館學教育和圖書館學術研究生涯中，沈寶環取得了許多令人稱道的業績。

　　在自始規劃成立的東海大學圖書館、（台灣）中山大學圖書館、美國文化研究所圖書館中，沈寶環率先引進“開架制”，成為島內圖書館界提倡“開架制”的先導，並因而影響全島廣泛採用“開架制”。

　　沈寶環認為："圖書館學是一種偏重行動的科學（a discipline of action）；圖書館學是一種不斷變動的科學（a discipline of change）；圖書館學是一種進入自動的科學（a discipline of automation）"❶。因此，在70年代初美國圖書館電腦化剛剛開始時，沈寶環首先在台灣提出了“圖書館自動化”的名詞與概念，並由此開創了台灣圖書館界圖書館自動化的研究。

　　從“變”（change）和“動”（action）的觀點出發，沈寶環認為圖書館的館際關係經歷著競爭→協調→合作的不斷變

---

❶　沈寶環著．《圖書館學與圖書館事業》．台北：台灣學生書局，1988年11月，第133頁。

化，並由此率先在台灣提出了"資源共享"（Resource Sharing）的概念和觀念，爲台灣資源共享系統的理論研究和實踐應用奠定了基礎。

在圖書館學術研究上，沈寶環先後撰著出版了《教師兼圖書館員手冊》（道路拉斯撰、沈寶環譯，台北：中華文化出版事業委員會印行，1958年）、《中文標題總目》（台北：東海大學印行，1970年）、《西文參考書指南》（台北：東海大學印行，1966年）、《圖書館學與圖書館事業》（台北：台灣學生書局，1988年）、《圖書·圖書館·圖書館學》（台北：台灣學生書局，1983年）、《圖書館事業何去何從》（台北：台灣學生書局，1993年）、《圖書館讀者服務》（台北：台灣學生書局，1992年）等多部學術著作，在國內外發表中英文圖書館學學術論文近百篇，影響十分廣泛。

在學術活動方面，沈寶環曾先後擔任美中Phi Tau Phi榮譽學會會員，美國信息學會台北分會會長（1986年）、（台灣）圖書館學會理事長（1990年、1991年）等多項學術要職，以及《圖書館學報》主編、《資訊傳播與圖書館學》主編、美國《International Journal of Reviews in Library and Information Science》編輯顧問等多個學術期刊的編輯工作，在組織圖書館學信息學研究，活躍圖書館學信息學學術氣氛，加強圖書館界聯繫與協作，進而推動圖書館事業發展諸方面貢獻殊深。

作爲20世紀下半葉中國的傑出圖書館學家和信息學家，沈寶環先後榮獲台灣特別優秀教師獎，圖書館學會傑出服務獎，華美圖書館協會傑出服務獎，美國信息學會傑出服務獎等多項獎勵。

尤爲可貴的是，1990年9月，沈寶環等一行十四人上北京，轉天津，下武漢，訪上海，至杭州，開創了海峽兩岸圖書館界在隔絕四十餘年後的第一次大規模接觸。這次非同尋常的訪問不僅使沈寶環在武漢大學圖書情報學院尋找到了父親沈祖榮手創的文華圖書館學專科學校之根，而且亦使沈寶環在廣州與闊別四十餘年的至愛的妹妹沈寶媛一家有了第一次幸福的團聚。這次大陸之行既是成功的亦是美好的，沈寶環曾感慨地寫道："埋首圖書里，人心想統一，本是同根生，交流應積極"❶，以表達自己的眞摯情感。

作爲衆多"有大陸情結的人"之一，自1990年以後，年逾古稀的沈寶環雖然業已退休且身體狀況欠佳，但仍然本著"不妄自揣測，不期望必然，不固執己見，不偏袒自己"的心態，以"無比的耐心，無窮的愛心，無限的信心"❷的處事方式，多次穿梭於海峽兩岸圖書館界，積極架設海峽兩岸圖書館界聯繫與合作的橋樑，推進祖國的統一。爲此，廣東省圖書館學會特於1995年聘請沈寶環擔任名譽理事，以表達廣東圖書館界熱切希望加強海峽兩岸圖書館界交流和合作的願望。

如今，沈寶環雖然已經從圖書館崗位退休下來了，而且因年邁而身體多病，但是，他的身影一直活躍在海峽兩岸，相信沈祖

---

❶ 沈寶環．《本是同根生——我看大陸圖書館事業》．見：沈寶環著，《圖書館事業何去何從》．台北：台灣學生書局，1993年，第 157～178頁。

❷ 沈寶環．《有關海峽兩岸圖書館人士紙上座談的省思》．出處同上第179～185頁。

榮和沈寶環兩代巨擘以畢生精力致力的中國圖書館事業在不遠的
將來必將邁入大同的時代。

下 篇　　學術思想

一、圖書館學研究觀

　　據不完全統計❶：沈祖榮一生共出版學術著作8部，校訂著作4部，發表學術論文55篇（其中中文學術論文45篇、英文學術論文10篇）、撰寫序文10篇（其中中文序文9篇、英文序文1篇）。這些著述幾乎全部集中於分類學、編目學和圖書館事業建設等三個主題，形成了沈祖榮的鮮明的圖書館學術研究特色；而這一學術研究特色乃是沈祖榮的圖書館學研究觀的集中而具體的體現。

　　沈祖榮在一生的圖書館學術研究中一直堅持從圖書館事業和圖書館工作的實際情況出發，去研究圖書館事業的各種問題，探尋圖書館事業的發展規律，因而形成了貫穿其全部著述的實事求是圖書館學研究觀。

　　沈祖榮認爲："圖書館學爲實用科學"❷。因此，沈祖榮在

---

❶　見本書附錄《沈祖榮先生著述目錄初編》之"編纂說明"。

❷　沈祖榮．《我對於文華圖書科季刊的幾種希望》．見：《文華圖書科季刊》1卷1期第3～6頁。

圖書館學研究中一直堅持實事求是的哲學觀，從實際出發，理論聯繫實際，努力把世界圖書館事業的普遍原理同中國圖書館事業的具體實踐相結合，從而開闢和建築了一條中國圖書館學研究之路。

從實事求是的哲學觀出發，沈祖榮認為圖書館學術研究應堅持四項基本原則：

其一，"要特重實事"。既然"圖書館學為實用科學"，那麼，圖書館學研究就"更當實事求是，特重圖書館實際困難問題。若中書分類法、中書編目法、漢字排列法等等，皆應研究。而尤應急亟研究的，則如何引尋民眾，使能利用圖書館。民眾既知利用圖書館矣，館員應如何以應其需求。須一一作系統之研究，探求解決之方法，不稍蹈空言。至於圖書館各種高深學理，海內外專家，頗多研究之者，正不煩我們側身其間"❶。顯然，在圖書館學基礎理論研究，即"圖書館各種高深學理"，和圖書館學實踐應用研究，即"圖書館實際困難問題"，這二者的研究關係上，沈祖榮認為首先應該研究圖書館的實際問題，其次才是圖書館學的理論問題；而在圖書館的實際問題研究中，首先亟需研究的是圖書館事業建設問題，如如何引導民眾使能利用圖書館和館員應如何滿足民眾的需求等問題，其次才是圖書館學技術方法的研究，如分類法、編目法、漢字排檢法等之類。沈祖榮的這種圖書館學研究原則與中國近現代圖書館事業發展的實際情況是完全一致的。20世紀初，雖然中國近現代圖書館開始在全國普遍興起，但是，

---

❶　沈祖榮．《我對於文華圖書科季刊的幾種希望》．見：《文華圖書科季刊》1卷1期第3～6頁。

由於民智未開，民衆對具有公共、公開、共享性質的現代圖書館缺乏足夠的認識。作爲社會化、平民化的現代圖書館事業如果不能引導和吸引民衆利用圖書館，圖書館事業也就失去了發展的基礎和基本意義。因此，圖書館學研究必須以此爲首要研究重點。而現代圖書館的建設、運作和發展又離不開新式的圖書館技術和方法，因此，在新舊圖書館事業的轉變中，務必要特重實際管理技術與方法，如分類法、編目法等之類問題的研究。這是圖書館業務發展的迫切需要。正因爲如此，沈祖榮一生所發表的學術論文絕大部分都集中於圖書館事業建設的研究，而出版的全部著作則完全集中於分類學和編目學之上。即使是圖書館實際問題的研究，沈祖榮認爲亦應做到"不稍蹈空言"，應以務實爲先。當然，沈祖榮雖然特別強調圖書館實際問題的研究，但是，並不反對圖書館學的"純理論"研究，不僅如此，沈祖榮還認爲應該側身於"圖書館各種高深學理"的研究之間。關鍵的是，圖書館學研究應該實事求是，正確地處理好研究的輕重緩急。

　　其二，"不避瑣細題目"。如何才能做到實事求是，沈祖榮認爲在圖書館學研究上首先應該做到腳踏實地地去研究各種具體的問題，而不應該好高騖遠，眼高手低。因此，沈祖榮主張在圖書館學研究上"不特應特重實事，即最瑣碎、最微末之事件，亦當詳細討論。何則？蓋惟小事正足以貽誤大事，故雖書脊背上之書簽，應用膠粘或用漿糊，亦有研究之必要" ❶。唯其如是，作爲一代圖書館學大師，沈祖榮在研究各種亟待研究的重要實際

---

❶　沈祖榮.《我對於文華圖書科季刊的幾種希望》.見：《文華圖書科季刊》1卷1期第3～6頁。

問題的同時，從未忽視過一些瑣細的實際問題的研究。爲了解決實際困難，沈祖榮曾認眞地研究過書本裝訂、目錄櫥和出納台的製作，各種圖書館應用品表格的製作等微小的實際問題，並於細微之處有許多發現和研究所得。也正是因爲如此，沈祖榮不僅是一位圖書館學理論家，而且更是一位圖書館實踐家。

其三，"審合社會情形"。沈祖榮認爲在圖書館學研究上要做到實事求是，最關鍵的是要"審合社會情形"，即一切從中國的國情出發，反對墨守陳規、食古不化和盲目崇洋、生搬硬套，主張古爲今用，洋爲中用。"圖書館之設立，所以謀當地人民之福利也。故一切經營方法之取捨，一視便利人民與否爲轉移。譬之張之洞所著書，當用張之洞爲著者名。若夫抱冰、南皮、文襄、概不可用。何則？不便於人民也。推之其他一切，亦莫不然。我們所研究的一切，不可忘此要件"❶。亦即是說，是否便利人民乃是判斷"一切經營方法"之研究是否符合社會情形的標準。對於"謹守成規"，"不論適宜與否，一味抱殘守缺"的"嗜古癖者"，沈祖榮認爲不僅是"食古未化，中毒太深"，而且還"與現時潮流，講求新學說者，適相鑿枘"❷。因此，沈祖榮主張對於古代一切"甚有價值"者，應"一一研究而揭示之"，使之"能爲我們所用"。對於西洋圖書館學術，沈祖榮亦曾有過十分深刻的體會。沈祖榮曾言："留美數年，返國，滿意既經專門研究，學得一切方法，又帶回了一些工具，如《美國目錄》（U.S.

---

❶　沈祖榮．《我對於文華圖書科季刊的幾種希望》．見：《文華圖書科季刊》1卷1期第3～6頁。

❷　沈祖榮．《民國十年之圖書館》．見：《新教育》5卷4期第783～797頁。

Catalogue），客特氏《著者三字號碼法》，匹茲堡以及其他幾個大圖書館的目錄，則昔日所遇種種分類、編目之困難，不難迎刃而解。而事竟大謬不然。東西國情不同，文字亦異。我國書籍，舊以甲乙丙丁四部分門，彼則用杜威十類法，客特氏展開分類法，國會圖書館分類法；同門同類之書，我則大都依著者時代之先後排列，彼則根據著者姓名字母之順序。既有如是之差別，自未可一概因襲模仿"❶。對於海外留學，沈祖榮亦曾言："縱令虛往實歸，而桔枳變異，勢所必然，所學之件，在外國雖稱合法，在中國不能完全採用"❷。因此，沈祖榮反對一味地依樣畫葫蘆，因襲模仿，主張依中國的國情合理地借鑒採用。

其四，"介紹新知識"。沈祖榮認爲："圖書館學爲屬世界性的科學，無畛域之分，無種族之異。而英美圖書館事業發達完善之國家，一切頗多足資我國借鏡者。故凡有何英美新出版之圖書館學名著，或業經人實驗之改良新法，已發表於英美圖書館學刊物者，當量力翻譯介紹，俾大家研究，而採行其與我國情相合者"❸。亦即是說，學術無國界，對於一切新的、先進的圖書館學術研究成果，都應採取積極的歡迎態度，盡力地宣傳介紹，供大家研究借鑒，而不應該固步自封，夜郎自大，盲目驕傲。只有這樣，圖書館學研究才能不斷發展壯大，並最終走向世界大同。

在堅持上述四項基本研究原則的基礎上，沈祖榮認爲：要想

---

❶　沈祖榮．《在文華公書林過去十九年之經驗》．見：《文華圖書科季刊》1卷2期第159～175頁。

❷　沈祖榮．《民國十年之圖書館》．見：《新教育》5卷4期第783～797頁。

❸　沈祖榮．《我對於文華圖書科季刊的幾種希望》．見：《文華圖書科季刊》1卷1期第3～6頁。

在圖書館學術研究上有所造就，首先必須要有對圖書館和圖書館學術的"熱烈情感"，即濃厚的專業興趣。因爲興趣是能力和成就的營養品，如果不養成這種"熱烈情感"，也就不可能在圖書館學研究上有所造就。其次是要持之以恆，不要半途而廢。沈祖榮曾言："靡不有初，鮮克有終，此吾人所深知者"。"自己的不滿意，外界的批評，在在足以挫折我們的意氣，阻撓我們的前進。設不幸一旦際遇此情形，我們務須仰望前途的光明，繼續最初的熱情，抱著決心" ❶，不斷前進。只有這樣，才可能在圖書館學研究上取得豐碩的成果，否則，"若夫一息奄奄，不死不活，則亦等於半途夭折也" ❷。

　　由於沈祖榮一生堅持實事求是的圖書館學研究觀，因而，沈祖榮在圖書館學研究上形成了一套十分獨到的迥異其趣的圖書館學研究方法和風格。

　　其一，沈祖榮特別重視實際調查，從不做無根無據的空洞理論研究，或從書本到書本的研究。從1917年自美國留學歸國以後，沈祖榮曾先後發表過《中國全圖書館調查表》（《教育雜誌》10卷8期，1918年8月）、《中國各省圖書館調查表》（《新教育》5卷1～2期合刊，1922年8月）、《參加國際圖書館第一次大會及歐洲圖書館概況調查報告》（《中華圖書館協會會報》5卷3期，1929年12月）、《調查江西省立圖書館報告書》（《文華圖書館學專科學校季刊》2卷3、4期合刊，1930年12月）、《中國

---

❶　沈祖榮．《我對於文華圖書科季刊的幾種希望》．見：《文華圖書科季刊》1卷1期第3～6頁。
❷　同上。

圖書館及圖書館教育調查報告》（《中華圖書館協會會報》9卷2期，1933年10月）等許多學術性調查報告，以及大量的以實際調查為前提的學術論文。在調查方式上既有沈祖榮個人自發的調查，也有受機關委託，如中華圖書館協會、中華教育文化基金董事會等委託的調查；在調查方法上既有問卷調查，又有實地調查；既有抽樣調查，又有全面調查；在調查範圍上既有國內個案的實地調查，又有全國範圍或區域範圍的問卷或實地調查；既有國內的實地調查，又有國外，如美、英、俄、意等國的實地調查。可以說幾乎使用了所有的調查方式方法。與教育部、中華圖書館協會、以及其他個人調查圖書館、出版品、書店等迥異其趣的是，這些調查的成果基本上只是各項數據、名目的簡單羅列或大羅堆砌，而沈祖榮的調查成果則是以調查的數據與事實作為素材，通過比較分析，來全面分析圖書館事業的現狀、存在的問題，進而提出改進的措施和發展的前景。因而，沈祖榮所提出的許多問題都能做到一針見血、切中要害，所提出的許多建議和措施都能切實可行、且行之有效。正是因為如此，沈祖榮的許多精闢見解和閃光思想具有旺盛的生命力，直到今天仍然未曾過時。

今天看來，沈祖榮不僅開創了我國私人調查圖書館事業之先河，而且獨樹一幟成為中國圖書館歷史上調查圖書館事業次數最多、時間最長、範圍最廣的圖書館學第一人。

其二，沈祖榮特別注重審合國情，一切堅持符合中國的習慣和便利民眾。在積極引進、介紹西方圖書館學術，虛心向先進的圖書館學術學習的同時，沈祖榮一直都反對盲目照搬外國的模式，生吞活剝，死搬硬套。對中國傳統的東西在繼續和發揚優良部分的同時，一直反對因循守舊、食古不化。早在留美攻讀圖書館學期間，沈祖榮就已對執世界圖書館事業牛耳的美國圖書館事業提出了“中國能夠採用美國圖書館制度嗎？”的詰問。回國後，儘管沈祖榮極力倡導歐美圖書館事業，但是對於西方的圖書館制度與學術，沈祖榮始終保持著清醒的認識，一切均要求按照符合國情的原則予以採用，其《仿杜威書目十類法》等許多著述和實際圖書館活動都充分地體現了這一點。可以說，對於古今中外圖書館學術的繼承和批判、吸收和借鑒，沈祖榮做到了既不妄自菲薄，又不狂妄自大的境地。

　　正因爲沈祖榮具有一套較爲完整的實事求是的圖書館學研究觀，所以，沈祖榮在圖書館學研究上取得了許許多多被世人稱道的研究成果。又由於沈祖榮極力倡導和宣傳實事求是的圖書館學研究觀，因此，又使得文華圖書館學專科學校和文華同仁形成了優良的實事求是的圖書館學研究傳統。這個傳統甚至直到今天仍在不斷發揚光大。

二、圖書分類學思想

在圖書分類學方面，沈祖榮先後編撰出版了兩部分類法：1917年，沈祖榮編撰出版了《仿杜威書目十類法》，20年後，沈祖榮又於1937年編撰出版了《標題總錄》。前者集中地體現了沈祖榮的體系分類法思想，後者則集中體現了沈祖榮的主題分類法思想，二者前後呼應，構成了沈祖榮的較完整的圖書館分類學思想體系。

中國圖書分類法源遠流長，歷代相承，無不宗於七略四部，雖偶有變異，但大體總是難以越其樊籬。進入近代社會以後，"西學東漸，我國思想學術，類多逸出舊有藩籬，圖書館界自亦不能外" ❶。於是，中國的圖書分類法開始發生了兩重變化：一重是對舊有四庫分類法的改革。"迨至清末，西學東漸，新書迭出，舊有部類，勢難統攝，當此之時，書籍之分類，在中國乃成為一大問題" ❷。民國初年，圖書館漸次設立，"然以經費困難，無所發展，部次之法，仍循舊制。然以中西書籍種類激增，四庫之法，已現露襟見肘之象，故乃稍昌改革之議。然篤舊者慮改之未見其優，轉授人以擊駁之資，輒畏難而中止；或僅增減一二，

---

❶　沈祖榮．《〈三民主義中心圖書分類法〉序》．見：杜定友編，《三民主義中心圖書分類法》（油印本）．廣州：國立中山大學圖書館印行，1948年第4頁。
❸　蔣元卿編．《中國圖書分類之沿革》．上海：中華書局，1937年6月第139頁。

姑因陋以就簡。此清末民初，圖書館所以仍用四庫舊法之最大原因"❶。其後，一些圖書館乃基於四部之法，酌加變通，以容新出各書，於是出現了四庫分類法的改革。然而，對於四庫法的改革，雖然已打破了中國金科玉律式的四庫法，其創造性固足欽佩，但是，各分類法均屬草創，恆將各種學術任意列入一類，妥當與否，概未計及；且類名之採用，更多含糊武斷之處，因而使用頗為不便。另一重變化是引進和採用西洋分類法。"中國過去所有的七略四部，在科學昌明的今日，既已不能應用，新的合於科學方法的分類法又未產生，在這種過渡的時期，於是便有採用西洋任何一種分類法，來代替中國原有分類法的圖書館"❷。1909年，孫毓修在《東方雜誌》上發表《圖書館》一文，首先介紹了《杜威十進分類法》。其後杜威法相繼傳入我國，一些圖書館或直接採用，或略作增補而採用，但是，採用西人之成法，又因中西學術範圍方法問題不同者太多，難於適合；勉強模仿，近於削足適履，同樣頗不便於使用。於是，在中國圖書館界出現了進退兩難無所適從的四庫法與杜威法新舊併行的局面。

然而，"類例之設，原以制馭書籍，非以書籍強隸類例也。書籍為主，類例為客；學術之內容變，書籍之種類增，則類例亦因之而易。墨守成規，因襲四庫者，誠難免露襟見肘之虞；而純用西法，略事增補者，亦不免有偏於一方，削足適履之譏。折中之道，端在參酌中西情形，詳制類目，以適於新舊中西之籍，庶

---

❶　蔣元卿編．《中國圖書分類之沿革》．上海：中華書局，1937年6月第140～141頁。

❷　同上第189頁。

云有濟。因此，新創之分類法即應時而生矣"❶。沈祖榮正是順
應這種時代的需要，而率先在中國創制了新舊混合制的圖書分類
法。

　　1917年，沈祖榮留美回國時，初"滿意既經專門研究，學得
一切方法，又帶回了一些工具，如美國目錄（U.S. Catalogue），
客特氏著《著者三字號碼法》，匹茲堡以及其他幾個大圖書館的
目錄，則昔日所遇種種分類、編目之困難，不難迎刃而解。事竟
大謬不然。東西國情不同，文字亦異。我國書籍，舊以甲乙丙丁
四部分門，彼則用杜威十類法，客特氏展開分類法，國會圖書館
分類法；同門同類之書，我則大都依著者時代之先後排列，彼則
根據著者姓名字母之順序。既有如是之差別，自未可一概因襲模
仿"❷。而且"美洲各圖書館之採用杜威者，迄今頗感困難。…
…況我國與美洲，文字書冊，大相懸殊"❸，自然不可完全採用
《杜威十進分類法》。同時，中國傳統分類法，"迄清代《四庫
全書》，分經史子集爲四部，張南皮著《書目答問》，益以叢書
合爲五部，目錄之學，始詳備矣。雖然，五部之編定，僅足概括
中國古今之書，自歐亞交通，新學發明，著書立說，浩如烟海，
繁若列星，斷非五部所能賅括"❹，自然四庫之法亦不可用。於
是，爲了"實際應用"，沈祖榮"不得不於五部之外，創立新

---

❶　蔣元卿編.《中國圖書分類之沿革》.上海：中華書局，1937年6月第206頁。
❷　沈祖榮.《在文華公書林過去十九年之經驗》.見：《文華圖書科季刊》1卷2
　　期第159～175頁。
❸　同❶第204頁引沈祖榮語。
❹　沈祖榮著.《仿杜威書目十類法》.漢口：聖教書局，1917年第　1～2頁"自
　　序"。

法，包羅中外之書，無遺漏之患，並求檢閱之便利" ❶。自1917年起，沈祖榮"根據新法，混合中西，創爲仿杜威十類法，以類分書籍，又用 Williams永字八筆母筆法，爲排列次序之根據，行數月覺不可行，只得仍改用筆劃多少法" ❷。並於1917年正式編撰出版了我國第一部中西混合制的圖書館分類法《仿杜威書目十類法》（漢口：聖教書局）。

《仿杜威書目十類法》"分圖書總目爲十類，以一千號數爲次序，如零數至九數，分總目爲十類。每類分十部，每部分十項，例如五百爲科學類，五百一十爲算學部，五百一十一爲珠算項，餘以此類推；如某項書多，十數不能容納，則於十數之後，以小數誌點之法代之以濟，例如四百爲政治類，四百八十爲財政部，四百八十三爲租稅項，四百八十三又點一爲海關稅，餘亦以此類推。據此編法，所有書籍均以類、部、項、三者依次分別，以某數目，代表某書名，開明某數，取閱某書，較爲簡便" ❸。

《仿杜威書目十類法》的十類總目如下：

○　經部及類書　Classics（including Reference Books）

一　哲學　　　　Philosophy

二　宗教　　　　Religion

三　社會學　　　Sociology

---

❶　沈祖榮著．《仿杜威書目十類法》．漢口：聖教書局，1917年第1～2頁"自序"。

❷　沈祖榮．《在文華公書林過去十九年之經驗》．見：《文華圖書科季刊》1卷2期第159～175頁。

❸　同❶。

四　政治　　　Political Science

五　科學　　　Science

六　醫學　　　Medicine

七　美術　　　Fine Arts

八　文學　　　Literature

九　歷史　　　History

　　對於十大部類的設立，沈祖榮的看法是："經書爲四庫首部，其性質近於叢書，所有經解注疏以及字典叢書雜誌及百科全書悉編入之。哲學爲新名詞，與中國子學理學相近，今分中西哲學爲兩類，凡周秦諸子宋明理學諸書列入中國哲學類，論理倫理心理諸書列入西國哲學類。宗教凡正教與雜教以及神學神話諸書皆編入之。社會學與政治互相關係，但政治屬於社會學，部分甚大，宜分爲兩類，凡政治與社會學諸書，各依其類編入（教育學亦附於社會學內）。科學發明，如聲光電化測算之類，書籍甚多，分爲一類。醫學爲專門學術，近日更加發明，著作益富，宜分爲一類（附衛生學）。美術爲專門學宜分爲一類，字畫屬美術一種，亦編入之。各國文言一致，故文學與語言學合爲一類，凡新舊翻譯小說及幼年文學諸書，皆依類編入之。歷史地理，互相關係，宜合爲一類，凡傳記遊記及省府縣志諸書，皆編入之。目錄分類愈多，檢閱愈難，現僅分目錄爲十類，凡古今中外書籍，考其性質與某類相近者，悉編入之，不拘成例，閱者諒之。此項目錄，係爲辦理圖書館者，示一編列書籍之法，與檢閱書卷之目錄，迥有區別，本書林閱書目錄，另有專書" ❶。

由於沈祖榮編撰《仿杜威書目十類法》的目的 "係爲辦理圖書館者，示一編列書籍之法" 所以，該法較之文華公書林所用之分類法要簡略得多。也正是因爲爲此目的，1922年，沈祖榮又在此分類法的基礎上，與胡慶生一起力加修正補充，出版了第二版《仿杜威書目十類法》（武昌：文華公書林）。修訂後的《仿杜威書目十類法》與第一版相比，作了如下幾個方面的大的變化：一、各類類目基本上分爲三級，但有的類目因具體情況分爲四級、五級、六級、甚至七級類目；二、在標記制度上，將原來的全部中文數碼一律改爲阿拉伯數字；三、調整修訂了各類類目；四、末尾增加了一個附錄，即檢字目錄（Relative Index），亦即是今日所言的相關索引。其十大部類如下：

000	經部及類書
100	哲學宗教
200	社會學與教育
300	政治經濟
400	醫學
500	科學
600	工藝
700	美術
800	文學及語言學

---

❶ 沈祖榮著.《仿杜威書目十類法》.漢口：聖教書局，1917年。

900　　歷史

　　沈祖榮的《仿杜威書目十類法》第一版和第二版問世以後，迅速在海內外產生了廣泛的影響。1918年美國《The Library Journal》（V. 43, October, 1918）在第一版《仿杜威書目十類法》出版的第二年便以題爲《Library Expansion in China Begun》的新聞報導，報導了《仿杜威書目十類法》的基本情況，並專門刊出了該分類法十類總目和九○○歷史地理共兩頁的書影。1923年《The Library Journal》（July, 1923）又對《仿杜威書目十類法》第二版的修訂情況作了詳細的報導。在國內，沈祖榮的《仿杜威書目十類法》的影響更自不待言。金敏甫曾說：民國初期的各種分類法，“大部分成新舊二部，或竟分成數部，惟是新舊二字，並無絕對界限；且平行之制，管理上頗多不便，此則以上諸法之根本缺點耳”。“民國六年，文華大學圖書館沈祖榮氏，創中西混合之制，而著《仿杜威書目十類法》，將中外書籍，合用一法，可免上述之弊，中國之圖書分類法，遂現一線光明；後復加以更改，遂於民十一再版發行，其於門類方面，頗具科學精神；沈胡二氏，更因試驗結果，尚有未妥，正在修改之中，三版問世，爲期當已不遠矣”❶。蔣元卿亦曾評論道：“新舊混合制之創始，當以沈祖榮、胡慶生二氏爲首。二氏曾仿杜威法著《仿杜威書目十類分類法》，於民國六年由武昌

---

❶　金敏甫編．《中國現代圖書館概況》．廣州：廣州圖書館協會，1929年第37～38頁。

文華公書林印行。……。首事創造，厥功極偉。惟覽其簡表所列，此法雖爲中籍而設，然能爲中籍用者極少，似仍有中籍湊合西籍之嫌。且所列類名，亦欠明瞭。第一類‘經部及類書’即其一也（蔣復璁說）。而醫學獨立一門，似亦有輕重失當之嫌。總之，此法既係開山之書，較之近人著作，自爲簡略，然其所設類名，後之師之者，頗不乏人。如語言文學之合併，劉國鈞氏及安徽省立圖書館，均仿其例。如哲學宗教之合併，杜定友、裘開明、陳子彝，亦依其法。此足見其影響於吾國圖書館分類改進之功，實未可泯也。聞近中有最完備之分類法，行將問世，且待異日”。

“自沈胡二氏之後，各圖書館之從事分類者，大都仍以杜法爲根據，或增改其類目，以容中國特有之籍；或採用其符號，另立新目，以新舊於一爐。諸說紛紛，莫衷一是”❶。蔣復璁亦言：

“仿杜威法創自民十二年文華大學圖書館沈祖榮及胡慶生合著之《仿杜威十類分類法》，繼之者甚多，予圖書館界發生重大之影響，首事改革，厥功甚偉”❷。

雖然，以今日之眼光去看八十年前的《仿杜威書目十類法》，甚至以30年代國內流行之其他分類法去比較《仿杜威書目十類法》，《仿杜威書目十類法》在我國新分類法創始之初，確實頗顯簡陋，但是，初創之陋絲毫也不影響其巨大功績。正如沈祖榮後來所言：“我常想到我與胡慶生先生所編的《仿杜威十進分類法》一書，是爲我國圖書館首先的一本工具書籍。以後看來，

---

❶ 蔣元卿編．《中國圖書分類之沿革》．上海：中華書局，1937年6月。
❷ 蔣復璁．《中國圖書分類問題之商榷》．見：《圖書館學季刊》第3卷第1、2期合刊第37頁。

是一本很簡單的書，而在當時所採用的實爲不少。此理誠無足怪，每逢一種學術在萌芽的時候，偶而產生一種幫助的工具，是會叫人們去歡迎的，比如嚴復在中國最早仰望科學的時候，翻譯天演論原富以及穆勒名學等，是開闢了我國新思想一個最大的途徑。如果以現在的眼光去看他，翻譯這種的著作，是有許多的人可以應付的，而在那個時候，卻成爲稀世之珍。到了現在，研究科學的人，年有增加，而科學的著作，亦常有所見。圖書館之在我國進程中，亦是如此，除了《仿杜威十進分類法》那本書，在首先作一部份之貢獻外，接連杜定友、王雲五、劉國鈞，諸位先生們，隨編有圖書分類法，給國內圖書館在新進之中有一個很大啓示" ❶。

　　繼《仿杜威書目十類法》之後，在20年代和30年代國內圖書館界掀起研究和編撰各種體系分類法熱潮的時候，沈祖榮又開闢了中國圖書分類學的另一塊處女地——主題分類法的研究。早在1920年，沈祖榮已開始在文華公書林編制主題目錄。1929年6月，沈祖榮在《圖書館學季刊》第3卷第1、2期合刊上發表了一篇題爲《中文編目中一個重要的問題——標題》的論文。在這篇長達30頁的宏篇學術論文中，沈祖榮第一次全面而系統的闡述了主題分類法的各種理論和方法，從而開創了我國主題分類法的全面研究。

　　"Subject Headings" 一詞傳入中國以後，曾有諸如類名、

---

❶　沈祖榮.《〈中國十進分類法〉沈序》.見：皮高品著.《中國十進分類法》，武昌：文華圖書館學專科學校，1934年第1～3頁。

標題、主題標題、科目標題、主題標目、標題匯典、件名目錄等多種不同譯名，沈祖榮認爲圖書館中"常用名詞，務求單簡便用"，故上述名詞中"可用者，惟'標題'一詞。既甚明確，又已應用於一部分圖書。或謂標題似僅指Headings，而非Subject Headings，且似近專門術語，不便閱者。余以爲凡各名詞，皆系爲本界同志應用，與閱者不生何影響。對於外界，無論譯作何詞，亦少人明白。若爲閱者計，只須於目錄規則上，略加解釋即可。若謂標題僅指Headings則非此論，蓋 Subject之意，已合於標題之中，惟Headings一字，現亦譯作標題，兩相雷同，似嫌不便。爲區別Headings與Subject Headings計，可將Headings譯作別字。……於Subject Headings暫用標題表之；Subject則作主題；Headings仍作標目。至於List of Subject Headings則作標題總錄"❶。顯然，儘管沈祖榮對這些名詞的選用雖並非完善，但是其意義已十分清楚明瞭。

沈祖榮認爲標題之意義在於"標題係採一以詞或短語作成之主題。作標目（Headings），以標明一書之內容——所討論者何，與該書之體裁；並藉以將凡同主題之書籍，編置其下"。其目的在於"使各書之功用增大"，即於著者、書名和分類檢索之外，提供讀者更常用的主題檢索方法❷。

沈祖榮認爲："欲充分使人利用圖書，端賴標題目錄。故標題在編目位置上實占首位"。沈祖榮的這種觀點在分類檢索、著

---

❶　沈祖榮.《中文編目中一個重要的問題——標題》.見：《圖書館學季刊》第3卷第1、2期合刊第61～90頁。

❷　同上。

者檢索和書名檢索甚爲流行，而主題檢索鮮爲人使用的20年代的確顯得有點言之過重，但今天看來卻具有非凡的洞察力和遠見，尤其是在計算機檢索網絡流行的今日，主題檢索已遠遠超乎分類、著者、書名等檢索方法的使用，而成爲"實占首位"的最流行最有效之檢索方法。沈祖榮敏銳地洞察到了"標題"的重要性和發展態勢，同時也看到了當時的困難，雖然"標題在編目位置上實占首位"，"然此亦爲編目中最煩難之事。蓋著者名、書名皆有一定之規則可循，標題則不然"。所以，要使用和推廣"標題法"，首先就必須制定"標題總錄"，即今日所言"主題詞表"❶。

　　爲此，沈祖榮提出了"標準之制定，所以便編制標題卡，以利閱者。故一切當以閱書人爲主位"的主題詞選擇原則和主題詞表制定原則。基於這一原則，沈祖榮提出了選擇標題的基本標準和普通標準❷：

一、基本標準，分二項：

1.某書所含之內容爲何？所標標題，該標題所代表之材料爲何？
　二者須相切合。
2.視圖書館所在地方之需求。

二、普通標準，分四項：

---

❶　沈祖榮．《中文編目中一個重要的問題——標題》．見《圖書館學季刊》第3卷第1、2期合刊第61～90頁。

❷　同上。

1. 選擇標題，務極審愼，必採其能將書之內容完全表明者。

2. 不特須能表明書內容各方面也，且須正確明瞭；使普通中人檢用目錄者，迅速易曉。所謂明確之標題者，即所用標題恰與書內容合，而非範圍較大，含義甚廣，足以包括該標題之標題。

3. 所用標題，前後務須一致。凡內容各相同之書，皆須有同一之標準。所用標題，前後一致，實爲第一要務。

4. 用最普通單簡之名稱。

上述普通標準可以分別歸納爲準確、規範、一致、簡易四項標準，這四項標準亦正是今日圖書館界分類編目的通行標準，足見沈祖榮在此研究領域的深遠影響。

在此基礎上，沈祖榮又進一步提出了選擇標題的兩種方法❶：

一、選擇各不同之主題爲標題法

1. 普通主題與有特性之主題。編制一書，當以該著作之有特性之主題爲標題。

2. 人名與國名。凡論某元君或某統治者之傳記，與該元君該統治者在位時之歷史書，俱以該元君或統治者名爲標題。但非專論該朝之歷史書與該朝之重要大事；及一切政治小冊書，非顯然評論該元君該統治者，皆以國名爲標題。

---

❶　沈祖榮．《中文編目中一個重要的問題——標題》．見：《圖書館學季刊》第3卷第1、2期合刊第61～90頁。

3. 大事與國名。凡論一國歷史中有特別名稱之大事或時代之書，則以大事或時代之特別名稱爲標題（如鴉片戰爭、直奉戰爭，以鴉片戰爭、直奉戰爭爲標題是）。但須作引照卡，由國名引至此大事或時代之名稱上。若夫爲各國所同有之事實，則以國名爲標題（如革命、光復、內訌諸事是）。以事爲細題。如中國－史－革命。

4. 主題名（或體裁）與國名。關於此條，其最滿人意之法，即制二標題卡，一以主題名爲標題，一以國名爲標題。

5. 選擇包含相同材料之各主題爲標題法。凡包含同材料之各主題，視各主題所特重者爲何？該書特重點爲何？擇定應用之主題。再由其不用者，作引照卡引照之。

二、選擇各不同之名號爲標題法

6. 實同名異之名號。凡兩極端同實異名之名號，擇其中一名爲標題，再由他一名號作引照卡引照之。

凡實同名異之標題，擇其：

(a)爲來館查閱書籍人等所最熟諳者。

(b)爲其他目錄上常用者。

(c)除所用一義外，不含其他意義者。

(d)能使此主題與他有關係之各主題，緊鄰一處者。

7. 書名字爲主題。無論係見於書名上或否者，總擇其最能標明書之主題之名號爲標題。

由於20年代時，中國的主題詞表編制尙屬空白，而"標題在編目位置上實占首位"，有鑒於此，沈祖榮建議首先採用外國標題總錄爲藍本增改之後權作應急之用。當時國際上最有影響的主題詞表主要有兩部，一是美國圖書館協會於1911年編制的主題詞表（List of Subject Headings），二是美國國會圖書館於1928年編的主題詞表（List of Subject Headings）。通過比較研究，沈祖榮認爲："《美國圖書館協會標題總錄》，是集美國各圖書館標題之大成，係積數十年之經驗，耗無數人之心力，通力合作，所編成者，實爲一有系統之著作。書中所立各標題程式，頗含歸納演繹之作用。……《美國國會圖書館標題總錄》則少此種功用。惟國會圖書館總錄，搜羅新名詞甚多，所定標題，尤均合理。圖書館協會者，則出版十八年前，於近代發生諸新名詞皆未補入，惟於書左留有空白頁，備人添載而已；不若國會編制者之完善。我國現尚無標題專書，急應從事編纂，顧茲事體大，非短時所能辦，故余主張暫時可用美國國會編制者爲根據，以協會編制者作參考，稍加增改，以資應用。此書雖標題繁賾，然以圖書館改編目錄與一切卡片，殊非易事，持遠大之目光，就將來圖書館事業擴大計，誠不可用其他之單簡標題總錄" ❶。

為此，沈祖榮提出了"採用西國標題總錄應增改之事項"共十項❷：

1.凡西國節令與我無關者，易以我國節令。

---

❶ 沈祖榮.《中文編目中一個重要的問題——標題》.見：《圖書館學季刊》第3卷第1、2期合刊第61～90頁。
❷ 同上。

2.凡紀念西國偉人及其誕辰，亦與我國無關，無記載之必要，即以我國賢俊偉人之紀念或誕辰增入。

3.佛教由東漢輸入我國，其經典流傳，多至不可紀極，……不啻為我國惟一國教，標題選錄，自應特別注重。東京帝國大學圖書館及南開大學圖書館兩種目錄，對於佛典，收藏甚富，標題詳備，盡可借鑒。

4.各省風俗、名勝、古蹟、藥物、碑帖等，於人群文化美術，所關重要。……自應盡量採錄。

5.歷代文學如駢文、散文、詩詞、歌曲；其沿革及種類，均應分別記載。

6.關於歷史，可區別洪荒、上古、中古、近古、近世各時期。其間古代大事均應詳細記載，近現代人事尤宜精意求詳。

7.關於非重要人種之語言，及其文化、歷史、政治、兵刑、生活等事項，為我國人少所考究者；撰述既少，收藏又屬絕無。故此等標題，無須致力，但取其人種之名可也。

8.除英美少數與世界大勢有重大關係國家外，其餘國之細目，概可從略。

9.西書目錄所標標題，依字句之形式可概分為五類（外尚有二類）：(a)單獨名詞，(b)複合名詞，(c)單名詞後標短橫再加細題者，(d)複名詞中連有連續詞者，(e)名詞後殿有形容詞者。（如圖書館，農業）。(a)至(d)四類，仍從西書例，以前一名詞為主。惟彼於(e)類，或以名詞為主，或以形容詞為主，頗不一致。揆之我國習慣，此項標題之形式，又甚不適宜。今整齊劃一，適合我國習慣。……規定凡此類標題，俱以形容詞爲主，作一普通引照卡。

10.加入大部類書已用之標題。

此外，沈祖榮還就"見"、"參見"等"引照法"的編制，以及"標題之排列法"等一一作了詳盡的解說。

當然，沈祖榮並不滿足於增改西國標題總錄而用之，因此，沈祖榮提出："暫用美國國會圖書館與美國圖書館協會《標題總錄》，此爲救濟目前，不得已之辦法；如前所述，實多違離我國習慣之處。故余仍主張急速從事自行編纂。編纂方法，或如美國圖書館協會編制標題目錄法，取我國現日各圖書館所用標題，擇各書中最善之點，集成之。或由中華圖書館協會聘請專家，從新編纂。選擇標題之標準方法，余前述現日各圖書館通用標準與方法，可以擷用。至根據之書，如下：

一、普通名詞，可以《漢英雙解綜合辭典》作根據，因此書最近出版，採引博洽。

二、科學名詞，取曾經中國科學社審定諸名詞。

三、醫學名詞，用醫學會所定者。

四、關於新學術、新思潮諸名詞，取《新文化辭書》中所用者。

五、此外各專門辭書，如《教育辭書》、《法律經濟辭典》、《動物辭典》、《植物辭典》、……等，皆可作參鏡。

附帶之重要問題，則爲檢字問題，亦深望中華圖書館協會，有以規定" ❶。

---

❶ 沈祖榮.《中文編目中一個重要的問題——標題》.見：《圖書館學季刊》第3卷第1、2期合刊第61～90頁。

　　顯然，沈祖榮在20年代末不僅全面地探討了主題法的一系列理論問題，而且就主題詞表的編制提出了應急措施和長遠計劃。這些觀點和看法均是切實可行的，和行之有效的，可惜編撰主題詞表茲事體大，且較之編撰分類法更爲艱難，所以，無人敢於問津。

　　爲了實現個人的構想，並塡補我國圖書館界的一項空白，自1932年起，沈祖榮以美國國會圖書館《主題詞表》爲依據，參酌其他主題詞表，結合我國的具體情況，開始著手編纂我國的主題詞表——《標題總錄》。其後，經四年多的辛勤工作，沈祖榮於1936年完成了《標題總錄》的編纂，1937年文華圖書館學專科學校正式出版了《標題總錄》。沈祖榮在《標題總錄自序》中說：“我雖採用美國國會圖書館標題總錄作爲底本，但在編譯時，有增的，有減的……。我的用意，一不是好奇，二不是不滿於原著，實在是想求合乎我國圖書館實際的用途”。《標題總錄》共分上下兩冊，卷帙浩繁，全部主題詞均以漢英對照，是爲20世紀上半葉中國第一部，也是唯一的一部眞正的主題詞表。沈祖榮的《標題總錄》的問世標誌著我國分類學研究發展到了一個新的階段，從此，我國已初步形成了20世紀檢索語言體系的基本格局，和圖書館目錄體系的基本格局。可惜的是，《標題總錄》問世後正值抗戰爆發，歷史的災難湮沒了《標題總錄》的作用。從此以後，中國的主題法研究差不多沉寂了40年，直到70年代大陸出版《漢語主題詞表》，主題法的研究才重新開始興盛起來。但這絲毫也不能動搖《標題總錄》的歷史意義，因爲40年後大陸在主題法研究方法所取得的成就不過是沈祖榮40年以前工作的繼續和沈祖榮關於主題法構想的進一步實現。

三、圖書編目學思想

　　如同圖書分類一樣，圖書編目是沈祖榮就職文華公書林開始圖書館工作後最先遇到的一個大難題，因而，沈祖榮一生對圖書編目學的一系列問題都十分地關注。沈祖榮不僅從執教以後一直主講《西文編目法》和《俄文圖書編目法》等編目課程，對圖書編目給予了高度的重視，而且先後撰寫出版了《簡明編目法》和《俄文圖書編目法》等著作，發表了一批頗具見地的學術論文。相對而言，可以說，如果說沈祖榮的其他圖書館學術思想是通過其他途徑得以發生社會影響的話，那麼，沈祖榮的編目學思想則更多的是通過講授而得以傳播的。由於沈祖榮講授了近40年的圖書編目課程，因此，沈祖榮的圖書編目學思想實際上教育了幾代圖書館學家，並通過他們在圖書編目的理論和實踐中發揮著不可估量的潛移默化的作用和影響。

　　20年代初期，當各地圖書館普遍設立，圖書館工作尚處在草創階段時，圖書館界曾出現了一種論調：一些人對圖書編目提出了“圖書館為什麼要編目錄？編目錄有什麼作用？有什麼功效？”的疑問，而且不少人反對編目，認為“編目是耗費金錢，耽延時日的一椿事。……以為只要得一個有學識有經驗的館員，周知圖書館的辦法，熟悉館內所有書籍，就能夠備閱者的顧問，供給他們的需要，盡可不必要靠目錄了”。針對這種論調，沈祖榮及時地指出：“這種論調，是很不對的。固然圖書館員負有指導的責任，但是新舊書籍汗牛充棟，專靠館員的記憶力來指導閱者，是絕對不可能的”。因爲“一、古今中外的書籍太多，館員絕沒有全能記憶這些書籍的能力。二、就是館員富有記憶能力，也只知著者姓名，或書的概要，若是閱者問某叢書內有某一種書沒有，恐怕館員非經考查，不能答復這個問題。三、館員事務殷繁，不能不偶出館外，就是在館內別的地方辦事，也不能隨時隨地供人詢問。四、館員或因病辭職，或女館員因完婚辭職，繼任他們的館員未必都有他們的奇異的記憶能力。從這樣看來，館員不能代替目錄，所以圖書館應有編目的必要。編目的作用可以爲圖書館的代表，可以永久爲閱者的導師。它的功用是偉大的”❶。這樣，沈祖榮對這個今天說來根本不成其爲問題但在當時卻被部分人認同的論調作了有力的澄清。

沈祖榮認爲：“目錄的功用，不是要編得怎麼樣繁多，只在編得適用與不適用。怎樣爲適用的目錄呢？即如有人問某著者名，或問某書名，或問某件名，要能夠不多費時間，即刻檢出書來。我們要曉得目錄的作用，是幫助閱者減省他的煩難，只要他知道這三椿的一椿，就能便易檢出”。不但這樣，圖書的目錄還要有“能供閱者有‘問一得三’的功用”。“圖書館譬如寶庫，目錄譬如鎖鑰”。倘若寶庫封閉，沒有鎖鑰打開庫門，雖是‘琳瑯滿室’，難免‘宮墻外望’。圖書的目錄，就是把鎖鑰交給閱

---

❶　沈祖榮.《圖書編目之管測》.見：《圖書館學季刊》第2卷第1期第65～71頁。

覽人，自由開庫取納，有'予取予求'的快樂"❶。

沈祖榮認爲："編目的功用既然是這樣重大，編目的人也最'難能可貴'。善編目者，必定曾受高等教育，有專門學識，特殊才能，熟悉古今書籍，及著作家的來歷，才能勝任。並且要多受訓練，富有閱歷，增長他的學識。所以善編目者，必須具有以下的資格：一、須頭腦清明，二、須趨向堅定，三、須常識豐富，四、須度量深宏，五、常留心閱者的需要，擇善而從，不得有'膠柱鼓瑟'的成見。因爲編目是一種極繁難的工作，不是這樣資格的人，不能擔任。若是'濫竽充數'，所編的目錄絕不會得良好的結果"。不僅如此，"編目就是一種鍛煉人心精細的工作"。因此，編目還要做到"準"和"愼"二字❷。這樣，沈祖榮不僅全面地提出了編人員應具備的素質和資格，而且亦提出了編目工作的基本要求。沈祖榮的這些20年代的編目思想，直到90年代的今天仍然是放之四海而皆準的思想，也正是我們今日的要求。

20年代，甚至20世紀上半葉，我國一直沒有全國統一的編目規則，各圖書館多自行制定規則，可謂五花八門。沈祖榮認爲："編制目錄，因爲想得一個統一的程式，冤得許多的淆亂，所以要定一個編目的規則"。而編制編目規則的原則乃是"簡明適用"。由於"編制目錄的規則，多由經驗得來"，所以，"富於經驗的人能夠利用規則表示他的經驗。既然有了經驗，又遵守規則，恆久不變，所編的目錄，自然能統一，能有秩序，能夠合

---

❶　沈祖榮．《圖書編目之管測》．見：《圖書館學季刊》第2卷第1期第65～71頁。
❷　同上。

用"**❶**。

20年代,卡片式目錄在我國剛剛興起,傳統的書本式目錄受到激烈的挑戰。面對這種挑戰,圖書館界出現了兩種不同的觀點,或主張延用書本式目錄,或主張採用新的卡片式目錄。在這場爭訟中,沈祖榮通過對卡片式目錄和書本式目錄的各自利弊的比較分析,尤其是結合當時圖書館發展的實際情況,有力地提出了"何必拘守成規,不圖改進",應該"改採卡片"的鮮明觀點,積極地推廣卡片式目錄**❷**。

鑒於20年代時我國"提倡圖書館,最缺乏編目專書,以致編目的人多感困難",沈祖榮一方面呼籲"甚望海內同志對於這類著作,多為編輯,供後來編目的人有個準則"**❸**;一方面親力親為積極編撰編目著作。1929年,沈祖榮根據美國愛克斯(Susan Grey Akers)原著,編撰出版了《簡明編目法》(文華圖書科出版)一書。沈祖榮在該著自序中說:"此書係為圖書館中未受專門教育,又乏專門指導之館員而作,故題曰《簡明編目法》"。因此,在著述中,沈祖榮極力避免引用專門術語,不得已而引用者,亦概加詮釋;而規則則力求簡明,且多採取認為適用者,以達到編目規則應"簡明適用"之原則。全書共分十三章:第一章論分類,二三兩章論著者,四章論小說書籍編目法,五六兩章論非小說書籍編目法,七章論標題法,八章論機關著者,九章

---

❶ 沈祖榮.《圖書編目之管測》.見:《圖書館學季刊》第2卷第1期第65~71頁。

❷ 沈祖榮.《中國圖書館目錄應採書本式抑卡片式》.見:《圖書館學季刊》第1卷第3期第439~445頁。

❸ 同**❶**。

論叢書及雜誌編目法，十章論卡片排列法，十一章論美國國會目錄片，末兩章論登記及編目用具。後附名詞釋義、縮寫探源、及編目法參考書三種。其後，沈祖榮又發表《西文編目參考書》一文，就查字義所用之書、查人名所用之書、查出版人所用之書、查出版地名所用之書，查無名僞名氏之書、查書名所用之書、分類所用之書、查標題所用之書、制片所用之書、規定寫法之書、排卡片所用之書、定購印成目錄片所用之書等十二個方面詳細介紹了西文編目的各種參考書及其用法❶，實際上對《簡明編目法》作了更進一步的補充和完善。沈祖榮的《簡明編目法》既然是專爲"圖書館中未受專門教育，又乏專門指導之館員而作"（實際上對受過專門教育和具有專門指導的館員同樣具有指導作用），自然是一部"極有用之編目工具"。就編目學之專書而言，20年代系統的著作僅有金敏甫譯《現代圖書編目法》（（美）畢孝潑撰，商務印書館，1924年）和杜定友著《圖書目錄學》（商務印書館，1926年）等寥寥幾種，繼沈祖榮的簡明適用的《簡明編目法》（文華圖書科，1929年）之後，陸續問世的有裘開明的《中國圖書編目法》（商務印書館，1931年）、何多源的《圖書編目法》（廣州大學圖書館，1933年）、黃星輝的《普通圖書編目法》（文華圖書館學專科學校，1934年）、杜定友的《明見式編目法》（中國圖書館服務社，1936年）、金敏甫的《圖書編目學》（正中書局，　1946年）等諸書。比較而言，沈祖榮的《簡明編目法》既

---

❶ 沈祖榮．《西文編目參考書》．見：《文華圖書科季刊》第2卷第3～4期合刊第351～379頁。

開了 "簡明適用" 的風氣之先，又對其後的著述發生了相當的影響，而更爲重要的是，《簡明編目法》不僅是一般圖書館員中文編具的工具，而且亦是西文編目的重要工具，因而頗具意義。

50年代以後，由於形勢的變化，沈祖榮不得不放棄英美編目的理論和方法，重新開始學習俄文，講授《俄文圖書編目》課程。爲此，沈祖榮於1954年編纂出版了我國第一部《俄文圖書館編目法》（武漢大學出版），並先後於1955年和1958年修訂補充出版了第2版和第3版。《俄文圖書編目法》共分十一章：一、俄文圖書目錄編制的意義，二、標明有著者的和無著者的圖書，三、字順目錄內的輔助著錄和輔助卡片，四、政府機關出版物的著錄法，五、多卷書和叢書的著錄法，六、馬克思列寧主義經典著作及闡述馬列主義經典著作的作品的著錄法，七、各種類型的圖書的著錄法，八、期刊和連續刊物的著錄法，九、分析著錄法及書評著錄法，十、排架目錄，十一、字順目錄。後有附錄七項：一、人名變格，二、大寫規則，三、移行規則，四、著錄適用的縮寫字表（甲乙二表），五、蘇聯出版社一覽表，六、叢書一覽表，七、題下事項中常用的詞句❶。

沈祖榮的《俄文圖書編目法》雖然編纂於政治色彩十分濃厚的特殊年代，但是，其作用與意義始終不可低估。首先，沈祖榮的《俄文圖書編目法》開創了我國全面研究俄文圖書編目的先聲，由於其後大陸圖書館的編目模式出自蘇聯，而沈祖榮在編纂此著時雖以蘇聯編目模式爲主，但實際上不可避免地融入了大量

---

❶　沈祖榮編．《俄文圖書編目法》．武昌：武漢大學出版，1958年 2月第3版。

的英美圖書編目觀念與方法，所以，沈祖榮實際上是揉合了兩種圖書編目的不同優勢，這樣也就自然爲中國圖書編目的發展鋪設了一條明確的道路，發生了深遠的影響。其次，在英美圖書館學術受到批判，一些課程，尤其是沈祖榮講授的《西文圖書編目》課程停開的情況下，沈祖榮克服各種困難，新開設《俄文圖書編目法》課程並編撰其講義，這不僅塡補了當時在圖書編目學方面業已出現的教學與科研的眞空，而且整整教育了一代圖書館學人，其影響更是不言而喻。此外，因爲沈祖榮的《俄文圖書編目法》除作講義用外，尙兼有爲"實際俄文編目工作""作爲參考"的目的，自然對當時的圖書館編目工作亦發生了各種影響。也正是因爲如此，沈祖榮在編纂此著時一如過去的風格良好地保持了"簡明適用"的傳統，書中列舉了三百餘種實際例子，以及頗具簡易操作性的七個附錄。

四、圖書館觀念

　　沈祖榮自青年時代立志圖書館事業，並且一生致力於圖書館事業，甚至亦曾在中國圖書館歷史上幾度叱咤風雲，應該說，這與沈祖榮從萌芽、到形成，直至堅定的圖書館觀念有著不可分割的關係。而沈祖榮的圖書館觀念則來自於沈祖榮通過實踐所得來的對古今中外圖書館的認識、辨別、否定和認同，因而，也就具有特別的時代性和廣泛的代表性。

　　沈祖榮一生的大部分時間處在中國面臨民族危亡、遭受外國列強蹂躪的時代，像許多具有強烈的愛國主義精神的知識分子一樣，沈祖榮是抱著喚醒民眾、救國救民的理想投身於圖書館事業的。因此，從一開始，沈祖榮的圖書館觀念就具有十分濃厚的愛國主義的時代特色，即教育救國的特色。在回答“圖書館是什麼？”這個時代的問題中，沈祖榮既沒有從圖書館的本質的角度去回答，也沒有從圖書館的構成要素或運作方式去回答，而是從圖書館的功用的角度去回答的。而且，在從圖書館的功用的角度去回答“圖書館是什麼？”這個問題中，沈祖榮亦並沒有從圖書館的各項功用的角度去回答，而僅僅只是從圖書館的教育職能的角度去回答，因而也就特別能夠顯現沈祖榮的教育救國、教育興國的愛國主義圖書館觀念。沈祖榮認為：“圖書館是研究學術，

溝通文化，輔佐教育的機關"❶。"圖書館就是培養理智的永久
而活動的教育機關"❷。基於這種基本的圖書館觀念，沈祖榮認
爲圖書館在教育上具有三重功用：

其一、普及教育，啓迪民智

沈祖榮曾言："我們說：'圖書館是教育文化的先鋒，又該
做解糧官'，就這句話已經顯示圖書館對於教育文化的重要和它
所負的使命了。可是我國現時急需的就是普及教育，要使一般的
民衆都到圖書館裡來，換句話說，就是圖書館務須負了先鋒官的
使命，勇猛地打進民衆的陣伍，先以華佗的妙手回春的仁術潛心
地去醫治一般的文盲，等他們得見了天日，然後效法解糧官的行
動，奮力地盡量的去塡補他們的大欲"❸。

對於圖書館在普及教育、啓迪民智方面的功用，沈祖榮還曾
從比較的角度作過更爲生動的比喻說明："可畏的蘇俄等國，他
們是多麼的注力於提倡民衆圖書館啊！上自國家、社會、機關，
下至學士、商賈、農工，他們無時不在振動的提倡，無人不在聲
嘶的高呼。反顧我國呢？我不忍言！我不忍觀！然則普及民衆教
育究否重要呢？我就以民衆，譬之爲一個人力車夫；教育，譬之
爲他的足力；國家、社會的演進，譬之爲車輪的滾動，試問人力

---

❶ 沈祖榮.《談圖書館專業教育》.見：《湖北教育月刊》第2卷第4期第66～75
頁。
❷ 沈祖榮.《圖書館教育的戰時需要與實際》.見：《中華圖書館協會會報》第
13卷第4期第4～6頁。
❸ 沈祖榮.《世界民衆圖書館序》.見：（美）鮑士偉著、徐家麟等譯.《世界民
衆圖書館概況》.武昌：文華圖書館學專科學校，1934年第1～2頁。

車夫沒有足力，怎能拉車？車輪怎能滾動？雖則這個譬喻不很切當，可是意義是相同的，大勢是如此，不容我國怠懶躊躇了，奮力的直追啊"❶！

其二、改良社會，立國興邦

沈祖榮認爲："圖書館之作用，係補助學校教育所不及，養成樂於讀書之習慣，爲改良社會之利器，即人民對於圖書館，如布帛粟菽，不可須臾離也"❷。對此，沈祖榮曾從反證的方式作過十分生動的闡述，沈祖榮說："假使無圖書館，（第一）易阻學者之自修心。社會萬衆，俱可讀書，欲專注某種學術，即宜研究某種書籍，倘無圖書館，遇有疑難，無從參考，遂致不能解決，疑團留於腦海，志士因以灰心，則將因噎廢食，摒棄一切，再不向此中問津。一人如此，一國如此，雖希望文明發達，徒勞夢想。（第二）無從收學者之放心。青年學子，心志俱未堅定，假使無圖書館，以便瀏覽適當之書，當課餘無事，以有用之光陰，作無益之消遣；於圖書外求娛目之具，則有害於德行者必甚多；於圖書外求悅心之事，則躭擱於學問者必不少。欲矯正不規則之行爲，非多設圖書館不可，誠以圖書館，眞改良社會之一種利器也。（第三）錮蔽學者之思想。寒家子弟，個人爲學，欲薈萃中西萬國之書籍，以供參考，勢能不能，即有新思想，無各種圖書以爲

---

❶　沈祖榮．《世界民眾圖書館序》．見：（美）鮑士偉著、徐家麟等譯．《世界民眾圖書館概況》．武昌：文華圖書館學專科學校，1934年第1～2頁。

❷　沈祖榮．《民國十年之圖書館》．見：《新教育》5卷4期第783～797頁。

補助品，自不能觸類引伸，不但古時之文化，不能繼續，即現時之新智識，亦無書可以證實。思潮雖高，徒勞無益，則憤氣填胸，遂從此不用腦筋，不勞心力，則思想終於錮蔽矣；……。（第四）難期職業之發達。中國人之觀念，以爲研究學問，爲學士文人所獨，非衆人所同也；故於各種職業，均無圖書館之設立，殊不知凡百職業，其中皆有學問，皆當研究，如欲研究，非有此種圖書館，斷不能收圓滿之效果；……。中國……一切職工，全無智識，不能有所發明，正坐此也。（第五）易阻讀書人之進步。讀書人有三大職業，如學校教習，如翻譯著述，如新聞記者；中國惟教習一業，認爲一種職業，若新聞記者，則以爲士林敗類，或視爲不正當之營業；至翻譯著述一項，類皆目之爲失業無聊，不過借此漁利，亦不認爲職業。茲數者，若在歐美各國，均認爲高尚之職業，操此業者，終年在圖書館內，縱橫翻閱，隨意參考；而圖書館亦供給其筆墨，以贊助其書稿之成。中國則不然，雖有此三種人，因圖書館之不發達，雖有疑竇，無所參稽，進步之難，亦何足怪？（第六）無終生繼續求學之機關。中國人之眼光，以爲在學校畢業，即登峰造極，可以無事學問矣。不知學問之道，窮年莫殫，學校畢業，不過對於某級學科，告一段落而已。至於學問，豈眞達於極點；是以西人以圖書館，爲終生求學之補助機關，誠不謬也”❶。不僅如此，圖書館更是立國興邦不可須臾缺少的事業，沈祖榮認爲：“如欲立國於世界，則圖書館事業，實爲立國之先導也。夫國家之命脈，懸於文化，文化之來源，根於圖

---

❶　沈祖榮．《民國十年之圖書館》．見：《新教育》5卷4期第783～797頁。

書"❶。"國家富強，其表在政治，實在學問。圖書館爲造就各種學問之機關，爲富強之基礎"❷。

其三、喚醒民衆，救國救民

沈祖榮認爲從一般的意義上講，圖書館具有普遍教育或全民教育的功用，因此，他說："新的圖書館是學校制度之外另一種形式的教育活動，她不像學校裡面有年級的區分，搖鈴上課下堂的辦法，也沒有年齡、性別、程度等等限制，她的教育的對象是社會全體，由學者專家以至勞苦大衆，無論男女老少，盲啞賢愚，

都不分厚薄的爲他們服務。她的事業是把擺在架子上的死書變成川流不息的活用的東西從少數人的手中解放出來，讓需要他們的大衆來享受，並且用科學的方法鼓勵他們讀書，幫助他們讀書，教導他們讀書，也就是所謂的圖書館教育了"❸。但是，從中國的特殊情況而言，圖書館更具有喚醒民衆，救國救民的作用。在抗日戰爭期間，沈祖榮對圖書館的這一功用曾作過這樣的表述："現在抗戰已到最緊張的時候，圖書館教育這個問題好像是不應該談的。其實不然，抗戰最緊張就是圖書館教育最應緊張的時候。現在打仗不是專靠武力的，沒有錢我們不能打仗，沒有糧食我們不能打仗，沒有教育文化的培養，我們更不能打仗。沒有錢我們

---

❶ 沈祖榮.《參加國際圖書館第一次大會及歐洲圖書館概況調查報告》.見：《中華圖書館協會會報》第5卷第3期第3～29頁。

❷ 沈祖榮.《中國全國圖書館調查表》.見：《教育雜誌》第10卷第8期第37～45頁。

❸ 沈祖榮.《圖書館教育的戰時需要與實際》.見：《中華圖書館協會會報》第13卷第4期第4～6頁。

可以向別國借；沒有糧食，我們也可設法購運；可是教育力量不夠，文化水準太低，結果國民沒有國家民族的觀念，沒有現代知識，沒有生產能力，這樣的一個國家，雖有至好的國際友人當然也受莫能助，這樣的一個民族，簡直是天然的帝國主義的奴隸。老實說，一個國家整個國力的養成，完全靠著教育。我們現在能向倭寇面對面拼一氣的，就是靠了過去和現在不斷增強的教育力量。我們的武器不及敵人，我們的戰士卻有以血肉作長城的精神，這種精神就是由教育而發生的。……圖書館是教育設施的一種，是不拘形式灌輸知識，促進技術的利器。皆因不拘形式易於普及，它最合乎戰時的需要，圖書館教育因戰時的需要而存在，就應該適應戰時的需要而活動"❶。

圖書館在戰時怎樣才能發揮其作用呢？沈祖榮認為應該從"前方將士精神食糧的供給"、"受傷將士休閒教育的顧及"、"難民的教育"、"一般民衆的教育"等四個方面去發揮其應有的作用。圖書館教育可以安慰將士、補充其知識、鼓舞其鬥志；可以達到使難民"進而入伍出征殺敵，退而努力生產工作"的目的；可以"喚起民衆"，"使民衆真正認識個人為國家之確實的關係，亡國奴何以不可為，怎樣才不致亡國"❷。

由此可見，沈祖榮的圖書館觀念完全是建立在教育救國、教育興國的基礎之上的愛國主義圖書館觀念。

從這一基本的圖書館觀念出發，沈祖榮認為要發揮圖書館的

---

❶ 沈祖榮.《圖書館教育的戰時需要與實際》.見《中華圖書館協會會報》第13卷第4期第4～6頁。
❷ 同上。

職能和功用，其關鍵首先在於使民衆充分地利用圖書館的藏書，沈祖榮曾言：“圖書館爲輔助教育利器，爲教育家所公認。所謂利器者，非謂館舍美麗，藏書宏富；亦非謂所藏之書，價值寶貴，或爲世界孤本，或爲名人遺著；而實在社會人民，能否利用所藏之書籍”❶。然而，僅僅是使民衆充分地利用圖書館的藏書還是不夠的，還必須採用其他的方式方法以發揮圖書館的教育作用。沈祖榮認爲：“圖書館教育的目的是供給知識給大家。但是供給知識不一定全靠書本，尤其是對於文字程度太低和不識字的人。於是我們就有文字淺的通俗讀物、圖畫、幻燈、電影、講演、歌詠、留聲機、無線電收音機、戲劇，以濟其窮。也可以舉辦民衆學校，推行識字運動”❷。

---

❶　沈祖榮．《中國圖書館目錄應採用書本式抑卡片式》．見：《圖書館學季刊》第1卷第3期第439～445頁。

❷　沈祖榮．《圖書館教育的戰時需要與實際》．見《中華圖書館協會會報》13卷第4期第4～6頁。

五、圖書館事業建設理論

　　因爲沈祖榮一生以富國強民爲己任，所以沈祖榮的圖書館觀念是一種愛國主義的圖書館觀念；而正是因爲沈祖榮具有強烈的愛國主義圖書館觀念，所以，沈祖榮將畢生的精力奉獻給了我國圖書館事業；也正是因爲如此，沈祖榮特別重視圖書館事業建設。沈祖榮不僅一生致力於倡導、宣傳和親自辦理圖書館事業，而且十分重視對我國圖書館事業建設的理論研究，其一生發表的學術論文大部分均集中於我國圖書館事業建設這一主題，其中比較典型的論文有《民國十年之圖書館》（《新教育》5卷4期，1922年11月），《提倡改良中國圖書館之管見》（《新教育》6卷4期，1923年4月）、《我國圖書館事業之改進》（《文華圖書館學專科學校季刊》5卷3、4期合刊，1933年12月）、《公共圖書館在行政上及事業上應有之聯絡》（《中華圖書館協會會報》12卷3期，1936年12月）、《戰後圖書館發展之途徑》（《中華圖書館協會會報》18卷4期，1944年6月）等等。通過一系列的理論研究，沈祖榮建立了一套比較完善的中國圖書館事業建設理論。這些理論從宏觀上和微觀上分別闡述了我國圖書館事業發展的基本原理、原則和方法，不僅在當時具有極爲重要的現實指導意義和價值，而且對於今天圖書館事業的建設和發展仍然有著不朽的深遠的歷史意義。

　　沈祖榮的宏觀圖書館事業建設理論主要包括以下幾個方面：

其一、圖書館事業建設有賴於政府提倡和人民贊助

　　沈祖榮認爲："國家富強，其表在政治，實際在學問。圖書館爲造就各種學問之機關，爲富強之基礎" ❶。而且"學校外之教育機關甚多，其性質屬於根本的，其效果屬於永遠的，莫如圖書館" ❷。因此，要興教育、強民衆、富國家，就必須要發展圖書館事業，而要發展圖書館事業，就必須要得到政府的倡導和民衆的贊助。沈祖榮曾說："中國幅員遼闊，人民衆多，每省圖書館不過一二處，或一省並無一圖書館，合全國圖書館統計之，不及美國一都市之多，其藏書總數不及巴黎一國民圖書館。國內圖書館少國內閱書人必少，與國家文化之進步有無形之障礙，故欲增長國民之程度，則圖書館之教育較學校之設置，其效力尤能普及，是在政府提倡於上，人民勸導於下，徐圖異日之發達焉" ❸。又言："歐洲各地，其設圖書館也，必於其地有實際之功用；其倡某科也，必於某科有充分之培植。視其範圍之大小，以爲貢獻之比例。故其政府與人民皆樂而贊助之。試一考其成立創辦之經過，有由政府提倡保護獎勵撥幣津貼者；有由國民協作，樂於輸將，以成大業者；更有由服務館員，抱不折不撓之精神，作畢世不移之事業，以維持光大者" ❹。中國應該"仿而行之"。

---

❶　沈祖榮.《中國全國圖書館調查表》.見：《教育雜誌》第10卷第8期第37～45頁。

❷　同上。

❸　同上。

❹　沈祖榮.《參加國際圖書館第一次大會及歐洲圖書館概況調查報告》.見：《中華圖書館協會會報》第5卷第3期第3～29頁。

其二、圖書館事業建設、發展、改良的關鍵在於圖書館人自身

圖書館事業的建設固然有賴於政府的提倡和人民的贊助，但是，這終究是外在的因素，而最關鍵的內在因素乃是取決於圖書館人本身。早在1922年，沈祖榮在《民國十年之圖書館》一文中通過對我國圖書館事業發展的現狀的分析，就已經提出了"何以我國政府，對於種事業，絕不提倡，甚可怪也。"的詰問，並指出："不得因政府對於此事，漠然淡然，而鄙人亦遂灰心喪氣，而不思改良之方法"❶。主張圖書館人應積極主動地去發展和改良我國圖書館事業。其後，沈祖榮又一再地說明我國圖書館事業建設的關鍵在於圖書館人本身，而不是其他人。沈祖榮說："我常常想到《莊子》上惠子和莊子的對話：'子非魚，焉知魚之樂？子非我，焉知我不知魚之樂？'一段意思。大凡個人的事，還是望個人去辦理清楚，如自己辦不到，而想推之於他人，是不可能的。照這樣說來，圖書館事業在目前的中國，處於萬難當中，難道不須求助於人嗎？求助於人固然不錯；最要緊的，卻是自助則人助"❷在《我國圖書館事業之改進》一文中，沈祖榮又進一步指出："談到改進，是近來一個時髦的口號，尤其是在我國各方面呼得最熱烈。圖書館也是隨著在呼改進，試問是在向誰呼呢？有人說應當向著當局者呼，因為他們有權力，可以幫助我們，又有人說我們應當向著一般平民呼，因為這般平民完全不認識圖書館的作用。只不過這兩點不一定是我們所急需呼喚的對象，目前

---

❶ 沈祖榮.《民國十年之圖書館》.見：《新教育》5卷4期第783～797頁。
❷ 沈祖榮.《談談圖書館員的生活》.見：《文華圖書館學專科學校季刊》第6卷第1期第1～9頁。

目前惟有向著我們同行範圍以內的人來呼"！"即以我國圖書館事業，無論興衰成敗，決不能諉於他人，雖然有要人幫助或維持的地方，但是改進的責任則由圖書館界完全擔任，所以圖書館求改進的呼聲，只有向著圖書館界範圍以內來呼"❶。

其三、圖書館事業建設和發展應該實事求是，符合國情

堅持實事求是是沈祖榮的一項根本觀念，這個觀念反映到圖書館事業建設和發展上自然亦具有十分鮮明的特色。30年代時，沈祖榮曾言："目前的中國，是天災人禍的中國，內憂外患的中國。其痛苦是整體的，不是一部分的。近來也有不少的人，對國家的前途，引起覺悟，提倡種種救國運動，如實業救國、科學救國、教育救國、人格救國，以及航空救國等等都是。但我們相信，這一切一切，總而言之，當以教育文化爲基本。圖書館事業乃教育文化之樞紐，所以圖書館的進退，當然隨國情走"❷。那麼，如何才能做到"隨國情走"呢？沈祖榮認爲："在力求改進中，自己先要認識清楚的：㈠欲望不可過高，因爲過高事實辦不到。……㈡合乎實際需要。……㈢須取得群眾的信用。圖書館事業不是爲己，乃是爲人，群眾能夠信用圖書館，則圖書館方才有生機，有立足之必要"❸。在此基礎上還要"有切實工作效能，不必過事鋪張，要按部就班，循序漸進，抱著一定的目標，絕對

---

❶　沈祖榮.《我國圖書館事業之改進》.見：《文華圖書館學專科學校季刊》5卷3、4期合刊第261～266頁。

❷　沈祖榮.《談談圖書館員的生活》.見：《文華圖書館學專科學校季刊》第6卷第1期第1～9頁。

❸　同❶。

不作空泛的理論，而求實事求是的眞工作，能得社會的信仰與贊助，以發揮圖書館之能力，尤要對於民生疾苦、困難，多有所貢獻"❶。

其四、圖書館事業建設必須繼承和發揚我國圖書館事業的優良傳統。

自20世紀初開始，沈祖榮曾掀起了猛烈抨擊中國古代藏書樓陋習，竭力宣揚歐美圖書館事業的新圖書館運動。在分析中國傳統藏書的過程中，沈祖榮曾對我國的封建藏書樓進行過十分猛烈的批判，並將我國圖書館事業在20世紀初之所以不發達的原因之一歸咎於傳統藏書樓的陋習。沈祖榮曾說："中國古代藏書，屬於公家者，石渠金匱，視若鴻寶，人民無由窺其美富。在私家蒐羅諸子百家，侈談宏富，亦只供一二學者，研究高深之學理，而於普通人民無與也。蓋吾國士夫，多持曹倉鄴架之謬見，尙未明瞭圖書館之性質，不在培養一二學者，而在教育千萬國民；不在考求精深學理，而在普及國民教育。此中國圖書館不能發達之一遠因也"❷。沈祖榮猛烈地抨擊封建藏書樓的陋習，但是，並沒有全盤否定中國圖書館的歷史，他一貫反對民族虛無主義，主張批判地繼承我國圖書館歷史的傳統，並且認爲繼承和發揚我國圖書館事業的優良傳統是當今圖書館的使命，是圖書館事業建設的必需。沈祖榮曾言："我中國爲文化很古之國，在世界文化上，

---

❶ 沈祖榮.《我國圖書館事業之改進》.見：《文華圖書館學專科學校季刊》5卷3、4期合刊第261～266頁。

❷ 沈祖榮.《中國全國圖書館調查表》.見：《教育雜誌》第10卷第8期第37～45頁。

已有相當的地位，爲發揚我國文化計，圖書館事業實負有重大的使命"❶！爲什麼圖書館事業建設必須肩負起這一神聖使命呢？沈祖榮認爲："我們國內的學術、教育、文化，均在世界後進之國的後程，我們辦理圖書館者，更應當自告奮勇，盡我們的本分，爲文化事業謀發展，使我們祖宗數千年所傳下來的國粹，得以表彰世界，藉以發揚我們民族的精神，培成我們民族的命脈"❷。如何才能肩負起這一神聖使命呢？沈祖榮認爲其關鍵在於繼承和發揚我國圖書館事業的優良傳統。沈祖榮認爲："我國現代圖書館，接受固有圖書館的產業，就要想到數千年來，文獻的收藏、保管、匯集、處理、傳播、應用，這一切遺規舊範；以及關於此項有權威的大師通儒，並有歷史的館閣，藏書樓等等，都是在我國文化上，占有重要地位，放了無限的光彩，這一筆偉大的遺業，應該一律重視，而亟謀所以繼承發揚光大之。這種承先啓後的工作，若專靠圖書館的新方法還有做不到，因爲新方法只能使其供應便利，而於古書寫本，極難收藏，所以爲繼承發揚光大我國固有之圖書館事功起見，還須(A)徵求與諮詢，……辦理圖書館的人，必須虛懷若谷，有好問則裕的心理，多多請教於嗜古的專家；(B)研究與傳播，這個意思，就是己立立人的工夫。總之，我國文化在世界占主要的部分，現欲發揚光大，使世界人類，有確切之認識，與欣然之推崇，其事功當在圖書館而已"❸！

---

❶　沈祖榮.《談談圖書館員的生活》.見：《文華圖書館學專科學校季刊》第6卷
　　第1期第1～9頁。

❷　沈祖榮.《國難與圖書館》.見：《文華圖書館學專科學校季刊》第4卷第3、4
　　期合刊第223～234頁。

❸　沈祖榮.《我國圖書館事業之改進》.見：《文華圖書館專科學校季刊》第5卷
　　3、4期合刊第261～266頁。

其五、圖書館事業建設必須根據中國的國情借鑒外國圖書館的一切先進經驗，走具有中國特色的圖書館事業之路

　　沈祖榮認爲："我國圖書館事業，僅在萌芽時代，若不虛心研求，吸取他人之長，則閉門造車，出門那能合轍呢" ❶？與此同時，沈祖榮又多次強調："圖書館的進退，當然隨國情走"。因此，一方面，我們應該大膽地吸收和借鑒外國圖書館事業的先進經驗；另一方面，又不能盲目照搬、生吞活剝，要結合中國的國情，合理地有選擇的運用。沈祖榮曾言："歐美兩洲之圖書館，其注重有不同者。歐洲之各大圖書館，大抵於圖書多重在保存於應用多顧及專門之學者。美國圖書館，大抵於圖書多重在普及於應用則多顧及于公民。蓋歐洲有較長之歷史與文獻，美洲開國不遠，因之所從之道以異。我國圖書館今後究當以何爲歸耶？榮以爲我國文獻悠長，同時民智未開，於國立圖書館當以歐洲爲法，重專門與保存，於公共圖書館當以美國爲法，注應用與普及。如斯則文獻可以不墜，民智可以增進矣" ❷。在20世紀初我國現代圖書館事業剛剛萌芽的時候，沈祖榮在猛烈抨擊封建藏書樓的同時竭力倡導辦理西式圖書館，掀起了開風之先的新圖書館運動。當先進的西方圖書館觀念與學術已被大多數人所認識和接受的時候，沈祖榮在30年代又不斷地告誡人們不要盲目照搬，不要一味崇洋，要使外國圖書館的先進經驗中國化，要走具有中國特色的

---

❶　沈祖榮．《章譯民眾圖書館的行政序》．見：章新民譯．《民眾圖書館的行政》．武昌：文華圖書館學專科學校，1934年第4～5頁。

❷　沈祖榮．《參加國際圖書館第一次大會及歐洲圖書館概況調查報告》．見：《中華圖書館協會會報》第5卷第3期第3～29頁。

圖書館事業建設之路。在1933年我國現代圖書館已普遍設立的時候，沈祖榮認爲宣傳西方圖書館事業的任務已經完成，應該將中國圖書館事業的建設迅速轉到中國化的道路上來。沈祖榮曾敏銳地指出："我國對於新式圖書館學術事業，自外國介紹入我國，得以實施試辦已歷二十餘年。雖然已經有國立圖書館、公立圖書館、以及私立圖書館等等，究其實在的成效，還是不敢自許，無論如何，現在介紹與試辦之過程，應告一段落，而成爲中國式的圖書館。中國式的圖書館就是純粹的中國色彩，合乎中國人的性情。我們雖然採用人家科學的方法，但是在實質上要變爲中國化的圖書館，如分類、編目、圖書館設備等等，都能代表中國的文化，可由中國圖書館顯現出來" ❶。

在上述宏觀圖書館事業建設的理論和方針的基礎上，沈祖榮又相繼提出和闡述了一系列的微觀圖書館事業建設理論。這些微觀的圖書館事業建設理論對於中國圖書館事業的建設均具有很強的針對性和可操作性，有的具有時代性，而更多的則具有永恒性。

其一、圖書館事業建設必須堅持公有公享的基本原則

沈祖榮所倡導的新式圖書館，不僅僅只是指新式的圖書館技術和方法，最重要的是新型的圖書館觀念，因爲沒有新型的圖書館觀念，即使是採用了新的技術和方法，圖書館事業也不可能得到眞正的發展。沈祖榮不僅一貫堅持倡導新的圖書館觀念，而且亦不斷呼籲應將新的圖書館觀念化作制度，將其確定爲圖書館事

---

❶　沈祖榮.《我國圖書館事業之改進》.見:《文華圖書館專科學校季刊》第5卷3、4期合刊第261～266頁。

業建設的基本原則。沈祖榮曾謂："如何爲基本的原則呢？就是要注重公有、公享。因爲近來的圖書館不是藏書樓或是爲少數的書蟲、書痴，所獨享用的，這種春風化雨，是要使萬物均沾，所以公有、公享、開架、出借等等，爲圖書館事業的基本原則" ❶。

其二、制定最低限度的標準是圖書館事業建設的基本保證

要謀求圖書館事業的發展，就必須要在政策上予以充分的支持。這個支持就是必須制定圖書館事業建設的最低限度的標準，只有這樣才能保證圖書館事業的穩步發展。沈祖榮認爲：圖書館事業的 "最低限度的標準，就是要有相當最低限度的員司、設備、經費、圖書等等，而爲眞正合乎圖書館所需要者，決非濫竽、糜費；還須辦理圖書館一切基本事務，以爲遠大發展計劃之張本，不使其涸竭，此均最低標準中所應有者" ❷。

其三、圖書館事業建設必須加強圖書館的協作協調

中國圖書館事業的發展向來受傳統的小農經濟觀念的影響，鷄犬相聞，老死不相往來，各自爲政，各行其是，造成了圖書館事業建設的極大重複、浪費，因而障礙了圖書館事業的發展。早在1922年中國現代圖書館初興之時，沈祖榮就已敏銳地指出："中國圖書館，其所以不能發達者，又在各館各自爲法，孤立無助" ❸。30年代，當圖書館建設十分興旺的時候，沈祖榮又一再提醒、告誡和呼籲圖書館界同仁應該加強合作。1933年時，沈祖榮

---

❶ 沈祖榮.《我國圖書館事業之改進》.見：《文華圖書館學專科學校季刊》5卷3、4期合刊第261～266頁。

❷ 同上

❸ 沈祖榮.《民國十年之圖書館》.見：《新教育》5卷4期第783～797頁。

指出：“現時困難嚴重，凡百事業，日趨凋敝，彼非此是，此是彼非，互相排擠，勢如冰炭。想到圖書館事業，在此建立新基的當兒應矯正此弊，力求允當、經濟、合作、建設；極力避免錯誤、浪費、傾軋、破壞；尤須在經費上、管理上、工作上、人事上，求得眞正的合理化。至於圖書館編目、選購、交換、建築、設備、組織、管理等等，尤須力求整個圖書館界之調劑合作”❶。1936年，沈祖榮又專門撰寫了《公共圖書館在行政上及事業上應有之聯絡》一文，專門闡述圖書館的協作協調問題。沈祖榮說：“現在圖書館在行政上的第一不良現象，是各自爲政。……由是形成‘爾爲爾，‘我爲我’‘閉門造車’‘各行其是’的局面。這種文化事業割據起來，焉能希望有良好的貢獻？這是圖書館現在很不好的現象。第二種不良的現象，是不通聲氣。……試思一國之內，大小圖書館雖有一千多所，按人口分配，本來尚不敷應用，再若彼此不相往來，豈不力量更爲薄弱嗎？……因有上述的兩點現象，致發生種種影響，間接不能利於他館的工作，直接減少本館的發展力量，且於國家社會，均受極大損失”❷。因此，沈祖榮呼籲並建議：在行政上應建立全國統一的圖書館管理機構，使全國圖書館事業在管理上由上而下，由上而上，系統整然，步調一致。在圖書館工作上應實現全國統一或集中分類編目以減少重複勞動；應協調書刊採購以減少重複浪費；應加強館際互借以

❶ 沈祖榮．《我國圖書館事業之改進》．見：《文華圖書館學專科學校季刊》第5卷3、4期合刊第261～266頁。

❷ 沈祖榮．《公共圖書館在行政上及事業上應有之聯絡》．見：《中華圖書館協會會報》第12卷第3期第1～3頁。

共享資源；應加強業務和技術交流以增加見識提高工作效率；應加強館員間的溝通聯繫以增進友誼養成與人合作的精神；……❶。在組織上應成立專門的協會或研究會以相互切磋、相互協助。早在中華圖書館協會成立的數年前，沈祖榮就已多次進行了強烈的呼籲，並言："中國圖書館，其所以不能發達者，又在各館各自爲法，孤立無助；推原其故，由未聯絡研究機關，以謀協助也。誠能組織全國圖書館研究會，以館中館長館員主任爲基礎，再徵求全國同志，及熱心贊成家，加入此會，則會員愈多，見聞愈廣，集思廣益，知識交換，合群策群力，以改良其辦法，則此種事業，定有進步。不然，一盤散沙，毫無統系，同爲此種事業，而意見紛歧，各處異制，即有良法，無人學步，縱多流幣，不知劃除，長此以往，欲謀發展，未之有也"❷。

其四、制定圖書館事業經費標準是圖書館事業建設的保障

沈祖榮在其圖書館生涯中感受最深的一點就是經費，經費問題一直困擾著沈祖榮、困擾著中國圖書館事業的發展，因此，數十年間，沈祖榮一直在大力呼籲政府在經費上應給圖書館以充足的支持。鑒於中國的現狀，沈祖榮認爲應在制度上政策上規定圖書館的經費比例。早在20年代，沈祖榮就多次說到："凡百事業，均須經費做成。經費愈充足，則事業愈發達。至於圖書館，亦何莫不然。我國中央政府，以及省政府，全不注重圖書館之經費，故圖書館難望起色，此必然之勢也。改良方法，須在省教育經費中，

---

❶ 沈祖榮.《公共圖書館在行政上及事業上應有之聯絡》.見：《中華圖書館協會會報》第12卷第3期第1～3頁。

❷ 沈祖榮.《民國十年之圖書館》.見：《新教育》5卷4期第783～797頁。

提出十分之一，爲辦理圖書館之用，或規定由印花稅中撥出，最爲簡便" ❶。其後，沈祖榮關於制定圖書館經費比例的呼聲一直未斷。

其五、圖書館人才培養和隊伍建設是圖書館事業建設的前提和關鍵（見後述沈祖榮的圖書館教育思想）

其六、圖書館精神是圖書館事業建設的精髓（見後述圖書館精神）

---

❶　沈祖榮.《民國十年之圖書館》.見：《新教育》5卷4期第783～797頁。

六、圖書館教育思想

　　沈祖榮一生抱著教育救國、教育興國的理想，致力於中國圖書館事業的發展，傾力於中國圖書館學教育的發展，不僅貢獻至巨，而且思想頗豐。其圖書館教育思想主要由兩個基本的組成部分構成，一個組成部分是圖書館社會教育思想，另一個組成部分是圖書館學專業教育思想。這兩個組成部分既相互區別，又相互聯繫，互為表裡，相得益彰，構成了沈祖榮圖書館教育思想的不可分割的整體。

　　在圖書館社會教育方面，沈祖榮一貫堅持認為圖書館是社會教育的機關，其性質與功用的關鍵在於普及民眾教育，喚醒民眾、啓迪民智，以振興中華。因此，沈祖榮主張圖書館事業的發展當隨民眾教育運動的潮流演進，"全國的呼聲，是向民眾追逐，尤其是教育方面，最為激烈。例如識字運動、民眾教育、鄉村教育等，都是注意到教育以普及民眾為前提，因之圖書館的工作，亦往民眾方面開發" ❶。有鑒於此，沈祖榮大聲地疾呼："希望教育行政當局改變向來對於圖書館教育的放任的、不置重的政策"，"希望社會人士改變過去'以圖書館為太平盛世的

---

❶　沈祖榮．《圖書館所希望於出版界的》．見：《文華圖書館學專科學校季刊》第5卷第2期133～138頁。

點綴品，爲可有可無的附屬機關’的錯誤觀念。要開始贊助這種教育事業，使它在戰爭的過程中能夠發揮它的確有的大力，配合軍事政治等等，以達到‘抗戰必勝，建國必成’的終點”❶。圖書館界“諸君只要抱一種普及教育的目的，服務社會的熱情、勇敢、耐煩、奮鬥、前進，未有不迎刃而解的，努力！灌開圖書館界之鮮花”❷！“希望服務圖書館的人員認清個人在全體性戰爭中所負的使命，不要以抱殘守闕爲滿足。圖書館員要做到學術和文獻上的嚮導，並且推廣業務到前方去，到傷兵醫院去，到難民收容所去，到農村、工廠街頭、一切的廣大民眾中去”❸。（關於沈祖榮的圖書館社會教育思想詳見前述“圖書館觀念”部分）。

　　在圖書館學專業教育方面，作爲中國圖書館學教育之父，沈祖榮不僅一生潛心於圖書館學專業教育，揮鞭執教達四十年之久，而且對圖書館學專業教育研究最多，思想最爲豐富、全面、系統。具體說來，沈祖榮的圖書館學專業教育思想主要有以下幾個方面：

其一、圖書館人才是關係到圖書館事業生死存亡、榮辱興衰的最重要最關鍵的根本和保障

　　作爲20世紀中國圖書館界睜眼看世界的第一人，早在留美攻讀圖書館學期間，沈祖榮就已以非凡的洞察力第一個提出：中國圖書館事業的發展，“最切要者乃是有得力之館員將此偉大事業

---

❶　沈祖榮.《圖書館教育的戰時需要與實際》.見《中華圖書館協會會報》第13　卷第4期第4～6頁。

❷　沈祖榮.《在文華公書林過去十九年之經驗》.見《文華圖書科季刊》1卷2期　第159～175頁。

❸　同❶。

推向前進"❶。從此時起,沈祖榮就一直高度地重視圖書館學專業教育,重視圖書館人才的培養,並一再強調:"孟子說:'人存政舉,人亡政熄'。事業的成敗得失實在於得人和不得人"❷。對於社會上辦理圖書館的人對圖書館人才"均以爲無關輕重,其館長與管理各員,無論何人,皆可爲之"❸,"以爲辦圖書館事務的人並不一定要受過圖書館學專門訓練,猶之乎作官並不定要經過大學政治系一樣"❹的種種錯誤觀念和偏見,沈祖榮不僅在理論上進行了批判,而且更通過培養圖書館專門人才,以事實去改變了人們的看法。沈祖榮認爲:"圖書館員是一行專業,不是人人都可以勝任的"❺,只有受過專門訓練的人才能肩此重任。而且,在圖書館人才中,"圖書館之館長最宜得人。大凡圖書館經費雖充足,書籍雖宏富,然不得其人,其事業終歸低落"❻。

其二、圖書館學專業教育和人才培養是圖書館事業建設的前提

早在留美攻讀圖書館學時,沈祖榮就已敏銳地指出:"我們一定要有圖書館員。縱然有人樂於捐資,倘若沒有得力的組織

❶ Samuel T.Y. Seng. 《Can The American Library System Be Adopted In China》.見:《The Library Journal》Vol.41(June 1916):381～388.

❷ 沈祖榮.《圖書館教育的戰時需要與實際》.見:《中華圖書館協會會報》第13卷第4期第4～6頁。

❸ 沈祖榮.《民國十一年之圖書館教育》.見:《新教育》第6卷第2期291～294頁。

❸ 同❷。

❺ 同❷。

❻ 沈祖榮.《民國十年之圖書館》.見:《新教育》5卷4期第783～797頁。

者，仍將一事無成”❶。在回國掀起新圖書館運動時，沈祖榮又反復地指出：“僅僅有宣傳，依然不足以發展圖書館之事業，尤要在有專門人才善辦此種事業”❷。“圖書館之發達，非一蹴就能致，必先培養圖書館辦理人才，研究專門學識，庶能辦理得法，有條不紊”❸。而且，既然圖書館爲社會教育的一部分，必須要推進圖書館的社會教育，那麼就必須訓練人才，以供圖書館使用，否則，怎樣良好的計劃最終亦不可實現❹。那麼，在中國圖書館事業初興且尙無圖書館學教育機關的時候，究竟是應依賴外國的圖書館學專業教育呢？還是自創中國的圖書館學教育事業呢？沈祖榮認爲：“雖然，海外留學，所費不貲，遠涉重洋，談何容易？縱令虛往實歸，而桔枳變異，勢所必然，所學之件，在外國雖稱合法，在中國不能完全採用。由是言之，欲推廣圖書館事業，務須在中國組織培養人才之機關，將來學業有成，可以充圖書館之應用”❺。鑒於歐美“各國政府或各大圖書館，大都設有圖書館專門學校以培植人才。故其圖書館事業之發展也，管理也，往往舉重若輕，由難變易，皆因其有相當之人材，以對付之也”。沈祖榮認爲：“我國圖書館事業，才屬萌芽，百端待理。若無專門人才以扶持整頓於其中，發揮光大，難可與期也”。因此，多

---

❶ Tsu-Yung Seng.《Difficult Problems of The Librarian In China》. 見：《The Chinese Students' Monthly》Vol.12（January 1917）：19～24；Vol.13（February 1917）：161～166.

❷ 沈祖榮.《在文華公書林過去十九年之經驗》.見《文華圖書科季刊》1卷2期第159～175頁。

❸ 沈祖榮.《民國十年之圖書館》.見：《新教育》5卷4期第783～797頁。

❹ 沈祖榮.《今後二年之推進圖書館教育》.見：《建國教育》第1卷第2期。

❺ 同❸。

次提出："深望我政府及協會注意及此。或創辦新校或補助舊有者，皆刻不容緩之事也" ❶。在抗戰期間，沈祖榮又進一步指出："我們希望負責的當局和社會人士要注意這件事。在戰爭進行期間，對於原有的圖書館學專校和大學圖書館學系，要盡力維持，改善擴充；對於在職的未經專門訓練的圖書館員，要舉行講習會，補充他們的知識和技能；對於戰區出來的圖書館員或其他社會教育人員，要集中舉辦短期的圖書館訓練班，然後分發到相當的地方工作" ❷。

其三、圖書館學專業教育應因地因事制宜，採用各種不同形式

圖書館學專業教育有學徒制的訓練、利用暑期作講習的訓練、師範科所設的圖書館課程、大學圖書館學系的訓練、大圖書館附設圖書館學學校的訓練、圖書館學研究院的訓練等形式，沈祖榮認為各種形式的圖書館學專業教育均有各自的長處，如：學徒制的訓練可以救濟一些有志於圖書館工作，而未能受到此項專門學校訓練的人物。利用暑期作講習的訓練可使想求深造，但又感財力缺乏，且又不能離開職守的圖書館員獲得更多的學術和知識，從而對圖書館的辦理辦法，多有了認識，多有了辦法。師範科所設的圖書館課程可以由造就中小學教員去因勢利導中小學學生們在童年時期就懂得圖書館的使用方法。大學圖書館學系的訓練比較高深完整，所造就的圖書館員，對於一般學識的素養，以及

---

❶ 沈祖榮.《參加國際圖書館第一次大會及歐洲圖書館概況調查報告》.見：《中華圖書館協會會報》第5卷第3期第3～29頁。

❷ 沈祖榮.《圖書館教育的戰時需要與實際》.見：《中華圖書館協會會報》第13卷第4期第4～6頁。

圖書館較高深的作業工作上要見長些。大學圖書館附設圖書館學學校的訓練要算比較更有系統、有組織，便於圖書館作業訓練和得到其他圖書館的幫助。圖書館學研究院的訓練則是為研究圖書館學設置的一種最高學府，造就辦理圖書館事業的高級專材，並預備圖書館專門學校的師資。因此，辦理圖書館員訓練應根據種種各別的不同特點與要求，因地因事制宜，合理地採用❶。

其四、圖書館學專業教育應制定各項標準以謀規範化制度化。

　　沈祖榮在1933年通過對我國圖書館學專業教育的調查研究發現："我國圖書館教育之實況，亦殊多紊亂不景之氣象。……近數年來，我國圖書館訓練場所，各種略備。意對此一則以喜，一則以懼。按諸現在之需要，圖書館專門教育，固應有各級各項之訓練，以滿足有志於各級各項圖書館工作人員之要求。惟惜乎泰半流於濫冗，不僅未能實事求是，抑且足以貽害於本事業，故吾人對此，乃喜懼兼而有之。我國圖書館學專門學校，現只有一所。……除是所圖書館學專科學校外，我國近來圖書館訓練機關，更有大學圖書館學系輔系一處，圖書館函授學校一處，初高中程度職業學校及普通中學校圖書館學組兩三處，暑期圖書館講習會兩三處，國立、省立大圖書館附設圖書館講習班、訓練班、見習、實習處所若干處等等。其所訂學程，自相當於大學正式課程，每學期十數學分以上，以至不定內容之多寡，任意拼湊，課程十餘門，以至二三門，修習期間，自一年以上，以至半年或三月，或三數星期。其教學辦法，自採用課本講授，兼有實習，以至編

❶　沈祖榮．《談圖書館專業教育》．見：《湖北教育月刊》第2卷第4期第66～75頁。

訂講義，以至無所謂講義與實習。其師資與設備，或粗疏具備若干，或實一無所有。要皆無從得有系統之陳述者也。大致情形既如是，故曰，我國圖書館教育現狀，不乏紊亂與不景也"❶。因此，沈祖榮提出：圖書館專門人才的培訓"應訂定各項標準，嚴格遵辦，嚴格考核，對於學歷、成績、資格、以及學科、體格、均須合乎學校的標準。學校之實施，須下詳審切實工夫，凡對於圖書館用品之創制，工具之運用，圖書館學教科書與參考書之編纂，圖書館學應用圖書館雜誌之選購與流通，以及圖書館學講演，圖書館學專門教育之指導，並位置之介紹等等，均爲重要之事功"❷。只有這樣，圖書館學專業教育才能規範化、制度化。

其五、圖書館學專業教育應一切從實際出發，針對各種問題，不斷改進

沈祖榮一生從事圖書館學專業教育達四十年之久，對於中國圖書館學專業教育有著十分深刻的認識，因而對圖書館學專業教育的各種具體問題的改進均有獨到的見解。這些具體的見解大致可以從以下諸方面略窺一二：

關於課程設置。沈祖榮認爲：就中國的情形而言，"學科等項，舉凡一切深淺虛實古今中外科目，如目錄學學科、圖書館技術學科、圖書館管理行政學科、圖書館相關科目、外國語文、以及其他經教育部規定必修之課程，似均應設置。其有學生中，於

❶　沈祖榮著．《中華圖書館協會第二次年會圖書館教育組報告暨意見書》．自刊本，1933年8月。

❷　沈祖榮．《我國圖書館事業之改進》．見：《文華圖書館專科學校季刊》第5卷3、4期合刊第261～266頁。

入學前在大學兩年所修習課程成績欠佳者，更須有補充其圖書館
學以外普通學識之必要。一則我國圖書館學校絕少，無由分別擔
任訓練；一則我國圖書館工作形質甚複雜，需要甚複雜；一則欲
謀我國圖書館新舊中外方面之融通，實用人才與研究人才雙方之
供給，要皆需要有如此種之學程" ❶。由此可見，沈祖榮對於課
程設置見解的要旨乃是培養全能的圖書館通才。

　　關於學程與分科。沈祖榮認爲： "修習學時有限，師生學力
有限，教學方法有限，圖書館學校工作能力有限，必應如何編制
適宜學程，誠爲不易遽下結論者。意者在修學之第一第二學年內，
可著重技術方面之訓練，第二第三學年內，可著重理論研究方面
之訓練；並汰去各學科相互間重複部分，貫串各學科彼此問題通
假部分；便於兼授者，則勿拘於先後中外之分，能割棄者，則守
寧闕勿濫之義；於可能範圍內，並採選分科之制度；外國語文可
習一二門，不必更過多；實習參觀隨各課程隨時而有之，不另占
學時鍾點" ❷。

　　關於教材。沈祖榮認爲： "教材以編纂適合我國圖書館需要
之題材爲原則，理應由各專家逐漸編出圖書館學教學適用之教
本、工具、參考物若干種應用；又除專門某科編纂外，更編制綜
合式之圖書館學概論及圖書館學術討論與研究等課程適用之課
本，其機杼，其系統，可自我而出之，不必盡仿外國課本之教材
內容，如以各種圖書館作業爲經，各學科爲緯之圖書館學概要

---

❶　沈祖榮著.《中華圖書館協會第二次年會圖書館教育組報告暨意見書》.自刊
　　本，1933年8月。
❷　同上。

之類書籍是，用以爲教學根據，必能使教者學者，得教學相長之益，收創作發明之效，可以預卜；不過此中變通編制，斟酌損益等事功，要非專家從事審愼工作，必不易達到此目的"❶。

　　關於考試制度。沈祖榮認爲一旦我國圖書館教育發達，圖書館學校衆多時，關於成績考核、程度標準、考試制度等問題就會立即成爲值得考慮的問題。因此，沈祖榮建議："依理凡此種種，自應由中樞之全國圖書館協會，釐訂規程，主持辦理之；於是凡執業於圖書館者，俱須得有憑證，或屬普通，或屬專門，餘如例。意以爲標準之訂定，仍須在決定圖書館教學政策與方針之後，標準既定，有如何考試制度，考核事功應如何辦理，乃皆比較易於處理之事項也"❷。

　　關於學制。文華圖書館學專科學校作爲全國的唯一圖書館學專科學校，其學制初爲招收大學二年以上肄業生再修兩年專業課程。沈祖榮深感到此種學制給招生帶來了很大困難，"據其歷年經驗所得，在大學畢業、或在高中畢業、大學肄業一年或二年之學生，請求入學者，亦不時有之，應付設施，殊感困難。或者以爲是當使圖書館學校附屬於大學，使學生於大學學程同時修習畢業時，得大學學位，兼領圖書館學修了證書，爲能解決此問題之最善辦法。然而對此現時教育部以及大學掌教者流，未能予圖書館學以正當學制地位，充分學程限度，實爲此項改進最礙難處，抑且在今我國圖書館事業，須有充實準備，多量試驗之時期中，

---

❶　沈祖榮著.《中華圖書館協會第二次年會圖書館教育組報告暨意見書》. 自刊本，1933年8月。
❷　同上。

設能維持一獨立專門圖書館學學校，使招收大學畢業生修習一年，高中畢業生修習兩年或三年，訓練圖書館專科技術人才，並圖書館研究創制人才，或反不失爲此勝于彼之一辦法也" ❶。

關於學生。沈祖榮認爲："圖書館作業，實爲一種清若繁重之專業，學問技能，並須擅長，品性修養，兩屬重要者也" ❷。正因爲如此，不易招收適宜學生，亦不足爲怪。即使如此，對學生的資格、考選、保薦、免費、出路等問題亦應周詳考量。

關於師資。沈祖榮認爲隨著圖書館學專業教育師資隊伍的不斷擴大，圖書館學師資之訓練已漸成爲極迫切問題，應開設圖書館學師資暑期訓練班，以培訓未能稱職者，而在師資的選擇、聘任、造就、養成諸方面均應多予注意。

關於設施。沈祖榮認爲："圖書館學爲圖書館之學術，本身不可無供專門參考用之圖書學報雜誌刊物等，圖書館工作實習，不可無規模完備，庋藏豐富之普通圖書館，以供圖書編制、整理、流通等，應用之各種卡片、用品、器械等設備，亦自不待言" ❸。

此外，開展圖書館服務工作和圖書館學研究、或編輯、出版工作均是應努力注意之處。

其六、圖書館學專業教育的發展有賴於社會各界的支持扶助

對於中國圖書館學專業教育存在的種種困難與問題，沈祖榮

---

❶　沈祖榮著.《中華圖書館協會第二次年會圖書館教育組報告暨意見書》.自刊本，1933年8月。

❷　同上。

❸　同上。

曾言：“現時我國圖書館事業頗爲暗淡，其責任之大部分，自應由本界同仁負之，而時局與環境，亦殊有以造成此萎頓之現象。故吾人所願各外界人士，對本專業，特別對本專業之訓練教育事功，要應多予注意與贊助者：其開宗名明義之點，厥爲在掃除過去對此之種種成見與歧視，由頻繁盡量利用圖書館，而得對本專業與專才之正當了解與接納方法，進而對本界各事功，樂予贊助，給予本專業應得之地位等數事。抑且本界更切願與智識界、教育界、農工商界積極協作，爲無盡知識上事業上之參考與研究之供給，使建設與學術落後之我國，有本界爲之居間媒介，結成一龐大之才智能力網，造福於我邦家！……深願各外界人士能與吾人盡量通力合作，以赴此共存共榮之鵠的也”❶。

---

❶ 沈祖榮著．《中華圖書館協會第二次年會圖書館教育組報告暨意見書》．自刊本，1933年8月。

七、圖書館精神

　　圖書館精神不僅是沈祖榮圖書館學思想的精髓，而且是中國圖書館事業建設和發展的永恆的不朽的精髓；不僅是沈祖榮的世界觀和人生觀的集中表現，而且是沈祖榮人生的眞實寫照，甚至所有眞正的圖書館人人生的眞實寫照；不僅是沈祖榮圖書館學思想的精華，而且是中國圖書館實踐的結晶。圖書館精神源自於沈祖榮對中國圖書館事業建設和中國圖書館人人生的高度概括和總結，又放之於中國圖書館事業建設和中國圖書館人的培養，因此，圖書館精神乃是中國圖書館界的最寶貴的財富。同時，圖書館精神不僅只是抽象概括的理論和思想，而且是具體的實在，因爲，我們不僅可以從以沈祖榮爲代表的一代圖書館界先驅的一生中發現得到，而且更可以從今日的許多圖書館學專家、學者，甚至一般圖書館人身上感覺得到。

　　早在1930年，毛坤就曾以自己的親身體驗和感受將文華圖書館學專科學校十年的發展經驗歸結爲"文華精神"。毛坤認爲文華圖書館學專科學校有三種精神：

　　　一、創辦人之精神。創辦圖書科者，美國韋棣華女士也。
　　女士來華服務已三十年。……女士一生志願，在輔助中
　　國，發揚文化。其首先著力之點，爲圖書館事業。……辛

　　苦倍嘗，十年一日。其堅忍卓絕，遠思長慮之精神，不可
及也。二、維持人之精神。語云創業固難，守成亦不易，
誠哉言矣。圖書科自創辦而後，使無沈祖榮、胡慶生兩先
生辛苦維持，圖書科恐早已煙消雲散矣。……十五年武昌
圍城，十六年時局混亂；其他學校皆已停辦，獨圖書科賴
二人之力仍得維持。歲寒然後知松柏之後凋，其謂是乎？
三、學生之精神。我國學子，往往心神不定，見異思遷。
……惟文華圖書科之畢業學生，對於此點，至足稱道。…
…全數皆在圖書館服務。而圖書館事務至為繁苦，自朝至
暮，飲食而外，無休息之時。且在今日圖書館員者，地位
低微，報酬亦嗇。見異思遷之士，鮮有能忍受之者。而文
華圖書科諸同學，安之若泰，且益奮發，其忠於所學，為
何如哉？以上三端，皆文華圖書科，賴以巍然存於國中之
理由，國家亦以受其福利者"❶。

　　由此可見："文華精神"並非是一個人的精神，而是集體的
精神，是逐漸積累沉澱起來的優秀傳統精神。由此推之，"文華
精神"亦並非文華圖書館學專科學校所獨有的精神，而是中國圖
書館界圖書館精神的集中體現。它代表著一種風氣、一種風貌、
一種傳統，而這種風氣是一種主流的向上的風氣，這種風貌是一
種旺盛的奮進的精神風貌，這種傳統是一種不朽的優秀的傳統。

---

❶　毛坤.《華中大學文華圖書科十周年紀念》.見：《文華圖書科季刊》第2卷第
　　2期第137～139頁。

當然，六十餘年前的毛坤只是深深地感覺到了一種"文華精神"
的存在，但是，毛坤並沒有眞正地從理論上抽象、概括和總結出
"文華精神"的豐富內涵，因爲他僅僅只是停留在感性認識之
上，還沒有上升爲理性認識。

　然而，一代宗師沈祖榮不僅以自己的光輝的一生突出地體現
和展示了圖書館精神，而且亦用理性來歸納、演繹了圖書館精神
的內核。因此，圖書館精神既是沈祖榮的長期圖書館實踐的結
晶，亦是沈祖榮的圖書館學術思想的內核和精髓。

　大致來說，沈祖榮關於圖書館精神的理論和實踐主要包括以
下幾個方面：

其一、堅定的圖書館事業信仰

堅定的圖書館事業信仰是圖書館精神的根基和支柱。

　沈祖榮認爲：作爲一名圖書館員，或者一名立志圖書館事業
者，首先就必須樹立堅定的圖書館事業信仰，否則便會灰心、失
望、渙散。沈祖榮曾對圖書館員的生活作過全面而透徹的總結分
析❶：

　1. "圖書館員的生活是繁重的"。

　"有許多人看圖書館的工作，是很簡單，又很清閑的。什麼
緣故呢？因爲圖書館的工作，無非是如此，買書呢？排書呢？借
書呢？還書呢？其餘的時候，乃是自己念書，這不清閑嗎？這類
批評的冷語，自然無須乎去辯駁"。事實上，圖書館員除正常上

---

❶　沈祖榮．《談談圖書館員的生活》．見：《文華圖書館學專科學校季刊》第6卷
　　第1期第1～9頁。

班外，節假日還要工作。在工作技術上，"一本書排出來是很不容易的，從採購到上書架，有十幾步手續，若要做得好，必須步步做到，而且要做得對"。"看來彷彿無什麼難處，但是一個人是很難做到的，而且要做得又準確、又美觀、又迅速，這多是花時間的事"。在服務態度上，"諸事要隨圓就方，按著一定的規矩，合乎一定的準繩"，"尤要對人有禮貌，言語和平"。工作環境亦有損身體健康。

2. "圖書館員的生活是麻煩的"。

"麻煩，任何事業，是免不了的，不過在圖書館當中似有過度之處！最感受麻煩的，就是在經費上"。"在經費上還有許多許多的麻煩，不可勝舉"。"圖書館行政所最苦的，如用人方面，就極感困難。"圖書館的地位又不高，"其他的麻煩一言難盡！……"。

3. "圖書館員的生活是艱難的"。

"現在在我國圖書館界就選用圖書館員一層講，便是極嚴格的"，要具備各種各樣的才能才能使人滿意。"像一個著名的教授，人對他的希望，只在幾門課程上，那幾門課程，乃是他平生專門的研究，而且他又只要上了課堂，他事可以不管，他只要對於自己的課程，有充分的準備便夠了。圖書館員就做不到，日常的工作，要按部就班去做，對內對外要顧慮周全，要那樣能對付四面八方的本事，怎能做得到呢"？

4. "圖書館員的生活是清苦的"。

"一般人對於圖書館員的要求是如此的嚴格，可見他們對於圖書館員的希望是很大的，但是所說的待遇又是特例，每月的薪俸出六十元到一百元而已”！“從前我對於本校的同學說，他們是在某地方服務的時候，就是他們在犧牲，他們很表同情，到了現在，恐怕這種空言，不能安慰他們了。先前有好多人是在唱提高圖書館員的地位，說幾句安慰的話，到了現在，連安慰的話也是沒有的了”！

5. “圖書館員的生活是使人灰心的”。

“現在就我國圖書館的現狀言，以數量論，雖有許多增加，但以實質論，對於國內教育文化的貢獻，想亦不敢自許。就效用講，在一學校之內，教職員能在每日進圖書館閱覽或求參考者有幾人？……圖書館是教育文化的寶庫，他們置之不用，真是‘捐金於山，沉玉於淵’，卻反來指責我們辦的不得法”！

由於圖書館員的生活是“繁重的”、“麻煩的”、“艱難的”、“清苦的”和“使人灰心的”，所以有很多人，甚至“圖書館界極有用之人才”，“灰心失望，以至另闢途徑”。沈祖榮說：“從前我對他們是很疑惑的，以為他們不與我們走一條路，而另去闢新門徑，過舒服生活；現在把一些耳聞目擊的事情如上所說的等等一想，知道他們必大有不得不離開之苦衷在”。沈祖榮還舉例說：“前不久有我一個老朋友，他是本界的忠實同志，他不但是對圖書館有豐富的研究和經驗，並且有深刻的信仰，努力掙扎過多年，他忽然發出灰心話，他說若不是你老哥那樣的苦口對我解說，並見到你的熱心，我真不願幹了的。像這樣有用的人才，尚且不能使他安心工作，試問圖書館在中國的前途，在最近數年內有何辦法呢”？在分析了圖書館員的生活之後，沈祖榮說：“據上所論各端，似有我們願生生世世不幹圖書館工作之勢，今後誰人敢走這一條路呢？然則我們現在是一同改業吧？勸人改業，自然非我們的本意。我其所以要將一切的國難，剴切說出的意思，就是要使圖書館員，與圖書館主管機關，並群衆們，都能了解這事，然後在此困難中間，來多求解決的方法，使圖書館的工作，得以前進，庶几吾國教育文化，得不致如此這般的停滯"❶。

　　沈祖榮之所以要分析圖書館員生活的種種困難，"這不是貼廣告；不是發牢騷；不是潑冷水；乃是要將圖書館員的生活清清白白地擺出來使大家考查一下"。那麼，圖書館員如何才能解決生活中的種種困難呢？沈祖榮認爲最重要最關鍵的乃是要樹立堅定的圖書館事業信仰。沈祖榮說："我們對於圖書館事業是有大的信仰的。這個信仰，不是幻想的或迷信的，乃有事實上的可能，以及前因後果的證明，足以補足我們的軟弱，堅固我們的自信力的"❷。

　　那麼，爲什麼要樹立堅定的圖書館事業信仰呢？沈祖榮從下列三個方面科學地論證了對圖書館事業的信仰既不是盲目的迷信，也不是空洞的幻想，而是現實的要求、時代的需要和事業的必然。

　　首先，圖書館事業本身的價值值得我們信仰。沈祖榮認爲："無論如何，這個圖書館事業，是溝通文化輔助教育的機關。我們只要盡本分，任何勞苦、困難，在所不辭。因爲我們的工作，

---

❶　沈祖榮.《談談圖書館員的生活》.見：《文華圖書館學專科學校季刊》第6卷第1期第1～9頁。

❷　同上。

是爲群衆謀利益，沒有消耗社會上的什麼，我們每日所得的極薄工價，又是憑極苦的心力換來的，所以對這是敢云無愧，而可以信仰得過的" ❶。

其次，世界圖書館事業的歷史雄辯地證明了我們的信仰。沈祖榮說："我們要把歐美圖書館先進的國家看看，在前五十餘年，他們所嘗的困難，比我們現在還要多，因爲他們在摸索試驗的過程中，關於圖書館種種的問題，如組織、建築、設備，以及書籍的採購、分類、編目，並圖書館用品等等上，一無所憑藉；後來乃是經過了許多的傑士來逐漸追求發明，並掙扎奮鬥，於是在今日竟取得有相當的成效和地位了的！我們此時的困難，若是在他們看來，想是對於遼東之豕而已！這是事實的證據，我們可資借鏡，又是實在可以信仰得過的" ❷。

第三，中國圖書館事業的發展迫切地需要我們的信仰。沈祖榮認爲："目前的中國，是天災人禍的中國，內憂外患的中國，痛苦是整個的，不是一部分的。在近來也有不少的人，對國家的前途，發生覺悟，提倡種種救國運動，如職業救國、科學救國、教育救國、人格救國，以及航空救國等等都是。但我們相信，在這裡一切一切，總而言之，當以教育文化爲基本，圖書館事業乃教育文化之樞紐，所以圖書館的進退，當然隨國情走；如中國元氣恢復，政治入軌，則圖書館對於此類問題貢獻上所發生的困難自然不難迎刃而解的。再思之，我中國爲文化很古之國，在世界

---

❶　沈祖榮.《談談圖書館員的生活》.見：《文華圖書館學專科學校季刊》第6卷第1期第1～9頁。

❷　同上。

文化上，已有相當的地位，爲發揚我國文化計，圖書館事業實負有重大的使命的！這樣一來，是越發使我們對於我們的信仰，相信無論如何決不至於蹈空的了"❶！

這樣，沈祖榮也就從古今中外圖書館事業的發展和我國的國情等各個方面證明了樹立堅定的圖書館事業信仰的意義、價值、必要性、可行性和現實性。因此，只有樹立堅定的圖書館事業信仰，才能克服圖書館員生活的一切困難，才能"補足我們的軟弱，堅固我們的自信力"，才能勇往直前，發展和繁榮我國的圖書館事業。

其二、強烈的愛國主義精神

強烈的愛國主義精神是圖書館精神的邏輯歸宿和最高境界。

沈祖榮是抱著教育救國、教育興國的愛國主義崇高理想投身於圖書館事業，並爲之奮鬥一生的，因此，沈祖榮的圖書館觀念是一種愛國主義的觀念。沈祖榮認爲："圖書館是研究學術，溝通文化，輔佐教育的機關"❷。"圖書館就是培養理智的永久而活動的教育機關"❸。圖書館具有普及教育，啓迪民智；改良社會，立國興邦；喚醒民眾，救國救民的功用（詳見前述"圖書館觀念"部分），因此，"如欲立國於世界，則圖書館事業，實爲立國之先導也。夫國家之命脈，懸於文化，文化之來源，根於圖

---

❶ 沈祖榮．《談談圖書館員的生活》．見：《文華圖書館學專科學校季刊》第6卷第1期第1～9頁。

❶ 沈祖榮．《談圖書館專業教育》．見：《湖北教育月刊》第2卷第4期第66～75頁。

❸ 沈祖榮．《圖書館教育的戰時需要與實際》．見《中華圖書館協會會報》第13卷第4期第4～6頁。

書"❶。"國家富強，其表在政治，實在學問。圖書館爲造就各種學問之機關，爲富強之基礎"❷。由此可見對於沈祖榮而言，愛國、教育和圖書館這三者存在著兩種邏輯發展關係：

一種是由愛國到教育再到圖書館的邏輯發展關係，即沈祖榮從青年時期就樹立了堅定的愛國主義精神，而教育能夠救國、興國，所以必須投身於教育事業，又因爲圖書館是培養理智的永久教育機關，所以必須投身於圖書館事業。這種愛國→教育→圖書館的邏輯發展關係說明了沈祖榮致力於圖書館事業的原因和動機。

另一種是由圖書館到教育再到愛國的邏輯發展關係，即沈祖榮致力於圖書館事業，乃是爲了發展中國的教育，而通過教育事業可以救國、興國、振興中華，達到愛國的目的。這種圖書館→教育→愛國的邏輯發展關係則說明了沈祖榮致力圖書館事業的邏輯歸宿和最高境界，因而，它也就毫無疑問的是沈祖榮的圖書館精神的邏輯歸宿和最高境界。

在這兩種邏輯發展關係中，教育既是由圖書館到愛國，或由愛國到圖書館的中間環節，又是二者的結合部。因爲沈祖榮認爲教育可以救國、興國，所以，通過教育也就把圖書館和愛國主義有機地結合起來了。

正因爲如此，沈祖榮具有強烈的愛國主義精神，這種精神越

---

❶ 沈祖榮.《參加國際圖書館第一次大會及歐洲圖書館概況調查報告》.見：《中華圖書館協會會報》第5卷第3期第3～29頁。

❷ 沈祖榮.《中國全國圖書館調查表》.見：《教育雜誌》第10卷第8期第37～45頁。

是在國家危難的時候也就越是表現得強烈。例如，1932年日寇侵略上海時，沈祖榮曾大聲疾呼："我們辦理圖書館者，更應當自告奮勇，盡我們的本分，爲文化事業謀發展，使我們祖宗數千年所傳下來的國粹，得以表彰世界，藉以發揚我們民族的精神，培成我們民族的命脈"。"迴思內情，敵人強奪我土地，吸盡我資財，殘殺我人民，猶不足以塡其欲壑，而必將我們的國性，慘除殆盡而後快，我們雖然不能執干戈以衛社稷，但是我們要負責保存文化的這種責任"。"我希望辦理圖書館者，應當視此是我們的職責，是我們分內的職責，大家一致團結，奮勇當先，努力經營，力促實現，不僅可以恢復我們的國性，且可以使敵人看見吾民族非涼血動物"❶。

其三、忠誠圖書館事業

忠誠圖書館事業是圖書館精神的核心。

忠誠圖書館事業是堅定的圖書館事業信仰和強烈的愛國主義精神的集中體現。在沈祖榮看來，忠誠圖書館事業不僅僅只是在觀念上忠誠圖書館事業，而且最關鍵的是要在實際行動上忠誠圖書館事業，因此，沈祖榮特別強調"任事忠誠"。任事忠誠也就是忠於職守，這實際上是圖書館人的職業道德和行爲規範的總和，因此，沈祖榮認爲忠誠乃是萬事成功之母，是圖書館事業建設的法寶。早在1932年，沈祖榮就已精闢地闡述道："現在是我們臥薪嘗膽的時候，不是我們安居樂業的時候：一面是國家內憂

---

❶ 沈祖榮.《國難與圖書館》.見：《文華圖書館學專科學校季刊》第4卷第3、4期合刊第223~234頁。

外患，一面是我們的事業還在萌芽，我們如自以爲安如泰山，不用深思遠慮，努力前進，我們的事業就會要停止"。"我們既處於這個如煙如花之間，我們不得不打開一條生路。我們若是要打開一條生路，我們就要注重我們的日常工作。所以忠誠二字，正是我們由死復生的一個孔道。忠誠含得有犧牲，忠誠含得有奮鬥，忠誠含得有毅力，忠誠含得有勤忍耐勞，忠誠即萬事成功之母，這是我們圖書館界的人，在每日生活上應該發現出來的，尤其是在中國此時國難中，爲斬斷盤根錯節的唯一利器" ❶。沈祖榮不僅在理論上高度地重視忠誠二字，充分地闡述了忠誠圖書館事業的重要性，而且在實踐上更是忠誠圖書館事業的楷模，他的與圖書館事業同呼吸共命運的一生正是這種精神的典型體現。

其四、偉大的服務精神

偉大的服務精神是圖書館精神的基礎和立足點。

沈祖榮認爲偉大的服務精神乃是全部圖書館精神的基礎和立足點，如果沒有偉大的服務精神，其他的一切便會蹈空。在沈祖榮看來，偉大的服務精神包括著兩層深刻的內涵，即"智慧"和"服務"。自1930年起，沈祖榮便已正式把"研究圖書館學，服務社會"確定爲文華圖書館學專科學校的宗旨，並以此制定了"智慧與服務"（Wisdom and Service）的校訓，"以求喚起愛校觀念及求學精神，使知有所趨向" ❷。沈祖榮認爲"智慧"與"服務"是偉大的服務精神的兩個方面，它們既互相區別，又互

---

❶　沈祖榮.《國難與圖書館》.見：《文華圖書館學專科學校季刊》第4卷第3、4期合刊第223～234頁。

❷　《本科消息》.見：《文華圖書科季刊》第2卷第3、4期合刊第 475～481頁。

相聯繫，是一個不可分割的整體。如果只有"智慧"，即知識技能和才幹，而沒有服務精神，那麼，個人所造就的一切不過是個招牌而已，並沒有什麼意義。沈祖榮曾說："辦理圖書館的人，有一種首先要覺得的，就是己立立人。那個意思就是我們素來的造就，薰陶鍛鍊，培植所求的學問，所得的學位，不是爲自己做招牌，乃是要爲社會服務，爲群衆謀利益"❶。如果只有"服務"的精神，而沒有"智慧"，那麼，"服務"便是一句空話，且在根本上沒有意義。所以，沈祖榮認爲要爲社會服務，首先必須掌握過硬的"智慧"和本領。因此，沈祖榮反複強調圖書館員應具備兩個方面的"智慧"："1.注重品學。學問優越，運用裕如，品行端正，使人敬佩，此在圖書館服務時，有大的幫助。再有設計、決斷、調遣適宜、遠見宏識、長於組織種種本領和長處，也都是圖書館員所必須修養造就的。2.多有技術。圖書館員除造就學識外，對於具有應用的技術一則，尤爲多多益善，如簿記、制卡、制表、編目、統計、造預算以及善寫中西字體，皆爲圖書館員所常需用者"❷。

　　沈祖榮認爲"智慧"是"服務"的基礎，而"服務"是"智慧"的立足點。在正確地處理好這兩者的辨證關係的基礎上，沈祖榮特別地強調服務精神，沈祖榮曾說："圖書館雖漸次設立多了，然管理若不得人，設施不以其道，則仍與無圖書館等。所謂

---

❶　沈祖榮．《國難與圖書館》．見：《文華圖書館學專科學校季刊》第4卷第3、4期合刊第223～234頁。

❷　沈祖榮．《談談圖書館員的生活》．見：《文華圖書館學專科學校季刊》第6卷第1期第1～9頁。

得人者，不僅指館員須曾受圖書館學專門之教育與訓練也，尤須
有極熱烈之情感，偉大的服務社會之精神。文華圖書科同學，今
日在受圖書館學之教育與訓練，異日將必服務圖書館界。執事所
須之熱烈情感，服務精神兩要素，不可不於今日養成之"❶。

　　綜上所述，沈祖榮的圖書館精神包括著堅定的圖書館事業信
仰、強烈的愛國主義精神、忠誠圖書館事業和偉大的服務精神等
四項基本內容，這四項基本內容相輔相成，相得益彰，共同構成
了建設、發展、繁榮和弘揚我國圖書館事業的主旋律。對於這四
者的相互關繫，我們還可以透過沈祖榮對韋棣華的評價來窺見一
二，沈祖榮在韋棣華的殮殯禮上曾發自肺腑地說："女士爲一異
國女子，鞠躬盡瘁的致力我國文化事業的發展；不辭辛苦的數渡
重洋爲取消我國不平等條約而奔號。這種卓絕的毅力和不撓的精
神，是值得我們景仰的啊！我們觀察韋女士所以有這種精神的眞
諦，因著韋女士在‘生命的源泉中’蘊蓄著兩大力量：1.她有堅
強的宗教信仰，所以有純潔的高尚的修養；2.她的思想中充滿著
‘世界大同’的人生觀，所以有樂於爲人群服務，抱著滿腔熱誠
來發展中國文化事業爲已務的大無畏的精神，女士常說：‘服務
人群，即是謀世界大同。’"❷。由此可見，圖書館精神乃是沈
祖榮一生致力於圖書館事業的眞諦，更是我國圖書館事業建設的
寶貴財富。

---

❶　沈祖榮．《我對於文華圖書科季刊的幾種希望》．見：《文華圖書科季刊》1卷
　　1期第3～6頁。
❷　鄧衍林．《火葬》．見：《文華圖書科季刊》第3卷第3期第345～355頁。

八、歷史評價

　　縱觀20世紀中國圖書館事業的發展歷史，我國近現代圖書館事業走過了一條萌芽、興起、發展、繁榮的坎坷之路，其間既有過輝煌，也有過晦暗；既有成功，也有挫折；既有安定，也有危難；交織著興衰榮辱和成敗得失。但是，不管有多少艱難、困苦和挫折，我國的圖書館事業始終如洶湧的波濤滾滾向前發展。是廣大的圖書館員不畏艱難、不折不撓、前仆後繼地推動著圖書館事業的波濤滾滾向前發展，而在圖書館事業向前發展的滾滾波濤中又湧起出了一代又一代的圖書館人才、圖書館學家、圖書館精英、圖書館巨擘。沈祖榮正是在20世紀中國圖書館事業的滾滾波濤中湧現出來的屈指可數的偉大人物之一。然而，令人遺憾的是，嚴格的說，迄今為止，我國圖書館界尚沒有一個人能夠客觀、科學、公正、全面地對沈祖榮進行歷史評價，不僅如此，在十年浩劫中，沈祖榮的人格和形象都受到了玷污。這一切既是歷史的悲哀，也是中國圖書館界的悲哀，更是圖書館學者們的悲哀！

　　在我們即將跨入21世紀門檻，告別20世紀的時刻，時代已不允許我們再淡然漠然，永遠充當沉默的羔羊，因此，筆者試圖以個人的淺膚認識對沈祖榮作一歷史評價和歷史定位。事實上，本書在敘述沈祖榮的生平事迹和學術思想的過程中已不同程度地穿插了對沈祖榮的歷史評價，但是，為了全面而準確地評價沈祖榮，我們還必須以更廣闊的視野對沈祖榮進行更爲概括更爲精煉的總的評價和定位。

1.沈祖榮的一生是偉大而光輝的一生

　　自1844年9月11日至1977年2月1日，沈祖榮走過了長達94年的漫長人生。沈祖榮的一生始終與20世紀的中國圖書館事業互爲表裡、互相關聯，密不可分。我們在承認時勢造英雄、時勢鍛煉英雄的同時，也必須承認英雄造時勢的事實。20世紀中國圖書館事業的時勢造就了沈祖榮，這是時代的召喚，沈祖榮又因勢利導在一定的程度上推動了中國圖書館事業的發展，創造了圖書館事業發展的新時勢。這是已被歷史證實的事實。人們也許會說，沒有沈祖榮、20世紀的中國圖書館事業照樣會向前發展。是的，如果沒有沈祖榮，20世紀的中國圖書館事業必然會向前發展，但是，時代會召喚和造就另一個沈祖榮，況且，歷史是不容我們去假設的。可以說，沒有沈祖榮，20世紀中國圖書館事業的發展是難以想像的。既然沈祖榮如此重要，那麼，爲什麼在大陸至今仍無人對沈祖榮給予全面而科學的評價呢？這一則是因爲現在圖書館界的學人對歷史研究的興趣越來越淡薄，對歷史的觀念越來越淡薄；二則是因爲思想上的框框太多，無法以科學的態度去克服觀念上的種種障礙。前者不可想像，而後者則不可思議。因此，要科學地把握和評價沈祖榮的一生，在大陸首先必須克服思想觀念上是兩重障礙。這兩重障礙主要表現如下：

　　第一、沈祖榮的世界觀問題。

　　在這方面最關鍵的是沈祖榮的信仰問題，沈祖榮既沒有信仰過三民主義，也沒有信仰過共產主義，只是信仰過基督教，個別外國學者甚至在論文中稱之爲傳教士，但在晚年，沈祖榮放棄了基督教的信仰。現在，我們必須明確的有兩點：一是，即使沈祖榮的終生信仰是基督教，這也不能成爲評價沈祖榮的障礙，因爲人人都有信仰的自由，信仰宗教亦是公民的自由權利。關鍵的是這種信仰及其所引發的個人行爲是否有益於社會。二是，從根本上講，沈祖榮自始至終的信仰不是別的，乃是圖書館事業（詳見前述圖書館精神部分）。只有充分地認識到這一點，我們才能正確地把握沈祖榮的世界觀和人生觀。

第二、沈祖榮的社會活動層面問題。

在這方面最關鍵的是民國時期沈祖榮與國民黨高層人物的關係問題和與美國人的關係問題。沈祖榮與美國人的各種關係中，以與韋棣華的關係最爲密切，他們二人可謂是事業的知己，志同道合，現在對於韋棣華已有了公正而高度的評價，自然，這方面的障礙已迎刃而解了。沈祖榮與國民黨高層人物的關係主要有兩次事件，一次是1936年1月沈祖榮曾奉蔣介石行政院長召集各省市專科以上學校校長及學生代表赴京聆訓之令，率學生顧家杰赴南京聽過蔣介石的訓示，其後又有過向蔣介石祝壽和寄發賀年電報之事，二次是沈祖榮60壽辰時孫科曾有過祝壽之舉。這兩件事均屬應酬事件，根本不存在什麼「歷史問題」。可以說，沈祖榮在與各界要人的交往中不僅沒有做出違背人民利益和國家利益的事，而且始終是以謀求各界要人對圖書館事業的支持爲出發點的。充分地認識到這一點，那麼沈祖榮的社會活動層面的問題也就不成其爲問題。

在排除了這些由於極"左"思潮帶來的障礙以後，我們就可以正確地評價沈祖榮的一生。沈祖榮一生以教育救國、教育興國的強烈愛國主義精神爲崇高的理想，堅定地信仰圖書館事業，忠誠圖書館事業，並爲我國圖書館事業的建設、發展、繁榮生命不息，奮鬥不止，貢獻了畢生的精力和心血。其世界觀和人生觀是高尙的，其人生是光明磊落的，其事業是崇高的，其貢獻是卓越的，其影響是巨大而深遠的，因此，沈祖榮的一生是偉大而光輝的一生。

2.沈祖榮是中國現代圖書館運動的巨擘

在中國現代圖書館運動中，曾經湧現出了一批優秀的先驅人物，如杜定友、戴志騫、洪有豐、李小緣、劉國鈞等，他們是20世紀中國現代圖書館運動的第一代先驅的代表，而在第一代先驅代表人物中，貢獻最大、影響最廣泛最深遠的乃是韋棣華和沈祖榮。對於韋棣華而言，早在1926年，前民國總統黎元洪將軍已把韋棣華稱作 "中國現代圖書館運動的皇后" （The Queen of the Modern Library Movement in China）❶。在韋棣華逝世之後，許多學者亦對韋棣華進行了高度的評價，可以說，韋棣華是當之無愧的。但是，對於沈祖榮則鮮有人予以充分的評價。在20世紀的中國圖書館發展中，沈祖榮第一個遠渡重洋留美攻讀圖書館學，開創了中國留美攻讀圖書館學的先聲；第一個扛起抨擊封建藏書樓、鼓吹歐美圖書館事業的大旗，並在全國範圍內掀起了一場影響和改變中國圖書館事業進程的新圖書館運動；第一個

---

❶　Samuel T.Y. Seng. 《Miss Mary Elizabeth Wood: The Queen of the Modern Library Movement in China》.見：《文華圖書館學專科學校季刊》第3卷第3期（英文之部）第8～13頁。

與韋棣華創辦了我國第一所圖書館學教育機關──文華圖書館學
專科學校,並維持和發展了這所唯一的圖書館學專門學校,使之
始終不輟;沈祖榮還是第一個眞正的現代圖書館館員;……。總
之,沈祖榮乃是中國現代圖書館運動的先驅之先驅,是當之無愧
的中國現代圖書館運動的巨擘。

3.沈祖榮是中國現代圖書館學術的宗師和泰斗

在20世紀的中國圖書館學術史上,許多學者都作出過重大的
貢獻,其中學術生命最長、學術成果最多的是劉國鈞和杜定友,
他們是中國圖書館學術研究的長青藤,自20年代至70年代長盛不
衰,成果迭出,所以擁有"北劉南杜"之稱,其中尤以杜定友成
果最多,所以又有"中西兩杜"(即杜威和杜定友)之譽。但
是,我們絕不能因此而忽視了沈祖榮對於中國現代圖書館學術的
貢獻,及其地位和影響,更不能因爲看重沈祖榮在其他方面的貢
獻,而小視了沈祖榮對於中國現代圖書館學術的貢獻。

在中國現代圖書館學術史上,沈祖榮是除韋棣華之外第一個
向外國介紹中國圖書館的人,這些可以從沈祖榮於留美之前和期
間(1913～1917)在美國的《The Library Journal》和
《Chinese Students'Monthly》等期刊上發表的學術論文中得
到佐證❶;沈祖榮的《仿杜威書目十類法》是我國第一部中西混
合制的圖書分類法;沈祖榮的《標題總錄》是我國第一部主題分
類法;沈祖榮的《俄文圖書編目法》是我國第一部俄文圖書編目
講義和著作;沈祖榮第一個開始個人調查圖書館事業,開創了我

---

❶ 參見本書後附錄"沈祖榮先生著錄目錄初編"之"學術論文"部分。

國私人調查圖書館事業的先聲；沈祖榮的圖書館學術思想亦是第一個被介紹到外國，早在1918年美國的《The Library Journal》（V.43, October 1918）就已以題爲《Library Expansion in China　Begun》的文章介紹了沈祖榮的《仿杜威書目十類法》；……。早在1929年，金敏甫就已作過這樣的評述："自民國初年，東西圖書館學潮流趨入而後，報章雜誌之中，漸有圖書館學術論文之散見，其中有討論圖書館學術者，有鼓吹圖書館事業者，沈祖榮氏，最先撰述圖書館論文於《新教育》雜誌中，杜定友氏，亦先後撰述論文於各大雜誌中，此二君者，所撰最多，且最有價值" ❶。事實上，沈祖榮對於中國圖書館學術的貢獻還遠遠不止這些，他在文華圖書館學專科學校暨後來的武漢大學圖書館學系執教達40年，他的圖書館觀念、圖書館精神、圖書館學術思想教育和培養了幾代圖書館學家，並因此而影響到以後的幾代圖書館學家，這是其他圖書館學家所無法比擬的。因此，不管怎麼說，沈祖榮是中國現代圖書館學術的宗師和泰斗，這是恰如其份的，沈祖榮也是當之無愧的。

4.沈祖榮是中國圖書館學教育之父

在中國圖書館學教育史上，迄今爲止，無人能夠望沈祖榮之項背，根本就無人能夠與沈祖榮相提並論。1983年5月，嚴文郁在台北《傳記文學》第42卷第5期上發表《圖書館教育之父沈祖榮先生——爲其百年冥壽紀念而作》一文，率先對沈祖榮對中國

---

❶　金敏甫編．《中國現代圖書館概況》．廣州：廣州圖書館協會，　1929年第33頁。

圖書館學教育的貢獻給予了正確的評價❶。1989年，美國學者
Cheryl Boettcher在《Libraries & Culture》第24卷第3期上
發表《Samuel T.Y. Seng and the Boone Library School》
一文，使沈祖榮的“中國圖書館教育之父”之譽遠播海
外❷。1990年，筆者在《圖書館》上連載《一代宗師 千秋彪炳
──記中國圖書館學教育之父沈祖榮先生》，使沈祖榮的“中國
圖書館學教育之父”之譽在大陸圖書館界廣爲傳播❸。海峽兩岸
兩代圖書館同仁的共鳴，海內外中外學者的共識，都已充分地說
明沈祖榮作爲中國圖書館學教育之父是當之無愧和毫無異議的。

概而言之，沈祖榮對於中國圖書館學教育的貢獻主要體現在
以下幾個方面：

第一、開創了中國圖書館學教育的先河。

1920年沈祖榮與韋棣華創辦了我國第一所圖書館學專業教育
機構──文華圖書科；1930年，沈祖榮又將文華圖書科發展成爲
私立武昌文華圖書館學專科學校，使之成爲中國圖書館學教育史
上獨一無二的歷史最悠久、影響最廣泛的獨立圖書館學專門學

---

❶ 嚴文郁.《圖書館教育之父沈祖榮先生》.見：嚴文郁先生八秩華誕慶祝委員
　會編，《嚴文郁先生圖書館學論文集》，輔仁大學圖書館學系出版，1983年9
　月，第253～258頁。

❷ Cheryl Boettcher.《Samuel T.Y. Seng and the Boone Library
　School》.見：《Libraries & Culture》Vol.24, No.3（Summer 1989）；
　269～294.

❸ 程煥文.《一代宗師 千秋彪炳──記中國圖書館學教育之父沈祖榮先生》.
　見：《圖書館》1990年第4期第54～58頁；第6期第64～ 67頁；1991年第1期
　第71～73，76頁；第3期第60～64，73頁；第5期第69～73頁。

校；1953年，文華圖書館學專科學校併入武漢大學，其後發展成爲圖書館學系，80年代以後更發展成爲世界上規模最大的圖書情報學院❶。這一切，如果離開了沈祖榮，那麼，根本就是無法想像的（詳見本書上篇有關章節）。其間，沈祖榮於1939年在文華圖書館學專科學校開設了"檔案管理訓練班"，1940年更創辦了"檔案管理科"，繼圖書館學之後，又開創了我國檔案學專業教育的先河。

第二、創立了中國圖書館學教育的模式。

自1920年，沈祖榮和韋棣華依照美國紐約公共圖書館學校的模式，結合中國的國情，創辦文華圖書科以後，經過不斷的探索，沈祖榮在圖書館學課程體系、教學方式、學制、教學設施、師資建設等各個方面創立了中國最完整的圖書館學教育模式。這個模式不僅在50年代以前被其他曇花一現的圖書館學教育機關所仿效或採用，而且在50年代以後通過不斷的延續而影響了今日的圖書館學教育模式。這個模式不僅確立了中國圖書館學教育的基本構架，而且也決定了中國圖書館學教育的主流發展方向，其影響至爲廣泛、深遠（詳見本書上篇有關章節）。

第三、造就了幾代圖書館界英才。

據不完全統計❷：自1920年至1953年，文華圖書館學專科學校共培養了圖書館學本科畢業生127人，專科畢業生178人，圖書館學講習班畢業生59人，檔案管理專科畢業生53人，訓練班畢業

---

❶　參見本書上篇"生平事迹"第164頁之註釋。

❷　武漢大學圖書情報學院編．《武漢大學圖書情報學院》．武漢：武漢大學圖書情報學院印行，1991年。

生214人，共約600餘人，其中包括裘開明、查修、桂質柏、王文山、皮高品、嚴文郁、徐家麟、汪長炳、錢亞新、毛坤、周連寬、李鐘履、呂紹虞、藍乾章、張遵儉、喻友信、鄧衍林、程長源、彭斐章等一大批享譽海內外的圖書館學家。雖然，今天看來，在30餘年間，文華圖書館學專科學校培養的圖書館學專門人才僅約360餘人，數量並不多，可是，在50年代以前圖書館學專門人才匱乏的時期，文華圖書館學專科學校的畢業生遍布全國，幾占全國圖書館學專家之大半，這不能不令人嘆服。而尤為值得一提的是，沈祖榮所培養的幾代圖書館界英才又造就了幾代圖書館界新人，今天在中國圖書館界凡是受過圖書館學教育的人，幾乎沒有一個人不與沈祖榮有這樣或那樣的或多或少的師承關係，可謂是名符其實的桃李滿天下。

沈祖榮先生著述目錄　初編

　　編纂說明：本目錄共收錄了筆者所見的沈祖榮先生所著的學術著作8部、校訂著作4部、學術論文55篇（其中中文學術論文45篇、英文學術論文10篇）、序文10篇（其中中文序文9篇、英文序文1篇），其中包括正式出版發表的著作論文、內部出版發表的著作論文和未刊著作論文。全部著述分爲：一、學術著作，二、校訂著作，三、學術論文，四、序文，等四個部分；各部分按出版發表或撰寫的時間先後順序編排，其中被重複轉載的著述均作一款目單獨著錄。由於諸多困難，本目錄無法收錄沈祖榮先生的全部著述，讀者如有新發現，敬祈函告筆者，以便再版時補充更正。

一、學術著作

1. 《仿杜威書目十類法》　沈祖榮著　漢口　聖教書局　1917年
　　該著共26頁，封面上方橫排題名爲：A Systemn of Classification of Chinese Books Based On Dewey's Classification by S.T.Y. Seng，封面下方直排題名爲：仿杜威書目十類法。全著分：中國書目十類法序、凡例、十類總目、分類表四部分，其中序言後題款爲“民國六年十月文華公書林沈祖榮紹溪甫序"，分類表有三級類目，一級類目和二級類目爲中英文對照類目，十大部類分別爲：○○○經部及類書、一○○哲學、二○○宗教、三○○社會學、四○○政治、五○○科學、六○○醫學、七○○美術、八○○文學、語言學、九○○歷史地理。數十年來，諸家書目與著作均誤以爲此著爲沈祖榮與胡慶生合著之作，其實大謬不然。唯金敏甫先生一人持論正確，他在《中國現代圖書館概況》一書中說："民國六年，文華大學圖書館沈祖榮氏，創中西混合之制，而著仿杜威書目十類法，……；後復加以更改，遂於民十一年再版發行，……；沈胡二氏，……正在修改之中，三版問世，爲期當已不遠矣"。

2.《中華全國圖書館調查表》 沈祖榮著 自刊本 1918年 共5頁

3.《仿杜威書目十類法》 沈祖榮 胡慶生合著 武昌 文華公書林 1922年

　　該著45頁，其中分類表28頁，補遺5頁，末附檢字目錄12頁，十大部類爲：○○○經部、類書，一○○哲學、宗教，二○○社會與教育，三○○政法、經濟，四○○醫學，五○○科學，六○○工藝，七○○美術，八○○文學、語言學，九○○歷史。該著乃是在1917年版《仿杜威書目十類法》基礎上修訂的第二版。

4.《簡明編目法》 （美）愛克斯（Susan Grey Akers）著 沈

祖榮編譯　武昌　文華圖書科　1929年　文華圖書科叢書之三

5. 《編目規則》　沈祖榮著　武昌　文華公書林發行　1929
年（？）

　　　　該著未見諸家書目著錄，疑爲文華公書林所用印本。毛坤
在《編目時所要用的幾種參考書》（《文華圖書科季刊》1卷4
期第391～401頁，　1929年12月）一文中列舉的第三十四種參
考書爲 “《編目規則》（沈祖榮著，武昌文華公書林發
行）” 。又言： “沈先生的書頗兼注重於西文編目方面” 。又據
沈祖榮先生在《圖書館編目之管測》（《圖書館學季刊》第2卷第1
期第65～71頁，1927年12月）中所言： “我國此時提倡圖書
館，最缺乏編目專書，以致編目的人，多感困難，甚望海內同志，對
於這類著作，多爲編輯，供後來編目的人，有個準則，這是我很
盼望的” 。顯然，沈祖榮先生是極有可能將文華公書林的編目規
則整理成書的，其時間當在1928～1929年間。

6. 《中華圖書館協會第二次年會圖書館教育組報告暨意見書》
沈祖榮著　自刊本　1933年8月　共30頁

　　　　該著分目次、沈祖榮自序、圖書館教育組報告暨意見書三
部分，後附關於改進我國圖書館學專門教育問卷。書內題名下
注有 “二十二年八月” ，全書無版權頁。

7. 《標題總錄》（上、下冊）　沈祖榮編譯　武昌　文華圖書館學
專科學校　1937年

8.《俄文圖書編目法》　沈祖榮編　武昌　武漢大學出版　1954年初版　116頁　1955年5月再版　1958年2月三版　198頁

二、校訂著作

1.《民眾圖書館的行政》　（美）駱約翰亞當著　章新民譯　沈祖榮校訂　武昌　文華圖書館學專科學校　1934年

2.《世界民眾圖書館概況》　（美）鮑士偉著　徐家麟等譯　沈祖榮校訂　武昌　文華圖書館學專科學校　1934年

3.《圖書館的財政問題》　戴鎦齡譯　沈祖榮校訂　武昌　文華圖書館學專科學校　1934年

4.《普通圖書編目法》　黃星輝著　沈祖榮校訂　武昌　文華圖書館學專科學校　1934年

三、學術論文

1.《*The Recent Progress of Boone University Library, And Its Future Development*》 Samuel T.Y. Seng See：《The Boone Review》（December 1912）Wuchang

2.《*The Recent Progress of Boone University Library,*

And Its Future Development》（An abridgment）Samuel
T.Y. Seng See：《The Library Journal》Vol.38（May
1913）：284～286 U.S.A.

3. 《*Can The American Library System Be Adopted In
China*》 Samuel T.Y.Seng See：《The Library Journal》
Vol.41（June 1916）：387～388　U.S.A.

4. 《*Difficult Problems of The Librarian In China*》
Samuel T.Y.Seng See：《Chinese Students' Monthly》
Vol.12（January 1917）：19～24, Vol.13（February
1917）：161～166　U.S.A.

5. 《中國全國圖書館調查表》　沈紹期　見：《教育雜誌》10卷
8期第37～45頁　1918年8月20日

6. 《中國全國圖書館調查表》　沈紹期　見：《安徽教育月刊》
第9期　1918年9月

7. 《中國各省圖書館調查表》　沈祖榮　見：《新教育》5卷1～
2期合刊第191～200頁　1922年8月

8. 《民國十年之圖書館》　沈祖榮　見：《新教育》5卷4期第
783～797頁　1922年11月

9. 《民國十一年之圖書館教育》　沈祖榮　見：《新教育》6卷2
期第291～294頁　1923年2月

10.《提倡改良中國圖書館之管見》　沈祖榮　見：《新教育》6
　　卷4期第551～555頁　1923年4月

11.《提倡改良中國圖書館之管見》　沈祖榮　見：《浙江公立圖
　　書館年報》第9期第44～49頁　1924年7月

12.《中學圖書館幾個問題》　沈祖榮　胡慶生　見：《浙江公立
　　圖書館年級》第9期第67～72頁　1924年7月

13.《提倡改良中國圖書館之管見》　沈祖榮　見：《河南教育公
　　報》　3卷11～13期合刊第7頁　1924年8月16日

14.《中學圖書館的幾個問題》　沈祖榮　胡慶生　見：《新教
　　育》7卷1～2期合刊第209～220頁　1924年9月

15.《中學圖書館的幾個問題》　沈祖榮　胡慶生　見：《河南教
　　育公報》5卷2期第16頁　1926年5月16日

16.《中華基督教教育聯合會圖書館組開會記》　沈祖榮　見：
　　《圖書館學季刊》1卷2期第362～363頁　1926年6月

17.《中國圖書館目錄應採用書本式抑卡片式》　沈祖榮　見：
　　《圖書館學季刊》1卷3期第439～445頁　1926年9月

18.《圖書館編目之管測》　沈祖榮　見：《圖書館學季刊》2卷1
　　期第 65～71頁　1927年12月

19.《圖書館用不著雜誌麼？》　沈祖榮　見：《圖書館學季刊》

2卷3期第401～412頁　1928年9月

20.《我對於文華圖書科季刊的幾種希望》　沈祖榮　見：《文華圖書科季刊》1卷1期第3～6頁　1929年1月

21.《我對於文華圖書科季刊的幾種希望》　沈祖榮　見：《中華圖書館協會會報》4卷5期第32頁　1929年4月

22.《在文華公書林過去十九年之經驗》　沈祖榮　見：《文華圖書館季刊》1卷2期第159～175頁　1929年5月

23.《中文編目中一個重要的問題——標題》　沈祖榮　見：《圖書館學季刊》3卷1～2期合刊第61～90頁　1929年6月

24.《 The First Annual Conference of The Chinese Library Association 》　Samuel T.Y. Seng See：District of Hankow《The Newsletter》（Feb.～March 1929）：6～8

25.《Indexing Systems In China》　（《中國文字索引法》）Samuel T.Y. Seng See：Library Association of China《Libraries In China》（1929）

26.《國際圖書館大會》　沈祖榮　見：《文華圖書科季刊》1卷3期第 335～343頁　1929年10月

27.《參加國際圖書館第一次大會及歐洲圖書館概況調查報告》沈祖榮　見：《中華圖書館協會會報》5卷3期第3～29頁

1929年12月

28.《國際圖書館大會述略——在漢口聖保羅大教堂講演》 沈祖
榮 見：《文華圖書科季刊》1卷4期第463～472頁 1929年
12月

29.《西歐圖書館之沿革》 沈祖榮 見：《文華圖書科季刊》2
卷2期第257～262頁 1930年6月

30.《調查江西省立圖書館報告書》 沈祖榮 見：《文華圖書科
季刊》2卷3～4期合刊第465～467頁 1930年12月

31.《西文編目參考書》 沈祖榮 見：《文華圖書科季刊》2卷3
～4期合刊第351～379頁 1930年12月

32.《韋棣華女士傳略》 沈祖榮 見：《文華圖書科季刊》3卷3
期第 283～285頁 1931年9月

33.《*Miss Mary Elizabeth Wood*：*The Queen of The Modern
Library Movement In China*》 Samuel T.Y. Seng 見：
《文華圖書科季刊》（英文之部）3卷3期第8～13頁 1931年
9月

34.《國難與圖書館》 沈祖榮 見：《文華圖書館學專科學校季
刊》 4卷3～4期合刊第223～234頁 1932年12月

35.《圖書館所希望於出版界的》 沈祖榮 見：《文華圖書館學
專科學校季刊》5卷2期第133～138頁 1933年6月

36. 《中國圖書館及圖書館教育調查報告》　沈祖榮　見：《中華
圖書館協會會報》9卷2期第1～8頁　1933年10月，嗣又譯爲
英文載於《 Library Journa1》Vo1.59, No.81.

37. 《我國圖書館事業之改進》　沈祖榮　見：《文華圖書館學專
科學校季刊》5卷3～4期合刊第261～266頁　1933年12月

38. 《談談圖書館員之生活》　沈祖榮　見：《文華圖書館學專科
學校季刊》6卷1期第1～9頁　1934年3月

39. 《世界民眾圖書館專號卷頭語》　沈祖榮　見：《文華圖書館
學專科學校季刊》6卷2期第149～150頁　1934年6月

40. 《談圖書館專業教育》　沈祖榮　見：《湖北教育月刊》2卷4
期第 66～75頁　1935年3月

41. 《*Looking To The Future*》　Samue1 T.Y. Seng 見：《文
華圖書館學專科學校季刊》（英文之部）7卷2期第313～314頁
1935年6月

42. 《民眾圖書館管理法》　沈祖榮　見：《現代民眾》1卷12期
第2～ 6頁　1935年7月

43. 《世界各國國立圖書館概況專號序言》　沈祖榮　見：《文華
圖書館學專科學校季刊》7卷3～4期合刊第319～320頁　1935
年12月

44. 《中國圖書館員專門教育》（英文）　沈祖榮　見：中華圖書館

協會編　《Libraries In China》1935年

45.《公立圖書館在行政上及事業上應有之聯絡》　沈祖榮　見：
《工讀半月刊》1卷10期第311～313頁　1936年9月

46.《公立圖書館在行政上及事業上應有之聯絡》　沈祖榮　見：
《圖書周刊》第82期　1936年9月

47.《中華圖書館協會第三次年會圖書館教育委員會報告》　沈祖
榮見：《中華圖書館協會會報》12卷2期第1～2頁　1936年
10月

48.《公立圖書館在行政上及事業上應有之聯絡》　沈祖榮　見：《中
華圖書館協會會報》12卷3期第1～3頁　1936年12月

49.《圖書館教育的戰時需要與實際》　沈祖榮　見：《中華圖書
館協會會報》13卷4期第4～6頁　1939年1月

50.《今後二年之推進圖書館教育》　沈祖榮　見：《建國教育》
1卷2期　1939年

51.《私立武昌文華圖書館學專科學校近況》　沈祖榮　見：《中
華圖書館協會會報》16卷3～4期合刊第7～8頁　1942年2月

52.《我國圖書館之新趨勢》　沈祖榮　見：《教育與社會》3卷1
～2期合刊第4～6頁　1944年5月

53.《戰後圖書館發展之途徑》　沈祖榮　見：《〈中央日報〉副

刊》　1944年5月5日

54.《戰後圖書館發展之途徑》　沈祖榮　見：《中華圖書館協會
會報》18卷4期第5頁　1944年6月

55.《*Library Schools And Librarians In China*》　Samuel
T.Y. Seng¨See：《The Library Journal》Vol.69（1
November 1944）：933～　U.S.A.

四、序　文

1.《〈圖書分類法〉沈序》（未刊）　沈祖榮　見：杜定友著《圖
書分類法》　上海圖書館協會　1925年11月
　　　杜著第19頁言："此外尚有沈紹期胡慶生李燕亭諸先生序
文因寄到稍遲不及排入附此道歉。"

2.《〈拼音著者號碼編制法〉沈序》　沈祖榮　見：錢亞新著
《拼音著者號碼編制法》　漢口聖教書局代印　1928年初版　第
3～4頁　文華圖書科叢書之一

3.《章譯民眾圖書館館的行政序》　沈祖榮　見：（美）駱約翰
亞當著　章新民譯《民眾圖書館的行政》　武昌　文華圖書館
學專科學校　1934年　第4～5頁

4.《圖書館的財政問題序》　沈祖榮　見：戴鎦齡譯《圖書館的
財政問題》　武昌　文華圖書館學專科學校　1934年　第5～6頁

5. 《世界民眾圖書館序》　沈祖榮　見：（美）鮑士偉著　徐家麟等譯《世界民眾圖書館概況》　武昌　文華圖書館學專科學校　1934年　第1～2頁

6. 《〈中國十進分類法〉沈序》　沈祖榮　見：皮高品著《中國十進分類法》　武昌　文華圖書館學專科學校　1934年

7. 《〈中國十進分類法〉*Preface*》（英文）　Samuel T.Y. Seng　見：皮高品著《中國十進分類法》　武昌　文華圖書館學專科學校　1934年

8. 《普通圖書編目法序》　沈祖榮　見：黃星輝著《普通圖書編目法》　武昌　文華圖書館學專科學校　1934年

9. 《〈圖書學大辭典〉沈序》　沈祖榮　見：盧震京著《圖書學大辭典》　商務印書館　1940年9月　第1～3頁

10. 《〈三民主義中心圖書館分類法〉序三》　沈祖榮　見：杜定友編《三民主義中心圖書分類法》（油印本）　國立中山大學圖書館印行　1948年　第4頁

沈祖榮先生年譜　初編

編纂說明

1. 本年譜初編記載了自1884年9月11日至1977年2月1日有關沈祖榮先生的生平事迹和學術著述等可考的史實。

2. 史料的主要來源包括：中英文著作、中英文報刊論文、中英文新聞時事報導等正式出版物，中英文檔案、公函、家書、文件等文書檔案資料和口實史料。

3. 本年譜以年月日的時序排列史料，其年月日可查者，即排於某年某月某日；有月無日者，排於該月之後；有年無月無日者，則列於該年最後。

4. 本年譜的編纂以客觀、準確、眞實、可信爲原則，凡史料闕如之年代，只列年代，而內容留作待考待補；而所載內容則均一一注明來源出處，以備查考。

5. 凡遇疑晦之處，編者均插注按語，並另起一段置於所注條目之下，以資識別。

6. 由於史料缺乏和編者水平有限，遺漏舛誤之處在所難免，祈專家學者匡謬指正，以俾再版時增補修正。

1884年（光緒十年　甲申）　先生誕生

9月11日　　沈祖榮，字紹期，英文名Samuel Tsu-Yung Seng，簡名 Samuel T.Y. Seng，祖籍四川省忠縣，誕生於湖北省宜昌市一個平民家中。

煥文案：因一直未查到沈祖榮先生個人檔案，現難以十分準確地斷定沈祖榮先生的籍貫，誕生時間和誕生地點，故只能依據現有的相關資料做不完全的推證。

一、關於沈祖榮先生的誕生時間目前主要有以下三種說法：

　1. 1887年7月25日

(1)楊家駱在1933年時說：文華公書林"現任館長沈祖榮，武昌人，年四十六"〔楊家駱著《圖書年鑑》（上冊：中國圖書館事業誌），1933年份，南京：中國圖書大辭典編輯館，1933年出版，第3～159頁〕。由1933年上推46年，當是1887年。

(2)《中華圖書館協會會報》第12卷第6期報導："各地同學籌備紀念沈校長五十壽辰。本年七月二十五日為沈校長五十壽辰，各地同學以沈校長二十餘年來，盡瘁校務，廣披後進，殊具苦心，不為擴大之紀念，無足以彰培植之恩，爰有京津平滬各地同學多人發起紀念辦法，不久即可通知各地同學徵求參加云"〔《文華圖書館學專科學校消息一束》（第一條），見：《中華圖書館協會會報》第12卷第

6期（1937年6月30日出版），第31頁〕。由1937年上溯
50年，當是1887年7月25日。

⑶《文華圖書館學專科學校季刊》9卷2期云："各地同學籌
備紀念本校沈校長五十壽辰。本年七月二十五日爲沈校長
五十壽辰。同學有多人提議，籌備紀念。京津平滬及武漢
各地同學，對於所提具體募款稱祝辦法，均一致贊成，並
願列名發起，不久發起人之啓事即可發云云"。〔《校聞
及同門消息》，見：《文華圖書館學專科學校季刊》9卷2
期（1937年），第304頁〕。

2.1884年9月11日

⑴《中華圖書館協會會報》第18卷第5～6期合刊報導："本
會理事私立武昌文華圖書館學專科學校校長沈祖榮氏爲倡
導我國圖書館事業之先進，作育人材，貢獻殊深，本年九
月十一日爲氏六旬壽辰暨從事圖書館事業卅周年紀念，文
華校友特發起雙重慶典，以申敬意並彰勛績，除分函徵集
當代名人題詞以資紀念外，並分別呈獻尊師禮金，極爲熱
烈云"〔《會員消息》之《沈祖榮》條款，見：《中華圖
書館協會會報》第18卷第5～6期合刊（1944年12月15日
出版），第15頁〕。由1944年上溯60年，應爲1884年9月
11日。

⑵《文華圖書館學專科學校簡訊》新1卷記載："沈祖榮
年齡六六　籍貫　武昌……"〔文華圖書館學專科學校校
友總會編印，《文華圖書館學專科學校簡訊》（此名由沈
祖榮先生親筆題寫，題字之下有"沈祖榮"紅色鈐印）新

　　1卷（1950年12月15日出版）第6頁之"董事姓名錄"和
"教職員姓名錄"〕。由1950年上推66年，應是1884年。

3.1883年

(1)張遵儉說："沈祖榮先生（1883～1976）字紹期，湖北
　　宜昌人。……。一九七六年元月八日壽終，得年九十四
　　歲"〔張遵儉著《曇華憶舊錄——記沈祖榮與韋棣華的遇
　　合》，見：《圖書情報知識》1981年第2期（1981年6月
　　出版），第40、52頁〕。

(2)張遵儉又說："沈祖榮先生字紹期，一八八三年出生於湖
　　北宜昌，一九七六年逝世於廬山寓所，終年九十四歲"
　　〔張遵儉著《曇華憶舊錄——回憶紹期師》，見：《圖書
　　館學通訊》1982年第2期（1982年6月30日出版），第86
　　～87頁〕。

(3)嚴文郁言："民國六十五年（1976年）筆者在紐約驚悉恩
　　師沈祖榮（字紹期）先生與師母於二月一日同日仙逝於廬
　　山的噩耗，至感悲痛！……先生於光緒九年（一八八三）
　　生於湖北宜昌，……"〔嚴文郁著《圖書館教育之父沈祖
　　榮先生——為其百齡冥壽紀念而作》，見：（台灣）《傳
　　記文學》第四十二卷第五期，第58～60頁，1983年5月
　　（民國72年5月）出版。又見：嚴文郁先生八秩華誕慶祝
　　委員會編，《嚴文郁先生圖書館學論文集》，輔仁大學圖
　　書館學系1983年9月1日（民國72年9月1日）出版，第253
　　～258頁。參見：（台灣）《傳記文學》第四十二卷第三
　　期第143頁"民國人物小傳"〕。

　　上述三種説法，以第3種最爲流行，目前海内外諸多
著述基本上均取此説，蓋以張遵儉先生和嚴文郁先生爲其
濫觴之嚆矢。第2種説法唯煥文一人秉持〔程煥文著《一
代宗師　千秋彪炳——記中國圖書館學教育之父沈祖榮先
生》（連載），見：《圖書館》1990年第4期第54～58頁，
第6期第64～67頁，1991年第1期第71～73、76頁，第3期
第60～73頁，第5期第69～73頁〕。而第1種説法則目前
無人提及。現將上述三説辯證如下：

　　第3種説法，即1883～1976年，此説來自回憶，張遵
儉先生憶述於前，嚴文郁先生繼撰於後，因事隔多年，且
二老均年逾古稀，其中不乏記誤之處。沈祖榮先生的準確
逝世日期是1977年2月1日，這有三個來源佐證：其一、可
從武漢大學現存有關文件中得到確證；其二、在沈祖榮先
生的子女中唯一參加了沈祖榮先生葬禮的沈寶媛女士的回
憶可以確證；其三、筆者在沈寶媛女士處閱讀過沈祖榮先
生在1976年9月毛澤東逝世以後寫給女兒沈寶媛的親筆信。
顯然，無論是張先生的"沈祖榮先生逝世於1976年元月8
日"説，還是嚴先生的"沈祖榮先生於民國六十五年
（1976）二月一日仙逝"説，二者均不準確，應該是"
1977年2月1日"。由張先生和嚴先生的記誤，煥文推想：
他們大概是以沈祖榮先生終年94歲（虛歲）而上推出沈先
生的出生年份的。如果此推想正確的話，則因爲他們將沈
先生的逝世年代誤提前了一年，所以，準確的推算應爲：
沈祖榮先生誕生於1884年。否則，如果按照"沈先生誕生

於1883年"來推算的話,則沈先生終年應爲95歲(虛歲),然而這似乎不合事實。

第1種說法,即1887年7月25日,此說產生最早且不乏權威性,但其中存疑之處亦可考見。其一、"沈校長五十壽辰"茲事體大,且由文華同學會發起,又見諸《中華圖書館協會會報》和《文華圖書館學專科學校季刊》,按常理而言,沈先生本人應知此事。但因1937年"七七事變"以後諸事紛亂,此次"五十壽慶"雖有發起,但是否舉行既未見《中華圖書館協會會報》刊載續聞,又不見《文華圖書館學專科學校季刊》1937年各期報導,因而頗令人疑惑。其二、"五十壽慶"(1937)與"六旬壽慶"(1944年,第2種說法)相距僅七、八年之久,爲何在如此重大的慶典方面發生年代的如此差異?究竟是文華同學會和楊家駱產生了差錯?亦或是沈先生本人因客觀原因而記憶有誤?存疑之處顯而易見,只能將其留作待考。鑒於如果採用此說,那麼,在沈先以後入文華求學等時間的推算上出入較大,故煥文暫不取此說。

第2種說法,即1884年9月11日,此說既有沈祖榮先生"六旬壽慶"業已舉行之確鑿事實,又見諸文華圖書館學專科學校出版且由沈先生親筆題寫刊名的《文華圖書館學專科學校簡訊》新1卷,同時又與沈先生終年94歲相吻合,故在尚未見到沈先生的個人檔案材料之前此說最爲可信,因取此說。

另外,從查考各有關年表歷表來看,未見"7月25日

"與 "9月11日" 在公曆和農曆方面有重疊關係。但是，公歷1884年9月11日爲農曆光緒十年七月二十二日；而農曆光緒十年七月二十五日爲公曆1884年9月14日。這之間似乎相去並不遠，均只有三日之差，如果是原文 "七月二十五日" 或 "九月十一日" 中某一說在日期上有排印錯誤的話，則更能佐證沈先生出生日月的正確性，惜現無從考證。

二、關於沈祖榮先生的籍貫與出生地點。

"籍貫" 一詞在中國是一個概念模糊的術語，它通常指自身出生的地方或家庭久居的地方，儘管人們在習慣上多以祖籍作爲籍貫，但事實上往往不盡一致，因而頗易產生歧義。日前關於沈祖榮先生的籍貫與出生地點主要有以下諸說：

(1)沈寶環教授於1995年11月在廣州對煥文說：先祖浙江紹興人，後做官於四川省忠縣，並在忠縣繁衍，其後遷湖北宜昌市，最後到湖北武昌云云。

(2)沈寶媛女士說：祖籍四川忠縣，父親沈祖榮生於湖北宜昌市，後徙武昌云云。

(3)《中華圖書館協會會報》有關各期的 "會員名錄" 所載沈祖榮先生的籍貫共有湖北、武昌、四川三種，其中以武昌使用最多。

(4)張遵儉先生和嚴文郁先生均言沈祖榮先生出生於湖北宜昌市（見前述）。

綜合諸種說法，現採用沈祖榮先生祖籍四川省忠縣，出生在湖北宜昌之說。精確的籍貫與出生地尚有待進一步的證明。

1885年（光緒十一年　乙酉）**先生1歲**

1886年（光緒十二年　丙戌）**先生2歲**

1887年（光緒十三年　丁亥）**先生3歲**

1888年（光緒十四年　戊子）**先生4歲**

1889年（光緒十五年　己丑）**先生5歲**

1890年（光緒十六年　庚寅）**先生6歲**

1891年（光緒十七年　辛卯）**先生7歲**

1892年（光緒十八年　壬辰）**先生8歲**

1893年（光緒十九年　癸巳）**先生9歲**

1894年（光緒二十年　甲午）**先生10歲**

1895年（光緒廿一年　乙未）**先生11歲**

1896年（光緒廿二年　丙申）**先生12歲**

1897年（光緒廿三年　丁酉）**先生13歲**

1898年（光緒廿四年　戊戌）**先生14歲**

1899年（光緒廿五年　己亥）**先生15歲**

1900年（光緒廿六年　庚子）**先生16歲**

煥文案：沈祖榮先生少年時代先是在其父親在宜昌長江邊爲過往縴夫和黃包車夫所開的一間小飯鋪中跑堂，期間曾讀私

塾半年（年代不詳），後因無力維持學費而輟學。後因飯鋪
生意無法維護生計，沈祖榮先生被父親送進宜昌美國人所辦
教堂（年代和教堂名不詳），在教堂做勤雜工，並靠傳教士
的周濟糊口〔據沈寶媛女士口述；張遵儉著《曇華憶舊錄——
記沈祖榮與韋棣華的遇合》，見：《圖書情報知識》1981年
第2期第40頁〕。

1901年（光緒廿七年　辛丑）先生17歲

2月　美國聖公會在湖北省武昌曇華林創辦的文華書院到宜昌招
收學童，沈祖榮先生受宜昌教士的推薦，於本年正月（2月
～3月）到武昌文華書院免費讀書。

煥文案：張遵儉先生說："在他（沈祖榮）十五歲那年，美
國人創辦的座落在武昌曇華林的文華書院到宜昌招收學童，
沈祖榮先生和學友鄒昌熾同時受教會推薦，來武昌免費入
學。他是個窮學生，苦苦攻讀五、六年，以優等生畢業"
〔張遵儉著《曇華憶舊錄——記沈祖榮與韋棣華的遇合》，
見：《圖書情報知識》1981年第2期第40頁〕。如果依張先
生所說沈祖榮先生生於1883年的話，那麼"十五歲那年"當
爲1898年；而"苦苦攻讀五、六年，以優等生畢業（注：張
先生指大學畢業）"，則沈祖榮先生大約在1903～1904年
大學畢業。這顯然與沈祖榮先生的大學畢業時間有很大出入（大
約有5～7年之差），因而其錯誤已顯而易見。

又案：沈先生的長女沈培鳳女士在1960年代"文化大革命"期間寫給妹妹沈寶媛女士的信中說："父親17歲才識字，讀了一點苦書，……"。此說既較權威，又頗與歷史史實相符合，因而十分可信，具體推證如下：

(1)如依煥文所說：沈祖榮先生誕生於1884年，則"17歲才識字"即爲"1901年"，也就是說沈先生是1901年入文華書院的。這一時間推斷首先可以從文華大學的歷史發展中得到合乎邏輯的證明。文華書院創辦於1871年，初爲中學。1901年翟博士來校，竭智盡能，力圖進步，並將招生擴大到武昌之外。1903年開始設高等科，招收大學班。1906年第一屆大學生畢業（三年制）。1907年招收第一批四年制大學生。1909年綜合諸高等科成爲大學，並在美國立案，獲得授予學位權。1911年1月第一批四年制大學生畢業，始行授畢業生以B.A.之學位。文華大學含中學和大學兩科，中學科爲大學之預備科，修業年限六年，入學者以12歲以上之未婚者爲合格〔《英美委辦會建議教育合辦案匯誌》，見：《文華月刊》1922年6月第2冊第2～3號合刊，第13～17頁。陳淑達譯《歐美人在中國之教育的設施（節錄）》，見：李桂林主編《中國現代教育史教學參考資料》，人民教育出版社，1987年1月，第373～393頁。西南地區文史資料協作會議編《抗戰時期內遷西南的高等院校》，貴州民族出版社，1988年8月，第101～102頁〕。

(2)沈祖榮先生曾言："文華公書林建築於一九一〇年。……

斯時，榮正卒業於文華大學，準備在公書林內任事。初以
爲崇樓杰閣，館舍頗爲壯觀；中西書籍，雖不敢說搜羅宏
富，也可算規模初具，辦理必無若何困難"〔沈祖榮著
《在文華公書林過去十九年之經驗》，見：《文華圖書科
季刊》1卷2期第159～175頁，1929年5月出版〕。由此可
知：沈先生是在文華公書林落成之後（1910年）大學畢業
的，即1911年1月（宣統二年十二月）第一批四年制大學
生畢業。由此上推：沈先生於1907年至1910年在文華大
學讀四年本科，於1901年至1906年在文華書院讀六年中
學，一共10年正好與文華大學的歷史相符合。同時，1929
年時，沈祖榮先生說"在文華公書林過去十九年之經驗"，
自1911年1月至1929年5月恰好是18年多，因而稱爲"19
年"。從以上(1)和(2)的推證可知沈祖榮先生17歲時（1901
年）入文華書院是比較可信的。

1902年（光緒廿八年　壬寅）先生18歲

在文華書院讀中學二年級。

1903年（光緒廿九年　癸卯）先生19歲

在文華書院讀中學三年級。

1904年（光緒三十年　甲辰）先生20歲

在文華書院讀中學四年級。

1905年（光緒卅一年　乙巳）先生21歲

在文華書院讀中學五年級。

1906年（光緒卅二年　丙午）先生22歲

在文華書院讀中學六年級。

1907年（光緒卅三年　丁未）先生23歲

2月　本月（光緒三十二年十二月至光緒三十三年正月）文華書院中學畢業，並受文華書院推薦免費攻讀大學本科。

1908年（光緒卅四年　戊申）先生24歲

在文華大學讀二年級。

1909年（宣統元年　己酉）先生25歲

在文華大學讀三年級。

1910年（宣統二年　庚戌）先生26歲

在文華大學讀四年級。

本年美國人韋棣華女士創辦的我國第一個名符其實的公

共圖書館——文華公書林新館落成開館〔沈祖榮著《在文華公書林過去十九年之經驗》，見：《文華圖書科季刊》1卷2期第159～175頁，1929年5月〕。

1911年（宣統三年　辛亥）先生27歲

1月　本月（宣統二年十二月）文華大學本科畢業，並獲文學學士學位。

本月（宣統三年正月）就職於文華公書林，韋棣華女士任總理（Librarian），沈祖榮先生任協理（Assistant Librarian）〔沈祖榮著《在文華公書林過去十九年之經驗》，見：《文華圖書科季刊》　1卷2期第159～175頁，1929年5月〕。

1912年（民國元年　壬子）先生28歲

12月　Samuel T.Y. Seng著《The Recent Progress of Boone University Library, And Its Future Development》，發表於《 The Boone Review》（December 1912），Wuchang.

本年　沈祖榮先生與姚翠卿女士結爲伉儷。

煥文案：姚翠卿女士，英文名Tray-Chin Yao Seng，1889年（光緒十五年）（？）誕生〔據沈寶媛口述〕。

1913年（民國二年　癸丑）先生29歲

5月　Samuel T.Y. Seng著《The Recent Progress of Boone University Library, And Its Future Development》（An abridgment），發表於《The Library Journal》Vol.38（May 1913）：284～286, U.S.A.

1914年（民國三年　甲寅）先生30歲

夏　韋棣華女士鑒於肩任文華公書林管理責任者，非受此種專門訓練，事業必難有發展之希望，於是，資助沈祖榮先生赴美國紐約公共圖書館學校（the New York Public Library School）攻讀圖書館學，開創了中國近現代赴美攻讀圖書館學的先河〔Mary Elizabeth Wood著《Recent Library Development In China》，見《ALA Bulletin》No.18（1924）：178～182〕。

本年　沈祖榮先生的長女陳培鳳誕生。

　　煥文案：陳培鳳女士原名沈寶珠，後改名沈培鳳，再後因抗戰時在文華圖書館學專科學校任教，爲避免稱呼混淆而改丈夫姓氏，名陳培鳳。1977年10月病逝於湖北武昌〔據沈寶媛口述〕。

1915年（民國四年　乙卯）先生31歲

7月　沈祖榮先生獲紐約公共圖書館學校畢業證書（Certificate），並在該校繼續攻讀圖書館學高級課程〔《Library School of The New York Public Library：Student Register 1911～1923》，New York 1924, Printed in the Library〕。

1916年（民國五年　丙辰）先生32歲

6月　Samuel T.Y. Seng 著《Can The American Library System Be Adopted In China》，發表於《The Library Journal》Vol.41（June 1916）：387～388, U.S.A.

7月　沈祖榮先生修完紐約公共圖書館學校的全部高級課程，畢業並獲理學學士學位〔《Library School of The New York Public Library：Student Register 1911～1923》，New York 1924, Printed in the Library〕。

本年　沈祖榮先生回國。

煥文案：從相關史料來看，紐約公共圖書館學校始於1911年秋季，止於1923年8月，沈祖榮先生應在本年8月或稍早時間已畢業，但是，沈先生究竟是畢業後便回國（即本年下半年），還是次年初回國，尚缺史料佐證。另外，沈祖榮曾言："日本與我同種同文，又是圖書館事業先進的國家。在許多圖書管理上的難題，沒法解決，窮極無聊時候，曾想看一看。於是到日本在東京住一月之久，其他內地遊歷參觀月餘，想尋求一解決方法，豈圖結果，乃如求仙丹一樣，毫無所得”。（沈祖榮，《在文華公書林過去十九年之經驗》，見：《文華圖書科季刊》1卷2期第159～175頁）。不知沈祖榮究竟是自美回國時途經日本停留，還是回國以後再去日本，因缺史料，留作待考。

1917年（民國六年　丁巳）先生33歲

1月　Samuel T.Y. Seng 著《Difficult Problems of The Librarian In China》，發表於《Chinese Students' Monthly》Vol.12（January 1917）：19～24；161～166, U.S.A.

5月1日　本日下午應寰球中國學生會暨江蘇省教育會的邀請，沈祖榮先生在南京西門江蘇省教育會會所演講“圖書館之功用及辦法”，繼又演講“圖書館之組織法”〔《演講圖書館之功用及辦法》，見《申報》民國六年五月二日第三張〕。

5月2日　本日晚應基督教青年會的邀請，沈祖榮演講圖書館事業〔出處同上〕。

6月　沈祖榮先生應邀在上海報界俱樂部演講圖書館事業〔《沈紹期君在報界俱樂部演說圖書館事業》，見《東方雜誌》14卷1、2期，1917年6月〕。

本年　沈祖榮著《仿杜威書目十類法》由漢口聖教書局出版。

1918年（民國七年　戊午）**先生34歲**

8月20日　沈祖榮撰《中國全國圖書館調查表》發表於《教育雜誌》10卷8期第37～45頁，1919年8月20日。

9月　沈祖榮撰《中國全國圖書館調查表》發表於《安徽教育月刊》第9期，1918年9月。

1919年（民國八年　己未）**先生35歲**

本年　沈祖榮先生的長子沈寶環誕生。

1920年（民國九年　庚申）**先生36歲**

春　美國韋棣華女士同沈祖榮先生等有鑒於中國教育的不振，文化的頹微，原因雖多，但圖書館的缺乏，也難辭其咎，遂仿美國紐約公共圖書館學校的制度，特在文華大學創設圖書科，招收大學修業兩年以上的學生，期以兩年畢業。韋棣華女士任圖書科主任，沈祖榮先生任教授並講授《西文編目法》等課程。是為中國近現代圖書館學教育的創始〔吳鴻志撰《文華圖書科之過去與將來》，見《武昌文華圖書科季刊》1卷1號第107頁〕。

夏　北平高師應各省之請，開設暑期圖書館學講習會，由戴志騫、程伯盧、沈祖榮等擔任講師，各處省立及學校圖書館職

員共78人前往聽講。是爲中國近現代圖書館學短期教育之創
始〔金敏甫編《中國現代圖書館概況》，廣州圖書館協會，
1929年第46頁〕。

本年 文華大學爲籌備五十周年紀念大典（1921年10月2日）特
成立"五十周年紀念大典籌備處"，沈祖榮、駱思賢和譚炳
芬任英文華人部咨議委辦〔《本校五十周年紀念大典籌備處
通告書》，見《文華月刊》第1冊第1號第5頁，1920年12
月〕。

1921年（民國十年 辛酉）先生37歲

元旦 美國紐約公共圖書館寄來歷史、科學、社會學、文學、傳
記等類書籍一箱，共計150冊，以表示對沈祖榮、胡慶生先生
的感情，並輔助文華公書林的發展〔《公書林佳音匯誌》，見
《文華月刊》第1冊第2號第5頁，1921年3月〕。

又：本日文華大學依慣例舉行同門懇親會，以聯情宜。與會
者認爲：同門會之憲章法規，因時勢之變遷，有修正之必
要，爰請會正派劉貽罷、沈祖榮、吳輝明、朱作梅、韋卓民
5人爲修正憲法委員云云〔《元旦節同門會誌盛》，見《文
華月刊》第1冊第2號第5～6頁，1921年3月〕。

4月 沈祖榮應北京政治學會編輯書目之聘，便道至天津，晉謁
前總統黎宋卿先生，勸募捐款。黎宋卿先生當慨捐洋1000
元，以爲擴充公書林之用。返京後，又晉謁前任外交總長陸

徽祥先生，當承慨允向徐大總統募捐500元。以上二款均由
沈祖榮先生親手帶歸文華大學〔《兩大總統之捐款熱》，見《文
華月刊》第1冊第3、4號第7頁，1921年4、5月〕。

夏　沈祖榮先生於暑假期内帶領圖書科學生數人，至北京清華學
校，清理該校新購書籍〔《同門會近訊》，見《文華月刊》
第1冊第5、6號第19頁，1921年12月〕。

1922年（民國十一年　壬戌）先生38歲

1月18日　本日下午兩點鐘，文華大學在公書林舉行畢業典禮，共
有四科15人次（實爲12人）畢業，包括神學科：黃德馥、童
世鐸、王道平；文科：陳宗登、裴開明、宣印譚、黃偉楞、
雷海雲、盧本桐、彭人豐、湯吉禾；理科：周誠滸；圖書
科：陳宗登、裴開明、黃偉楞（圖書科3人兼獲文科畢業），
是爲文華大學圖書科首屆學生畢業，亦爲中國近現代第一批
圖書館學專業大學生畢業〔《畢業典禮誌盛》，見《文華月
刊》第2冊第1號，1922年5月第9頁〕。
煥文案：現各種文字材料均從“快樂六君子”的説法出發推
證文華圖書科第一屆畢業生爲6人，實則大謬不然，詳見下
述本年“6月24日”條款。
又：文華公書林擴充改造業已竣工，並以本日文華大學在此
舉行畢業典禮爲儀式，正式啓用〔《公書林近事匯誌》，見
《文華月刊》第2冊第2、3號，1922年6月第6頁〕。

5月2日　本年5月2日至10日中華基督教第四次全國大會在上海舉
行，文華大學赴會代表共有五人：舒校長代表管理部、沈祖
榮代表職教員、韋卓民代表神學科職教員、劉貽罷代表神學
學生、雷發章代表大學學生〔《基督教全國大會之感想》，
見《文華月刊》第2冊第2、3號第2頁，1922年6月〕。

6月24日　自本年開始，文華大學畢業典禮完全由冬季改至夏季。
本日文華大學在文華公書林樓上舉行學制變革後的第一次畢
業典禮。中華大學校長陳時作漢文演講、漢口博學院饒登白
牧師作英文演講、代理校長康明德教授頒發文科理科學士學
位證書（得學位者12名，完全爲基督徒）、漢文科科長韋卓
民教授頒發漢文文憑、文華中學校長盧春榮頒發中學文憑（
並爲中學六個年級，即六個班的頭二名學生頒發獎品）。本
屆正科畢業學員12名爲：文科：張炎炳、徐繼松、許達聰、
桂質柏、李貽棟、李輝祖、譚邦萃、查修、王潤藻、王寶
賢；理科：李漢杰、史經革；圖書科：許達聰、查修、桂質
柏；其中圖書科3人兼修文科。是爲文華圖書科第二屆畢業
生〔《畢業典禮程序》，見《文華月刊》第2冊第4號第9頁，
1922年7月〕。
煥文案：由於文華大學從本年起將畢業典禮由冬季改爲夏
季，所以在學制變革中，本年先後在1月18日和6月24日舉行
了兩屆畢業典禮，其中後一屆畢業的學生實際上在學制上縮
短了半年，即只讀了三年半的時間。這就是人們因不知此變
故而將兩屆畢業生混爲一談的原因。

6月底（？）　沈祖榮先生赴山東濟南，參加中華教育改進社第一次年會。

7月3日　沈祖榮先生出席中華教育改進社第一次年會開幕典禮〔《新教育》5卷3期，1922年10月〕。

7月4日　中華教育改進社圖書館教育組於上午8時至10時半在年會事務所應接室舉行第一次會議，戴超、沈祖榮、洪有豐、杜定友、戴超夫人、朱家治、孫心盤共七人到會。主席戴超發言謂：本組議案太多，討論當首先擇定標準。眾推沈祖榮提出標準，逐漸討論。沈祖榮遂提出：一、何種圖書館最為緊要；二、經濟如何支配；三、管理員如何養成；四、圖書館如何推廣等四項標準。其後討論洪有豐的議案〔《分組會議記錄·第十八圖書館教育組》，見《新教育》5卷3期第555〜561頁，1922年〕。

7月5日　圖書館教育組於上午8時至10時1刻在年會事務所應接室舉行第三次會議，沈祖榮擔任主席，討論戴超的議案〔出處同上〕。

7月6日　圖書館教育組於上午8時至10時半在年會事務所應接室舉行第三次會議，沈祖榮擔任主席，討論杜定友及沈祖榮二人的議案。沈祖榮的議案為：一、擬呈請教育部通咨各省長轉飭各教育廳長除省會內必須建設省立圖書館外凡所屬之重要商埠（如上海漢口等處）亦必有圖書館之建設案；二、擬呈請教育部會同財政部籌撥相當款項建設京師圖書館案。此兩案均決議通過〔出處同上〕。

7月7日　圖書館教育組於上午8時至11時在年會事務所應接室舉行第四次會議，戴超擔任主席，討論杜定友、沈祖榮、洪有豐、戴超四人的議案。沈祖榮提議凡學校未附圖書館者不宜舉辦圖書館科或圖書館員訓練所案，討論此案孫心盤議將此案全文附於戴超中國師範學校及高等師範學校應增設圖書館管理科案辦法之後，眾贊成，決議通過。沈祖榮提議著作家出版書籍須存一部於國立圖書館案，決議通過〔出處同上〕。

7月8日　中華教育改進社第一次年會閉幕，沈祖榮先生參加閉幕式〔出處同上〕。

煥文案：中華教育改進社第一次年會共收到議案207件，在分組會議議決又在大會通過的共122件；其中圖書館教育組共有13件議案（其中沈祖榮提出7件議案），最後通過8件議案。沈祖榮所提7件議案，有3件被併入其他議案通過，即：一、擬呈請教育部通飭全國無論公私凡已設之大學及與大學相當之學校（如高師及高商之類）其中若不附設圖書館備置中西兩萬冊以上之書籍不承認該校之成立案；二、學校與圖書館有最密切之關係，故凡中學暨高等小學校皆宜有附設學校圖書館之規定案；三、凡學校未附設圖書館者不宜舉辦圖書科或圖書館管員訓練所案。有3件議案決議通過，其決議案如下：

一、擬呈請教育部通咨各省省長轉飭各教育應長除省長會內
　　必須建設省立圖書館外凡所屬之重要商埠（上海漢口等
　　處）亦必有圖書館之建設案。

辦法：關於通商口岸分七區，廣東、上海、天津、漢口、重
慶、南京、天津，共需費五百萬元，爲建築購書設備之用。

二、擬呈請教育部會同財政部籌撥相當款項建設京師國立圖
　　書館案

理由：㈠京師代表中華全國之文明；㈡今京師圖書館湫隘褊
狹。

辦法：㈠設立改組京師圖書館委員會；㈡聘請專家爲館長；
㈢改建圖書館館所；四、改良管理法，以整理原有書籍，並
添購中外之新圖籍。

三、凡著作家出版書籍欲鞏固版權須經部審查備案註冊者宜
　　將其出版之書籍盡兩部義務一存教育部備案，一存國立
　　圖書館以供眾覽案〔出處同上〕。

7月中旬 沈祖榮先生自山東濟南返回湖北武昌。

8月 沈祖榮撰《中國各省圖書館調查表》發表於《新教育》5卷
1～2期合刊第191～200頁。

11月 沈祖榮撰《民國十年之圖書館》發表於《新教育》5卷4期
第783～797頁。

本年 沈祖榮和胡慶生合編《仿杜威書目十類法》由武昌文華公
書林出版，是爲1917年版的修訂本。

1923年（民國十二年　癸亥）先生39歲

2月　沈祖榮撰《民國十一年之圖書館教育》發表於《新教育》6
　　卷2期第291～294頁。

4月　沈祖榮撰《提倡改良中國圖書館之管見》發表於《新教育6
　　卷4期第551～555頁。

8月20日　中華教育改進社第二次年會圖書館教育組第一次會議
　　於下午在北平清華學校舉行，主席戴志騫報告六件事項，其
　　中第2項爲：文華大學圖書館長韋棣華代表該大學圖書科全
　　體，呈請中華教育改進社轉請美國政府，以其將要退還之庚
　　子賠款三分之一作爲擴充中國圖書館事。並及沈祖榮、胡慶
　　生、洪有豐與戴志騫四君曾爲此事致函美國圖書館協會年
　　會，請其在美國方面給以相當之贊助；覆函亦已收到。第5
　　項爲：沈祖榮君每年有關於中國圖書館事業報告，在《新教
　　育》雜誌登載云云〔《分組會議記錄·第三十圖書館教育組》，
　　見《新教育》7卷2、3期合刊第296～297頁，1923年10月〕。

1924年（民國十三年　甲子）先生40歲

7月5日　中華教育改進社第三次年會圖書館教育組第二次會議在
　　南京東南大學召開，在討論裘開明提議的《刊行圖書館學季
　　報案》中，當時舉定《圖書館學季報》職員如下：編輯部——
　　—主任沈祖榮，副主任戴志騫。經理部——主任洪有豐，副

主任朱家治；且此議案一致通過〔《分組會議記錄·第二十六圖書館教育組》，見《新教育》9卷3期第649～669頁，1924年〕。

7月7日　圖書館教育組第四次會議主席洪有豐請王文山代表宣讀沈祖榮、胡慶生的論文《中學圖書館幾個問題》。

又：本日下午圖書館教育組藉南京圖書館協會在東南大學孟芳圖書館歡迎該組社員之便舉行第五次會議，專門討論修正圖書館教育組社員事宜。會議確定圖書館教育委員會委員如下：主任：戴志騫。副主任；洪有豐。書記：朱家治。委員：沈祖榮、胡慶生、杜定友、程時煃、馮陳祖怡、查修、譚新嘉、陳長偉、何日章、馮紹蘇、裴開明、王文山、施廷鏞、袁同禮、章篯、吳漢章、許達聰、陳宗登〔出處同上〕。

7月　沈祖榮撰《提倡改良中國圖書館之管見》發表於《浙江公立圖書館年報》第9期第44～49頁。

又：沈祖榮、胡慶生合撰《中學圖書館幾個問題》發表於《浙江公立圖書館年報》第9期第67～72頁。

8月16日　沈祖榮撰《提倡改良中國圖書館之管見》發表於《河南教育公報》3卷11～13期合刊。

9月　沈祖榮、胡慶生合撰《中學圖書館幾個問題》發表於《新教育》9卷1、2期合刊第209～220頁。

1925年（民國十四年　乙丑）先生41歲

3月　北京圖書館協會以美國圖書館協會派遣代表來華，欲於中國圖書館事業有所贊助，認爲有提前組織全國圖書館協會之必要，特組織委員會籌備一切，設委員十人，高仁山任主席，並邀各地圖書館協會與海內熱心教育文化諸公以私人資格加入發起。於是，蔡元培、梁啓超、黃炎培、張伯苓、沈祖榮、韋棣華等共56人首揭緣起，以示國人，其詞曰："………。茲經公同定議，請集全國圖書館及斯學專家，爲中華圖書館協會。……"云云〔中華圖書館協會編《中華圖書館協會概況》，該會編印，1933年8月25日，第1～3頁〕。

4月12日　中華圖書館協會發起人大會在北平中央公園來今雨軒召開。會議推鄧萃英爲臨時主席，議決組織籌備會，並推定北京、南京、江蘇、上海、杭州、開封、濟南、天津各圖書館協會會長，及鄧萃英、熊希齡、范源廉、查良釗、陳寶泉、洪煨蓮、沈祖榮等15人爲籌備委員，並推北京圖書館協會會長袁同禮爲臨時幹事，洪有豐、查良釗爲書記〔出處同上〕。

4月中旬　沈祖榮先生應上海圖書館協會發起全國圖書館協會之邀請，赴滬參加籌備事宜〔金敏甫編《中國現代圖書館概況》，廣州圖書館協會，1929年，第18～19頁〕。

4月22日　本日下午沈祖榮等全國各地代表在上海徐家匯南洋大

學舉行談話會，推杜定友爲主席，討論甚久，未有結果〔出
處同上〕。

4月23日　沈祖榮等全國代表參加全國圖書館協會第一次籌備討
論會，討論有關組織辦法等事項，並組織審查會，但各地代
表主張太多，意見頗不一致，會議終日，仍無結果〔出處同
上〕。

4月24日　籌備討論會繼續進行，通過組織辦法，並將全國圖書
館協會定名爲中華圖書館協會，章程則另組起草委員五人擬
定之〔出處同上〕。

4月25日　籌備全國圖書館協會之各省代表於上午10時在北四川
路橫濱橋廣肇公學三校開討論會，書記王恂如宣讀24日議決
案，後由起草委員陳宗瑩宣讀會章草案，並經眾逐條討論修
正通過，討論畢遂由主席杜定友宣告中華圖書館協會正式成
立。下午2時改開成立大會，推杜定友爲臨時主席、王恂如
書記，議決：一、以今日到會各代表爲基本會員，二、選舉
執行部正副部長暨董事，先推出何日章、袁同禮、杜定友爲
提名委員，三、於美國庚款委員會在北平開會時舉行成立儀
式〔《浙江公立圖書館第十期年報》附錄引《新聞報》1925
年4月26日消息〕。旋即舉定董事蔡元培、梁啓超、胡適、
丁文江、沈祖榮、鍾叔進、戴志騫、熊希齡、袁希濤、顏惠
慶、余日章、洪有豐、王正廷、陶知行、袁同禮等15人，執
行部部長戴志騫、副部長杜定友、何日章、執行部並聘定首

居幹事33人〔《會務紀要》,見《中華圖書館協會會報》第1卷第1期第6～7頁〕。

4月26日　美國圖書館協會代表鮑士偉（Arthur Elmore Bostwich）博士於下午3時抵滬,來華考察圖書館事業,準備以美國退還庚子賠款的一部分用於中國圖書館事業。參加中華圖書館協會成立大會的全體代表召開會議歡迎鮑士偉博士〔《歡迎鮑士偉博士》,《教育新聞增刊》引《新聞報》1925年4月27日新聞〕。

5月11日　鮑士偉博士自南京乘船於本日下午抵達漢口,沈祖榮等到漢口碼頭迎接。下午三時,沈祖榮陪同鮑士偉博士自漢口赴長沙考察圖書館事業〔出處同上〕。

5月12日　鮑士偉和沈祖榮於本日下午抵達長沙,開始考察湖南圖書館事業,沈祖榮擔任翻譯,雅禮大學負責招待〔出處同上〕。

5月13日　鮑士偉和沈祖榮於下午自長沙起程返回武昌〔出處同上〕。

5月14日　鮑士偉和沈祖榮於下午抵達武昌文華大學,開始考察湖北圖書館事業,沈祖榮任翻譯,文華大學負責招待〔出處同上〕。

5月15日　鮑士偉博士在沈祖榮的陪同下考察武漢圖書館事業〔出處同上〕。

5月16日　鮑士偉博士在沈祖榮的陪同下繼續考察武漢圖書館事業〔出處同上〕。

5月17日　沈祖榮等於晚上11時19分到漢口火車站歡送鮑士偉博士，文華圖書科胡慶生陪同鮑士偉博士北上河南考察圖書館事業〔出處同上〕。

5月27日　中華圖書館協會董事部在北京舉行第一次會議，公選梁啓超爲部長，袁同禮爲書記，各董事任期年限亦同日簽定：一年者五人，顏惠慶、袁希濤、梁啓超、范源廉、袁同禮；二年者五人，王正廷、熊希齡、蔡元培、洪有豐、沈祖榮；三年者五人，胡適、丁文江、陶知行、鍾福慶、余日章〔《會務紀要》，見《中華圖書館協會會報》第1卷第1期第7頁〕。

6月2日　中華圖書館協會董事部於上午舉行第二次會議，討論中華教育改進社圖書館教育委員會擬用美國退還庚款三分之一建設圖書館之提議，及鮑士偉博士之意見書，議決大體贊同，惟附說明三項〔出處同上〕。

又下午3時，中華圖書館協會假北京歐美同學會禮堂舉行成立式。各省區圖書館代表李小緣、沈祖榮、袁同禮等19人與會，主席顏惠慶博士宣告開會，並致開會辭。繼由教育部次長呂健秋與鮑士偉博士先後演說。復由中華圖書館協會董事部部長梁任公演說，最後韋棣華女士演說。演說畢，遂攝影以作紀念。晚間復由北京圖書館協會仍在該處宴請各省來京代表云〔同上第8頁〕。

7月6日　中華圖書館協會董事梁啓超、袁同禮、顏惠慶、蔡元培、范源廉、熊希齡、胡適、袁希濤、洪有豐、丁文江、王正廷、沈祖榮、鍾福慶、陶知行、余日章以協會經費支絀，原定各種計劃未得實行，特上臨時執政一呈，請予補助〔《會務紀要》，見《中華圖書館協會會報》第1卷第2期第10～11頁〕。

8月7日　臨時執政府秘書廳公函第1639號准復稱：執政批財政部酌應即由本部籌撥五千元，藉資補助中華圖書館協會云云〔出處同上〕。

本年　中華圖書館協會選定沈祖榮擔任圖書館教育委員會委員（主任洪有豐、副主任胡慶生、書記朱家治），編目委員會副主任（主任傅增湘、書記洪有豐）〔同上第3～4頁〕。

又上海國民大學在教育科中設圖書館學系，請杜定友爲主任，教授有杜定友、胡樸安等，並請沈祖榮、劉衡如、李小緣、洪有豐等擔任臨時演講〔金敏甫編《中國現代圖書館概況》，廣州圖書館協會，1929年，第49頁〕。

又文華大學改組爲華中大學，文華圖書科因改爲華中大學圖書科〔《第二次中國教育年鑑》第五編第四章第298頁〕。

又沈祖榮爲杜定友著《圖書分類法》撰寫序文，因未趕上排版時間，終未付梓。

1926年（民國十五年　丙寅）先生42歲

2月12日　中華基督教教育聯合會在上海舉行年會。該會之圖書館組亦於是日舉行第一次會議，主席沈祖榮、書記爲滬江大學湯美森女士，列席之會員12人，其中華人5，西人7，凡代表9機關。在年會期間，圖書館組共舉行會議五次，與國文組合議一次。會中討論了諸多圖書館問題。而尤其注重於教員與圖書館之聯絡。會中宣讀論文11篇，皆預先由沈祖榮主席擬定題目，請人撰述也。在末次會議時，沈祖榮主席曾代表中華圖書館協會，稱述基督教學校圖書館之合作，繼復表示國內圖書館界應切實贊助中華圖書館協會〔沈祖榮《中華基督教教育聯合會圖書館組開會記》，見《圖書館學季刊》第1卷第2期第362～363頁，1926年6月〕。

5月16日　沈祖榮撰《中學圖書館幾個問題》發表於《河南教育公報》5卷2期。

6月　沈祖榮撰《中華基督教教育聯合會圖書館組開會記》發表於《圖書館學季刊》1卷2期。

9月　沈祖榮撰《中國圖書目錄應採書本式抑卡片式》發表於《圖書館學季刊》1卷3期。

1927年（民國十六年　丁卯）先生43歲

5月　中華圖書館協會兩年董事王正廷、熊希齡、蔡元培、洪有豐、沈祖榮及執行部正副部長均已任滿，經會員公選、蔡元

培、熊希齡、周詒春、沈祖榮爲繼任董事，袁同禮連任執行
部正部長，李小緣、劉國鈞爲副部長〔《中華圖書館協會第
三周年報告》，見《中華圖書館協會會報》4卷2期第3頁〕。

夏　因武漢時局緊張，華中大學停辦，圖書科乃單獨辦理，並將
課程設備積極改進〔《第二次中國教育年鑑》第五編第四章
第298頁〕。

12月　沈祖榮撰《圖書館編目之管測》發表於《圖書館學季刊》
2卷1期。

本年　鑒於本年九月在英國圖書館協會的愛丁堡大會上成立了國
際圖書館及目錄委員會，中華圖書館協會董事部以此事關係
國際圖書館之聯絡甚巨，決定正式加入，並推定戴志騫、袁
同禮、沈祖榮三人爲中華圖書館協會代表〔《國際圖書館界
之聯絡》，見《中華圖書館協會會報》3卷4期第17頁〕。
又中華圖書館協會鑒於編目與分類截然兩途，而關於圖書館
效能之重要，較分類尤切，乃重組編目委員會，以李
小緣爲主任，章箴爲副主任，並約沈祖榮、查修、蔣復璁、
饒汝喜、施廷鏞、王文山六人爲委員〔《中華圖書館協會第
二周年報告》，見《中華圖書館協會會報》3卷2期第4頁〕。

1928年（民國十七年　戊辰）先生44歲

4月　沈祖榮制定《雜誌狀況及認編索引調查表》和《書籍裝訂

調查表》，並分向國內各圖書館調查，以爲研究改進之資。

9月　沈祖榮撰《圖書館用不著雜誌麼》發表於《圖書館學季刊》
　　　2卷3期。

10月10日　文華圖書科庚午級級友（1928年9月入學）於上午10
　　　時假文華公書林羅公紀念室，開級友會成立大會。文華圖書
　　　科沈祖榮等全體教授列席，與會者約四五十人〔《本科消
　　　息》，見《武昌文華圖書科季刊》第1卷第1號第113頁〕。

10月22日　沈祖榮爲錢亞新著《拼音著者號碼編制法》撰寫序言。

11月3日　文華圖書科主任胡慶生因故辭職（後於1930年轉任武
　　　昌上海銀行行長），由韋棣華女士暫行代理主任，但胡慶生
　　　仍擔任圖書科教授〔出處同上〕。

12月31日　沈祖榮撰寫《我對於文華圖書科季刊的幾種希望》
　　　〔沈祖榮撰《我對於文華圖書科季刊的幾種希望》，見《武
　　　昌文華圖書科季刊》1卷1號第6頁〕。

本年　文華圖書科自9月開學以後，即積極籌備立案，並已將立
　　　案手續辦理完畢。湖北教育廳調查後，即轉呈大學院批
　　　示〔《本科消息》，見《武昌文華圖書科季刊》第1卷第1號
　　　第114頁〕。
　　　又中華圖書館協會決定於1929年1月在南京召開第一次年會，
　　　籌備會聘定李小緣、楊杏佛、錢端升、陳劍翛、柳翼謀、崔
　　　萍村、王雲五、何日章、沈祖榮、胡慶生、杜定友、徐鴻

寶、洪有丰、萬國鼎、章桐、陶知行、鍾福慶、俞慶堂、劉季洪、戴志騫、劉國鈞爲年會籌備會委員，袁同禮爲當然委員。籌備會常務委員會曾舉行籌備會議三次，議定了年會事務組織和分組討論應設各組及推定負責人員，其中論文組管理徵求論文及講演等，由戴志騫、沈祖榮、楊立誠、王雲五、袁同禮、何日章擔任之。索引組擬請沈祖榮、王雲五、陳立夫、萬國鼎、陳文、張鳳參加組織〔《本會年會籌備之進行》，見《中華圖書館協會會報》4卷3期第22～23頁〕。

又沈祖榮撰《〈拼音著者號碼編制法〉沈序》刊於錢亞新著《拼音著者號碼編制法》（漢口聖教書局代印，1928年）第3～4頁。

1929年（民國十八年　己巳）先生45歲

1月3日　前浙江省立圖書館館長陳友松回鄂參加留洋考試，沈祖榮請陳友松到文華圖書科演講圖書館使用法〔《本科消息》，見《武昌文華圖書科季刊》1卷1號第114頁〕。

1月20日　《武昌文華圖書刊季刊》創刊號（1卷1號）正式出版發行，沈祖榮撰《我對於文華圖書科季刊的幾種希望》在該刊創刊號上發表。

1月下旬　文華圖書科庚午級同學隨沈祖榮、胡慶生、毛坤、白錫瑞四位先生赴南京參加中華圖書館協會第一次年會〔《校聞》，見《武昌文華圖書科季刊》1卷2期第237頁〕。

1月28日　上午9時至下午1時半參加中華圖書館協會第一次年會
　　　的代表註冊。下午2時舉行開幕典禮。晚6時，南京圖書館協
　　　會假金陵大學東樓，設宴歡迎全體會員。7時半在科學館開
　　　檢字法講演會〔《中華圖書館協會第一次年會紀事》，見
　　　《中華圖書館協會會報》第4卷第4期第5～14頁〕。

1月29日　上午在金陵大學北大樓舉行分組會議，索引檢字組由
　　　沈祖榮主席、萬國鼎為書記，討論完善檢字法之標準，未有
　　　結果而散。下午2時在科學館舉行中華圖書館協會第一次會
　　　務會議，杜定友為主席，首由董事沈祖榮簡單報告董事部年
　　　來之經過及中華圖書館協會以後之希望。繼由執行部長袁同
　　　禮君報告會務之進行與現況，……。4時金陵大學舉行歡迎
　　　會。晚7時公開講演，由戴志騫主席，繼萊斯米博士和胡慶
　　　生之後，沈祖榮講演"文華圖書科概況"，並代表韋棣華女
　　　士向大會表示祝賀，晚10時散會〔出處同上〕。

1月30日　沈祖榮主席的索引檢字組繼續首次會議討論完善檢字
　　　法之標準，通過如下：(a)簡易：簡單、自然、普及；(b)準
　　　確：一貫、有定序、無例外；(c)便捷：便當、直接、迅速，
　　　並通過若干議案與動議〔出處同上〕。

1月31日　上午分類編目組開會，繼劉國鈞之後，沈祖榮宣讀論文
　　　《中文編目中一個重要問題》。正午12時，中央大學在學大
　　　體育館開歡迎會，至2時余始攝影而散，宴罷就近參觀中央
　　　大學圖書館。晚6時，會員公宴假座金陵中學。晚8時在金陵

大學科學館舉行會務會議，由杜定友主席，通過組織大綱24條，並決議翌日上午開選舉會，10時半始畢會〔出處同上〕。

2月1日　上午9時會務會議舉行職員選舉，戴志騫、袁同禮、李小緣、劉國鈞、杜定友、沈祖榮、何日章、胡慶生、洪有豐、王雲五、馮陳祖怡、朱家治、萬國鼎、陶知行、孫心盤等15人當選爲中華圖書館協會執行委員。午後1時至金陵女子大學等處遊覽。正午12時執行委員會在金陵大學舉行第一次會議，沈祖榮簽定任期兩年。4時半赴中國國民黨中央執行委員會之歡迎會，戴季陶、胡展堂先後致歡迎詞，繼由戴志騫致詞答謝。晚7時，教育部在安樂酒店宴請全體會員，席間先由蔣夢麟部長致歡迎詞，繼由主席蔡孑民代表會員致答；復由教育次長馬九初述對於圖書館協會在首都開會之感想等，旋由袁同禮君致詞告別，中華圖書館協會第一次年會遂於此盛讌席上宣告閉幕〔出處同上〕。

2月　沈祖榮擔任文華圖書科代理主任〔《校聞》，見《武昌文華圖書科季刊》第1卷第2期〕。

3月8日　中華圖書館協會因迭接國際圖書館協會聯合會來函三件，於本日組織參加國際圖書館會議委員會，敦聘楊銓、戴超、劉國鈞、柳詒征、傅增湘、徐鴻寶、洪有豐、袁同禮、趙萬里、張元濟、王雲五、楊立誠、劉承幹、沈祖榮、杜定友、金梁爲委員〔《中華圖書館協會籌備參加國際圖書館會議報告》，見《中華圖書館協會會報》4卷5期第4～25頁〕。

3月　中華圖書館協會執行部公推沈祖榮爲中華圖書館協會正式
　　　代表前往羅馬參加第一次國際圖書館與目錄學會議，並復呈
　　　請教育部，即委沈祖榮兼辦部派代表事務，並請提出行政會
　　　議，由政府撥助旅費〔出處同上〕。

又中華圖書館協會在3月初即特約國內圖書館專家爲國際圖
書館大會撰寫論文，後收到論文四篇，即：戴志騫《中國現
代圖書館之發展》（Development of Modern Libraries
In China），沈祖榮《中國文字索引法》（Indexing
Systems In China），胡慶生《中國之圖書館教育》（
Training of Librarianship In China）和顧子剛《中國
圖書制度之變遷》（Evolution of the Chinese Book）
等四篇，並在北平印行由此四篇論文組成的論文集《
Libraries in China》〔出處同上〕。

又Samuel T.Y. Seng撰《The First Annual Conference
of the Chinese Library Association》發表於《The
Newsletter》（　District of Hankow）Feb.～March
1929：6～8.

又中華圖書館協會組織各種委員會，聘定沈祖榮爲分類委員
會委員（主席劉國鈞、書記蔣復璁）、檢字委員會主席（書
記萬國鼎）、圖書館教育委員會委員（主席胡慶生、書記毛
坤）和編纂委員會委員（主席洪有丰、書記繆鳳林）〔《本
會新組織之各委員會》，見《中華圖書館協會會報》4卷5期
第26頁〕。

4月13日　文華圖書科代理主任沈祖榮引導全體同學遊覽武昌洪山，抱冰堂各名勝，復享以盛饌，盡一日之歡而散〔《校聞》，見《武昌文華圖書科季刊》1卷2期237～238頁〕。

本月　沈祖榮撰《我對於文華圖書科季刊的幾種希望》發表於《中華圖書館協會會報》4卷5期。

5月13日　沈祖榮自武昌啓程赴北平，因適值平漢鐵道不通，遂由海道至北平〔《校聞》，見《武昌文華圖書科季刊》1卷2期第237頁〕。

5月中旬　沈祖榮抵達北平。抵京後沈祖榮趨謁中華圖書館協會執行委員會主席袁同禮。袁同禮轉交教育部第60號委任令（教育部長蔣夢麟委任沈祖榮爲教育部部派代表）及津貼旅費300元，並予以介紹各專家之信件，以便參觀考察時不致有茫無問津之嘆〔出處同上，又沈祖榮《參加國際圖書館第一次大會及歐洲圖書館概況調查報告》，見《中華圖書館協會會報》5卷3期第3～29頁〕。

5月23日　沈祖榮自北平啓程，經西北利亞前赴羅馬參加國際圖書館第一次大會，隨身攜帶中國展品兩巨箱〔沈祖榮《參加國際圖書館第一次大會及歐洲圖書館概況調查報告》，見《中華圖書館協會會報》5卷3期第3～29頁〕。

5月24日　沈祖榮於上午10時抵沈陽，並會晤李小緣先生〔出處同上〕。

5月25日 沈祖榮到達哈爾濱〔出處同上〕。

5月26日 沈祖榮離哈爾濱前進〔出處同上〕。

5月27日 沈祖榮到達滿洲里,換乘蘇聯列車,並進入蘇聯國境〔出處同上〕。

本月 文華圖書科校董會及代理主任沈祖榮前呈請教育部立案,已獲教育部批准,以俟復察後,即爲正式立案專門學校〔《校聞》,見《武昌文華圖書科季刊》1卷2期第238頁〕。

又沈祖榮撰《在文華公書林過去十九年之經驗》發表於《武昌文華圖書科季刊》1卷2期。

6月4日 沈祖榮抵達莫斯科,至奧地利大使館辦理赴奧簽證,並至列寧圖書館參觀〔沈祖榮《參加國際圖書館第一次大會及歐洲圖書館概況調查報告》,見《中華圖書館協會會報》5卷3期第3～29頁〕。

6月10日 沈祖榮安抵羅馬〔出處同上〕。

6月14日 沈祖榮等各國代表齊集設在意大利教育部的大會招待處報到註冊。是晚爲籌備大會,主席斯皮口(Cippico)請正式代表赴宴,各國公使以及意大利要員同來歡迎〔出處同上〕。

6月15日 上午9時國際圖書館大會在意大利國會上下院內舉行開

幕式，意大利內閣總理致歡迎詞，太子及羅馬省長等到會，大會主席柯琳（Isak Collijn）致答詞。11時半開正式會議。午後4時半在柯斯尼美術院（Palazzi Corsini）開分組會議。同時意王接見正式代表〔出處同上〕。

6月16日　意大利代表自開團體會議，他國代表亦可加入〔出處同上〕。

6月17日　上午參觀聖安基砲台（Castle St. Angelo）之博物館展覽會。下午4時半在柯斯理美術院開分組會議。5時半教皇接見各代表〔出處同上〕。

6月18日　上午參觀意大利近代出版品與裝訂法展覽。下午開分組會議及教育總長開歡迎代表會〔出處同上〕。

6月19日　上午意大利國會主席歡迎各國正式代表並參觀國會圖書館。下午開分組會議，代表宣讀論文。沈祖榮在圖書館事業總計組宣讀或概述了中華圖書館協會所選論文5篇，即：戴志騫《現代圖書館之發展》、胡慶生《中國之圖書館員教育》、顧子剛《中國圖書制度之變遷》、沈祖榮《中國文字索引法》、以及《中國圖書館今昔觀》〔出處同上〕。

6月20日　是日在羅馬近代美術院舉行各國圖書館展覽會，沈祖榮陳列所攜兩箱物品，晚羅馬之工作告竣，即赴拿波力（Napoli）〔出處同上〕。

6月21～22日　在拿波力開展覽會，並參觀圖書館。，後至西西里參觀〔出處同上〕。

6月23日　在馬提克省魯開展覽會，並參觀圖書館與名勝〔出處同上〕。

6月24～25日　在佛羅倫薩參觀〔出處同上〕。

6月26日　上午在佛羅倫薩舉行但丁紀念圖書館落成典禮，下午參觀〔出處同上〕。

6月27日　赴波羅拿（Bologna）和馬典拿（Modena）參觀〔出處同上〕。

6月28日　赴威尼斯參觀〔出處同上〕。

6月29日　在威尼斯開討論會〔出處同上〕。

6月30日　大會閉幕，國際圖書館協會名稱改爲國際圖書館協會聯合會（IFLA）〔出處同上〕。

6月　沈祖榮撰《中文編目中一個重要的問題——標題》發表於《圖書館學季刊》3卷1、2期合刊。

7月至8月　沈祖榮在歐洲考察圖書館事業，先後參觀考察了德國的德國圖書館（萊比錫）、普魯士省立圖書館、柏林大學圖書館、通俗圖書館、科學改進社圖書館、柏林市立圖書館、孟力克工業高等學校圖書館，以及海慈斯所非司（Otto Harrasowitz）書店、海也司滿（Jacob Hiersmann）書店、格司他夫法格（Gustav Foch）書店和德國出版界協會；荷蘭的阿姆斯特丹圖書館、海牙圖書館、鹿特丹圖書館；英國的大英博物院圖書館、米氏圖書館（Michell Library）、中央大學圖書館、倫敦大學圖書館；法國的巴黎國立圖書館、巴黎美國圖書館、美國巴黎圖書館學校；瑞士的國際聯盟圖書館、國際勞工局圖書館；俄國的列寧圖書館、莫斯科圖書館學校；奧地利的維也納圖書館等等〔沈祖榮《參加國際圖書館第一次大會及歐洲圖書館概況調查報告》，見《中華圖書館協會會報》5卷3期，1929年12月〕。

8月　經教育部批准立案，文華大學圖書科更名爲私立武昌文華圖書館學專科學校，遂成爲中國第一所獨立的圖書館學專科學校〔《第二次中國教育年鑒》第五編第四章第298頁〕。

9月1日　沈祖榮自歐洲歸國〔沈祖榮《參加國際圖書館第一次大會及歐洲圖書館概況調查報告》，見《中華圖書館協會會報》5卷3期〕。

9月4日　沈祖榮至武昌文華公書林歸視原職〔《國際圖書館大會代表沈君返國》，見《中華圖書館協會會報》5卷1、2期合刊第39頁〕。

9月15日　華中大學在停辦兩年後於本日復辦開學〔《本科消息》，見《武昌文華圖書科季刊》1卷3期第346頁〕。

9月28日　沈祖榮向教育部呈報關於參加國際圖書館第一次大會

的報告〔沈祖榮《國際圖書館大會》，見《武昌文華圖書科季刊》1卷3期〕。

10月　沈祖榮撰《國際圖書館大會》發表於《武昌文華圖書科季刊》 1卷3期第335～343頁。

秋　沈祖榮與武漢大學諸教授相友善，因請該校諸專家演講各科專門參考書之書目，其已講過者如下：1.周鯁生《國際聯盟及研究書目》，2.時召瀛《中國外交關係書目》，3.燕樹棠《法學及法學之分類》，4.陳西瀅《近代文學之趨勢》。

又沈祖榮聘請武漢大學國學系李笠先生兼任文華圖書科目錄學教授，聘請徐家麟爲圖書館學及圖書分類法助教。

又沈祖榮以學貴切用，尤在實行，乃提議組織一編目股，將公書林舊有中國書籍40餘箱，分類整理，股中一切計劃、預算、採辦材料用具、分配工作事宜，均由文華圖書同學自動辦理，地點確定在公書林三樓南端西室，每星期工作四小時，每人輪流作股長一次〔《本科消息》，見《武昌文華圖書科季刊》1卷4期第473～474頁〕。

又鑒於1930年5月16日爲韋棣華女士來華30周年紀念，和文華公書林20周年紀念，文華圖書科10周年紀念，文華公書林與圖書科發起大規模之紀念。爲此，文華公書林致函中華圖書館協會，內稱韋棣華女士來華服務業已30年，特定於1930年5月16日在文華公書林舉行紀念大會，函請中華圖書館協會協助進行。又稱此次紀念大會所擬募捐6萬元建築韋氏博物館，及募捐5萬元爲其手創之圖書館學校講學基金之舉，既可爲韋女士之永久紀念，又藉能促進中國圖書館事業之發展，法良意美，國人自應盡量協助以促其成云云。其後不久，沈祖榮與全國各界名流132人共同啓事，發起“韋棣華女士來華服務三十周年紀念大會”。並成立了以外交部王正廷爲主席、漢口上海銀行周蒼柏爲司庫、漢口聖保羅座堂黃馥亭爲書記，沈祖榮和孔祥熙等43人爲委員的“韋棣華女士來華服務三十周年紀念募款委員會〔《韋棣華女士來華服務三十周年紀念大會啓》、《韋棣華女士來華服務三十周年紀念募款委員表》，見《中華圖書館協會會報》5卷4期2～4頁〕。

12月　沈祖榮撰《參加國際圖書館第一次大會及歐洲圖書館概況調查報告》發表於《中華圖書館協會會報》5卷3期。

又沈祖榮撰《國際圖書館大會述略——在漢口聖保羅大教堂講演》發表於《武昌文華圖書科季刊》1卷4期。

本年　沈祖榮譯，（美）愛克斯（Susan Grey Akers）著《簡明圖書館編目法》（文華圖書科叢書之三）由文華圖書科出版發行。

又沈祖榮著《編目規則》由文華公書林印行。

1930年（民國十九年　庚午）先生46歲

3月　《武昌文華圖書科季刊》自2卷1期起改名爲《文華圖書科季刊》，並改直排爲現代橫排印刷。

又自春季開學後，文華圖書科增設五門新課，由沈祖榮講授

《圖書館行政學》、毛坤講授《中文書選讀》、徐家麟講授
《特別圖書館》，其餘兩門課程由沈祖榮特聘武漢著名藏書
家徐行可講授《中國版本學》、羅曉峰講授《索引法》。

又沈祖榮聘請武漢大學文學院長聞一多先生來校演講《唐代
的文學》，曾定夫醫師演講《公共衛生及書目》。

又沈祖榮聘請羅曉峰任文華圖書科教職並兼任公書林流通部
主任〔《本科消息》、《本科同門會消息》，見《文華圖書
科季刊》2卷1期第　133～135頁〕。

4月4日　文華圖書科全體教職員與同學自早晨出發去參觀漢陽兵
　　　　工廠二廠及漢陽兵工專門學校，下午5時返校〔出處同上〕。

5月18日　因南昌江西省立圖書館在百花洲建築新館，規模宏大，
　　　　計劃周詳，亦請中華教育文化基金會補助，基金會以此項調
　　　　查非專家不可，乃特請文華圖書館學專科學校校長沈祖榮先
　　　　生去南昌調查一切。為此，沈祖榮於本日自武漢起程赴南昌
　　　　調查〔沈祖榮《調查江西省立圖書館報告書》，見《文華圖
　　　　書科季刊》2卷3、4期合刊第465～467頁，1930年12月〕。

5月20日　沈祖榮抵南昌〔出處同上〕。

5月21日　沈祖榮在南昌詢問江西省立圖書館館長歐陽祖經及辦
　　　　事人員共10餘人，並詳細調查具體事宜〔出處同上〕。

5月22日　沈祖榮自南昌動身回鄂〔出處同上〕。

5月23日　沈祖榮抵漢〔出處同上〕。

5月25日　沈祖榮向中華教育文化基金董事會呈交《調查江西省立圖書館報告書》〔出處同上〕。

6月9日　文華圖書館學專科學校在文華公書林羅氏紀念廳舉行立案後第1屆畢業生畢業典禮，來賓逾百，湖北省教育廳長黃建中到校訓話1小時，講述中國目錄學之源流變遷，次爲杜定友演講〔《本科消息》，見《文華圖書科季刊》2卷2期第269～272頁〕。

6月20日　文華圖書館學專科學校校董會19年年會在文華公書林舉行，到會董事有陳叔澄先生、周蒼柏先生、孟良佐主教、盧春榮先生、韋棣華女士、沈祖榮先生等6人。因路途遙遠未及到會，來電指示提議各事之董事，有北平周詒春先生、袁守和先生、南京戴志騫先生、陳宗良先生、杭州馮漢驥先生等人。討論議決各事如下：

1. 沈祖榮代理校長報告一年來學校之辦理情形。

2. 討論文華圖書館學專科學校以後進行之計劃。議決：(A)由各董事分頭勸募學校基金；(B)由校長酌量添聘教職員；(C)擴充校舍。或新購、或自建、或租賃。務於本年9月以前實現之；(D)添招新生。專門免費生10人，自費生若干人；講習班免費生15人，自費生若干人。

3. 討論文華圖書館學專科學校與華中大學之關係。議決：文華圖書館學專科學校已於國民政府教育部立案，爲辦事便利起見，應行獨立。惟課程方面可與華中大學協作一切。

4. 修改章程。議決：舉孟良佐、陳叔澄、沈祖榮、盧春榮董

事組織校董會章程修改委員會，起草修改章程，於19年12
月開常會時提出通過。

5. 改選職員。結果：陳叔澄當選爲會長、沈祖榮當選爲書
記、盧春榮當選爲司庫〔出處同上〕。

6月　沈祖榮聘請杜定友來校演講《新目錄學之建設論》，連講
數日，並攜其新著《校讎新義》十卷來校，供學者參看〔出
處同上〕。

又沈祖榮撰《西歐圖書館之沿革》發表於《文華圖書科季刊》2
卷2期第257～262頁。

10月10日　文華圖書館學專科學校於本日晚在校中開遊藝大會，
鄰近居民來會者幾上千人〔《本科消息》，見《文華圖書科
學刊》2卷3、 4期合刊第475～481頁〕。

10月25日　文華圖書館學專科學校全體師生及教職員家屬40餘人，
前往東湖參觀武漢大學新校舍，約至中午12時左右舉行野
餐，其後登山玩水，下午4時半坐汽車返校〔出處同上〕。

11月30日　文華圖書全體師生於下午1時參觀漢口竟成石灰窰和旣
濟水電廠〔出處同上〕。

12月1日　自11月29日至12月5日爲文華圖專紀念周。本日沈祖榮
校長即席講演文華圖書館學專科學校之歷史，同時啓用國民
政府教育部頒發給文華圖書館學專科學校的鈐記。師生聞得
此項消息，莫不喜形於色，慶賀文華圖專立案之成功及在中

國教育界上取得之地位。當時並放爆竹三千，以祝典禮云
〔出處同上〕。

12月　文華圖書館學專科學校開始徵集校歌。其《校歌徵集條例》
云：文華圖書館學專科學校以研究圖書館學服務社會爲宗
旨，校訓爲智慧與服務（Wisdom and Service），以求喚
起愛校觀念及求學精神，使知有所趨向云〔出處同上〕。

又沈祖榮撰《西文編目參考書》發表於《文華圖書科季刊》
2卷3、4期合刊第351～379頁。

又沈祖榮撰《調查江西省立圖書館報告書》發表於《文華圖
書科季刊》2卷3、4期合刊第465～467頁。

1931年（民國二十年　辛未）先生47歲

1月18日　沈祖榮於月初因患急忙盲腸炎而住院割治，本日治癒出
院。下午1時左右，先往同仁醫院教堂內做感謝禮拜，參加
者除文華圖書館學專科學校全體師生外，還有沈祖榮先生的
親朋多人。在出院前，學生們在同仁醫院天井中高呼Ra！Ra！
Ra！Boone！Boone！Boone！　並放鞭炮三千響，以資慶祝
〔《本科消息》，見《文華圖書科季刊》3卷1期第119頁〕。

2月　沈祖榮出院後因身體尚覺軟弱，遂在家休養〔出處同上〕。

3月9日　沈祖榮在休養月餘之後，本日正式到文華圖書館學專科
學校視事。一時師生重見，快樂異常，並開一會，以作歡迎

〔出處同上〕。

春　文華圖書館學專科學校發起之韋棣華女士來華三十周年紀念會原定客歲五月十六日舉行，不期會期將屆而地面忽危，開會自屬不便，不得已遂展期至今年。至於大會應有各事，去年雖多已籌備就緒，但因1930班同學均已畢業他之，而圖書科復離大學而獨立，故沈祖榮校長處於孤掌難鳴之地位，有不得不借助於新生之勢。新生較往昔爲特多，若早著手籌備，諸事定早完畢，不幸今春沈祖榮校長盲腸炎症大發，遂割治於醫院，醫養數月始慶復元，孰意禍不單行，沈校長甫癒而韋女士又病矣。韋女士因年高積勞之故，常感不爽但均不若此次之劇，計昏而復甦者數次，飲食難進，寢寐不安者多日，幸經良醫診治始得轉危爲安，並可坐起閱書矣。及此略有轉機之時，沈校長即提議當組一紀念大會籌備委員會，並經全體師生選定沈祖榮、徐家麟、毛坤（以上教職員）、李蓉盛、李鐘履（以上專科）、夏萬元、董鑄仁（以上講習班）諸君爲籌備委員，委員會即積極進行，其結果如下：

1. 紀念會日期及預定秩序。5月15日夜舉行慶祝遊藝會，遊藝項目包括：一、開會，二、校歌，三、銅樂，四、主席報告，五、雙簧，六、國樂，七、魔術，八、口琴，九、滑稽歌，十、鋼琴合奏，十一、歌舞，十二、新劇，十三、閉會。16日上午開紀念大會，大會秩序如下：一、開會，二　奏樂，三、行禮，四、主席報告，五、講演，六、饋贈禮物，七、攝影，八、閉會。中午在男生宿舍敍餐，下

午參觀武漢大學、黃鶴樓、抱冰室、省立圖書館及其他漢
口等處。

2. 紀念刊物。經籌備議決《文華圖書科季刊》第3卷第2期爲
紀念專號。

3. 分股任事。經籌備議決成立了總務股、文牘股、展覽股、
遊藝股和交際股等五股以分別籌備有關事宜。其中沈校長
之男女公子亦被約入新劇《我們的圖書館》中反串一二角
色。

以上各項及募捐事宜進展頗爲順利〔《韋棣華女士來華三十
周年紀念會籌備情形》，見《中華圖書館協會會報》第6卷
第5期第37～38頁〕。

又自入春以後，文華圖書館學專科學校屢次舉行參觀，如漢
口大波樓（Hankow Club Library，又名西紳圖書館）、省
立圖書館、英文楚報館、聖教書局、中山公園等處，都由沈
祖榮校長領導〔《文華圖書館學專科學校校聞》，見《中華
圖書館協會會報》第6卷第5期第39頁〕。

5月1日　午飯後，沈祖榮校長帶領全體學生在司徒廳練習校歌，
　　　　12時55分，韋棣華女士病逝於武昌私邸，享年七秩，消息傳
　　　　來，歌聲立刻停止，一種緊張沉寂的空氣充滿了司徒廳，窒
　　　　息的情緒緊緊壓在多人的心頭，沈祖榮校長首先打破這異常
　　　　的沉寂説：“我們的韋棣華女士，畢竟是死了！她！以全部
　　　　生命犧牲在發展中國文化事業上，今後的責任，未死的我們
　　　　應當如何去擔負啊！希望你們要……繼續地去努力你們的事

功……開墾你們的新園地……也就是説——要秉著韋女士的
遺志，發展中國文化教育，努力圖書館事業……"〔鄧衍林《火
葬》，見《文華圖書科季刊》第3卷第3期第345～355頁〕。

5月2日　上午，沈祖榮校長與全體師生及來賓在文華聖誕堂
（Boone　Chapel）舉行韋棣華女士服務中國謝世殮殯禮。
殮殯禮後，沈祖榮校長代表韋棣華家族致謝詞和報告韋女士
生平小史。沈校長報告道："……韋女士在'生命的源泉中
'蘊著兩大力量：1.她有堅強的宗教信仰，所以有純潔的高
尚的修養；2.她的思想中充滿著'世界大同'的人生觀，所
以有樂於爲人群服務，抱著滿腔熱誠來發展中國文化事業爲
己務的大無畏的精神，女士常説：'服務人群即是謀世界大
同。'……"云云。下午韋棣華女士遺體遵其遺命被送往漢
口日本火葬場舉行火葬〔出處同上〕。

5月9日　沈祖榮率全體師生往漢口王寵佑博士家，參觀私人圖書
館〔《本校消息》，見《文華圖書科季刊》3卷2期第279
頁〕。

本月　武漢教育界及圖書館界人士，爲追念懿範，彰顯潛德，特
組織韋棣華女士追悼大會籌備委員會，事先布置一切。沈祖
榮爲籌備會捐洋拾元〔見《文華圖書科季刊》3卷3期第408
頁〕。

6月5日　晚，文華圖書館學專科學校專科同學在公書林二樓羅氏
紀念室開茶話會歡送講習班同學，赴會者除專科及講習班學

生外，尚有教員及來賓七、八人。沈校長教員之致詞、講習班同學之答詞、以及其他遊戲茶點等，一時熱鬧非常，盡歡而散〔出處同上〕。

6月7日　武昌同門會為聯絡感情，增加友誼起見，於本日下午5時假座武昌男青年會開送迎茶話會。所謂送者，送1931年講習班諸同學之畢業；所謂迎者，迎彼等將來之為同門會會員也。新舊同學與來賓40餘人與會，沈校長等致詞〔同上第280頁〕。

6月13日　韋棣華女士追悼大會於下午1時許在文華公書林司徒廳舉行，團體代表及個人出席者六、七百人，由崔幼南先生主席，宣布開會，其秩序如下：1.肅立，2.行禮，3.靜默，4.獻花，5.唱詩，6.禱告，7.主席報告，8.沈祖榮先生代表籌備委員會報告籌備經過，及韋女士略史，並謂女士一生事業成功之要素有三，即堅忍、刻苦和信仰云云。9.演説，黃建中教育廳長、武漢大學王世杰校長、中華大學陳時校長、華中大學韋卓民校長、吳主教、文華高中盧春榮校長、文華同門會代表張祖紳先生、文華圖書館學專科學校同門會代表桂質柏博士等相繼演講。10.籌備委員會報告所收禮物，其中包括三十週年紀念會的報告和追悼會的報告〔董鑄仁《韋棣華女士追悼大會紀略》，見《文華圖書科季刊》3卷3期第361～366頁〕。

6月30日　1931年講習班畢業典禮於下午舉行，沈祖榮校長致詞

〔《校消息》，見《文華圖書科季刊》3卷2期第280頁〕。

8月初　武漢遭水，爲災浸巨。文華公書林一帶地勢較高，災民紛往避難，官方並沒有收容所。公書林樓上爲救護醫院所占，附近難民有兩萬餘人，左右糞坑繚繞，惡味彌漫，不得已自9月16日停止閱覽，直至10月5日始行開館，文華圖書館學專科學校原定9月14日開學，亦不得已展至10月5日始行正式始業云〔《文華公書林與圖書館學校》，見《中華圖書館協會會報》）7卷2期第13～14頁〕。

9月　沈祖榮撰《韋棣華女士傳略》發表於《文華圖書科季刊》3卷3期第283～285頁。

又Samuel T.Y. Seng撰《Miss Mary Elizabeth Wood：The Queen of The Modern Library Movement In China》發表於《文華圖書科季刊》（英文之部）3卷3期第8～13頁。

又《文華圖書科季刊》3卷3期出版《韋棣華女士紀念號》。

10月　"九一八事變"發生後，文華圖書館學專科學校在校學生極端憤慨，於10月間開學後不久，即成立一抗日救國會〔《文華圖書館學專科學校近訊》，見《中華圖書館協會會報》7卷3期第48頁〕。

11月　中央訓練總監部及教育部合派李暉亞少校爲文華圖專加緊軍事訓練軍事教官〔出處同上〕。

12月　沈祖榮聘文華圖書科第一班畢業生桂質柏博士爲圖書館學

教授兼教務主任、講授《西文目錄學》、《西文書選評》等
課程〔出處同上〕。

又文華圖書館學專科學校接受韋棣華女士之弟韋德生教父
（Rev. Robert Edward Wood）之美意，組織一群育討論會，
於每星期二下午在校長沈紹期先生住宅舉行，所討論問題除
關於道德及宗教者外，兼及於文藝及科學云〔出處同上〕。
又文華圖書館學專科學校爲崇德報功起見，特以每年五月一
日，即創辦人韋棣華女士逝世之日，定爲"韋氏紀念日"，
舉行紀念式，不放假〔《本校消息》，見《文華圖書科季
刊》3卷4期第575頁〕。

本年　中華文化教育基金董事會爲接受中華圖書館協會之請求，
特允每年增加文華圖書補助費3600元，其款以一部分聘置教
席，餘額將作爲該校基本急需補助費云〔出處同上〕。
又文華圖專爲求適應實際的需要，特添設日文及法文學程，
除法文學程，由學生到華中大學合班上課外，沈祖榮特聘在
日本東京帝國商科大學畢業之高伯勳先生爲日文講師〔出處
同上〕。
又中華圖書館協會執行委員會中三分之一委員袁同禮、李小
緣、沈祖榮、杜定友、胡慶生五人於1月任滿，當由全體執
行委員推定李小緣胡慶生、沈祖榮、袁同禮、徐信符、杜定
友、徐鴻賓、金敏甫、陳劍修等十人爲候選委員。經全體會
員之公選，結果任滿之執行委員袁同禮、杜定友、李小緣、
沈祖榮、胡慶生等五人全體連任，任期至民國23年屆滿。另

沈祖榮繼續擔任檢字委員會主席〔《中華圖書館協會第六年度報告》，見《中華圖書館協會會報》7卷1期第1頁〕。

1932年（民國廿一年 壬申）先生48歲

2月 一二八事變發生後，駐守在上海的十九路軍奮勇抵抗日寇的侵略，國內同人，多與捐助，文華圖書館學專科學校教職員亦抽一月薪俸十分之一，學生則隨意樂捐，至於校工，亦願加入，集成捐款150餘元寄往前方〔《校聞》，見《文華圖書館學專科學校季刊》4卷1期第103頁〕。

3月5日 文華圖專全體學生、教職員及其家屬40人左右舉行珞珈山遠足。共分兩隊出發，第一隊於晨10時步行前往，第二隊於11時半乘武珞路長途汽車。會集於東湖之濱，約12時半舉行野餐，由毛體六先生請客。3時左右參觀武漢大學圖書館，4時半返校〔出處同上〕。

3月29日 本日為韋棣華女士之胞弟韋德生教父六旬壽誕，武昌聖公會各團體為留永久紀念並謀韋教父修養行走之便，遂集資建一走廊由韋教父之住室直通聖堂，曰六旬橋。因韋教父為助於韋女士者甚多，文華圖專師生借此機會，各獻祝儀，加入是項慶祝會，教職員中由沈祖榮校長代表致祝詞，學生中由于震寰代表致祝詞焉〔出處同上〕。

3月 《文華圖書科季刊》自第4卷第1期起改名為《文華圖書館

學專科學校季刊》，英文刊名不變。

春 文華圖專自春季開學後增設研究部，專以收集關於圖書館學之著作，供全體師生之研究及編輯與出版事宜之用爲目的。沈祖榮特聘徐家麟先生專任此職，以收速效〔出處同上〕。

4月17日 文華圖專學生鑒於民眾教育之急需，本著服務社會之精神和發揚文化之宗旨，自動組織起兩種工作：一是巡迴文庫，二是兒童主日學。這兩項工作均自本日起實行。巡迴文庫流動車於每星期日下午巡迴於武昌曇華林附近及武昌城內各商店及團體機關。施行後借閱者非常踴躍。兒童主日學亦於每星期日下午召集三四十位可愛的小朋友，由學生教他們千字課、唱歌、遊戲、衛生、故事等，同時也可以將兒童的書籍借給他們看，並且特制了小桌小凳供兒童使用〔趙福來《文華圖書館學專科學校學生服務組工作報告》，見《文華圖書館學專科學校季刊》4卷3、4期合刊第404～406頁〕。

4月20日 沈祖榮校長爲巡迴文庫第一次募捐捐銀5元〔出處同上〕。

5月5日 本日爲文華圖書創辦人韋棣華女士逝世一周年紀念日。下午2時，在文華公書林羅瑟室用教會儀式舉行紀念會，到會者中西來賓約百餘人。黃吉亭會長演說，歷述韋女士來華爲提倡文化事業經營締造之苦心。開會至4時許，各用茶點後齊集於公書林東院，在文華圖專北平同學會爲卅周年紀念所贈之石質日晷前環立攝影而散〔《校聞》，見《文華圖書館學專科學校季刊》4卷2期合刊第221頁〕。

6月18日　文華圖專和華中大學於上午9時在文華聖誕堂共同舉行
　　　　畢業典禮，由鄂湘轄境吳孟兩主教引領，凡有學位之教授與
　　　　新畢業生，均穿禮服戴方帽，依次入室，所用禮節，頗爲隆
　　　　重，參觀來賓亦極踴躍，同聲歌唱，祈禱讚美，音樂節奏，
　　　　極爲動人。至10時許，又至文華公書林羅瑟廳，專爲文華圖
　　　　專新畢業生舉行畢業典禮，吳主教致訓詞，徐亮致答詞云
　　　　〔出處同上〕。

6月　　經中華圖書館協會本年度第一次執行委員會議決，沈祖榮
　　　　被聘爲圖書館教育委員會主席，徐家麟任書記〔《本年度第
　　　　一次執行委員會議決案》，見《中華圖書館協會會報》8卷3
　　　　期第13～14頁〕。
　　　　又鑒於收藏古物善本，有關文化，邇來各大圖書館多有金石
　　　　部善本部等之設立，提倡專設博物館古物館者亦大有人在，
　　　　而此項專門人才甚感缺乏，沈祖榮校長特聘請湖北金石學專
　　　　家易均室先生（日本早稻田大學政治經濟科畢業，曾任湖北
　　　　省立圖書館館長）擔任《金石學》和《版本學》兩門課程的
　　　　教學，意在同學將來服務圖書館界時，或可爲收藏古物鑒別
　　　　板刻之一助〔《校聞》，見《文華圖書館學專科學校季刊》
　　　　第4卷第3、4期合刊第400～404頁〕。

夏　　爲改進圖書館教育方針，並促進圖書館事業發展起見，中華
　　　　圖書館協會特委託沈祖榮先生自鄂經贛皖江浙等省至北平，

沿途調查各圖書館一次，並得沈祖榮覆函，允於查修抵文華專校後即出發調查云〔《各省圖書館之調查》，見《中華圖書館協會會報》8卷3期第15頁〕。

11月2日　沈祖榮爲巡迴文庫第二次募捐捐洋5元〔趙福來《文華圖書館學專科學校學生服務組工作報告》，見《文華圖書館學專科學校季刊》4卷3、4期合刊第405頁〕。

11月9日　由韋德生教父之介紹，文華圖書全體師生前往參觀武昌南湖飛機廠之修理廠，並就便參觀蘭陵街之湖北省立圖書館〔《校聞》，見《文華圖書館學專科學校季刊》4卷3、4期合刊第401〜404頁〕。

11月23日　文華圖專全體師生於午飯後渡江，參觀漢口英文楚報館（Central China Post Printing Plant）、漢口西商俱樂部（HankowClub，即大波樓）和聖教書局（Religious Tract Society Press）〔出處同上〕。

11月26日　文華圖專全體師生於上午9時餘出發，渡江至漢陽，參觀漢陽兵工廠。繼過襄河，在漢口聚餐。約3時餘，前往王寵佑博士私宅，參觀其所藏圖書古物，黃昏而返〔出處同上〕。

12月6日　文華圖專第二屆畢業生王文山因事返里，特訪母校。念王文山畢業後即任天津南開大學圖書館主任，後復留美深造，獲政治學博士學位，本年暑期回國，任北平清華大學圖書館館長，沈祖榮特約王文山於本日上午來校，向全體同學演講《美國國會圖書館近況》，文長數千言，除將美國國會圖書館之沿革、設備、度藏等項作精細之說明外，更詳述其將來計劃及參考工作之進行。下午復利用時間領導討論，思想新穎，言辭豐富，大受同學之歡迎〔出處同上〕。

12月23日　中華圖書館協會執行委員會第三次會議議決，推定沈祖榮、袁同禮、王文山等30人為中華圖書館協會第二次年會籌備委員會委員〔《第二三兩次執行委員會議議決案》，見《中華圖書館協會會報》8卷4期第17頁〕。

12月底　前國立北平圖書館中文編目組長蔣慰堂先生，留德研究圖書館學數載，返國後於本月底來漢省視，沈祖榮特邀請蔣慰堂蒞校參觀，並演講《德國圖書館情形與目錄事業之進步》，聞者莫不欣然嚮往云〔《校聞》，見《文華圖書館學專科學校季刊》4卷3、4期合刊第401～404頁〕。

12月　沈祖榮撰《國難與圖書館》發表於《文華圖書館學專科學校季刊》4卷3、4期合刊第223～234頁。

本年　因桂質柏先生暑假中轉任國立中央圖書館館長，沈祖榮當即函請滯留美國之查修先生繼任圖書館學講座一席，查先生已允於9月底可以到校，不意臨時發生變故，遂致一時不能返國〔出處同上〕。

又沈祖榮利用前韋棣華女士薪金預算聘定柯小姐（Miss Croswell）和殷小姐（Miss Ingram）二人來文華圖專任教

〔出處同上〕。

又文華圖專爲學生便於深造起見，得鮑士偉博士之贊助，進行向美國關係方面取得一種認許，將來文華圖專畢業生即可直接入美國圖書館學研究院校，美國圖書館協會教育委員會秘書曾來函詢索文華圖專課程與組織等規章，沈祖榮校長均一一據實作覆云〔出處同上〕。

1933年（民國廿二年　癸酉）先生49歲

1月21日　沈祖榮爲章新民譯《民眾圖書館的行政》撰寫序言。

年初　沈祖榮接文華基金董事會書記汪小姐（Miss Marian De C. Ward）函告，文華圖書館學專科學校在美國籌募之基金已達18,000美元，充任基金會董事者除汪小姐外，尚有克寧博士（Dr. J.M. Glenn）和鮑士偉博士（Dr. Arthur E. Bostwick）等〔《校聞》，見《文華圖書館學專科學校季刊》5卷1期第129～130頁〕。

2月　應沈祖榮之聘，查修博士到文華圖書館學專科學校任教授，講授《西洋目錄學》等課程，並任研究及編纂部主任。查修爲文華圖專第一屆畢業生，在清華圖書館服務有年，後在美國深造5年，獲得圖書館學學士、碩士和博士等學位〔出處同上〕。

又沈祖榮校長委任查修博士組織文華圖書館學專科學校研究及編纂之工作後，查修當即草擬計劃，並請沈校長聘定文華圖專教授易均室、徐徐行、毛體六諸先生，特聘編纂員皮高品先生、學生代表于鏡宇先生，以及查修本人爲編纂委員會委員，沈校長則爲當然委員。該委員會曾開會兩次，第一次會議公推查修爲主席，毛體六爲書記，由此二君負責辦理該委員會一切事務。第二次會議議決《暫定出版事宜則例》共九條，研究及編纂工作三項，即一、圖書館必須之工具（著作4部），二、文華圖專現在急需應用之課本（教材7部），三、紀念冊（《韋棣華女士在華致力圖書館事業三十年小史（英文本）》）〔查修《暫定本校研究及編纂工作之計劃》，見《文華圖書館學專科學校季刊》5卷1期第127～128頁〕。又沈祖榮向美國聖公會鄂湘教區吳孟主教請得美國差會之准，選派圖書館學專家克諾維女士（Croswell）於本年9月來校。沈祖榮又以本屆同學行將畢業，不能領此教益，殊爲可惜，乃在克女士到校之前，復求差會商請殷格榮女士（Ingram）來此暫代。殷女士品端學粹，和靄可欽，在校助理一切，大慰所望云〔《校聞》，見《文華圖書館學專科學校季刊》5卷1期第129頁〕。

3月　文華圖專向有群育討論，以爲諸同學課外求知之一助。本學期開學至3月已舉行兩次群育討論會，第一次沈祖榮請國立武漢大學教授陳祖源先生演講《中國史籍節略》，第二次沈祖榮請華中大學黃秋圃院長演講《教育意義》〔出處同上〕。

4月6日　沈祖榮受中華圖書館協會執行委員會主席袁同禮之函請，於本日自武漢起程赴平津冀魯豫江浙等地調查圖書館及圖書館教育現況，藉爲推進我國圖書館事業之一助。綜計此次調查，有圖書館30所，分布於十餘城中，往返費時一月，曾在三處對圖書館同志公開講演，並會晤中外諸教育名流，如胡適博士、燕京大學代理校長高厚德博士（Dr. Howard Galt）、北京協和醫學院顧臨先生（Mr. Roger S. Greene）、齊魯大學代理校長戴維士博士（Dr. J. L. Davis）、以及蔡元培先生、葉恭綽先生、黃炎培先生等〔沈祖榮《中國圖書館及圖書館教育調查報告》，見《中華圖書館協會會報》9卷2期第1～8頁〕。

4月7日 沈祖榮於本日下午抵開封。抵開封後在李燕亭先生的陪同下，先後參觀了河南大學圖書館、河南省立圖書館和開封民眾教育館，並晤見河南教育廳長李甫連先生〔出處同上〕。

4月上旬 沈祖榮離開開封即赴定縣，定縣爲晏陽初博士試驗民眾教育及鄉村改造之地。沈祖榮曾與晏陽初博士及其同事瞿菊農博士晤談〔出處同上〕。

4月中旬 沈祖榮離定縣後，即赴北平。抵北平後，先後參觀了北平圖書館、政治學會圖書館、清華大學圖書館、燕京大學圖書館、協和醫學院圖書館、地質調查所圖書館、北京大學圖書館、北京師範大學圖書館、和輔仁大學圖書館，並會晤圖書館界同仁及中外教育名流多人〔出處同上〕。

又沈祖榮離北平後，即赴天津，參觀南開大學圖書館、河北
女子師範學院圖書館和北洋大學圖書館〔出處同上〕。

4月中旬　沈祖榮離天津後，即赴山東濟南和青島，參觀山東大
學圖書館等。再後轉赴南京，參觀金陵大學圖書館、國學圖
書館、國立中央圖書館、中央政治學校圖書館、内政部圖書
館、外交部圖書館、鐵道部圖書館和國立中央研究院社會科
學研究所圖書館〔出處同上〕。

5月6日　沈祖榮完成調查旅行返校，雖風塵僕僕，但毫無倦意，
特向全體師生報告此次調查旅行之感想，報告著重我國圖
書館進展中之好現象，本校畢業同學之成績，與其他圖書
館執行諸人士之貢獻，暨圖書館成功在各個圖書館員努力諸
點〔《校聞》，見《文華圖書館學專科學校季刊》5卷2期第
249～251頁〕。

6月17日　文華圖書館學專科學校於下午4時在公書林內羅瑟廳舉
行專科第十屆畢業典禮，師生及來賓百餘人到會。首由沈祖
榮校長報告辦理本屆專科班兩年之經過，大意謂適逢多事之
秋，故艱苦倍嘗，此對於學校及畢業學生，俱不失爲有價值
之遭際云云。繼由湖北省教育廳程廳長代表陳穎琨秘書、校
董陳叔澄先生、孟良佐主教分別致詞，畢業生趙福來作答
詞。隨後用茶點，畢業式告終〔出處同上〕。

6月21日　文華圖書館學專科學校校董會年會在校董會主席周蒼
柏先生寓所舉行。武漢方面校董吳德施主教、孟良佐主教、

周蒼柏先生、陳叔澄先生、盧春榮先生和沈祖榮校長均親到
赴會。省外校董袁守和先生、周寄梅先生、孫洪芬先生、戴
志騫先生等均電請沈校長代表出席。沈校長於會中報告學校
民國廿一年度種種經過，及四月間赴魯冀豫江浙等省，代表
中華圖書館協會調查各地圖書館情狀，並接洽校事，所得結
果外，更提出討論下年招生問題、下年度預算案，文華圖書
館學專科學校與美國差會關係之增進，暨其他關於校政之重
要事件。各校董隨即討論一切，結果均甚為圓滿〔出處同上
〕。

6月　沈祖榮撰《圖書館所希望於出版界的》發表於《文華圖書
　　　館學專科學校季刊》5卷2期第133～138頁。

8月4日　中華圖書館協會第二次年會第一次籌委會議於下午4
　　　時在國立北平圖書館召開，會議推定王文山、沈祖榮、袁
　　　同禮為大會主席團人員，推定分組討論負責人員中包括圖
　　　書館教育組：沈祖榮主席、查修副主席、徐家麟、鄧衍林書
　　　記等〔《第二次年會之籌備》，見《中華圖書館協會會報》
　　　9卷1期第12～15頁〕。

8月28日　中華圖書館協會第二次年會在清華大學開幕，至31日
　　　閉幕。沈祖榮先生是否與會不詳〔于震寰《中華圖書館協會
　　　第二次年會紀事》，見《中華圖書館協會會報》9卷2期第22
　　　～26頁〕。

8月　沈祖榮撰《中華圖書館協會第二次年會圖書館教育組報告

暨意見書》單行本出版。

煥文案：詳見本書後附《沈祖榮先生著述目錄初編》之一：學術著作部分本款目之註釋。

9月　文華圖書館學專科學校學生，爲貫徹服務社會宗旨起見，於開學初即組織“私立文華圖書館學專科學校學生服務團”（Boone Library School Student Service League），專門利用閒暇時間，辦理巡迴文庫，以供給社會大眾有益之讀物爲職責。並推定團長韋教父，書記戴鎦齡，會計沈校長、張鴻書，經費組委員劉子欽、李永安、鄔學通，保管組委員程長源、李尚友、徐世俊，流通組委員余炳元、熊應文、丁溶，流诵服務組服務團員則爲全體同學。成立後屢向武漢市住户商家贈閱書籍，到處皆受熱烈之歡迎〔《校聞》，見《文華圖書館學專科學校季刊》5卷3、4期合刊第505～511頁〕。

10月11日　沈祖榮校長爲擴充學生見聞，提倡研究學術興趣起見，特請學術界名流，每隔兩星期，在星期三下午對同學作公開講演，並注重發問及自由式討論，名曰“群育討論會”。本日下午，沈祖榮請華中大學教授蔡尚思演講《中國哲學之直接研究及客觀批評》〔出處同上〕。

10月25日　沈祖榮請本校查修博士演講《國際航空公法之趨勢》〔出處同上〕。

10月26日　文華圖專在文華公書林二樓召開胡能顯先生追悼會，

藉表哀思。江陵胡能顯爲文華圖專國文講席及事務之任職，10月6日因腸窒扶斯逝世。因胡能顯生前爲基督教信徒，故追悼會參用宗教儀式。沈祖榮校長致追悼詞〔出處同上〕。

10月　沈祖榮撰《中國圖書館及圖書館教育調查報告》發表於《中華圖書館協會會報》9卷2期第1～8頁，嗣又譯爲英文載於《Library Journal》Vol.59, No.81。

11月8日　沈祖榮請武漢大學理學院長查嘯仙演講《我國科學之過去與未來》〔出處同上〕。

11月16日　美國殷格蘭女士（Ingram）到文華圖專任教席已一年，因11月中旬患牙病，醫生見其77歲高齡勸其休養，遂往北平，在其弟殷格蘭先生所在某醫院頤養。爲表示誠意，文華圖專全體師生於本日晚齊渡江往漢口平漢車站餞行，晚十時送其上快車後返校〔出處同上〕。

11月22日　沈祖榮請華中大學社會學系陳淑元教授演講《如何研究中國文化》〔出處同上〕。

12月6日　沈祖榮請華中大學理學院長桂質庭博士演講《近代物理學研究的什麼？》〔出處同上〕。

12月20日　沈祖榮請本校法文教授韓先生演講演《聖誕節的意義》〔出處同上〕。

12月　沈祖榮撰《我國圖書館事業之改進》發表於《文華圖書館

學專科學校季刊》5卷3、4期合刊第261～266頁。

秋　嚴文郁自德國完成交換圖書館員之服務後回國，沈祖榮請嚴文郁校友返校演講《德國圖書館事業之現勢》〔出處同上〕。

又沈祖榮、查修與同學19人到漢口四民路王寵佑家參觀其私人藏書樓〔出處同上〕。

本年　中華圖書館協會執行委員會遵照第二次年會議決募集基金一案，推請沈祖榮等20人爲募集基金委員會會委員〔《中華圖書館協會第九年度報告》，見《中華圖書館協會會報》10卷1期第1～6頁。

又沈祖榮向中華圖書館協會募集基金委員會捐洋15元〔《募集基金消息》，見《中華圖書館協會會報》9卷5期第17頁〕。

又教育部曾兩次派員視察文華圖書館學專科學校。第一次部督學鍾道瓚之報告云："私立武昌文華圖書館學專科學校，設備完全，學生人數雖屬不多，成績尚優，堪稱爲國內圖書館教育之最高學府"。第二次視察員劉英士等之報告云："查該校辦理尚屬認眞，其所造就人才，頗能適應社會需要，殊堪嘉許。惟中文書尚覺缺少，亟應添購圖書，或設法擴充實習機會，以利訓練"〔《文華圖書館學專校得教育部嘉許及補助》，見《中華圖書館協會會報》10卷2期第31頁〕。

1934年 （民國廿三年　甲戌）先生50歲

1月18日　沈祖榮爲黃星輝著《普通圖書編目法》撰寫序言。

1月　應沈祖榮校長之聘，加拿大英哥倫比亞人，加拿大溫哥華英哥倫比亞大學教育學士，紐約市哥倫比亞大學圖書館學校學士，溫哥華公立圖書館流通部職員，華碼麗女士（Miss Mary Hamilton Watts of Vernon）到文華圖專繼殷女士之教職，任英文教員〔《校聞》，見《文華圖書館學專科學校季刊》6卷1期第157頁〕。

2月8日　沈祖榮請湖北省政府張主席於下午2時在文華公書林大廳爲華中大學、文華中學、私立希理達女校和文華圖書館學專科學校演講《中國爲什麼要有國難及其解決的途徑》，參加者800餘人〔出處同上〕。

2月21日　文華圖專於下午4時在公書林召開華瑪麗女士歡迎會，中西來賓70餘人〔出處同上〕。

3月7日　沈祖榮請華中大學教務長嚴士佳先生於下午4時來校演講《中國職業問題》〔出處同上〕。

3月24日　文華圖專全體師生赴洪山珞珈山作踏青之遊，並應皮高品主任之約參觀武漢大學圖書館〔《校聞》，見《文華圖書館學專科學校季刊》6卷2期第377～380頁〕。

3月　沈祖榮撰《談談圖書館員之生活》發表於《文華圖書館學

專科學校季刊》6卷1期第1～9頁。

4月上旬　沈祖榮請武漢大學吳其昌教授演講《殷墟契文發現之歷史與對於中國文化上之影響》〔《校聞》，見《文華圖書館學專科學校季刊》6卷2期第377～380頁〕。

4月19日　沈祖榮請吳主教演講《基督教能救中國麼？》〔出處同上〕。

4月25日　沈祖榮請武漢大學歷史系教授郭斌佳博士演講《歷史爲科學麼？》〔出處同上〕。

5月2日　文華圖書館學專科學校舉行韋棣華女士逝世三周年紀念會，沈祖榮請曾蘭友會長、康明德先生等講韋女士生平〔出處同上〕。

5月8日　沈祖榮請韋教父演講《聖公會之歷史》〔出處同上〕。

5月22日　沈祖榮請中華大學政治教授吳子彬演講《九一八事件之回顧》〔出處同上〕。

6月5日　沈祖榮請收藏家徐行可演講《四庫提要類目》〔出處同上〕。

6月10日　沈祖榮爲鮑士偉著，徐家麟等譯《世界民眾圖書館概況》撰寫序言。

6月15日　文華圖書館學專科學校於下午4時舉行第二屆講習班畢

業典禮，首由沈祖榮校長叙述開設講習班之經歷，後由徐家
麟教務長作學業報告，繼爲程教育廳長親致訓詞，勉勵有
加，中華大學陳校長與孟主教亦以校董資格出席訓詞，末由
丁溶同學起立答詞致謝，禮畢，進茶點〔出處同上〕。

又湖北省立圖書館址向在武昌蘭陵街，建自清光緒末年，後
30餘年惟是基址狹隘，房屋破舊，藏書日增，難數發展，爰
由湖北省政府會議決議另建一規模較宏之圖書館於省會蛇山
公園抱冰堂附近。經張主席（岳軍）聘定何成濬、王世杰、
石瑛、夏斗寅、沈祖榮等19人爲建築委員會委員。本日建築
委員會召開第一次會議，推舉李書城爲主席委員，關於建築
工程，推繆恩釗、沈祖榮、談錫恩、李范一、程其保五委員
先行設計，……〔《湖北省立圖書館建築新館之經過》，見
《中華圖書館協會會報》11卷3期第29頁〕。

6月　沈祖榮撰《世界民眾圖書館專號卷頭語》發表於《文華圖
書館學專科學校季刊》6卷2期第149～150頁。

上半年　沈祖榮與范立煌先生等參觀張文襄公所創辦的湖北官書
局、漢陽兵工廠等處〔《校聞》，見《文華圖書館學專科學
校季刊》6卷2期第380頁〕。

9月　沈祖榮聘美國教員斐錫恩女士（Grace D. Phillips）到
校任職〔《校聞》，見《文華圖書館學專科學校季刊》6卷3
期第542頁〕。

10月3日　沈祖榮請文華聖誕堂李輝祖會長演講《圖書館與人格

教育》〔《校聞》，見《文華圖書館學專科學校季刊》6卷4
期第704～707頁〕。

10月20日　文華圖書館學專科學校於曇華林13號所建三層西式學
生宿舍已落成，取名華德樓。本日下午4時舉行落成典禮，
來賓100餘人。首由主席沈祖榮校長報告此樓建築經費之來
源，建築之經過。次由孟主教報告此樓取名華德樓之故，蓋
所以紀念華德女士（Miss Marian De C. Ward）者。華德
女士為韋棣華之老友，對於文華圖專及公書林無不竭盡力量
幫助發展，現尚任文華圖專基金會董事，故因以紀念云云。
次由毛坤先生報告與致謝各贈送禮物者，次由省教育廳程廳
長夫人揭幕並宣讀紀念詞，次由李輝祖會長祝福，後茶點。
6時盡歡而散〔出處同上〕。

10月25日　沈祖榮請國立武漢大學生物學系張鏡澄主任演講《細
菌與人生》〔出處同上〕。

10月27日　文華圖專全校師生旅行至東湖及珞珈山，在東湖邊野
餐後，部分乘遊船，駛遊湖中中正亭，5時乘汽車返校〔出
處同上〕。

11月14日　沈祖榮請華中大學代理校長黃秋圍演講《中國現代教
育應注意的幾點》〔出處同上〕。

11月26日　沈祖榮在韋棣華女士舊邸為皮高品著《中國十進分類
法》撰寫序言。

12月5日　沈祖榮爲皮高品著《中國十進分類法》撰寫英文序言。

12月中旬　沈祖榮爲戴鎦齡譯《圖書館的財政問題》撰寫序言。

本年　沈祖榮校訂之著作：1.（美）駱約翰亞當著，章新民譯《民眾圖書館的行政》；2.（美）鮑士偉著，徐家麟等譯《世界民眾圖書館概況》；3.戴鎦齡譯《圖書館的財政問題》；4.黃星輝著《普通圖書編目法》等由武昌文華圖書館學專科學校出版發行。

1935年（民國廿四年　乙亥）先生51歲

2月16日　中華圖書館協會執行委員會委員中三分之一，袁同禮、李小緣、杜定友、沈祖榮、胡慶生五人均已任滿。本日經全體會員正式選定執行委員會委員爲袁同禮、杜定友、沈祖榮、李小緣、王云五（新任，廿七年任滿）。後執行委員又推定袁同禮、洪有丰、劉國鈞、沈祖榮、嚴文郁五人爲常務委員，而袁同禮爲主席〔《中華圖書館協會第十年度會務報告》，見《中華圖書館協會會報》10卷6期第3～7頁〕。

2月　中華圖書館協會爲紀念協會成立十周年暨向第二次國際圖書館大會提出論文，擬編題爲《Libraries in China》之西文論文集，特約24名專家撰著論文，其中包括約沈祖榮撰寫《中國圖書館員專門教育》〔《十周年紀念論文》，見《中華圖書館協會會報》10卷4期第20頁〕。

3月10日　鑒於中華圖書館協會委員長、國立北平圖書館館長、文華圖書館學專科學校校董袁守和先生，赴歐美調查各國圖書館狀況回國後，文華圖專員生甚爲渴念，沈祖榮專函奉請袁守和先生來校演講。袁同禮來文華圖專後曾演講兩次，本日演講《歐美圖書館之新趨勢》〔《校聞》，見《文華圖書館學專科學校季刊》7卷1期第163～164頁〕。

3月14日　沈祖榮與文華圖專全體師生爲袁同禮先生餞別〔出處同上〕。

3月　經沈祖榮校長函請，聖公會美國差會派請美國畢愛蓮女士（Miss E. Eleanor Booth）到文華圖專繼華女士教職。華瑪麗女士（Miss M.H. Watts）來校已近一年，因寒假期間與文華中學教員馬休林結婚，遂辭去教職〔出處同上〕。
又沈祖榮請華中大學包鷺賓教授演講《文心討源》，武漢大學胡稼胎教授演講《從哲學觀點來探討青年精神上的出路》〔出處同上〕。
又沈祖榮撰《談圖書館專業教育》發表於《湖北教育月刊》2卷4期第 66～75頁。
又中華圖書館協會聘定沈祖榮先生擔任圖書館教育委員會主席、編目委員會委員和編纂委員會委員〔《中華圖書館協會職員表》，見《中華圖書館協會會報》11卷2期第9頁〕。

5月1日　文華圖書館學專科學校於上午8時半在公書林羅瑟室舉行韋棣華逝世四周年紀念式。沈祖榮校長主席，請文華聖誕

堂李輝祖會長講韋女士生平軼事，韋德生教父禱告，孟良佐
主教祝福，選唱韋女士生前最喜唱之聖詩，以誌哀悼〔《校
聞》，見《文華圖書館學專科學校季刊》7卷2期第312頁〕。

5月22日　教育部專員孫國封、謝樹英到文華圖書館學專科學校
視察，沈祖榮負責接待介紹，兩人對文華圖專辦理情形及畢
業同學在外服務之勤懇頗為滿意〔出處同上〕。

春　沈祖榮請湖北省立圖書館談錫恩館長演講《宇宙間人生之意
義與價值》，華中大學陳淑元教授演講《目前中國文化運動
問題之檢討》，武漢大學吳其昌教授演講《十世紀來中國私
家藏書之沿革及其所培造的學風》〔出處同上〕。

6月15日　Samuel T.Y. Seng撰《Looking To the Future》發
表於《文華圖書館學季刊》（英文之部）7卷2期第313～
314頁。
　　煥文案：《文華圖書館學專科學校季刊》自7卷2期起添設 "
英文之部". "中文之部" 的目的在於介紹外國的新學說及
新方法到中國來，而 "英文之部" 則把我國的圖書館界情形
介紹給外人知道。

6月20日　文華圖書館學專科學校於下午3時舉行1935級畢業典
禮，首由教務主任徐家麟先生領導全體畢業生列隊入禮堂，
行禮如儀後，即由李輝祖會長禱告，次由沈祖榮校長報告本
期辦理經過及先後畢業生在外服務狀況，經由來賓演說，末
由本屆畢業生汪應文答辭，韋德生教父祝福，茶點後散會已

5時半矣〔《校聞》，見《文華圖書館學專科學校季刊》7卷
3、4期合刊第564頁〕。

7月　沈祖榮撰《民眾圖書館管理法》發表於《現代民眾》1卷12
期第 2～6頁。

8月24日　沈祖榮結束休假，自廬山牯嶺返校〔《校聞》，見
《文華圖書館學專科學校季刊》7卷3、4期合刊第565頁〕。

8月25日　文華圖專教務主任徐家麟經校資助擬自武漢動身赴哈
佛大學深造，武漢同學發起共同在武昌青年會設宴餞行，沈
祖榮校長參加，席間並諄諄賜訓。徐家麟之職稱則由沈祖榮
聘毛體六暫行代理〔出處同上〕。

8月　文華圖專法文教員瑞典韓德霖先生返國，沈祖榮聘留法碩
士張春蕙先生繼任該課〔出處同上〕。

9月　沈祖榮向文華圖書館學專科學校學生服務團巡迴文庫捐銀5
元〔出處同上〕。

10月1日　湖北省立圖書館奠基典禮於上午10時在武昌抱冰堂側
隆重舉行，沈祖榮等及各教育機關主管人員共200餘人參加
儀式〔《湖北省立圖書館奠基禮誌》，見《中華圖書館協會
會報》10卷2期第51頁〕。

11月15日　沈祖榮爲《文華圖書館學專科學校季刊》7卷3、4期合
刊《世界各國國立圖書館概況專號》撰寫序言。

12月　沈祖榮撰《世界各國國立圖書館概況專號序言》發表於《文華圖書館學專科學校季刊》7卷3、4期合刊第319～320頁。

本年　沈祖榮撰《中國圖書館員專門教育》（英文）發表於中華圖書館協會編《Libraries in China》論文集之中。

1936年（民國廿五年　丙子）先生52歲

1月12日　沈祖榮奉去年冬蔣院長召集各省市專科以上學校校長及學生代表赴京聆訓之令率學生代表顧家杰自漢啓程赴京〔《校聞》，見《文華圖書館學專科學校季刊》8卷1期第139頁〕。

1月14日　沈祖榮和顧家杰抵南京。其後參加蔣院長聆訓〔出處同上〕。

1月20日　沈祖榮和顧家杰返回武昌〔出處同上〕。

2月10日　沈祖榮在紀念周會場中將聆訓經過情形及蔣院長訓話大意，轉告文華圖專全體教職員及同學，娓娓達兩小時，聽者頗爲動容云〔出處同上〕。

2月29日　《廈大圖書館館報》1卷5期封面頁採用沈祖榮題寫之刊名。

2月　文華圖專自1934年秋起增設《中文檔案管理》和《西文檔

案管理》兩門課程以後，對於是項研究，積極進行，不遺餘力。本月除大量擴充設備外，沈祖榮校長又聘文華圖專畢業生程長源任文華圖專檔案管理員，將學校所有檔案施以科學管理，藉作教學上之試驗。程長源曾任浙江蘭溪實驗縣政府管卷室主任科員，並以其兩年所得之經驗，著有《縣政府檔案管理法》一書〔出處同上〕。

又文華圖專以國難煎迫，非整起精神，不足以言救國，而健全之精神，實寓於健全之身體，因於去年秋起，除軍訓國術看護衛生救火練習外，師生屬行早操，並自本學期起，全體教職員亦加入國術訓練〔出處同上〕。

3月1日　湖北省政府楊主席以各校教職員長袍馬褂精神上殊不振作，因諭令各級學校教職員一律改著短裝，以資整齊。文華圖專奉令自本日起，師生均著短裝〔出處同上〕。

3月14日　本日下午武漢所有學校悉在武昌城內蛇山上植樹，文華圖專全體師生參加。植樹後，即由沈祖榮校長帶領赴抱冰公園飲茶。後又由沈校長提議去爬洪山，以試腳力。結果除一二人外，全部男女同學均以最快速度登至極頂。下山後即在洪山村店中晚餐，香美愉快，實難描述云〔《校聞》，見《文華圖書館學專科學校季刊》8卷2期第275～278頁〕。

3月30日　文華圖專為準備意外起見，特由軍事教官謝復華和看護士美國蔣美德女士領導全體師生於下午在校舉行救火及看護演習〔出處同上〕。

4月5日　文華圖專師生乘春假之便結隊旅行武昌青山。晨自武昌漢陽門乘長途汽車，約1小時即達。中午野餐店，參觀愛的學園及農村小學，下午4時乘車返校〔出處同上〕。

4月23日　孟良佐主教之夫人逝世，文華圖專全體師生前去慰問吊唁〔出處同上〕。

4月25日　文華圖專師生全體參加孟良佐主教夫人殯葬典禮〔出處同上〕。

4月　中華教育文化基金董事會派秘書林伯遵先生及特約視察員萬冊先先生到文華圖專視察，由沈祖榮校長逐事加以說明，林氏對於文華圖專檔案管理之法特感興趣，於其他各事亦表示滿意，故本年該基金會又通過文華圖專之補助費15000元〔出處同上〕。

5月1日　文華圖專全體教職員學生，及韋棣華女士親友等在文華聖誕堂舉行韋棣華女士逝世五周年紀念，誠懇禱告，並由李輝祖會長講道誌哀〔出處同上〕。

5月15日　文華圖專基金會董事會幹事孫洪芬先生偕同董事顧理治（ Harold J. Coolidge, Jr. ）先生到文華圖專視察，沈祖榮校長引導視察，並逐事加以說明〔出處同上〕。

5月31日　文華圖專全體師生赴漢口聖保羅教堂參加孟良佐主教夫人追悼大會，同時並各捐助款項紀念孟師母，以便發展青山之愛的學園〔出處同上〕。

又文華圖專武漢同門會在漢口江漢路廣州酒家開本學期第二次常會,並請沈祖榮校長及沈師母參加指導,故大家異常愉快〔出處同上〕。

6月15日 中華圖書館協會執行委員會於本日下午4時在國立北平圖書館召開第三次年會籌備會議,會議議決先設總委員會、論文委員會和招待委員會等三委員會,並推沈祖榮等37人爲年會總委員會委員,推沈祖榮爲圖書館教育組主任。籌備會議還議決在年會閉幕後設一民眾圖書館講習會,授課三星期,並請沈祖榮、劉國鈞、嚴文郁、吳光清、莫余敏卿五人,組織一委員會,擬具具體計劃〔《第三次年會之籌備》,見《中華圖書館協會會報》11卷6期第26--26頁〕。

6月20日 文華圖專於下午3時舉行1936級畢業典禮,計到中外來賓100餘人,行禮後,首由沈祖榮校長報告開會宗旨,次由教務長毛坤報告教學狀況,繼由國立武漢大學校長王撫五先生及美國聖公會鄂湘教區主教吳德施等訓詞,末由畢業生代表胡廷鈞答詞,5時茶點散會〔《校聞》,見《文華圖書館學專科學校季刊》8卷2期第275~278頁〕。

6月30日 文華圖書館學專科學校校董沈祖榮等在漢口特三區中華聖公會舉行校董會,主席周蒼柏,議決要案多起,如加辦講習班、改造學生宿舍、下年度預算、改訂校董會集會時期、改選任滿校董及職員等〔出處同上〕。

春 沈祖榮請湖北省立民眾教育館館長王育之演講《廣西省民團

及鄉教情形考察記》，請華中大學化學系主任陳序庠演講《工業化學及與國防之關係》〔出處同上〕。

7月中旬　沈祖榮校長和沈師母及其男女公子沈寶環、沈培鳳、沈寶琴自武漢起程赴山東青島，參加中華圖書館協會第三次年會〔《同門消息》，見《文華圖書館學專科學校季刊》8卷3期第432頁〕。

7月19日　中華圖書館協會執監委員會在青島山東大學舉行臨時聯席會議，大會主席團推定葉恭綽、袁同禮、馬衡、沈兼士、沈祖榮、柳治徵六君。提案審查委員會委員推定：一、行政組，柳詒徵、田洪都、姚金紳、嚴文郁；二、分類編目索引組，何日章、皮高品、錢亞新、陳訓慈；三、民眾教育組，沈祖榮、毛坤、李文裿。各組各員即分開審查會，午夜始報罷，籌備之事項，於焉告終〔李文裿《寫在第三屆年會之後》，見《中華圖書館協會會報》12卷1期第1～5頁〕。

7月20日　中華圖書館協會第三次年會暨中國博物館協會年會聯合年會於上午9時在山東大學禮堂舉行開幕典禮，到會會員及來賓150餘人，其中協會會員131人，文華圖書館學專科學校師生和校友代表占五分之一（除沈祖榮、沈師母及其男女公子外，共有26人）。主席葉恭綽、司儀李文裿，行禮如儀。主席致開幕詞後，青島市長沈鴻烈、山東大學校長林濟青、青島教育局長雷法章、及來賓膠濟路委員長葛光庭相繼致詞，最後由馬衡代表聯合年會致答詞。末攝影散會。下午

2時，聯合演講會在科學館大講堂舉行，主席葉恭綽、沈鴻烈市長演講《青島市政各項建設》。其後分開討論會。晚6時半，青島市長沈鴻烈在迎賓館宴請全體會員〔出處同上〕。

7月21日 上午8時在科學館大講堂召開演講會，主席嚴文郁，一、沈祖榮演講《公立圖書館在行政及事業上應有之聯絡》，二、陳訓慈演講《天一閣之過去與現在》，三、侯鴻鑑演講《漫遊青甘寧之感想》，四、皮高品演講《關於分類之幾點意見》。9時半開聯合演講會，11時至12時宣讀論文。下午2時至4時召開討論會，主席沈祖榮，共議決議案40項，其中關於圖書館教育者5項、民眾教育者6項、推廣事業者10項、劃一分類法者6項、編印各科書目者7項、目錄排檢及索引者2項、其他4項。下午4時至6時兩會合組討論會。晚6時，山東大學校長林濟青在第三校舍宴請全體會員。飯後續開討論會至午夜始畢〔出處同上〕。

7月22日 上午9時在科學館大講堂召開討論會，主席沈祖榮，討論教育部交議之8項議案。下午2時續開會務會於科學館大講堂，主席袁同禮。下午4時舉行閉幕式，仍由葉恭綽主席，致閉幕詞後，由嚴文郁報告中華圖書館協會分組討論會經過，馬衡報告博物館協會討論會經過，袁同禮、馬衡再分別報告兩會會務情形，沈祖榮報告教育部提交議案討論之經過。其後臨時動議議決2項，至是聯合年合遂告圓滿閉幕〔出處同上〕。

7月23日　參加中華圖書館協會第三次年會的全體會員參觀青島市區建設。上午8時於細雨微風中乘市政府招待處所備汽車出發，所至各處有：市政府、接收紀念亭、市禮堂、前海棧橋（迴瀾閣）、西鎮辦事處、平民住所、船塢、第三碼頭、觀象台、工商學會、海濱公園、水族館、匯泉海水浴場、第一公園、體育場、市立中學、湛然寺、太平角公園、匯泉廢壘。下午6時，全體會員公宴青島市各長官於迎賓館，賓主盡歡而散〔出處同上〕。

7月24日　參加中華圖書館協會第三次年會的文華圖專校友近30人於中午在山東大學食堂會餐，一面爲聚談，一面爲歡請沈校長沈師母及其男女公子。餐前攝影，餐後舉行談話會，異常快樂美滿。晚7時，服務青島之校友陳頌女士在青島咖啡店招待赴會同學及沈校長沈師母及其男女公子〔《同門消息》，見《文華圖書館學專科學校季刊》8卷3期第432～433頁〕。

7月底　沈祖榮沈師母及其男女公子在青島開會後，略住數日即起程赴天津。到天津後，天津校友聞訊，立即全體出動，引領沈校長沈師母等各處遊玩，一切甚爲盡興〔出處同上〕。

8月初　沈祖榮等離津抵北平開會。抵平後，平地校友更多，事先已各有準備。除諸校友公請公宴外，各校友及其夫人每日分別赴沈校長沈師母住處，引導出外遊玩，甚爲熱誠殷切〔出處同上〕。

9月　沈祖榮撰《公立圖書館在行政上及事業上應有之聯絡》發
　　表於《工讀半月刊》1卷10期第311～313頁；又發表於《圖
　　書周刊》第82期。

又因文華圖專開辦講習班，校務增多，沈祖榮增聘汪長炳回
校任教務主任兼教授職務。汪長炳自文華圖書畢業後在國立
北平圖書館服務多年，後赴美留學，獲哥倫比亞大學圖書館
學碩士學位，畢業後任哥倫比亞大學圖書館中文部主任、美
國國會圖書館東方部特約顧問。毛坤除受課外，專任研究部
及出版之事，以圖收分工合作之效〔《校聞》，見《文華圖
書館學專科學校季刊》8卷3期第429頁〕。

又文華圖專美籍教員斐錫恩女士因病回國，沈祖榮校長改聘
美國赫露斯女士（Miss Ruth A. Hill）代替其職位。沈祖
榮又聘熊壽農（中華大學文學士，日本東北帝國大學研究所
所長）任日文講師，聘崔少南爲會計〔出處同上，又《文華
圖書館學專科學校近訊》，見《中華圖書館協會會報》12卷
2期第37～38頁〕。

又自開學後，文華圖專於操場上立一國旗旗桿，每日早晨7
時升旗，下午5時1刻降旗，旗之升降，派定全體同學分班輪
流司理。升降旗時，齊著制服，隨唱升旗歌，頗呈莊嚴之
概。每日早升旗後上早操一刻鐘，教職員均一律參加，毛體
六每日到操場極早，以資倡率，沈祖榮校長教操之聲，頗爲
宏亮〔《校聞》，見《文華圖書館學專科學校季刊》8卷4期
第599頁〕。

10月　沈祖榮撰《中華圖書館協會第三次年會圖書館教育委員會報告》發表於《中華圖書館協會會報》12卷2期第1～2頁。

12月　沈祖榮撰《公立圖書館在行政上及事業上應有之聯絡》發表於《中華圖書館協會會報》12卷3期第1～3頁。

下半年　爲慶祝蔣委員長壽辰，文華圖專中西教員捐購飛機款60元，學生捐180元。爲慰勞綏遠軍士，中西教員捐一日所得共50元，學生捐87.12元。沈祖榮又向文華圖專巡迴文庫捐洋5元〔《校聞》，見《文華圖書館學專科學校季刊》8卷4期第599～603頁〕。

又沈祖榮校長請華中大學教授胡毅博士演講《從心理學的立場上來討論圖書館閱覽辦法》，華中大學理學院桂質庭博士演講《最近遊美的感想》，華中大學教授游國恩演講《宋王荆公新法的檢討》，武漢大學教授劉迺誠博士演講《科學管理與圖書館管理》、文華圖專校董中華聖公會鄂湘轄境主教吳德施主教演講《交友之道》〔出處同上〕。

本年　沈祖榮先生之男女公子沈培鳳和沈寶環加入中華圖書館協會〔《會員簡訊》，見《中華圖書館協會會報》12卷1期第19頁，又《二十五年度會員總數及新增會員名單》，見《中華圖書館協會會報》12卷 5期第13頁〕。

1937年 (民國廿六年　丁丑) 先生53歲

2月　文華圖書館學專科學校全體師生向國民政府林主席蔣院長致電賀年，電文如下："國民政府林主席行政院蔣院長鈞鑒，新春伊始，舉國歡騰，公等表率群倫，勛猷德懋，奠黨國於苞桑，登斯民於衽席，沐浴仁政，感激無似，謹此電賀，並祝安康，武昌文華圖書館學專科學校校長沈祖榮率全體師生同叩。"〔《文華圖書館學專校電林蔣賀年》，見《中華圖書館協會會報》12卷4期第36頁〕。

又嚴文郁藉寒假由北平回湖北漢川故里省親過年之機，到母校文華圖書館學專科學校拜訪參觀。到文華圖專時適逢沈師母姚翠卿生辰，遂在沈府祝壽聯歡〔《校聞及同門消息》，見《文華圖書館學專科學校季刊》9卷1期第145～147頁〕。

又美國哈佛大學中日文圖書館主任裘開明博士於回國休假之便特回母校文華圖專，並在此停留五日，與沈祖榮校長、毛坤、汪長炳等商討學校進行之事，費時甚多。開學第一次紀念周，裘開明出席講演，辭意懇摯，員生均爲感佩云〔出處同上〕。

又沈祖榮校長爲增進學生博物館學識起見，特請新由美國來華之謝福德（Richard D. Shipman）擔任博物館學講座。謝福德在美國研究博物館學多年，學識淵博，經驗豐富，聽課者甚眾〔《文華圖書館學專校增博物館講座》，見《中華圖書館協會會報》12卷5期34頁〕。

3月26日　因韋棣華女士之弟韋德生教父將回美休例假一年，文華圖專師生、校友及來賓在華德樓開會歡送韋德生教父，孟主教和米德先生等先後致詞，會後並贈送禮物〔《校聞及同門消息》，見《文華圖書館學專科學校季刊》9卷2期第303～305頁〕。

4月10日　在武漢服務的文華圖書館學專科學校校友在漢陽伯牙台召開例會，討論同門會會務，其中第二項爲：“今年七月廿五日爲沈校長五旬生辰，一致贊成毛坤同學之提議，即由各地同學捐款千元，幫助學校擴充校舍，藉以紀念沈校長。捐款方法以每人月薪一月十分之一爲原則，或多或少，仍可自由，並願全體加入爲此事之發起人。”〔出處同上〕。

4月　中華圖書館協會爲在首都與中國各學術團體建築聯合會所，自4月間開始募捐建築經費。其後沈祖榮募得捐款44項，共計52元，其中沈祖榮捐洋4元、沈寶環捐銀1元、沈培鳳捐款1元〔《捐募建築費誌謝》，見《中華圖書館協會會報》12卷6期第13～22頁〕。

5月8日　文華圖專專科一年級同學，遵照部章，須參加湖北省集中軍訓兩月。文華圖專教職員及留校同學於本日下午7時在宿舍華德樓舉行歡送會。首由彭道襄女士主席致歡送詞，次沈祖榮校長、汪長炳教務主任致訓詞。隨有遊藝表演，節目甚多。最後分送茶點，並贈受軍訓各同學精裝日記簿一冊，以誌紀念〔《校聞及同門消息》，見《文華圖書館學專科學校季刊》9卷2期第303～305頁〕。

春　爲學生實習起見，美國謝福德先生在爲文華圖專學生講授

《博物館學》時，爰在華德樓舉行展覽兩次，計分五展覽室。陳
列物品有古玉器、古漆器、文房古玩、古錢、古印、古器拓
片、辛亥起義遺物、版本書影、動植物標本、化石、古磚、
各家書畫，及文華圖專同學服務區域地圖，和國內外各大圖
書館照片等。計到本地學術界名流及中西男女來賓參觀者數
百餘人。全體員生接待領導，參觀後，茶點由沈師母主持一
切。亦有來賓臨時贈送紀念品者，如湖北前財政廳長沈肇先
生贈漢瓦名拓一紙，湖北禁煙特派員鍾可託先生贈光復時黎
元洪總統所發勛章一枚，李輝祖會長采贈福建鼓山石龜二顆
等〔出處同上〕。

又教育部視察專員謝樹英先生來文華圖專視察，由沈祖榮校
長引至各部分視察，至實習室內，對於用教育補助費所添之
鋼制檔案文件櫥、地圖櫃、中英文打字機、及裝訂機件等新
穎合用、陳列得宜，頗爲嘉許〔出處同上〕。

又特派員鍾可託先生來鄂主持禁煙工作，省會人士，極爲歡
迎。沈祖榮特請鍾先生來校爲群育討論會演講《以毒攻
毒》，其演講對於政府禁煙之決心及計劃詞意懇摯，聽者均
爲動容〔出處同上〕。

又文華圖專員生利用春假之便全體前往武漢附近的名勝之地
金口，參觀金口閘及國營農場，凡到之處，均有專人指導，
藉以知國家復興農村計劃之努力〔出處同上〕。

又因本年7月25日爲沈祖榮校長50壽辰，各地同學以沈校長
20餘年來盡瘁校務，廣揳後進，殊具苦心，不爲擴大之紀
念，無足以彰培植之恩，爰有京津平滬各地同學多人發起紀

念辦法，對於武漢同門會所提具體募款慶祝辦法，均一致贊成，並願列名發起，並著手準備印發發起人啓事〔出處同上，又《文華圖書館學專科學校消息一束》，見《中華圖書館協會會報》12卷6期第31頁〕。

7月7日　抗日戰爭爆發。

1938年（民國廿七年　戊寅）先生54歲

6月　因武漢外圍戰事激烈，文華圖書館學專科學校奉令由武昌遷渝，自本月底起，即準備一切，開始西遷。沈祖榮校長、汪長炳教務長和毛坤教授三人，先到重慶籌劃臨時辦公地點，經多日之努力，始在石馬崗川東師範大禮堂內辦公的國立中央圖書館籌備處借得房屋一間，設立辦事處，積極籌備開學及招考新生事宜。沈祖榮校長等抵渝後，在渝服務的文華圖專畢業生特爲校長沈祖榮先生設讌洗塵，席間對於文華圖專將來之發展，及目前圖書館事業之推進，多有所商討〔《文華圖書館學專科學校遷渝招生》，見《中華圖書館協會會報》13卷2期第21頁；又《文華圖書館學專科學校由鄂遷渝後工作概況》，見《中華圖書館協會會報》13卷5期第22～23頁〕。

7月　沈祖榮等在設立了辦事處之後四處尋覓校址，進行十分困難，後經各方接洽，始獲得求精中學當局之同意，借予一部分房屋。求精中學校址在重慶曾家岩，地位寬敞，風景清

幽，環境甚爲適宜，但因其他學校，如南京金陵大學、匯文
女中、教育部電化人員訓練班等校，均假求精中學上課，房
屋頗不敷用，因此，沈祖榮等又多方設法，於求精中學院內
空地，自建西式單層新屋一座，作爲教室、辦公室、及圖書
閱覽室之用。而學生之宿舍、餐堂、盥洗室、操場等則借用
求精之場所〔《文華圖書館學專科學校由鄂遷渝後工作概況》，
見《中華圖書館協會會報》13卷5期第22～23頁〕。

8月9日　文華圖書館學專科學校陸續將重要文卷、圖書、機件、
用品等西遷至重慶。該校教職員除少數兼任教員未予續聘，
職員中決定一人留守外，其餘均在此兩月間陸續抵渝，學校
的各項工作，至是乃逐漸恢復〔出處同上〕。

10月　上年教育部通令專科以上學校，應就所習學科相近者兼辦
社會教育，文華圖專早已注意及此，學生巡迴文庫成立迄
此，已歷八載有餘。遷渝後，沈祖榮在重慶郊外歌樂山第一
兒童保育院內，先設閱覽室一所，專供該處數百難童閱覽之
用，文華圖專出資購書，並雇員常住院內工作。沈祖榮等不
以此自滿，復思在市內繼續辦理巡迴文庫，及服務傷兵等工
作，以裨益抗戰，嘉惠市民，遂於本月散發《武昌文華圖書
館學專科學校學生服務團巡迴文庫徵募書報捐款啓事》〔《
文華圖書館學專科學校由鄂遷渝後工作概況》，見《中華圖
書館協會會報》13卷5期第22～23頁〕。

又沈祖榮交納中華圖書館協會會費25元，成爲中華圖書館協
會永久會員〔《會費》，見《中華圖書館協會會報》13卷3

期第19頁〕。

又中華圖書館協會自9月加入設於重慶的中國教育學術團體聯合辦事處後，因接該處擬於雙十節在重慶舉行中國教育學術團體聯合年會（後因籌備不及改期），並函請派負責代表出席聯合年會籌備委員會的通知，遂決定與各教育學術團體舉行聯合年會（中華圖書館協會第四次年會），並於10月間推請沈祖榮、蔣復璁、洪范五三理事爲代表出席參加籌備〔《本會第四次年會籌備及經過報告》，見《中華圖書館協會會報》13卷4期第13～15頁〕。

又中國教育學術團體聯合年會籌備委員會自10月9日至11月20日間共開會七次，議決聯合年會定於11月27日在川東師範學校禮堂舉行等多種事項，沈祖榮先生多有出席〔出處同上〕。

11月10日　沈祖榮於上午10時召集在渝中華圖書館協會會員金家鳳、金敏甫、汪長炳、汪應文、鍾發駿、毛坤、孫心磐、張吉輝、岳良木、于震寰等在文華圖專沈祖榮校長公館舉行座談會，討論中華圖書館協會第四次年籌備事宜〔出處同上〕。

11月26日　中華圖書館協會理事監事聯席會議於下午6時在重慶都城飯店舉行，會議討論通過有關舉行中華圖書館協會第四次年會的各有關事項共15條，其中第2條爲推定沈祖榮一人代表中華圖書館協會參加聯合年會主席團；第3條推定分組職員，其中事務組推定沈祖榮、洪范五、彭用儀、汪應文、于

震寰五人負責辦理文書會計等事宜；第11條，報上年會專刊
應用論文，請金敏甫、沈祖榮、毛坤三先生各撰一篇，沈文
題爲《圖書館教育的戰時需要與實際》，金文題爲《抗戰建
國期間的政府機關圖書館》，毛文題爲《建國教育中之圖書
館事業》〔出處同上〕。

11月27日　中國教育學術團體聯合年會暨中華圖書館協會第四次
　　　　年會於上午10時在重慶新市區川東聯立師範學校禮堂舉行開
　　　　幕式，其後攝影留念。下午2時至5時作會務報告，共有12個
　　　　學術團體聯席作會務報告，沈祖榮代表中華圖書館協會作會
　　　　務報告〔《本會第四次年會參加中國教育學術團體聯合年會
　　　　會序》，見《中華圖書館協會會報》13卷 4期第8～9頁〕。

11月28日　上午9時半至12時聯合年會宣讀論文，下午2時至6時
　　　　分組審查議案，沈祖榮等協會會員參加第三組——社會教
　　　　育、圖書館及電影組的議案審查〔出處同上〕。

11月29日　聯合年會於上午10時至12時，下午2時至5時進行大會
　　　　討論議案，沈祖榮出席會議〔出處同上〕。

11月30日　上午8時至10時半在川東師範大禮堂舉行中華圖書館
　　　　協會議案及圖書館技術討論會。10時半至12時舉行閉幕式。
　　　　沈祖榮等48人出席，通過議案七項〔《本會第四次年會討論
　　　　會記錄》，見《中華圖書館協會會報》13卷4期第11～13
　　　　頁〕。下午1時至2時在重慶都城飯店舉行中華圖書館協會會
　　　　務會議，主席王文山，出席代表共46人，首由年會籌備委員

沈祖榮先生報告，共有8項內容，繼討論通過10項議案，其中第7項爲“本會加入中國教育學術團體聯合辦公處，請推舉代表三人案”，劉國鈞提名洪范五、蔣復璁、沈祖榮；沈祖榮提名洪范五、蔣復璁、陳東原。主席付表決，大多數通過洪范五、蔣復璁、沈祖榮爲中華圖書館協會加入中國教育學術團體聯合辦事處代表，互推一人爲值年代表。下午2時至5時召開座談會〔《本會第四次年會會務會記錄》，見《中華圖書館協會會報》13卷4期第10～11頁〕。晚7時中華圖書館協會第四次年會在重慶青年會西餐堂舉行聯誼會，一以聯絡會員間之情誼，一以聆聞來賓中對於圖書館事業之意見。首由主席沈祖榮先生介紹南開校長張伯苓先生；旋由毛坤先生爲在座會員──唱名，詳爲介紹；繼而主席沈祖榮又介紹青年會總幹事黃次咸先生。國立中央圖書館籌備主任蔣復璁先生適自廣西返渝，亦趕來參加，因主席沈祖榮之請，講述中華圖書館協會成立前後之故實，頗饒佳趣。沈祖榮先生亦詳細說明文華圖書館學專科學校之沿革與現狀。其後有多人發言。會後蟾秋圖書館特在青年會民眾影院放映影片《雷雨》以餉同人〔《本會第四次年會會員聯誼會記事》，見《中華圖書館協會會報》13卷4期第13頁〕。

12月6日　戰時徵集圖書委員會發起人會議在重慶川東師範教員休息室召開，主席張伯苓，記錄魏學智、唐誠、梁希、胡煥庸、郭有守、吳景超、沈昌煥、孟目的、魏元光、沈祖榮、

朱仙舫、任泰、金家鳳、賀樹侯、蔣復璁、杭立武、吳南
軒、江康黎、吳俊升、賀麟、高顯鑑、汪少倫、李迪俊等出
席。討論事項：一、討論該會組織章程案，決議：照草案修
正通過；二、討論該會英文名稱案，決議：該會英文名稱爲
Chinese Campaign Committee for Books and
Periodicals；三、推定執行委員案，決議：由中宣部、教
育部、外交部、中英庚款董事會、國際出版品交換處、中華
圖書館協會各派一人及學術團體代表張伯苓先生擔任〔《全
國學術機關團體組織戰時徵集圖書委員會》，見《中華圖書
館協會會報》13卷5期第18～19頁〕。

12月14日　中華圖書館協會呈報中國國民黨中央執行委員會社會
部有關會務進行概況，其中"現在負責人姓名"呈報如下：
理事長：袁同禮，理事：劉國鈞、沈祖榮、戴志騫、洪有
豐、王雲五、嚴文郁、李小緣、蔣復璁、王文山、田洪都、
查修、柳詒徵、陳訓慈、杜定友、監事：袁開明、毛坤、汪
長炳、吳光清、洪業、萬國鼎、徐家麟、歐陽祖經、岳良木
〔《本會呈報中央黨部會務進行概況》，見《中華圖書館協
會會報》13卷3期第15～16頁〕。

1939年（民國廿八年　己卯）先生55歲

1月14日　戰時徵集圖書委員會第二次執行委員會議於下午4時半
在重慶舉行。出席者蔣復璁、郭有守、張伯苓、袁同禮沈祖

榮代、杭立武。主席張伯苓、記錄魏學智。報告事項：一、郭有守先生報告該會工作最近情形，二、袁同禮委員代表沈祖榮先生報告中華圖書館協會向美國圖書館協會徵集圖書情形。討論事項有六，其中第一項爲改該會英文名稱爲：China's Culture Emergency Committee for the Solicitation of Books and Periodicals，第二項英國H.N. Spalding先生來函表示願意捐贈圖書儀器，應如何辦理案，決議：1.擬分昆明、重慶、成都、南鄭四個區域，各就其最需要之圖書開列名單寄英；2.重慶區域，請蔣復璁、沈祖榮兩先生擬定名單；……〔《全國學術機關團體組織戰時徵集圖書委員會》，見《中華圖書館協會會報》13卷5期第18～19頁〕。

1月　沈祖榮撰《圖書館教育的戰時需要與實際》發表於《中華圖書館協會會報》13卷4期第4～6頁。

2月6日　戰時徵集圖書委員會第三次執行委員會議在川東師範會客室舉行，出席者張伯苓、江康黎、蔣復璁、袁同禮沈祖榮代、樓光來、杭立武、吳俊升、郭有守；主席張伯苓、記錄左敬如，討論議決事項 6項〔《戰時徵集圖書委員會舉行第三第四次執行委員會會議》，見《中華圖書館協會會報》13卷6期第18～19頁〕。

4月20日　戰時徵集圖書委員會第五次執行委員會會議議決"各學校團體已將需要之書籍目錄，送來會所已達十七單位，爲

求辦事迅速起見，請蔣委員復璁與沈祖榮先生根據各校送來
之書目與審查書目委員會擬定之選書範圍開列一普遍書籍目
錄單寄交英國（書籍價值以一萬英鎊爲限）"〔《戰時徵集
圖書委員會第五第六兩次執行委員會會議記錄》，見《中華
圖書館協會會報》14卷1期第15～16頁〕。

9月　文華圖書館學專科學校因應各機關之需要，自本季起開辦
檔案管理講習班一班，修業期限一年，沈祖榮聘定剛從美國
留學研究圖書館學及檔案管理回國之前教務主任徐家麟先生
及教授毛體六先生等擔任主講〔《私立武昌文華圖書館學專
科學校開設檔案管理講習班》，見《中華圖書館協會會報》
14卷2、3期合刊第17頁〕。

本年　自遷渝後，沈祖榮校長因恐學生生活感覺枯燥，爰聘請各
專家擔任臨時講席，講題由沈祖榮先生根據學生有關之課
程，自爲擬定，藉資啓迪，先後被請講演者有：一、陳東原
講《書院藏書之沿革與圖書館之使命》、《省立圖書館與地
方文獻》，二、洪范五講《大學圖書館行政》，三、蔣慰堂
講《中央圖書館之使命》，四、岳良木講《戰時圖書館工作
實施計劃》，五、王文山講《人事制度》，六、彭道眞講《
英國圖書館概況及圖書館訓練》，七、邊燮衡講《戰時出版
事業情況》，八、蕭一山講《海外圖書館所藏中籍概況》，
九、杜剛白講《經書研究與圖書館分類編目問題》，十、黃
汲清講《地質文獻》〔《文華圖書館學專科學校消息四則》，見《中
華圖書館協會會報》　14卷5期第15頁〕。

又沈祖榮撰《今後二年之推進圖書館教育》發表於《建國教育》1卷2期。

1940年（民國廿九年　庚辰）先生56歲

9月　文華圖書館學專科學校爲適應社會需要，配合政府提高行政效率起見，特呈請教育部增設檔案管理科，並自本月起開始招生，是爲國內研究以科學方法管理檔案之唯一學術場所〔《私立武昌文華圖書館學生專校續招專科及檔案管理班新生》，見《中華圖書館協會會報》15卷1、2期合刊第10頁，又沈祖榮《私立武昌文華圖書館專科學校近況》，見《中華圖書館協會會報》16卷3、4期合刊第7～8頁〕。

又沈祖榮撰《〈圖書學大辭典〉沈序》發表於盧震京著《圖書學大辭典》（商務印書館，1940年9月）第1～3頁。

1941年（民國三十年　辛巳）先生57歲

5月9日　日本飛機轟炸，在曾家岩求精中學院内之文華圖書館學專科學校辦公處後面側面附近落彈多枚，房屋全部被震壞，後經鳩工修茸，勉可住居〔沈祖榮《私立武昌文華圖書館專科學校近況》，見《中華圖書館協會會報》16卷3、4期合刊第7～8頁〕。

7月7日　日本飛機轟炸，文華圖書館學專科學校康寧樓宿舍，直

中兩彈，全部傾毀，片瓦無存，損失之重，不堪言狀。該宿
舍爲兩層樓房，樓上住教員家眷，樓下有大禮堂，女生寢
室、客堂及員生餐堂、廚房等，共20間，總計建築費在6萬
元以上，教員及學生衣物之損失，至少1萬。幸重要圖書與
實習用具，大部分早經疏散，未行全罹浩劫〔《本會慰問文
華圖書館學專校及西南聯大圖書館》，見《中華圖書館協會
會報》16卷1、2期合刊第12～13頁〕。

7月9日　中華圖書館協會致函文華圖書館學專科學校慰問，云：
"閱報獲悉貴校於抗建紀念之夕，慘遭敵機炸毀，歐敵暴
戾，曷勝慟憤？比年以來，貴校所受之重重損失，應不只爲
貴校師生之一部分物質而已，實亦影響我國圖書館界人才作
育及前途發展者甚爲深大；所幸，貴校全體師生一本百折不
撓之精神，艱苦奮鬥，能始終維持校務於不墜，殊令會中同
人同深興奮，無紉欽佩！此後仍盼以大無畏之精神，再接再
厲，以答復其暴行。"〔出處同上〕。

7月中旬　沈祖榮接中華圖書館協會慰問函後覆函致謝〔出處同
上〕

7月　因文華圖書館學專科學校在求精中學之校舍遭日機轟炸，
破敗不堪，已無法收拾，情迫不已，沈祖榮等乃多方募款，
購置江北相國寺廖家花園爲校址，自建校舍〔沈祖榮《私立
武昌文華圖書館學專科學校近況》，見《中華圖書館協會會
報》16卷3、4期合刊第7～8頁〕。

8月9日　文華圖專所購廖家花園，舊有平房一棟，只可供辦公廳，禮堂及一部教室之用，沈祖榮校長遂又包工建造男女生宿舍各一棟，校長住宅一棟、廚房廁所各若干間、教職員宿舍一棟，總價達10萬元以上，其中行政院遝撥救濟費7萬元，賑濟委員會所撥救濟費1萬元，中華教育文化基金董事會給緊急補助費2.5萬元。這些建築自9月以後陸續竣工〔出處同上〕。

10月下旬　文華圖專全校師生搬遷過江，賡續行課。初因房屋一時未及竣工，嘗進餐於露天之下，講授於臥房之間，但全體師生，絕不因此氣餒，而精神之振奮，反有加無已〔出處同上〕。

本年　沈祖榮校長新聘許學源先生爲國文教授、林榮光先生爲日文講師（以上二人爲兼任）、皮高品先生任圖書館學教授、毛坤先生任教務長、汪應文先生任訓導主任、徐家麟教授兼任檔案課程〔出處同上〕。

1942年（民國卅一年　壬午）先生58歲

2月7日　蔣慰堂理事召集在渝中華圖書館協會理監事毛坤、沈祖榮、汪長炳、岳良木、洪范五陳訓慈代，於下午3時在重慶國立中央圖書館召開理監事聯席會議，商討出席在重慶舉行的全國教育學術團體第二次聯合年會事宜〔《年會報告》，見《中華圖書館協會會報》16卷 5、6期合刊第14～19頁〕。

2月8日　中國教育學術團體第二屆聯合年會暨中華圖書館協會第五次年會於上午9時在重慶國立中央圖書館開幕，到會各團體會員共200餘人，代表13個團體，其中中華圖書館協會到會機關會員6單位，個人會員34人，沈祖榮代表文華圖書館學專科學校和個人出席開幕式。林主席暨蔣委員長均等頒訓詞，王雪艇部長和陳立夫部長發表演說，午後攝影而散。下午1時半在國立中央圖書館舉行中華圖書館協會會員談話會，主席沈祖榮首先報告云：“協會事務，原在袁理事長守和主持之下，進行十分順利，在國內學術團體中，頗著聲譽，在國際圖書館界亦有地位，今者香港陷敵，袁先生迄無電到，同人等集議，斯間對彼實多懸繫，近得報告國立北平圖書館北平館址書藏已於前日被敵侵據，更增感慨，本次年會由協會委託蔣理事慰堂主持，籌備雖甚倉促而各會員多能如期到會，實深慶幸”。繼由蔣復璁、陳訓慈、何國貴依次報告。最後，主席沈祖榮臨時動議，在座會員酌捐款洋補助協會經費每人至少五元，全體通過。散會〔出處同上〕。

2月9日　上午聯合年會宣讀論文，下午2時討論提案，5時閉幕式，6時中華圖書館協會在國立中央圖書館舉行會員聯誼會。首由蔣慰堂演講，繼由沈祖榮演說，沈祖榮云：“本人對於圖書館運動，素具信心，認此爲最崇高而有益人群之事業，我國新圖書館事業發展三四十年，降及今日，雖云非常時期而政府獎勵倡導有加無已，深願我圖書館界同志，振奮精神，各守崗位，努力職守”。最後姜文錦先生臨時動議組織陪都區圖書館員聯誼會，決議通過，並推沈祖榮、陳訓慈、蔣復璁籌備，由沈祖榮負責召集〔出處同上〕。

2月　沈祖榮撰《私立武昌文華圖書館學專科學校近況》發表於《中華圖書館協會會報》16卷3、4期合刊第7～8頁。

1943年（民國卅二年　癸未）先生59歲

春　文華圖書館學專科學校發起募捐修建禮堂，承社會人士熱心贊助，捐得國幣近20萬元〔《文華圖書館學專科學校近訊》，見《中華圖書館協會會報》18卷第2期第15頁〕。

5月30日　文華圖書館學專科學校圖書館專科第二屆和檔案訓練班第三期畢業典禮在該校舉行，同時舉行在渝校友返校聯歡會〔《文華圖書館學專科學校舉行畢業式》，見《中華圖書館協會會報》17卷5、6期合刊第9頁〕。

夏　文華圖專禮堂於暑假內動工，計建築禮堂一座，可容200餘人，附圖書館一座，可容30～40人，另附教室一座，可容20人，共費國幣23萬元〔《文華圖書館學專科學校近訊》，見《中華圖書館協會會報》18卷2期第15頁〕。

7月15日　國立中央圖書館奉教育部令在該館重慶分館內設立補習學校，招收曾任圖書館職務人士及高中畢業學生入校進修，設有圖書館學通論、編目學（附實習）、分類法（附實習）、圖書徵購、圖書參考、目錄學諸學程，報名學員40餘名，其中以各機關圖書室、資料室、檔案室任事人員爲最多。全學程十星期，每周授課24小時，逢星期日有專題講演，分請社會教育專家相菊潭、陳訓慈、馬宗榮、沈祖榮、王文山、汪長炳、鍾靈秀諸先生擔任，本日正式開學〔《國立中央圖書館簡訊一束》，見《中華圖書館協會會報》17卷1、2期合刊第13頁〕。

10月　文華圖書館學專科學校向中華圖書館協會慨捐國幣500元〔《國立北平圖書館國立中央圖書館暨文華圖書館專科學校捐助本會經費》，見《中華圖書館協會會報》18卷1期第12頁〕。

12月8日　中華圖書館協會在渝舉行理事會，議決5項，其中包括：1.中華圖書館協會除參加1944年2月在渝舉行之全國教育學術團體第三屆聯合年會外，同時並舉行中華圖書館協會第六次年會，推定戴志騫、沈祖榮、王文山、蔣復璁、洪有丰、嚴文郁、汪長炳、岳良木、陸華深、袁同禮、陳訓慈、劉國鈞、李小緣、杜定友、桂質柏爲年會籌備委員會委員，並以蔣復璁爲籌備主任。3.年會討論中心問題爲：一、戰後圖書館復員計劃，二、戰後圖書館所需人才培養計劃，視出席人數之多寡分組討論，第一組由袁同禮陳訓慈召集之，第二組由沈祖榮汪長炳召集之，4.並規定本屆年會提案以關於上項兩問題範圍以內者爲限，應特予注重具體計劃，避免不切實際之文字〔《中華圖書館協會三十二年度工作報告》，見《中華圖書館協會會報》18卷2期第18～21頁〕。

12月25日　文華圖書館學專科學校舉行新建禮堂落成典禮〔《文
　　　華圖書館學專科學校近訊》，見《中華圖書館協會會報》18
　　　卷2期第15頁〕。

1944年（民國卅三年　甲申）先生60歲

5月3日　沈祖榮在文華園撰寫《戰後圖書館發展之途徑》。

5月5日　沈祖榮撰《戰後圖書館發展之途徑》發表於《〈中央日
　　　報〉副刊》。

　　又中國教育學術團體第三屆聯合年會在重慶國立中央圖書館
舉行，中華圖書館協會除參加聯合年會外，同時舉行中華圖
書館協會第六次年會。下午1時至6時中華圖書館協會第六次
年會第一次會議在重慶國立中央圖書館雜誌閱覽室舉行，主
席袁同禮，沈祖榮和沈祖榮之公子沈寶環等65人出席，沈祖
榮之女公子沈寶琴等23位文華圖書館學專科學校學生列席。
繼主席致開幕辭、年會籌備主席蔣復璁報告、鄧光祿代表致
辭之後，會議討論議案。此次年會收到各方提案，經分別整
理歸納共得十案，除一、二、三號案已由中華圖書館協會理
事會提送年會討論外，其餘議案在此次會議上逐一討論。對
於第四號案：充實原有訓練圖書館人員機構積極培養人才以
應戰後復興之需要案，沈祖榮言："關於訓練圖書館人員問
題本人曾提出培養戰後圖書館用人才一案，送由中央圖書館
轉交本會年會，旋以誤送聯合年會至今未及印出，惟原擬已

由聯合年會編列為第3組第26號提案，茲將原案宣讀一遍請各位討論。案由：培養戰後圖書館需用人才案。辦法：㈠吸取大量人才，㈡利用專門人才，㈢訓練現職人才，㈣造就領導人才，㈤保持已有人才。"決議以上二案原則通過，文字由理事會指定專人審查修正之，其它各案亦討論通過。主席報告後休會〔《中華圖書館協會第六次年會第一次會議記錄》，見《中華圖書館協會會報》18卷4期第6～9頁〕。

5月6日　中華圖書館協會第六次年會第二次會議於上午10時至12時在重慶國立中央圖書館三樓舉行，出席者47人，沈祖榮之公子沈寶環出席，沈祖榮及其女公子沈寶琴缺席。繼討論修改中華圖書館協會組織大綱案之後，舉行理監事候選人選舉，沈祖榮以39案之最高票數當選〔《中華圖書館協會第六次年會第二次會議記錄》，見《中華圖書館協會會報》18卷4期第9～11頁〕。

5月　沈祖榮撰《我國圖書館之新趨勢》發表於《教育與社會》3卷1、2期合刊第4～6頁。

6月　美國圖書館協會贈文華圖書館學專科學校有關圖書館學新著4種及美國圖書館協會年報、會報數卷，由華萊士副總統攜帶來華〔《美國圖書館協會贈文華書籍四種》，見《中華圖書館協會會報》18卷4期第12頁〕。

又文華圖書館學專科學校專科第三屆沈祖榮之女公子沈寶琴等11人畢業〔《文華本屆畢業生就業狀況》，見《中華圖書館協會會報》18卷 5、6期合刊第7頁〕。

又沈祖榮撰《戰後圖書館發展之途徑》發表於《中華圖書館協會會報》18卷4期第5頁。

7月16日　沈祖榮致函美國圖書館協會秘書長米蘭博士（Dr. Carl H. Milam），並轉Mr. Brown、Dr. Bishop、Mr. Metcalf、Mrs. Fairbank、Mr. Lydenberg，向美國圖書館協會致謝，感謝其贈書之舉〔美國圖書館協會檔案〕。

又中國教育學術團體第三屆聯合年會於5月在渝舉行時，曾通過改組原設聯合辦事處爲聯合會，以加強教育學術研究，推進國際文化合作一案，會後經積極籌備，於本日假教育部禮堂召開各團體代表大會，計到代表20餘人，中華圖書館協會由袁同禮、蔣復璁、沈祖榮三理事代表出席，大會除通過聯合會組織章程外，曾推選理事27人、監事9人；並推選張伯苓、常道直、楊衛玉、艾偉、郝更生爲常務理事，黃炎培、彭百川、沈祖榮爲常務監事；又公推張伯苓爲理事長，常道直爲總幹事；另袁同禮、蔣復璁被推爲理事。最後商討工作計劃〔《本會參加教育學術團體聯合會》，見《中華圖書館協會會報》18卷4期第16頁〕。

7月18日　沈祖榮致函美國圖書館協會東方及西南太平洋委員會主席布朗博士（Dr. Charles H. Brown），向美國圖書館協會贈書之舉表示感謝，並詳述文華圖書館學專科學校之歷史，請在派遣教員、提供獎學金、捐贈圖書等諸方面予以支持扶助〔美國圖書館協會檔案〕。

9月11日　本日爲沈祖榮先生60壽辰，鑒於沈祖榮校長爲倡導我國圖書館事業之先進，作育人才，貢獻殊深，文華校友特發起沈祖榮六旬壽辰暨從事圖書館事業卅周年紀念雙重慶典，以申敬意並彰勛績，除分函徵集當代名人題詞以資紀念外，並分別呈獻尊師禮金，極爲熱烈〔《會員消息·沈祖榮》，見《中華圖書館協會會報》18卷5、6期合刊第15頁〕。

11月1日　沈祖榮撰《Library Schools And Librarians In China》發表於美國《The Library Journal》Vol. 69（1 November 1944）。

11月20日　沈祖榮致函美國圖書館協會東方及西南太平洋委員會主席布朗博士（Dr. Charles H. Brown）對於美國國務院聘請哥倫比亞大學圖書館學院院長兼圖書館館長懷特博士（Dr. White）來華考察表示感謝〔美國圖書館協會檔案〕。

11月29日　中華圖書館協會理監事聯席會議於下午5時在重慶中美文化協會召開，沈祖榮、陳訓慈、蔣復璁、戴志騫、袁同禮、岳良木、毛坤、嚴文郁、徐家麟、王文山、陸華深出席，主席袁同禮。蔣復璁報告籌款經過之後，會議議決5項，其中第5項爲中華圖書館協會改選，根據本年5月第六次年會改選決議，採用通訊選舉方式，於本日開票，開票結果沈祖榮、蔣復璁、劉國鈞、袁同禮、毛坤、杜定友、洪有丰等15人當選下屆理事，柳詒徵等9人當選下屆監事〔《中華圖書館協會理監事聯席會議記錄》，見《中華圖書館協會會報》18卷

5、6期合刊第11頁〕。

又下午7時，新任理事在中美文化協會召開第一屆理事會，沈祖榮、蔣復璁、袁同禮、毛坤、嚴文郁、王文山、陳訓慈、徐家麟出席，會議議決：推袁同禮為理事長，在袁理事長出國期間，會務由蔣復璁理事代行〔《中華圖書館協會理事會議記錄》，見《中華圖書館協會會報》18卷5、6期合刊第12頁〕。

1945年（民國卅四年　乙酉）先生61歲

7月16日　沈祖榮致函美國大使館（重慶）二等秘書Mr. J. Hall Paxton，向其轉交8冊贈書表示感謝，並請代向美國圖書館協會表示感謝〔美國圖書館協會檔案〕。

7月　沈祖榮患傷寒兩周，其後轉化為心臟病，前後臥床休養達四周之久〔沈祖榮致美國衣阿華州立學院圖書館館長布朗函（1945年8月10日），見美國圖書館協會檔案〕。

8月9日　沈祖榮大病初癒後前往座落在重慶一小山丘上的美國大使館新辦公室拜會費爾班克斯女士（Mrs. Fairbanks）〔出處同上〕。

8月10日　沈祖榮致函美國衣阿華州立學院圖書館（Iowa State College）館長布朗博士（Dr. Charles H. Brown），言已分別發函至美國各圖書館學校請求其寄贈學校目錄、公告、目錄和教學大綱等，並請布朗博士進一步予以幫助，以確保得到這些資料。信末附有《文華圖書館學專科學校戰後工作計劃》（Planing For The Work of Boone Library School After The War）一份，該計劃由外交部次長，文華圖書館學專科學校董事會主席吳國楨（？）（Dr. K. C. Wu）和其他15位董事簽署，共分下列3個部分：一、建立韋棣華紀念圖書館，二、實施該計劃的建議方法，三、把文華圖書館學專科學校發展成爲一所授予圖書館學、檔案學和博物館學學位的學院〔出處同上〕。

8月22日　沈祖榮致函住在印度德里的美國洛克菲勒基金會（The Rockefeller Foundation）遠東區域主任巴爾弗博士（Dr. M. C. Balfour），闡述《文華圖書館學專科學校戰後工作計劃》之意義，並請求給予大力支持，信末附有詳細之預算及相關資料〔美國圖書館協會檔案〕。

9月28日　沈祖榮致函美國圖書館協會常務秘書長米蘭博士（Dr. Carl H. Milam, Executive Secretary, ALA），闡述《文華圖書館學專科學校戰後工作計劃》的意義與重要性，並邀請米蘭博士擔任該計劃的發起人，參與該計劃的實施〔美國圖書館協會檔案〕。

12月　沈祖榮由渝飛滬，並到京漢一帶視察〔《會員消息》，見《中華圖書館協會會報》19卷4、5、6期合刊第14頁〕。

1946年（民國卅五年　丙戌）先生62歲

4月3日　沈祖榮致函美國圖書館協會東方及西南太平洋委員會主
　　　　席布朗先生（Charles H. Brown），請求美國圖書館協會
　　　　對文華圖書館學專科學校提供捐書支持〔美國圖書館協會檔
　　　　案〕。

1947年（民國卅六年　丁亥）先生63歲

1月　文華圖書館學專科學校在抗戰勝利後即積極進行遷復準備，
　　　待川江航運已暢通無阻後，遂於寒假中遷返武昌。曇華林原
　　　址公書林爲華中大學占用，只餘華德樓一幢，全部作爲宿
　　　舍，另由教會撥借武昌高家巷文華中學二部爲教室〔《文華
　　　圖專新況》，見《中華圖書館協會會報》21卷1、2期合刊第
　　　17～18頁〕。

3月　本月初，文華圖書館學專科學校遷復後開學。沈祖榮聘桂
　　　質柏博士、汪緝熙、汪應文、湯成武諸校友返校擔任專門課
　　　程，又聘魯潤玖、任松如、胡伊默諸教授來校執教，陣容爲
　　　之一新。爲增加文華圖專在圖書館界之權威性，及提高學生
　　　水準起見，沈祖榮同時亦向美方洽聘外籍教授來校任教〔出
　　　處同上〕。

7月12日　沈祖榮致函美國國會圖書館國際關係辦公室主任萊登
　　　　堡博士（Dr. H. M. Lydenberg），請求呼籲美國捐贈者向

文華圖書館學專科學校捐書，並請代向美國圖書中心查詢其代寄肯特基大學贈書之下落〔美國圖書館協會檔案〕。

8月25日　沈祖榮致函美國圖書館協會國際關係辦公室主任克倫威爾博士（Dr. Frederick Cromwell），請求克倫威爾博士與美國國會圖書館之埃文斯博士（Dr. Evans）接洽，向文華圖書館學專科學校寄贈抗戰期間由袁同禮寄存美國國會圖書館的中文古籍善本圖書的全套縮微膠卷〔美國圖書館協會檔案〕。

9月1日　沈祖榮致函美國國會圖書館美國戰區被毀圖書館圖書中心常務主任基普先生（Mr. Laurance J. Kipp），請求進一步向文華圖書館學專科學校捐書，以支持其發展〔美國圖書館協會檔案〕。

1948年（民國卅七年　戊子）先生64歲

年初　沈祖榮之公子沈寶環赴美國丹佛大學圖書館學院留學〔《會員消息》，見《中華圖書館協會會報》21卷3、4期合刊第7頁〕。

8月20日　沈祖榮致函美國布朗博士（Dr. Charles H. Brown），感謝布朗博士對沈寶環在美生活和學習的關心，並告知已授權沈寶環作爲自己的代表在與布朗博士會面時商談文華圖書館學專科學校加入大學之事宜〔美國圖書館協會檔案〕。

9月8日　沈寶環致函美國圖書館協會東方及西南太平洋委員會主
　　　席布朗博士（Dr. Cherles H. Brown），向其寄送沈寶環
　　　等於8月20日和 9月5日在美國召開的有關文華圖書館學專科
　　　學校未來發展的兩次會議的備忘錄，即《關於文華圖書館學
　　　專科學校加入某大學之計劃的建議》，希望得到布朗博士的
　　　贊同之後，再函告家父沈祖榮校長〔美國圖書館協會檔
　　　案〕。

本年　經沈祖榮聘任的文華圖書館學專科學校現職教授有桂質
　　　柏、鄔保良、陳堯成、胡伊默、任松如、達小姐（Mada-
　　　moiselles D'Halluin）、熊景芳、李廉、黃連琴諸先生
　　　〔《文華近況》，見《中華圖書館協會會報》21卷3、4期合
　　　刊第13頁〕。
　　　又沈祖榮撰《〈三民主義中心圖書分類法〉序三》發表於杜
　　　定友編《三民主義中心圖書分類法》（油印本），國立中山
　　　大學圖書館1948年印行，第4頁。

1949年（民國卅八年　己丑）先生65歲

5月16日　中國人民解放軍突破長江天塹，武漢解放〔梁山主編
　　　《中國革命史》中山大學出版社，1988年第443頁〕。

10月1日　中華人民共和國正式成立。

1950年（庚寅）先生66歲

元月1日　文華圖書館學專科學校全體師生約請駐在附近的湖北軍區參謀訓練隊的學員，來校聯歡，舉行元旦勞軍大會，即席分贈戰士們許多毛巾肥皂等日用品。此外教職員和同學又捐出價值200斤食米的人民幣，訂制印有紀念字樣的毛巾與肥皂，慰勞袋等匯送市慰勞會，贈給海南作戰的軍隊〔文華圖書館學專科學校友總會編印《文華圖書館學專科學校簡訊》（新1卷），1950年12月15日〕。

春　文華圖書館學專科學校為了健全行政領導，改革校務，首先改組董事會，敦聘直謙・朱裕璧、陳經畬、陳時、厲無咎、曹美成、崔思恭、李輝祖、駱傳芳、桂質柏、張海松11位熱心圖書館學教育人士為董事，會同當然校董沈祖榮校長組成董事會。經選出張海松主教為董事會主席、桂質柏校友為書記，加推曹美成、駱傳芳、沈祖榮三人為常務委員，合組常委會主持校政。其後又改組校務會，下設各會處，分層負責，搞好行政工作〔出處同上〕。

5月16日　本來每年5月1日是文華圖書館學專科學校校慶紀念日，因與國際勞動節日期衝突，經決定自1950年起，改於5月16日舉行，並定是日為校友返校節。本日文華圖書館學專科學校舉行慶祝會，武漢校友差不多都返校參加，並各攜帶了珍貴的禮物，如掛鐘、湘繡等，又各捐獻給實驗圖書館書籍共數百冊。慶祝會後，接著開校友大會，決定成立校友總會，通過會章開選出執行委員7人。7人互推田洪都任主席，張毓村任組織，李廉、張遵儉任秘書、徐家麟、湯成武任學術，昌少騫任會計。會後繼之以攝影並聚餐，晚間是節目豐富的晚會，直到午夜盡歡而散〔出處同上〕。

8月10日　爲了適應中南軍政委員會所轄各機關的急迫和廣大的需要，文華圖書館學專科學校呈文中南軍政委員會教育部，請准繼續辦理檔案資料管理訓練班〔錢德芳、程曉端《文華圖書館學專科學校開辦檔案教育始末》，見《圖書情報知識》1984年第2期第36～41頁〕。

8月24日　中南軍政委員會教育部批准文華圖書館學專科學校舉辦短期檔案資料培訓班〔出處同上〕。

夏　因淪陷期間，文華圖專校址遭日寇侵占破壞，房屋失修已久，本年暑假期間，經在上學期餘存經費項下撥款修葺，復商得聖公會主教董事會主席張海松同意，由教會方面撥給美金100元，補助不足部分，將大門左側食堂改建爲大禮堂。舞台部分，面積寬大，堅固美觀。台下空間可容觀眾200人，所有地坪、天花板、門窗等均經油漆粉飾一新，燈光配備，尤具匠心，美奂美輪，儼然一小型劇場。此外校內其他房舍如圖書館等處，多經粉刷油漆修建。宿舍課堂窗戶，亦均添配玻璃。所有大小工程，在精打細算下，計已用去700餘萬元〔文華圖書館學專科學校校友總會編印《文華圖書館學專科學校簡訊》（新 1卷），1950年12月15日〕。

10月1日　文華圖書館學專科學校全體師生歡度第一個國慶節，全校懸燈結彩，晚間參加提燈大遊行〔出處同上〕。

10月9日　國慶紀念晚會，因爲籌備不及，改於本日舉行，有話劇、舞蹈、歌詠等節目，在新禮堂作隆重演出，校友回校參加的很多〔出處同上〕。

11月初　文華圖書館學專科學校首先響應全國勸募寒衣運動，共捐代金300萬元，衣服110件〔出處同上〕。

11月20日　文華圖書館學專科學校根據教育部頒發的《專科學校暫行規程》第19條所規定之組織形成，重新組織校務委員會，襄助校長處理校務〔出處同上〕。

12月15日　文華圖書館學專科學校校友總會編印《文華圖書館學專科學校簡訊》（新1卷）出版，沈祖榮先生親筆題寫刊名。

1951年（辛卯）先生67歲

8月16日　私立武昌文華圖書館學專科學校，歸中央文化部接辦，暫委託中南軍政委員會教育部領導。中南軍政委員會教育部召集文華圖專行政負責人、校董會、教工會、學生會等代表開會宣布文華圖專的負責人員〔《當代中國的圖書館事業》編輯部編，《中國圖書館事業紀事（1949～1986）》，書目文獻出版社，1988年1月第18頁〕。

煥文案：中南軍政委員會教育部宣布的文華圖書館學專科學校負

責人員名單爲：校長：王自申、副校長：甘蓮笙、沈祖榮。
同時將 "私立武昌文華圖書館學專科學校" 改名爲 "公立武
昌文華圖書館學專科學校"，學制兩年。

1952年（壬辰）先生68歲

1953年（癸巳）先生69歲

8月　全國高等學校院系調整，教育部將武昌文華圖書館學專科
學校併入武漢大學，稱爲圖書館學專修科，學制3年。甘蓮
笙擔任武漢大學圖書館學專修科主任，沈祖榮僅擔任教授職
位〔武漢大學圖書情報學院編印《武漢大學圖書情報學院》，
1991年〕。

1954年（甲午）先生70歲

6月　沈祖榮編《俄文圖書編目法講義（初稿）》完稿（沈祖榮
編《俄文圖書編目法》（第三版），武漢大學出版，1958
年，第2頁 "再版附言"〕。

本年　沈祖榮編《俄文圖書編目法講義（初稿）》由武漢大學出
版，全書116頁，鉛印，屬內部出版物。

1955年（乙未）先生71歲

5月　沈祖榮編《俄文圖書館編目法》（第二版）由武漢大學出
　　版。再版中增添了馬克思列寧主義著作和多卷書著錄法，擴
　　大和修改政府機關，黨團以及工會出版物和定期刊物的著錄
　　法，並改寫了標題目錄編制和書評著錄法，以及如何採用印
　　刷目錄卡的方法，示例方面也比較初稿增加了一倍有餘。

1956年（丙申）先生72歲

9月　爲了適應社會主義圖書館事業的發展需要，教育部批准武
　　漢大學圖書館學專修科改爲4年制本科的圖書館學系〔《當
　　代中國的圖書館事業》編輯部編，《中國圖書館事業紀要
　　（1949～1986）》，書目文獻出版社，1988年1月第41頁〕。
　　煥文案：武漢大學圖書館學專修科改爲圖書館學系後，徐家
　　麟任系主任。徐家麟自1955年7月起開始擔任圖書館學專修
　　科主任，自1956年9月至1966年一直擔任系主任。

12月11日　中國圖書館學會籌備委員會正式成立，並於本日在北
　　京舉行第一次會議，主席左恭，推選文化部副部長兼北京圖
　　書館館長丁西林爲籌備委員會主任委員，洪范五、李小緣、
　　向達、沈祖榮、左恭、徐家麟、劉國鈞、賀昌群、杜定友、
　　張照、王重民等爲常務委員，左恭兼任秘書長〔中國圖書館
　　學會籌備委員會發文（57）籌秘字第1號，1957年2月15
　　日〕。

1957年（丁酉）先生73歲

2月15日　中國圖書館學會籌備委員會向沈祖榮函發聘任通知文
件兩份：其中發文（57）籌秘字第一號云："兹經本會會議
議決，推選您爲本會籌備委員，特此通知。隨信寄上本會第
三次會議通過的《中國圖書館學會章程（草案）》及《中國
圖書館學會籌備委員會暫行辦法（草案）》各一份，如有修
正意見，請於三月十日前寄下。另附本會第一、二、三次會
議記錄摘要，籌委名單及常委名單各一份，至希查收"。發
文（57）籌秘字第2號云："兹經本會會議議決，推選您爲
本會常務委員，特此通知，敬希查照爲荷"。〔廣東省中山
圖書館藏〕。

1958年（戊戌）先生74歲

2月　沈祖榮編《俄文圖書編目法（第三版）》由武漢大學出版。
全著諸多修改，其中最顯著者乃爲遷就學生較差之俄語水平，而
將所舉例句，一律用中文譯出，並有附錄集中用中文解釋俄
文詞匯術語。全書共198頁。

1959年（己亥）先生75歲

本年　武漢大學鑒於沈祖榮先生身體和年齡的原因通知沈祖榮先
生退休，沈祖榮先生接到通知後，曾上書學校當局請求繼續

執教，受到學校婉言拒絕。沈祖榮遂告別講壇退休〔據沈寶媛女士回憶及相關家書記載〕。

1960年（庚子）先生76歲

煥文案：沈祖榮先生退休後多在武漢大學居住，初時常於夏天赴江西廬山香山路557號私邸避暑，後期則多寓居廬山〔據沈寶媛女士回憶及相關家書記載〕。

1960年（庚子）先生76歲

1961年（辛丑）先生77歲

1962年（壬寅）先生78歲

1963年（癸卯）先生79歲

1964年（甲辰）先生80歲

1965年（乙巳）先生81歲

1966年（丙午）先生82歲

5月　“無產階級文化大革命”開始，中國歷史進入十年浩劫時期。

1967年（丁未）先生83歲

4月　沈祖榮患病，入住武漢大學醫院治療〔據陳培鳳致沈寶媛家書〕。

6月　本月上旬沈祖榮病情略有好轉，沈祖榮鑒於自己患的是慢性老年病，一時難以治癒，而醫院床位又緊張，便主動地讓出床位給重號病人，自己出院自行調養，其時正值武漢天氣炎熱之際，爲避酷暑，沈祖榮先生與姚翠卿師母遂自武漢赴廬山寓所靜養〔出處同上〕。

7月6日　武漢大學“農派”於半夜通過廣播發布“清理階級隊伍第一號通告”宣布沈祖榮等34人爲清理對象，並勒令第二天上午到“農派”司令部報到〔出處同上〕。

7月9日　武漢大學“農派”和“虎派”張貼沈祖榮先生的大字報〔出處同上〕。

8月初　“農派”派遣圖書館學系師生兩人赴廬山，將沈祖榮先生從廬山抓回武昌。沈祖榮先生因身體極爲衰弱，在九江路上昏厥一次，不得已上下船均由人背〔出處同上〕。

8月16日　沈祖榮先生和姚翠卿師母於下午返回武漢大學寓所，沈祖榮先生再次昏厥〔出處同上〕。

8月19日　沈祖榮先生於中午時分休克，經醫生急救，方才蘇醒。此後多日不能進食，一吃就吐，每天僅喝牛奶少許。因精神受到強烈刺激，常喃喃自語，精神異常〔出處同上〕。

8月 因沈祖榮先生身體極度屏弱，無法交代自己的"罪行"，
農派威逼沈祖榮先生之女公子陳培鳳書寫交代材料〔出處同
上〕。

1968年（戊申）**先生84歲**

1969年（己酉）**先生85歲**

1970年（庚戌）**先生86歲**

1971年（辛亥）**先生87歲**

1972年（壬子）**先生88歲**

1973年（癸丑）**先生89歲**

1974年（庚戌）**先生90歲**

1975年（乙卯）**先生91歲**

1976年（丙辰）**先生92歲**

1977年（丁巳）**先生93歲**

2月1日 沈祖榮先生於本日清晨在廬山私邸逝世，6個小時後，
姚翠卿師母因極度悲傷而逝世〔據沈寶媛女士回憶及武漢大
學有關文件〕。

2月4日 沈祖榮先生和姚翠卿師母的遺體安葬於廬山群眾公墓安
樂園之中〔據沈寶媛女士回憶〕。

3月8日　武漢大學圖書館學系在武漢大學內舉行沈祖榮先生追悼
　　　會〔據沈寶媛女士回憶〕。

5月　沈祖榮先生的二女公子沈寶琴因患胃癌醫治無效在武昌逝
　　世〔出處同上〕。

10月　沈祖榮先生的大女公子陳培鳳因患高血壓和心臟病在武昌
　　　逝世〔出處同上〕。

沈祖榮研究書目　初編

王梅玲、程煥文　合輯

　　編輯說明：本書目係沈寶環教授在審閱完本著之後囑其學王梅玲小姐專爲本著搜集編撰補充之附錄資料，原題爲《沈祖榮先生傳記與紀念專文書目》，共收錄台灣所見文獻8篇。現筆者在其基礎上增廣其事，略作補充，滙成此目。本書目共收錄文獻53篇，分爲沈祖榮先生傳記與研究文獻、回憶錄、相關研究文獻和相關參考文獻四類，各類文獻依其發表時間順序排列。因筆者見聞狹隘，諸多闕如，敬祈讀者函告，以便再版時補充完善。

一、沈祖榮先生傳記與研究文獻

1. 白國應《沈祖榮先生是我國近代圖書分類學的先驅》，《圖書館學通訊》1981年第3期：22～？。
2. 《民國人物小傳——沈祖榮先生》，（台灣）《傳記文學》第42卷第3期（1983年3月）：143。
3. 嚴文郁《圖書館教育之父沈祖榮先生——爲其百年冥壽紀念而作》,（台灣）《傳記文學》第42卷第5期（1983年5月）:58～60。

4. 嚴文郁《圖書館教育之父沈祖榮先生──爲其百年冥壽紀念而作》,見:嚴文郁先生八秩華誕慶祝委員會編,《嚴文郁先生圖書館學論文集》,輔仁大學圖書館學系1983年9月1日出版:253～258。

5. 嚴文郁《圖書館教育之父沈祖榮先生──爲其百年冥壽紀念而作》,(台灣)《中國圖書館學會會報》第35期(1983年12月):247～250。

6. *Cheryl Boettcher*.《Samuel T. Y. Seng And The Boone Library School》,(USA)《Libraries and Culture》24:3(Summer 1989):269～294.

7. 胡先媛.《沈祖榮先生傳略》,《高校圖書情報學刊》1989年第3期:64～69.

8. *Chery Boettcher*著,何光國譯《沈祖榮與文華圖書館學專科學校》,(台灣)《中國圖書館學會會報》第42期(1990年12年):35～46。

9. 程煥文.《一代宗師 千秋彪炳──記中國圖書館學教育之父沈祖榮先生》,《圖書館》1990年第4期:54～58;第6期:64～67;1991年第1期:71～73,76;第3期:60～73;第5期:69～73。

10. 昌少騫《沈祖榮師對我國圖書館事業的貢獻》,《圖書館學通訊》1990年第2期:38～40。

11. 羅德運.《中國圖書館界先驅者的足迹──紀念沈祖榮先生誕辰110週年》,《圖書情報知識》1993年第3期:47～50。

12. 程煥文.《論中國圖書館學教育之父沈祖榮先生在20世紀中國

圖書館學教育中的作用和影響》.（台北）《海峽兩岸圖書館
事業研討會論文集》1997年5月。

二、回 憶 錄

13. 張遵儉.《曇華憶舊錄——記沈祖榮與韋棣華的遇合》,《圖
書情報知識》1981年第2期：40、52。

14. 張遵儉.《曇華憶舊錄——回憶沈紹期師》,《圖書館學通訊》
1982年第2期：86～87。

15. 唐月榮.《回顧文華學習生活　緬懷沈祖榮校長》,《高校圖書
館工作》1982年第2期：1～？。

16. 昌少騫.《憶恩帥沈祖榮》,《江蘇圖書館學報》1987年第2期：
67。

17. 嚴文郁.《文華圖專的三位教務主任——悼念汪長炳、徐家麟、
毛坤三位同學》,《高校圖書情報學刊》1989年第2期：76～
77。

三、相關研究文獻

(一) 文華圖書館學專科學校研究文獻

18. 吳鴻志.《文華圖書科之過去與將來》,《文華圖書科季刊》1
卷1期（1929年1月）：105～111；1卷2期（1929年5月）：
231～236。

19. 沈祖榮.《在文華公書林過去十九年之經驗》,《文華圖書科

季刊》1卷2期（1929年5月）：159～175。

20.毛　坤．《華中大學文華圖書科十週年紀念》，《文華圖書科季刊》2卷2期（1930年6月）：137～139。

21.沈祖榮．《私立武昌文華圖書館學專科學校近況》，《中華圖書館協會會報》16卷3～4期合刊（1942年2月）：7～8。

22.黃宗忠．《武漢大學圖書館學系六十年——兼評文華圖專和韋棣華在我國圖書館事業史上的作用》，《武漢大學學報》（哲學社會科學版）1980年第6期：78～83。

23.何建初．《八年抗戰中的文華圖專》，（台灣）《中國圖書館學會會務通訊》第80期（1981年9月）：6～7。

24.錢德芳，程曉端．《文華圖書館學專科學校開辦檔案教育始末》，《圖書情報知識》1984年第2期：36～41。

25.李祚明．《私立文華圖書館學專科學校檔案專業梗概》，《檔案學參考》1984年第5期：23～？。

26.程煥文．《文華圖專名稱考釋》，《圖書情報知識》1987年第2期：42～43。

27.周玉玲．《文華圖書館學專科學校漫筆》，《湖北高校圖書館》1988年第3期：61。

28.彭斐章　謝灼華．《七十年歷程——從武昌文華大學圖書科到武漢大學圖書情報學院》，《圖書情報知識》1990年第3期：2～6、10。

29.彭斐章　謝灼華．《七十年歷程——從武昌文華大學圖書科到武漢大學圖書情報學院》，（台灣）《中國圖書館學會會報》第47期（1990年12月）：47～52。

30. 查啓森.《從文華圖專到武漢大學圖書情報學院的檔案教育》，
《圖書情報知識》1990年第3期：11～13。

31. 查啓森.《從文華圖專到武漢大學圖書情報學院的檔案教育》，
（台灣）《中國圖書館學會會報》第47期（1990年12月）：
53～58。

(二) 韋棣華女士研究文獻

32. 李繼先.《韋棣華女士與我國圖書館事業》，《圖書館學周刊》
（華北日報副刊）第7期（1931年5月21日）：3～4。

33. 裘開明.《韋師棣華女士傳略》，《中華圖書館協會會報》6卷
6期（1931年6月）：7～9。

34. 沈祖榮.《韋棣華女士傳略》，《文華圖書科季刊》3卷3期
（1931年9月）：283～285。

35. *Samuel T. Seng.*《Miss Mary Elizabeth Wood：The
Queen of The Modern Library Movement In China》，
《文華圖書科季刊》（英文之部）3卷3期（1931年9月）：8
～3。

36. 菲利普（*Grace D. Phillips*).《韋棣華女士與文華圖書館學
專科學校》，（台灣）《傳記文學》第18卷第5期（1971年）：
17～19。

37. *George W. Huang*（黃文宏）.《Miss Mary Elizabeth Wood：
Pioneer of The Library Movement In China》，
《Journal of Library and Information Science》
（Taiwan）1（April 1975）：67～78.

38. 何建初．《紀念我國現代圖書館建設的偉大先驅者美國韋棣華女士逝世六十週年》，（台灣）《中國圖書館學會會務通訊》第81期（1981年11月）：6～7。

39. 李甲芹　張海齊．《關於中國現代圖書館事業史評價上的一個重要問題──就韋棣華評價問題與黃宗忠同志商確》，《吉林圖書館學會會刊》1981年第3期：9～16。

40. *John H. Winkelman.*《Mary Elizabeth Wood（1861～1931）：American Missionary-Librarian To Modern China》，《Journal of Library and Inforrnation Science》（Taiwan）8（April1982）：62～76.

41. 惠世榮．《架起中美圖書館界友誼橋梁的先驅──紀念韋棣華女士》，《四川圖書館學報》1982年第2期：89。

42. 路　林．《韋棣華與文華公書林及文華圖書》，《河南圖書館季刊》1982年第4期：9～？。

43. 禹成明．《熱心中國圖書館事業的美國人──關於韋棣華的評價問題》，《廣東圖書館學刊》1983年第4期：40～42。

44. 吳則田．《韋棣華在中國近代圖書館史上的活動》，《圖書情報知識》1983年第4期：86～88。

45. 馬　啓．《評韋棣華》，《四川圖書館學報》1985年第5期：83～88。

46. 秦　明．《韋棣華女士對中國近代圖書館事業的貢獻》，《安徽高校圖書館》1986年第3期：58～60。

47. 徐全廉．《評〈評韋棣華〉》，《四川圖書館學報》1987年第1期：92～96。

四、相關參考文獻

48. 文華圖書科編印.《武昌華中大學文華圖書科》，1926年。

49. 文華圖書館學專科學校編印.《私立武昌文華圖書館學專科學校一覽（二十六年度）》，1937年。

50. 文華圖書館學專科學校校友總會編印.《文華圖書館學專科學校簡訊》新1卷，1950年12月15日出版。

51. 李冠強　施星國合輯.《沈祖榮著述簡目》，《江蘇圖書館學報》1985年第4期：41～43。

52. 武漢大學圖書情報學院編印.《武漢大學圖書情報學院》，1991年。

53. 丁道凡搜集編注.《中國圖書館界先驅沈祖榮先生文集（1918～1944）》，杭州：杭州大學出版社，1991年11月。

後　記

　　拙作《中國圖書館學教育之父──沈祖榮評傳》就要問世了，十年之功成於一旦，我心中的喜悅始終無法按捺。自4月下旬拜接學生書局函寄之一校清樣以後，這種喜悅更是與日俱增。連日通宵達旦地校閱，使我一次又一次地體驗了那種勝似“紅袖添香夜讀書”的歡愉和快慰。這是一種我過去出書從未有過的感覺。這種喜悅並非是因出書而自顯所本能產生的那種沾沾自喜，因爲一個人出幾本書並沒有什麼了不起，也算不了什麼；而是因我人生的楷模──沈祖榮宗師的光輝人生、偉大事業、豐功偉績，尤其是其崇高精神與人格，不僅一次又一次地震撼著我、感化著我、激勵著我，而且還將隨著這本書的傳播而震撼、感化和激勵更多的同仁和即將投身於祖國圖書館事業建設的青年。我相信這種春風化雨的作用是一定能夠發揮的。這是本書寫作的要旨，更是本書寫作的目的。

　　與此同時，我還被另一種精神所感動：從學生書局的來函中，我得知：爲了本書的出版，年逾古稀的沈寶環教授不遠千里於今年元月隻身從美國飛回台北，專門校閱拙稿並撰寫序文。令我意想不到的是，圖書館學大家沈寶環教授對我這個小字輩的書稿竟然只是作了個別文字上的修改，完全尊重著者本人的原作。去年秋，我匆匆趕完書稿便馬不停蹄地將交書稿交我系譚祥金教授帶到了臺灣學生書局，還沒有來得及奉送沈寶媛伯母審閱，頗有幾分遺憾。這

次接到一校清樣後，我立刻複印了一份親自奉上以補上上次的
"缺課"。令我意想不到的是，不到一個星期，年近古稀的沈寶
媛伯母就已詳細的通閱完了佺稿，並順賜序文一篇。更令我意想
不到的是，沈寶媛伯母所提出的十幾處文字修改意見竟然與沈寶
環教授對拙作原稿所作的個別修改驚人地雷同，即均是緩和筆者
對大陸目前圖書館學研究評論的語氣。這將使我終生受益！自
1995年秋學生書局應承出版拙作以後，因為書稿尚在我腦中，我
們經歷了好長一段時間的"黑箱"作業，雙方都因為海峽兩岸分
隔了四十多年而擔心書稿或編審文字變動出現"敏感問題"。現
在從一校清樣來看，學生書局亦非常尊重著者本人的原作，除技
術性編輯加工以外，並未改動拙作原稿的文字。如此一來，我們
當初的擔心似乎是多餘的，其實這是學生書局的嚴謹科學態度的
一個很好體現，頗令人欽佩。為此，我再一次地向沈寶環教授、
沈寶媛伯母、譚祥金教授和學生書局表示崇高的敬意和衷心的感
謝！

程煥文　謹跋

1997年5月14日凌晨3時
於廣州中山大學竹帛齋

國家圖書館出版品預行編目資料

中國圖書館學教育之父：沈祖榮評傳
　／程煥文著. --初版. --臺北市：
　臺灣學生，民86
　　面；　公分

　　ISBN 957-15-0837-3(精裝).
　　ISBN 957-15-0838-1(平裝)

　　1.沈祖榮 - 傳記

782.886　　　　　　　　　　　　　　　　86009395

中國圖書館學教育之父：沈祖榮評傳

著　　者：程　　　　　煥　　　　　文
出 版 者：臺　灣　學　生　書　局
發 行 人：孫　　　　　善　　　　　治
發 行 所：臺　灣　學　生　書　局
　　　　臺 北 市 和 平 東 路 一 段 一 九 八 號
　　　　郵 政 劃 撥 帳 號 ○ ○ ○ 二 四 六 六 八 號
　　　　電　話：三 六 三 四 一 五 六
　　　　傳　眞：三 六 三 六 三 三 四
本書局登
記證字號：行政院新聞局局版北市業字第玖捌壹號
印 刷 所：常　新　印　刷　有　限　公　司
　　　　地址：板 橋 市 翠 華 街 8 巷 13 號
　　　　電話：九　五　二　四　二　一　九
定價　精裝新臺幣四七○元
　　　平裝新臺幣四○○元

西 元 一 九 九 七 年 八 月 初 版

02012　　　　版權所有・翻印必究
　　　ISBN　957-15-0837-3（精裝）
　　　ISBN　957-15-0838-1（平裝）

臺灣學生書局出版

圖書館學與資訊科學叢書